AF831759

Der Sanierungsgedanke im deutschen Insolvenzrecht

Schriften zum Zivilverfahrensrecht und Insolvenzrecht

Herausgegeben von Martin Ahrens

Band 12

PETER LANG

Leo Humpenöder

Der Sanierungsgedanke im deutschen Insolvenzrecht

PETER LANG

Bibliografische Information der Deutschen Nationalbibliothek
Die Deutsche Nationalbibliothek verzeichnet diese Publikation in der Deutschen Nationalbibliografie; detaillierte bibliografische Daten sind im Internet über http://dnb.d-nb.de abrufbar.

Zugl.: Heidelberg, Univ., Diss., 2019

D 16
ISBN 978-3-631-79606-1 (Print)
E-ISBN 978-3-631-80064-5 (E-PDF)
E-ISBN 978-3-631-80065-2 (EPUB)
E-ISBN 978-3-631-80066-9 (MOBI)
DOI 10.3726/b16087

© Peter Lang GmbH
Internationaler Verlag der Wissenschaften
Berlin 2019
Alle Rechte vorbehalten.

Peter Lang – Berlin · Bern · Bruxelles · New York · Oxford · Warszawa · Wien

Das Werk einschließlich aller seiner Teile ist urheberrechtlich geschützt. Jede Verwertung außerhalb der engen Grenzen des Urheberrechtsgesetzes ist ohne Zustimmung des Verlages unzulässig und strafbar. Das gilt insbesondere für Vervielfältigungen, Übersetzungen, Mikroverfilmungen und die Einspeicherung und Verarbeitung in elektronischen Systemen.

Diese Publikation wurde begutachtet.

www.peterlang.com

Vorwort

Die vorliegende Arbeit wurde von der Juristischen Fakultät der Ruprecht-Karls-Universität Heidelberg im Wintersemester 2018/2019 als Dissertation angenommen. Abgeschlossen wurde das Manuskript im Mai 2017. Rechtsprechung und Literatur sind bis einschließlich Mai 2019 berücksichtigt.

An erster Stelle danke ich meinem verehrten Doktorvater Herrn Professor Dr. iur. Dr. rer. pol. h.c. Dr. iur. h.c. *Werner F. Ebke*, LL.M. (UC Berkeley) für die Betreuung dieser Arbeit, die große Unterstützung bei der Anfertigung und die uneingeschränkte Förderung meiner Person. Darüber hinaus möchte ich mich bei ihm für die spannende und lehrreiche Zeit als wissenschaftlicher Mitarbeiter an seinem Lehrstuhl am Institut für deutsches und europäisches Gesellschafts- und Wirtschaftsrecht der Ruprecht-Karls-Universität Heidelberg bedanken. Herrn Professor Dr. Dres. h.c. *Burkhard Hess* danke ich für die Erstellung des Zweitgutachtens und Herrn Professor Dr. *Andreas Piekenbrock* für die Übernahme des Vorsitzes in der Disputation. Dem Herausgeber Herrn Professor Dr. *Martin Ahrens* danke ich für die Aufnahme meiner Dissertation in die Reihe „Schriften zum Zivilverfahrensrecht und Insolvenzrecht".

Weiter möchte ich meinen Heidelberger Freunden und ehemaligen Kollegen am Lehrstuhl für jegliche Form der Unterstützung danken, die die Zeit meiner Promotion zu einem unvergesslichen und bereichernden Lebensabschnitt gemacht haben.

Ein besonderer Dank geht an Herrn *Peter Schäfer* für seine wertvollen Korrekturanmerkungen und weitergehenden fachlichen Anregungen, an meine Mutter *Iris Humpenöder* für den sprachlichen Feinschliff und Dutzende zusätzliche Kommata sowie an meine Tante *Hannelore Winter* für ihren großzügigen Druckkostenzuschuss. Gewidmet ist diese Arbeit meiner Familie.

Heidelberg, im Mai 2019
Leo Humpenöder

Inhaltsverzeichnis

Abkürzungsverzeichnis

a.A.	anderer Ansicht
ABGB	Allgemeines Bürgerliches Gesetzbuch
ABl.	Amtsblatt
Abs.	Absatz, Absätze
AEUV	Vertrag über die Arbeitsweise der Europäischen Union
a.F.	alte Fassung
AG	Aktiengesellschaft, Amtsgericht
AktG	Aktiengesetz
a.M.	am Main
Anm.	Anmerkung
Art.	Artikel
Aufl.	Auflage
BaFin	Bundesanstalt für Finanzdienstleistungsaufsicht
BB	Betriebs-Berater
BCC	British Company Law Cases
BCLC	Butterworths Company Law Cases
BeckOK	Beck'scher Online-Kommentar
BeckRS	beck-online Rechtsprechung
Begr.	Begründer, Begründung
Beil.	Beilage
ber.	berichtigt
Beschl.	Beschluss
BDA	Bundesvereinigung der Deutschen Arbeitgeberverbände
BDI	Bundesverband der Deutschen Industrie
BDU	Bund Deutscher Unternehmensberater
BGB	Bürgerliches Gesetzbuch
BGBl.	Bundesgesetzblatt
BGH	Bundesgerichtshof
BGHZ	Entscheidungen des Bundesgerichtshofs in Zivilsachen
Bio.	Billionen
BIP	Bruttoinlandsprodukt
BK	Berliner Kommentar
BMJ	Bundesministerium der Justiz
BR	Bundesrat
BT	Bundestag

BVerfG	Bundesverfassungsgericht
BVerfGG	Bundesverfassungsgerichtsgesetz
bzgl.	bezüglich
bzw.	beziehungsweise
CA	Companies Act
CDDA	Company Directors Disqualification Act
CDU	Christlich Demokratische Union Deutschlands
CFL	Corporate Finance Law
(Ch)	Chancery Division
c.i.c.	culpa in contrahendo
Cmnd.	Command paper
Co.	Compagnie
COMI	centre of main interests
CRO	Chief Restructuring Officer
CSU	Christlich-Soziale Union in Bayern e.V.
DB	Der Betrieb
ders.	derselbe
DDR	Deutsche Demokratische Republik
DiskE	Diskussionsentwurf
DJT	Deutscher Juristentag
DJZ	Deutsche Juristen-Zeitung
DM	Deutsche Mark
DRiG	Deutsches Richtergesetz
DRiZ	Deutsche Richterzeitung
Drucks.	Drucksachen
DStR	Deutsches Steuerrecht
DZWiR	Deutsche Zeitschrift für Wirtschafts- und Insolvenzrecht
EBOR	European Business Organization Law Review
EG	Europäische Gemeinschaften
EGGVG	Einführungsgesetz zum Gerichtsverfassungsgesetz
EGInsO	Einführungsgesetz zur Insolvenzordnung
Einf.	Einführung
Einl.	Einleitung
ER	England Law Reports
Erg.-Lfg.	Ergänzungslieferung
ESUG	Gesetz zur weiteren Erleichterung der Sanierung von Unternehmen
et al.	und andere
EU	Europäische Union

EuGVVO	Verordnung über die gerichtliche Zuständigkeit und die Anerkennung und Vollstreckung von Entscheidungen in Zivil- und Handelssachen
EuInsVO	Europäische Insolvenzverordnung
EuGH	Europäischer Gerichtshof
EUR	Euro
EUV	Vertrag über die Europäische Union
e.V.	eingetragener Verein
EWG	Europäische Wirtschaftsgemeinschaft
EWCA Civ	Court of Appeal (Civil Divison)
EWHC	High Court of England and Wales
EWiR	Entscheidungen zum Wirtschaftsrecht
EWR	Europäischer Wirtschaftsraum
f., ff.	folgende
FDP	Freie Demokratische Partei Deutschlands
FK	Frankfurter Kommentar
FS	Festschrift
GBl.	Gesetzblatt
GbR	Gesellschaft bürgerlichen Rechts
gem.	gemäß
GenG	Genossenschaftsgesetz
GesO	Gesamtvollstreckungsordnung
GG	Grundgesetz
GmbH	Gesellschaft mit beschränkter Haftung
GmbHG	Gesetz betreffend die Gesellschaften mit beschränkter Haftung
GmbHR	GmbH-Rundschau
GOI	Grundsätze ordnungsgemäßer Insolvenzverwaltung
GP	Gesetzgebungsperiode
GS	Gedächtnisschrift
GVG	Gerichtsverfassungsgesetz
GWR	Gesellschafts- und Wirtschaftsrecht
Halbs.	Halbsatz
HambKomm	Hamburger Kommentar
HGB	Handelsgesetzbuch
HgGUR	Heidelberger gemeinnützige Gesellschaft für Unternehmensrestrukturierung
HK	Heidelberger Kommentar
h.M.	herrschende Meinung

HRI	Handbuch Restrukturierung in der Insolvenz
Hrsg.	Herausgeber
IA	Insolvency Act
i.e.S.	im engeren Sinne
i.d.F.	in der Fassung
IDW S 9	Institut der Wirtschaftsprüfer Standard: Bescheinigung nach § 270b InsO
IG	Industriegewerkschaft
IILR	International Insolvency Law Review
Inc.	Incorporation
InsO	Insolvenzordnung
InsVV	Insolvenzrechtliche Vergütungsverordnung
IPR	Insolvency Practitioners Regulations
IR	Insolvency Rules
IRÄG	Insolvenzrechtsänderungsgesetz
i.R.d.	im Rahmen des
i.R.v.	im Rahmen von
i.S.d.	im Sinne des
i.V.m.	in Verbindung mit
JA	Juristische Arbeitsblätter
JGS	Justizgesetzsammlung Österreichs
JuS	Juristische Schulung
JW	Juristische Woche
JZ	JuristenZeitung
Kap.	Kapitel
KGaA	Kommanditgesellschaft auf Aktien
KO	Konkursordnung
KredReorgG	Gesetz zur Reorganisation von Kreditinstituten
KT	Konkurs und Treuhandwesen
KTS	Zeitschrift für Insolvenzrecht – Konkurs Treuhand Sanierung – Zeitschrift für Insolvenzrecht, ehemals: Konkurs Treuhand- und Schiedsgerichtswesen
KWG	Gesetz über das Kreditwesen
LBesGBW	Landesbesoldungsgesetz Baden-Württemberg
LG	Landgericht
lit.	littera
LJ	Lord Justice
LL.M. corp. restruc.	Legum Magister in Unternehmensrestrukturierung
Ltd.	Private Limited Company

m.	mit
MDR	Monatsschrift für Deutsches Recht
Mio.	Million(en)
MoMiG	Gesetz zur Modernisierung des GmbH-Rechts und zur Bekämpfung von Missbräuchen
MPI	Max-Planck-Institut
Mrd.	Milliarde(n)
MünchKomm	Münchener Kommentar
N.B.	nota bene
m.w.N.	mit weiteren Nachweisen
n.F.	neue Fassung
NJOZ	Neue Juristische Online Zeitschrift
NJW	Neue Juristische Wochenschrift
No.	number
Nr.	Nummer
NV	Naamloze Vennootschap
NZG	Neue Zeitschrift für Gesellschaftsrecht
NZI	Neue Zeitschrift für Insolvenzrecht
öAO	österreichische Ausgleichsordnung
öIO	österreichische Insolvenzordnung
öKO	österreichische Konkursordnung
OLG	Oberlandesgericht
para.	paragraph
plc	public limited company
QB	Queen's Bench
RechtsA	Rechtsausschuss
RegE	Regierungsentwurf
RGBl.	Reichsgesetzblatt
RIW	Recht der internationalen Wirtschaft
RL	Richtlinie
Rn.	Randnummer
RPflG	Rechtspflegergesetz
Rs.	Rechtssache
S.	Seite
SA	Spółka Akcyjna
SchVG	Schuldverschreibungsgesetz
sec.	Section
Slg.	Sammlung
s.o.	siehe oben

sog.	sogenannte(r)
SPD	Sozialdemokratische Partei Deutschlands
StGB	Strafgesetzbuch
u.a.	unter anderem
UG	Unternehmergesellschaft
UKHL	United Kingdom House of Lords
UmwG	Umwandlungsgesetz
URG	Unternehmensreorganisationsgesetz
Urt.	Urteil
USA	Vereinigte Staaten von Amerika
U.S.C.	Code of Laws of the United States of America
u.U.	unter Umständen
v	versus
v.	von, vom
v.a.	vor allem
vgl.	vergleiche
VglO	Vergleichsordnung
VIA	Verbraucherinsolvenz aktuell
VID	Verband der Insolvenzverwalter Deutschlands e.V.
VO	Verordnung
Vorbem.	Vorbemerkungen
WLR	Weekly Law Reports
WM	Wertpapier-Mitteilungen – Zeitschrift für Wirtschafts- und Bankrecht
WPg	Die Wirtschaftsprüfung
z.	zu
z.B.	zum Beispiel
ZEuP	Zeitschrift für Europäisches Privatrecht
ZfB	Zeitschrift für Betriebswirtschaft
ZGR	Zeitschrift für Unternehmens- und Gesellschaftsrecht
ZHR	Zeitschrift für das gesamte Handels- und Wirtschaftsrecht
ZIK	Zeitschrift für Insolvenzrecht & Kreditschutz
ZInsO	Zeitschrift für das gesamte Insolvenzrecht
ZIP	Zeitschrift für Wirtschaftsrecht
zit.	zitiert
ZPO	Zivilprozessordnung
ZRP	Zeitschrift für Rechtspolitik
zustim.	zustimmend
ZVglRWiss	Zeitschrift für Vergleichende Rechtswissenschaft
ZZP	Zeitschrift für Zivilprozess

Einleitung

A. Einführung

> „Der Konkurs ist ein Wertvernichter schlimmster Art und obendrein das teuerste Schuldentilgungsverfahren. Je größer das ihm verfallende Unternehmen ist, je weitere Wirtschaftskreise der Zusammenbruch in Mitleidenschaft zieht, desto erwünschter muß es sein, wenn Schuldner und Gläubiger durch Vereinbarung eines Ausgleichs dem Konkurse vorbeugen.“[1]
> „Im Unterschied zu manch anderen Ländern fehlt es in Deutschland noch an einer ‚Insolvenzkultur‘. Der Insolvenzverwalter gilt in der Öffentlichkeit eher als Bestatter und nicht als Lebensretter. Die Insolvenz erscheint noch viel zu sehr als persönliches Versagen und vollständiges wirtschaftliches Scheitern. Dass das Insolvenzverfahren auch ein Instrument der Sanierung ist, wird dagegen zu wenig wahrgenommen.“[2]

Zwischen den Zitaten liegen knapp 80 Jahre, dennoch spiegelt sich sowohl bei der dutzendfach zitierten Aussage des Rechtswissenschaftlers *Jaeger* in seinem Lehrbuch des Deutschen Konkursrechts von 1932[3] als auch bei der Rede der damaligen Bundesjustizministerin *Leutheusser-Schnarrenberger* im Rahmen des 7. Deutschen Insolvenzrechtstages 2010 das gleiche Problem wider. Beide wollen, dass es gar nicht erst zu einer Insolvenz kommt, sondern das Unternehmen gerettet wird und einer drohenden Abwicklung wirksam vorgebeugt wird.

Die Insolvenz eines Unternehmens geht regelmäßig mit erheblichen Folgen für die Betroffenen einher. Sie führt nicht selten zu einer Wertvernichtung

---

1 *Jaeger*, Deutsches Konkursrecht, S. 216; ähnlich plakativ auch schon *Adam Smith* zum Makel des Konkurses in seinem Hauptwerk „*The Wealth of Nations*“: „*Bankruptcy is perhaps the greatest and most humiliating calamity which can befall an innocent man. The greater part of men, therefore, are sufficiently careful to avoid it.*“, *Smith*, Wealth of Nations, S. 285.

2 *Leutheusser-Schnarrenberger*, BB 2010, Heft 17, Die erste Seite; zuvor verkündete die österreichische Justizministerin *Bandion-Ortner* bereits das Motto „retten statt ruinieren“ für die geplante Insolvenzrechtsreform, siehe https://www.parlament.gv.at/PAKT/VHG/BR/BRSITZ/BRSITZ_00784/fnameorig_189971.html [zuletzt aufgerufen am 31. 5. 2019].

3 *K. Schmidt* weist (zurecht) darauf hin, dass es Mode geworden sei, *Jaeger* zu zitieren und das Zitat „bis zum Überdruß“ strapaziert wurde, siehe *K. Schmidt*, KTS 1988, 1, 4; trotzdem hat es seine Berechtigung und nichts von seiner Brisanz verloren und steht deswegen am Anfang der vorliegenden Arbeit.

bei den Kapitalgebern, zu Forderungsausfällen bei den Lieferanten, zum Verlust von Arbeitsplätzen und nicht zuletzt auch zu immensen Steuerausfällen.[4] Deswegen sollte es das Ziel aller Beteiligten (Gesetzgeber, Schuldner, Gläubiger, Insolvenzverwalter und Gerichte) sein, Unternehmenskrisen frühzeitig zu erkennen und zu meistern, um die drohende Wertvernichtung für alle möglichst gering zu halten. Der Sanierungsgedanke sollte einer der Leitgedanken des deutschen Insolvenzrechts werden und in Zukunft noch weiter in den Vordergrund treten.

B. Begriffsbestimmung

Der Titel der vorliegenden Untersuchung lautet „Der Sanierungsgedanke im deutsche Insolvenzrecht". Doch was bedeutet „Sanierungsgedanke"? Die Bundesjustizministerin *Leutheusser-Schnarrenberger* sprach von einer fehlenden „Insolvenzkultur"[5], andere fordern eine „Sanierungskultur (*rescue culture*)"[6], letztlich geht es dabei jedoch immer um die gleiche Frage: Wie sollte ein zukunftsweisendes modernes Insolvenzrecht im 21. Jahrhundert ausgestaltet sein und welche Gedanken und Ziele sollten dem Recht zugrunde gelegt werden?

Das Insolvenzrecht und damit alle Beteiligten sollten versuchen, den ehemals rein exekutorischen Charakter des Konkursrechts des 20. Jahrhunderts hinter sich zu lassen und die Insolvenz eines Unternehmens immer auch als eine Chance begreifen und nutzbar machen, so dass am Ende des Verfahrens im Idealfall der Erhalt des Unternehmens stehen kann. Die abschließende quotale Erlösverteilung bei der Liquidation eines Unternehmens ist für die Gläubiger

---

4 Zwischen 2010 und 2014 betrugen die durch Insolvenzen verursachten Verluste über EUR 10 Mrd., siehe dazu die Pressemitteilung des statistischen Bundesamtes v. 30. 11. 2016, https://www.destatis.de/DE/PresseService/Presse/Pressemitteilungen/2016/11/PD16_427_52431.html [zuletzt aufgerufen am 31. 5. 2019].

5 Zu diesem Begriff siehe aus historischer und rechtsvergleichender Sicht *Thole*, JZ 2011, 765; *Vallender*, NZI 2010, 838; beide Verfasser sprechen jedoch auch von dem „Sanierungsgedanken", siehe *Thole*, JZ 2011, 765, 768; *Vallender*, NZI 2010, 838, 843; zum Sanierungsgedanken im europäischen Insolvenzrecht siehe einführend *Lieder*, Unternehmenssanierung im Lichte der EuInsVO, S. 14 ff.; zu dem deutlich engeren Begriff der „Insolvenzplankultur" siehe *Braun/Heinrich*, NZI 2011, 505.

6 So *Paulus*, WM 2011, 2205; differenzierend zwischen dem Begriff der sog. *„rescue culture"* und dem der Insolvenzkultur *Wolf*, Promoting an Effective Rescue Culture, S. 50 ff.; *Goode* definiert *„rescue culture"* wie folgt: „*[A] philosophy, of reorganising companies so as to restore them to profitable trading and enable them to avoid liquidation.*", siehe *Goode*, Corporate Insolvency Law, 11. Kap. Rn. 3.

oft sehr ernüchternd, manchmal sogar existenzgefährdend. Zwischen 2010 und 2014 erhielten Gläubiger von Unternehmen durchschnittlich lediglich 5 % ihrer Forderungen zurück.[7] Deutschland steht aktuell zwar nach einer Studie der Weltbank hinter Finnland und Japan an dritter Stelle im Bereich des Unternehmensinsolvenzrechts,[8] allein die hohen Forderungsausfälle der Vergangenheit zeigen aber, dass weiterhin ein erhebliches Potenzial besteht, das Recht noch effizienter zu gestalten.

Marktaustritte sind in einer freien Marktwirtschaft seit jeher unvermeidbar. Das moderne Insolvenzrecht hat allerdings nicht mehr allein die Funktion, die Wirtschaft von gescheiterten Unternehmen zu reinigen. Vielmehr ist der Austritt von Unternehmen aus dem Markt nur noch die reflexartige Folge des Insolvenzrechts.[9] Es hat sich in der Vergangenheit im Nachgang eines Insolvenzverfahrens oftmals gezeigt, dass das Ausscheiden eines Unternehmens nicht notwendig gewesen wäre beziehungsweise zumindest hätte abgemildert werden können. Das Scheitern eines Unternehmens ist in einer globalisierten Wirtschaft von mannigfaltigen Faktoren beeinflusst. Die einzelnen Entscheidungen der Unternehmensleitung führen nicht immer in kausaler Art und Weise zu der Insolvenz. Manchmal kann diese sogar nicht vorausgesehen werden.

Die Folgen für alle Beteiligten wären bei einem ausgereifteren, den Sanierungsgedanken tatsächlich verwirklichenden Insolvenzrecht möglicherweise weniger gravierend. Der Sanierungsgedanke meint mithin, dass Restrukturierung und Sanierung eines Unternehmens als ein Leitgedanke dem modernen deutschen Insolvenzrecht zugrunde zu legen sein sollten.

C. Zielsetzung

Ziel der nachfolgenden Untersuchung ist es, den Paradigmenwechsel von einem ursprünglich reinen Zerschlagungs- und Verteilungsrecht hin zu einem modernen Sanierungs- und Restrukturierungsrecht zu analysieren und dabei die zahlreichen Möglichkeiten, die zu einer Verfestigung und Verfeinerung des

---

7 Pressemitteilung des statistischen Bundesamtes v. 30. 11. 2016, https://www.destatis.de/DE/PresseService/Presse/Pressemitteilungen/2016/11/PD16_427_52431.html [zuletzt aufgerufen am 31. 5. 2019].

8 Studie der Weltbank „Doing Business 2017 – Equal Opportunity for All“, S. 208, verfügbar unter: http://www.doingbusiness.org/~/media/WBG/DoingBusiness/Documents/Annual-Reports/English/DB17-Report.pdf [zuletzt aufgerufen am 31. 5. 2019].

9 *Häsemeyer*, Insolvenzrecht, Rn. 5.01 ff.; *Gerhardt*, in: FS Weber, S. 187 ff.

Sanierungs- und Restrukturierungsgedankens im Insolvenzrecht führen können, aufzuzeigen.

Einschränkend gilt es jedoch festzuhalten, dass in einem marktwirtschaftlich orientierten europäischen Binnenmarkt die Sanierung eines Unternehmens niemals reiner Selbstzweck sein darf, sondern ein Erhalt nur dann sinnvollerweise in Betracht gezogen werden sollte, wenn *in casu* der Fortführungswert den Liquidationswert tatsächlich übersteigt.[10] Umgekehrt erscheint eine Liquidation aber nur dann sinnvoll, wenn die in einem Unternehmen gebundenen Ressourcen außerhalb des Unternehmens einen höheren Gesamtbetrag erwirtschaften können als innerhalb.[11]

In den seltensten Fällen wird ein einmal in Schieflage geratenes Unternehmen als ein Phönix aus der Asche glanzvoll wieder emporsteigen können. Vielmehr ist eine Sanierung wohl in den meisten Fällen von vornherein zum Scheitern verurteilt. Dies schmälert allerdings in keiner Weise die Bedeutung der Frage, wie ein modernes Insolvenzrecht ausgestaltet sein muss, um möglichst viele sanierungsbedürftige, aber sanierungsfähige Unternehmen erhalten zu können. Selbst wenn am Ende nur einige wenige Unternehmen gerettet werden können, so sollte der gesamtwirtschaftliche Gewinn erfolgreicher Sanierungen nicht unterschätzt werden. Wenn ein auf den ersten Blick sanierungswürdiges Unternehmen letztlich abgewickelt wird, so kann eine geplante Restrukturierung dennoch dazu beitragen, dass Unternehmensteile erhalten werden oder zumindest die Quote für die Gläubiger erhöht wird.[12] Bei drohenden Insolvenzen großer Konzerne ist das Schicksal Tausender Beschäftigter betroffen, so dass es schon ein Erfolg ist, wenn das Recht seinen Beitrag leisten könnte, nur ein konzernzugehöriges Unternehmen zu erhalten.

D. Vorgehen

Um den Paradigmenwechsel analysieren zu können, soll im ersten Teil der Arbeit zunächst die oft steinige und manchmal sehr zähe historische Entwicklung des Sanierungsgedankens im deutschen Insolvenzrecht nachgezeichnet werden. Ausgangspunkt ist dabei die Entstehung der ersten gesamtdeutschen Konkursordnung von 1877.[13]

Im zweiten Teil der Arbeit soll an Hand der jüngsten Reformen des Insolvenzrechts die Umsetzung des Sanierungsgedankens überprüft werden. Ein

10 RegE ESUG, BT-Drucks. 17/5712, S. 25.
11 *Schäfer/Ott*, Ökonomische Analyse des Zivilrechts, S. 642.
12 *Goode*, Corporate Insolvency Law, 11. Kap. Rn. 3.
13 RGBl. S. 351.

Fokus soll dabei auf dem am 1. März 2012 in Kraft getretenen sog. „Gesetz zur weiteren Erleichterung der Sanierung von Unternehmen"[14] (ESUG) liegen, welches die erste und zentrale Stufe der auf dem 7. Deutschen Insolvenzrechtstag 2010 angekündigten, immer noch nicht abgeschlossenen Insolvenzrechtsreform darstellt. Zu klären ist, ob das reformierte Insolvenzplanverfahren und die Eigenverwaltung taugliche Instrumente zu der Sanierung von Unternehmen sein können.[15]

Im dritten Teil der Arbeit soll der weitere Reformbedarf des deutschen Insolvenzrechts aufgedeckt werden. Ausgehend von dem Hinweis der ehemaligen Bundesjustizministerin, dass andere Länder bereits die von ihr eingeforderte Insolvenzkultur besäßen,[16] werden ausgewählte europäische Rechtsordnungen sowie aktuelle Vorhaben auf europäischer Ebene daraufhin untersucht, ob und inwieweit sie eine Vorbildfunktion für eine Fortentwicklung des deutschen Sanierungs- und Restrukturierungsrechts haben könnten.[17] Damit eng verknüpft wird die auch noch nach Inkrafttreten des ESUG relevante Frage beantwortet, ob Deutschland, wie bereits zahlreiche Nachbarländer, ebenfalls ein vorinsolvenzliches Sanierungsverfahren neben oder in der Insolvenzordnung benötigt. Diese Frage stellt sich nun umso dringlicher, da die Kommission am 22. November 2016 einen Entwurf einer Richtlinie vorgelegt hat, die unter anderem ein solches Sanierungsverfahren zum Gegenstand hat.[18] Das Europäische Parlament stimmte dieser Richtlinie mit zahlreichen Änderungen[19] am 28. März 2019 in

14 BGBl. I S. 2582.

15 Die bereits bei Erlass des ESUG geplante Evaluierung, vgl. RechtsA ESUG, BT-Drucks. 17/7511, S. 5, liegt nun vor, siehe *Jacoby/Madaus/Sack/Schmidt/Thole*, ESUG-Evaluierung.

16 *Leutheusser-Schnarrenberger*, BB 2010, Heft 17, Die erste Seite.

17 Dabei stellt die Einbeziehung von Rechtsgeschichte (Erster Teil der vorliegenden Arbeit), Rechtsvergleichung (Dritter Teil der vorliegenden Arbeit) und interdisziplinärer Forschung ein „magisches Dreieck" dar, durch das die Rechtswissenschaft und die Rechtsetzung imstande sind, ihren Erkenntnishorizont über zeitliche, nationale und fachliche Grenzen hinweg erweitern zu können, siehe *Ebke*, in: FS Müller-Graff, S. 1455 f.

18 Vgl. „Vorschlag für eine Richtlinie des Europäischen Parlaments und des Rates über präventive Restrukturierungsrahmen, die zweite Chance und Maßnahmen zur Steigerung der Effizienz von Restrukturierungs-, Insolvenz- und Entschuldungsverfahren und zur Änderung der Richtlinie 2012/30/EU", COM(2016) 723 final.

19 Eine Zusammenfassung der Änderungen gegenüber dem ursprünglichen Entwurf der Richtlinie findet sich u.a. bei *Lange/Swierczok*, BB 2019, 514; *Seagon*, NZI 2018, 787.

erster und einziger Lesung mit großer Mehrheit zu.[20] Ab Inkrafttreten der Richtlinie – voraussichtlich im Sommer 2019 – bleiben Deutschland zwei Jahre Zeit, um die Vorgaben der Richtlinie umzusetzen.

Im vierten und abschließenden Teil sollen die wesentlichen Ergebnisse der vorliegenden Arbeit zusammengefasst werden und ein Ausblick in die weitere Zukunft des Sanierungsgedankens im deutschen Insolvenzrecht gegeben werden. Dabei werden auch konkrete Änderungsvorschläge des aktuellen Insolvenzrechts unterbereitet, die imstande sein könnten, Sanierungen in Deutschland noch weiter zu erleichtern.

20 http://www.europarl.europa.eu/sides/getDoc.do?type=PV&reference=20190328&secondRef=ITEM-008-03&language=DE&ring=A8-2018-0269 [zuletzt aufgerufen am 31. 5. 2019]; die vorläufige Fassung der Richtlinie ist verfügbar unter: https://eur-lex.europa.eu/legal-content/DE/TXT/PDF/?uri=CONSIL:ST_7753_2019_INIT&from=DE [zuletzt aufgerufen am 31. 5. 2019].

Erster Teil: Historische Entwicklung

Der Ausgangspunkt der vorliegenden Analyse des Sanierungsgedankens im heutigen und zukünftigen deutschen Insolvenzrecht muss die historische Entwicklung sein. Das Recht, und das Insolvenzrecht im Besonderen, können nur verstanden und sinnvoll weiterentwickelt werden, wenn sowohl die rechtshistorischen als auch die gesellschaftlichen, wirtschaftlichen und politischen Entwicklungen in die Betrachtung einbezogen werden.[21] Bereits im alten Rom finden sich Regelungen zum Konkurs, jedoch sollen und können diese, ebenso wenig wie das Konkursrecht der mittelalterlichen Handelsstädte, trotz ihrer Wichtigkeit und ihres Einflusses auf die Rechtsentwicklung in Deutschland, Gegenstand der folgenden Ausführungen sein.[22]

Die vorliegende Untersuchung der historischen Entwicklung des deutschen Insolvenzrechts und des Sanierungsgedankens beginnt mit der Konkursordnung von 1877. Anschließend wird die Entwicklung des neu geschaffenen Konkursrechts Anfang des 20. Jahrhunderts bis hin zu den Vergleichsordnungen von 1927[23] und 1935[24] näher erörtert. Sodann wird der lange Weg von der zunehmenden Kritik an der Konkursordnung und der Vergleichsordnung, über die ersten Reformbestrebungen in den siebziger Jahren hin bis zum Inkrafttreten

---

21 So auch *Ebke*, in: FS Kirchhof II, S. 1248 Rn. 2; *Stürner*, in: MünchKomm-InsO, Einl. Rn. 25; *Kübler*, in: HRI, § 1 Rn. 1; *Thieme*, in: FS 100 Jahre KO, S. 35; *H. Hess*, InsO, 1. Aufl., Vor § 1 ff. Rn. 170; *Vallender*, NZI 2010, 838, 840; *Bucher*, ZEuP 2000, 394, 520 f.; *Bauer*, Insolvenzplan, S. 19; *Henckel*, in: Jaeger, InsO, Einl. Rn. 2.

22 Ein guter Überblick der historischen Entwicklung findet sich u.a. bei *Prütting*, in: Kübler/Prütting/Bork, InsO, Einl. Rn. 4 ff.; *Stürner*, in: MünchKomm-InsO, Einl. Rn. 26 ff.; *Gottwald*, in: Gottwald, Insolvenzrechts-Handbuch, § 1 Rn. 1 ff.; *Uhlenbruck*, in: FS 100 Jahre KO, S. 6 ff.; *Paulus*, KTS 2000, 239; *Thole*, JZ 2011, 765; ausführlicher und grundlegend hierzu u.a. *Kohler*, Leitfaden, S. 3 ff.; *Meier*, Geschichte des deutschen Konkursrechts, S. 3 ff.; *Eisenhardt*, Sanierung statt Liquidation, S. 33 ff.; *Bauer*, Insolvenzplan, S. 25 ff.; noch weiter zurück in der Geschichte geht *H. Hess*, InsO, 1. Aufl., Vor § 1 ff. Rn. 15 ff., er sieht in altorientalischen und alttestamentarischen Rechtsquellen bereits die Wurzeln des modernen Insolvenzverfahrens; siehe dazu ebenso *Weis*, in: H. Hess/Weis/Wienberg, InsO, Vor § 1 ff. Rn. 17 ff.

23 RGBl. I S. 139.

24 RGBl. I S. 321.

der heutigen, 1994 verabschiedeten Insolvenzordnung[25] am 1. Januar 1999, aufgezeigt.

A. Die Konkursordnung

Den Beginn der Betrachtung der historischen Entwicklung des deutschen Insolvenzrechts und des Sanierungsgedankens stellt die Konkursordnung von 1877 dar. Sie trug als erstes einheitliches deutsches Konkursrecht am Ende des ausgehenden 19. Jahrhunderts – und als eines der vier Reichsjustizgesetze – maßgeblich zur Rechtseinheit des 1871 neu gegründeten Deutschen Reiches bei. Im Folgenden werden der Entstehungsprozess, erfolgte Änderungen bis zum Inkrafttreten und der endgültige Inhalt der Konkursordnung dargestellt. Dabei soll auch geklärt werden, ob der Sanierungsgedanke bereits im frühen deutschen Konkursrecht enthalten war.

I. Entstehungsprozess der Konkursordnung

Die am 10. Februar 1877 ausgefertigte Konkursordnung hatte die bereits 1855 verabschiedete Preußische Konkursordnung[26] zum Vorbild.[27] Preußen wollte bereits im Allgemeinen Deutschen Handelsgesetzbuch von 1861 ein einheitliches deutsches Konkursrecht für Kaufleute durchsetzen, scheiterte jedoch letztlich mit diesem Vorhaben.[28] Dennoch ist nach allgemeiner Ansicht die Preußische Konkursordnung von vornherein gezielt darauf ausgelegt gewesen, als Modellgesetz für ein späteres gesamtdeutsches Konkursrecht zu dienen.[29]

Am 21. Februar 1870 beschloss der Bundesrat des norddeutschen Bundes den Bundeskanzler zu ersuchen, einen Entwurf zu einer einheitlichen

---

25 BGBl. I S. 2866.

26 Abgedruckt bei *Wentzel/Klose*, Preußische Konkursordnung, S. 69 ff.; zur Entstehung der Preußischen Konkursordnung und der Konkursordnung siehe grundlegend und instruktiv *Meier*, Geschichte des deutschen Konkursrechts, S. 86 ff.; zur Konkursordnung siehe ebenso *Bauer*, Insolvenzplan, S. 181 ff.

27 *Hahn*, Materialien IV, S. 37 ff.; *Wolff*, Konkursordnung, Einl. S. XV; *Thieme*, in: FS 100 Jahre KO, S. 45 ff.; *Jaeger*, DJZ 1904, 904, 910; *Böhle-Stamschräder*, KTS 1959, 66, 66; *Henckel*, in: Jaeger, InsO, Einl. Rn. 7; zum Einfluss des bayrischen Insolvenzrechts auf das Entstehen der Konkursordnung siehe *Bornhorst*, Bayrisches Insolvenzrecht im 19. Jahrhundert.

28 *Prütting*, in: Kübler/Prütting/Bork, InsO, Einl. Rn. 11; *Meier*, Geschichte des deutschen Konkursrechts, S. 124 f.

29 Siehe statt vieler *Thieme*, in: FS 100 Jahre KO, S. 46 f. m.w.N.

Konkursordnung für den Bereich des norddeutschen Bundes ausarbeiten zu lassen. Die Entwicklung des Entwurfs wurde wiederum an das bereits konkursrechtsversierte Preußische Justizministerium weitergereicht.[30] Im preußischen Justizministerium waren die noch jungen Beamten *Franz Förster* und *Carl Hagens* zuständig für die Erstellung des ersten Entwurfs der Konkursordnung.[31] Der vermutlich von *Hagens* 1872 verfasste „Entwurf einer deutschen Gemeinschuldordnung“ wurde nach einigen Änderungen[32] durch eine Kommission des Bundesrates als zweiter Entwurf 1873 dem Reichstag vorgelegt.[33] 1874 wurde eine Sachverständigenkommission durch den Bundesrat eingesetzt, deren Arbeit jedoch weitestgehend im Geheimen ablief, so dass heute größtenteils keine Einzelheiten mehr aus den Beratungen bekannt sind.[34] Die Konkursordnung wurde schließlich 1876 verabschiedet und trat am 1. Oktober 1879 in Kraft.[35] Bereits am 17. Mai 1898 wurde eine Neufassung der Konkursordnung bekanntgeben,[36] um diese an das am 10. Mai 1897 in Kraft getretene Handelsgesetzbuch[37] und das am 1. Januar 1900 in Kraft tretende Bürgerliche Gesetzbuch[38] und dessen Nebengesetze anzupassen.[39]

---

30 *Hahn*, Materialien IV, S. 35.

31 *Stürner*, in: MünchKomm-InsO, Einl. Rn. 31; *Prütting*, in: Kübler/Prütting/Bork, InsO, Einl. Rn. 12.

32 Zu den Änderungen siehe Erster Teil, A. II.

33 *K. Schmidt*, in: K. Schmidt, InsO, Einl. Rn. 1; zu der weiterhin umstrittenen Frage der tatsächlichen Urheberschaft des Entwurfs der Gemeinschuldordnung siehe *Uhlenbruck*, in: FS 100 Jahre KO, S. 13 ff.; *Thieme*, in: FS 100 Jahre KO, S. 65 ff.; *Pape/Uhlenbruck/Voigt-Salus*, Insolvenzrecht, VII. Kap. Rn. 10; *Hanisch*, Rechtszuständigkeit, S. 39 ff.; *Meier*, Geschichte des deutschen Konkursrechts, S. 197 ff.; *Bley/Mohrbutter*, VglO, Einl. Rn. 1; *Jaeger*, DJZ 1930, 33, 34.

34 Ausführlich dazu *Thieme*, in: FS 100 Jahre KO, S. 55 ff.

35 *Stürner* in: MünchKomm-InsO, Einl. Rn. 31; zu dem interessanten Aspekt der sozialen Frage während des Kodifikationsprozesses der Konkursordnung siehe grundlegend *Zech*, Die soziale Frage.

36 RGBl. S. 230, S. 612.

37 RGBl. S. 219.

38 RGBl. S. 195.

39 *Gottwald*, in: Gottwald, Insolvenzrechts-Handbuch, § 1 Rn. 9; *K. Schmidt*, in: K. Schmidt, InsO, Einl. Rn. 1; ausführlich *Meier*, Geschichte des deutschen Konkursrechts, S. 202 ff.; *Flessner*, Sanierung und Reorganisation, S. 8; *Henckel*, in: Jaeger, InsO, Einl. Rn. 9; zu den Änderungen der Konkursordnung bei Einführung des Bürgerlichen Gesetzbuches siehe ausführlich *Kleinfeller*, DJZ 1896, 474.

II. Inhalt der Konkursordnung

Die Konkursordnung enthielt bei Inkrafttreten 214 Paragraphen. Zu klären ist, ob sich in den zahlreichen Regelungen der Konkursordnung, die oftmals als „die Perle unter den Reichjustizgesetzen“[40] bezeichnet wurde, bereits der Sanierungsgedanke erkennen ließ oder aber, ob damals alleiniger Sinn und Zweck des Konkursrechts die sog. „Gesamtvollstreckung“ (Universalexekution) war und es damit nur um die Zerschlagung und die Verteilung der verbleibenden Konkursmasse an die Gläubiger ging.[41]

1. Entwurf einer deutschen Gemeinschuldordnung

Der von dem Bundesrat 1873 beschlossene „Entwurf einer deutschen Gemeinschuldordnung“ enthielt in den §§ 233–256[42] ein dem Konkurs vorgeschaltetes gerichtliches Vergleichsverfahren. Ein solches Verfahren war bereits auf den Deutschen Juristentagen 1864 und 1867 gefordert worden.[43] Ebenso hatte sich der 4. Deutsche Handelstag 1868 für die Schaffung eines Gesetzes, das ein kaufmännisches Akkordverfahren entweder innerhalb oder außerhalb der damals noch zu erlassenden Konkursordnung regelt, ausgesprochen.[44]

Nach § 233 des Entwurfs[45] konnte derjenige, der durch unverschuldete Ereignisse außer Stande gesetzt war, seine Zahlungen zu leisten und solange das Gemeinschuldverfahren über sein Vermögen noch nicht eröffnet war, ein Vergleichsverfahren bei Gericht beantragen. Nach § 234 musste der Schuldner eine vollständige Bilanz abgeben und drei Viertel der betroffenen Gläubiger mussten einer Verfahrenseröffnung durch das Gericht zustimmen. Unter Hinzuziehung von dem Gericht ernannten sog. Vertrauensmännern konnte der Schuldner nach §§ 236 f. i.V.m. § 167 den Gläubigern einen Vergleichsvorschlag unterbreiten. Nach der Äußerung der Vertrauensmänner über die Vermögensverhältnisse des Schuldners (vgl. § 238), eröffnete das Gericht gemäß § 239 das Vergleichsverfahren mit einer Frist von vier Wochen. Tat es dies nicht, so eröffnete das Gericht das Gemeinschuldverfahren. War das Vergleichsverfahren einmal eröffnet, so sperrte dieses das Gemeinschuldverfahren, siehe § 239. Nach § 250 musste der

40 *Jaeger*, DJZ 1930, 33, 34.
41 *Baur/Stürner*, Zwangsvollstreckungs-, Konkurs- und Vergleichsrecht, Rn. 951.
42 Abgedruckt als Anhang 5 bei *Eisenhardt*, Sanierung statt Liquidation, S. 343 ff.
43 Ausführlich dazu *Eisenhardt*, Sanierung statt Liquidation, S. 61 ff. m.w.N.
44 *Flessner*, Sanierung und Reorganisation, S. 8 f. m.w.N.
45 Die §§ im Folgenden unter Erster Teil, A. II. 1. sind §§ des Entwurfs einer deutschen Gemeinschuldordnung.

von den Gläubigern einstimmig anzunehmende Vergleich von dem Gericht bestätigt werden, wodurch das Verfahren abgeschlossen wurde. Nach § 251 wirkte der Vergleich für und gegen alle Gläubiger und war gegen den Schuldner vollstreckbar.

Mit Verweis auf die genannten Empfehlungen des Deutschen Handelstages und des Deutschen Juristentages wurde der Entwurf bezüglich des vorgeschalteten Vergleichsverfahrens in erster Linie mit einer grundsätzlichen Scheu vor dem Konkurs und der damit verbundenen Stigmatisierung des Schuldners begründet.[46] Weiterhin sei ein Gemeinschuldverfahren oft kostspielig, langwierig und führe daher zu einer Entwertung der Masse und somit zu einer Benachteiligung der beteiligten Gläubiger.[47]

2. *Endgültige Fassung der Konkursordnung*

Zum Teil wird irrtümlicherweise die Namensänderung von Gemeinschuldordnung zu Konkursordnung als die einzige und wesentliche Änderung des Entwurfs im Vergleich zu dem verabschiedeten Gesetz bezeichnet.[48] Eine tatsächlich schwerwiegende und tiefgreifende Änderung war indes die ersatzlose Streichung des gerichtlichen Vergleichsverfahrens, obwohl dieses zahlreiche und gewichtige Fürsprecher hatte.[49] Damit enthielt die Konkursordnung in der Fassung ihrer Bekanntmachung von 1877 keine Regelungen mehr zu einem dem Konkurs vorgeschalteten und diesen abwendenden Vergleichsverfahren.[50] Die Konkursordnung normierte den Zwangsvergleich in den §§ 160 ff. KO 1877 beziehungsweise in der Neufassung in den §§ 173 ff. KO 1898. Dieser diente lediglich dem Abschluss des Konkursverfahrens, nicht jedoch der Abwendung des Verfahrens.[51]

Trotz vehementer Kritik kurz nach Inkrafttretens der Konkursordnung an dem Fehlen eines gerichtlichen Vergleichsverfahrens wurde ein solches auch

---

46 *Eisenhardt*, Sanierung statt Liquidation, S. 77.

47 *Hahn*, Materialien IV, S. 382; *Eisenhardt*, Sanierung statt Liquidation, S. 77 m.w.N.; *H. Hess*, InsO, 1. Aufl., Vor § 1 ff. Rn. 106.

48 So u.a. *Keller*, Insolvenzrecht, Rn. 45; *Henckel*, in: Jaeger, InsO, Einl. Rn. 7 f.

49 *Thieme*, in: FS 100 Jahre KO, S. 54 f.; *Jaeger*, Deutsches Konkursrecht, S. 217; ausführlicher dazu *Eisenhardt*, Sanierung statt Liquidation, S. 80 ff. m.w.N; *Meier*, Geschichte des deutschen Konkursrechts, S. 168.

50 Stürner, in: MünchKomm-InsO, Einl. Rn. 31.

51 *Hellwig*, DJZ 1907, 799, 800.

nicht bei der Neufassung der Konkursordnung 1898 berücksichtigt.[52] Das Fehlen eines gerichtlichen Vergleichsverfahrens wurde von dem damaligen Gesetzgeber unter anderem damit begründet, dass die tatsächlichen Gläubiger von „Personen mit erdichteten oder übertriebenen Forderungen“[53] überstimmt werden könnten. Weiterhin müsse das Gericht bei einem Vergleich und einem dann zuzulassenden Widerspruch die Vermögensmasse mit sicherer Kenntnis feststellen.[54] Darüber hinaus sei es äußerst schwierig, auf Grund der Unbestimmtheit des Merkmals „unverschuldet“ i.S.d. Entwurfs der Gemeinschuldordnung festzustellen, wann ein Schuldner tatsächlich ohne eigene Schuld zahlungsunfähig geworden ist.[55] Einem Schuldner, der tatsächlich in unverschuldeter Weise in die Zahlungsunfähigkeit geraten war, sollte es jedoch „unschwer gelingen, auch außergerichtlich sich mit seinen Gläubigern zu verständigen“[56]. Der Gesetzgeber ging damals davon aus, dass sich die Forderung nach einem Konkursabwendungsvergleich (oder Präventivakkord) von selbst erledigen würde, wenn die Konkursordnung erst einmal ihre Wirkungen entfalten werde.[57]

III. Ergebnis

Der Sanierungsgedanke in der Konkursordnung war *de facto* nicht vorhanden beziehungsweise konnte „nur mit sehr viel gutem Willen und Aufgeschlossenheit gegenüber den Wandlungen des Wirtschaftslebens“[58] herausgelesen werden.[59] So könnte man allenfalls in der, begrifflich auf *K. Schmidt* zurückgehenden, sog. „übertragenden Sanierung“[60] die Möglichkeit der Rettung eines

---

52 *Jaeger*, Deutsches Konkursrecht, S. 217; *Schubert*, KTS 1993, 323, 324; ausführlicher dazu *Eisenhardt*, Sanierung statt Liquidation, S. 89 ff. m.w.N.; *Flessner*, Sanierung und Reorganisation, S. 8.; *Jaeger*, DJZ 1905, 753, 754; *Gottschalk*, DJZ 1898, 113, 113.

53 *Hahn*, Materialien IV, S. 383.

54 *Hahn*, Materialien IV, S. 383.

55 *Hahn*, Materialien IV, S. 384.

56 *Hahn*, Materialien IV, S. 385.

57 *Prütting*, in: Kübler/Prütting/Bork, InsO, Einl. Rn. 14.; *Baur/Stürner*, Zwangsvollstreckungs-, Konkurs- und Vergleichsrecht, Rn. 1198.

58 So *Paulus*, DStR 2002, 1865, 1866.

59 *Thole*, JZ 2011, 765, 768.

60 Erstmals erwähnt von *K. Schmidt*, ZIP 1980, 328, 337; instruktiv siehe dazu ebenfalls *K. Schmidt*, in: Insolvenzrecht im Umbruch, S. 67 ff.; *Balz*, in: Beiträge zum Insolvenzrecht, S. 71 ff.; *Hanau/Berscheid*, in: Kölner Schrift, 2. Aufl., S. 1541 ff.; *Wellensiek* NZI 2002, 233; zu einer historischen Betrachtung der übertragenden Sanierung siehe *Zipperer*, NZI 2008, 206.

Unternehmens sehen. Eine solche Sanierung meint „die Loslösung eines Unternehmens, Betriebs, Betriebsteils oder sonstigen *going concern* von seinem bisherigen Träger zwecks Fortführung durch einen anderen (neuen oder bereits bestehenden) Träger.“[61] Das heißt, dass es zu einer Gesamtveräußerung des Unternehmens kommt, die regelmäßig durch einen *asset deal* aus der Konkursmasse stattfindet.[62] Damit werde automatisch die wohl häufigste Krisenursache, die sog. Stakeholderkrise, überwunden, da der *asset deal* den Gesellschaftern das Unternehmen wegnehme.[63] Der neue Erwerber führt das Unternehmen dann nach seinen Vorstellungen fort. Dass dies schon zu Zeiten der Konkursordnung möglich war und in der Praxis bis heute regelmäßig Anwendung findet, ergibt sich aus der Natur der Sache. Hierbei lässt sich aber noch nicht von einem Sanierungsgedanken als einem der Leitgedanken des zukünftigen Insolvenzrechts sprechen.

Zum Teil wird bei der übertragenden Sanierung der Sanierungscharakter sogar vollständig abgelehnt, weil es sich hierbei nur um eine besondere Form der Verwertung des Schuldnervermögens handele und der Terminus somit einen Euphemismus darstelle.[64] Da sich die übertragende Sanierung allerdings als „besondere Form der Sanierung des Unternehmens“[65] etabliert hat und oft die einzige Möglichkeit ist, Werte des Unternehmens überhaupt zu erhalten, muss man sie zutreffender Weise als ein Instrument der Sanierung anerkennen.[66]

61 *Balz*, ZIP 1988, 273, 287.

62 *Wellensiek*, NZI 2002, 233, 234; *Wellensiek/Schluck-Amend*, in: Münchener Anwaltshandbuch, § 23 Rn. 70; *Seagon*, in: Buth/Hermanns, Handbuch, § 24 Rn. 74. Für (noch) nicht insolvente Tochterunternehmen komme u.U. auch ein sog. *share deal* in Betracht, siehe dazu, *Beck*, in: Praxis der Insolvenz, § 1 Rn. 14.

63 *Rattunde*, GmbHR 2012, 455, 456.

64 *Kluth*, NZI 2002, 1, 1 f.; *Römermann*, NJW 2012, 645, 645; *Jaffé/Friedrich*, ZIP 2008, 1849, 1853; *Lieder*, Unternehmenssanierung im Lichte der EuInsVO, S. 15; *Braun*, in: Braun/Uhlenbruck, Unternehmensinsolvenz, S. 424; *Maus*, in: Kölner Schrift, 2. Aufl., S. 934 Rn. 12; *Flöther*, ZIP 2012, 1833, 1834 f.; ebenso sah bereits die Kommission für Insolvenzrecht in der übertragenden Sanierung nur einen Fall der Liquidation, siehe Erster Bericht, S. 157.

65 *Wellensiek*, NZI 2002, 233, 234.

66 *Undritz*, in: HRI, § 2 Rn. 11; dafür spricht in erster Linie der hohe prozentuale Anteil der übertragenden Sanierung an erfolgreich durchgeführten Restrukturierungen. Dieser solle laut *Undritz* (ohne allerdings dafür einen Beleg zu bringen) bei 90 % liegen, siehe *Undritz*, ZGR 2010, 201, 205. *Paulus* spricht dementsprechend von einer „faktischen Dominanz der übertragenden Sanierung als Sonderform der Liquidation“, siehe *Paulus*, NZI 2015, 1001, 1004.

Uhlenbruck spricht bezüglich der Streichung des Vergleichsverfahrens innerhalb der Konkursordnung, wie es der Reichsgesetzgeber ursprünglich vorgesehen hatte, zurecht von einer „Eliminierung des Sanierungsgedankens"[67]. *Hanisch* sieht im Wegfall der §§ 233–256 des Entwurfs einer deutschen Gemeinschuldordnung sogar einen „Geburtsfehler des besten der Reichsjustizgesetze"[68]. Dem Gesetzgeber ist somit letztlich auch bei dem vermeintlich „trefflichsten der Reichjustizgesetze"[69], das „von Meisterhand entworfen"[70] wurde, ein gravierender und folgenschwerer Fehler unterlaufen.[71] Die weitere Entwicklung wird zeigen, dass sich dies rächte.[72]

B. Die Vergleichsordnung

Der Sanierungsgedanken war in der Konkursordnung letztlich nicht erkennbar. Die Haftungsverwirklichung war das allein bestimmende Ziel des Konkursverfahrens. Im Folgenden wird die weitere Entwicklung nach Inkrafttreten der Konkursordnung dargestellt. Dabei werden ausgehend vom Fehlen eines den Konkurs abwendenden Vergleichsverfahrens die Entstehung der Geschäftsaufsichtsverordnungen und die späteren Vergleichsordnungen von 1927 und 1935 nachgezeichnet. Zu klären ist, ob diese Rechtsakte im Gegensatz zur Konkursordnung imstande waren, Sanierungen zu ermöglichen und Konkurse zu verhindern.

I. Entwicklungen nach der Neufassung der Konkursordnung

Bereits 1905 wurde im Reichstag von einigen Parlamentariern wieder ein konkursabwendendes Vergleichsverfahren gefordert, dieses aber mit Hinweis auf die ablehnenden Begründungen bei Verabschiedung der Konkursordnung und ebenso bei deren Neufassung wieder verworfen.[73] Dies setzte sich in den folgenden Jahren fort. Sowohl der Deutsche Handelstag als auch der Deutsche

---

67 *Uhlenbruck*, in: FS 100 Jahre KO, S. 17.

68 *Hanisch*, Rechtszuständigkeit, S. 39.

69 *Jaeger*, Deutsches Konkursrecht, S. 17; auch *K. Schmidt* hielt im Jahre 1988 die Konkursordnung für einen „ganz großen Wurf", siehe *K. Schmidt*, KTS 1988, 1, 4.

70 *Jaeger*, DJZ 1930, 33, 34; *Wolff* spricht von einer in „meisterhafter Sprache abgefassten" Konkursordnung, die daher die Zivilprozessordnung überdauern werde, wenn diese längst durch eine Neuregelung ersetzt wurde, *Wolff*, Konkursordnung, Einl. S. XV.

71 *Gottwald*, in: Gottwald, Insolvenzrechts-Handbuch, § 1 Rn. 19.

72 *Uhlenbruck*, NZI 2008, 201, 201.

73 *Eisenhardt*, Sanierung statt Liquidation, S. 95 m.w.N.

Juristentag blieben aber bei ihrer Haltung und forderten weiterhin ein Vergleichsverfahren.[74] In der Literatur wurde ein konkursabwendendes Vergleichsverfahren ebenfalls befürwortet. So hielt *Jaeger* mit Verweis auf die Rechtsordnungen einiger europäischer Nachbarländer fest, dass sich der Reichsgesetzgeber auf Dauer nicht den Forderungen des Handelsstandes nach einem Vergleichsverfahren entziehen könne.[75] Dies führte letztlich dazu, dass der Reichstag 1913 die Regierung aufforderte, einen Gesetzesentwurf über den Zwangsvergleich außerhalb des Konkurses zu erarbeiten. Dazu kam es jedoch auf Grund der politischen Veränderungen nicht mehr.[76]

Als Zäsur in der Entwicklung des deutschen Insolvenzrechts wirkte schließlich der Ausbruch des Ersten Weltkrieges am 28. Juli 1914. Dieser zwang den Gesetzgeber zu einem raschen Handeln gegen die drastischen Folgen, die bereits zu Beginn des Krieges die deutsche Wirtschaft schwer belasteten.[77]

1. Die Geschäftsaufsichtsverordnung von 1914

Gerade einmal zwei Wochen nach Ausbruch des Ersten Weltkrieges reagierte der Bundesrat am 8. August mit der als „Geschäftsaufsicht zur Abwendung des Konkursverfahrens“ bezeichneten Verordnung.[78] Ziel dieser Verordnung war es, „Schuldner vor dem Konkurs und den damit verbundenen Schädigungen zu bewahren und ihnen über die schlimme Zeit ohne Zusammenbruch hinwegzuhelfen.“[79]

Nach § 1 der Verordnung konnte derjenige, der auf Grund des ausgebrochenen Krieges zahlungsunfähig geworden war, bei dem zuständigen Konkursgericht

---

74 Siehe hierzu ausführlich *Eisenhardt*, Sanierung statt Liquidation, S. 95 ff. m.w.N; *Schubert*, KTS 1993, 323, 324 f.; *Flessner*, Sanierung und Reorganisation, S. 9 m.w.N.

75 *Jaeger*, DJZ 1905, 753, 755.

76 *Flessner*, Sanierung und Reorganisation, S. 9 m.w.N.; *Klimmer*, Geschäftsaufsicht, S. VII.

77 *Bauer*, S. 258; *Jaeger*, Geschäftsaufsicht, S. 5.; *Jaeger*, DJZ 1930, 33, 35; *Danielcik/Küch*, Vergleichsordnung, S. 8; *Flessner*, Sanierung und Reorganisation, S. 9; *Bley/Mohrbutter*, VglO, Einl. Rn. 1; *Kilger/K. Schmidt*, VglO, Einl. VglO I 2, S. 578.; *Uhlenbruck*, DZWiR 2007, 1, 4; *Henckel*, in: Jaeger, InsO, Einl. Rn. 11; *Vallender*, NZI 2010, 838, 840.

78 RGBl. S. 363; die Ermächtigungsgrundlage zum Erlass der Verordnung findet sich in § 3 des Gesetzes über die Ermächtigung des Bundesrates zu wirtschaftlichen Maßnahmen und über die Verlängerung der Fristen des Wechsel- und Scheckrechts im Falle kriegerischer Ereignisse, RGBl. 1914 S. 327; *Flessner*, Sanierung und Reorganisation, S. 9.

79 Zit. bei *Schmerbach*, in: FK-InsO, Vor §§ 1 ff. Rn. 4.

die Anordnung einer Geschäftsaufsicht zur Abwendung des Konkurses beantragen. Dem Antrag war nach § 3 der Verordnung jedoch nur dann stattzugeben, wenn zu erwarten war, dass die Zahlungsunfähigkeit nach dem Krieg behoben werden. Das Gericht konnte sodann nach freiem Ermessen eine sog. Aufsichtsperson ernennen. Der Schuldner benötigte zur Verfügung über Grundstücke die Zustimmung der von dem zuständigen Gericht bestimmten Aufsichtsperson und konnte nur Verpflichtungen eingehen, die zur angemessenen Deckung seines Lebensbedarfs dienten.[80] Während der Dauer der Geschäftsaufsicht waren Zwangsvollstreckungsmaßnahmen und die Eröffnung des Konkurses über das Vermögen des Antragstellers gesperrt. Die Geschäftsaufsicht wurde 1915 allein in Preußen von 2 180 Personen in Anspruch genommen.[81] Im gesamten Deutschen Reich wurde 1915 in insgesamt 3 865 Fällen die Geschäftsaufsicht angeordnet.[82]

Auf Grund der äußerst hektischen Abfassung der Verordnung kurz nach Ausbruch des Krieges enthielt diese einige Mängel. So gab die Verordnung dem betroffenen Schuldner weder eine Möglichkeit, sich von den Schulden durch einen gerichtlichen konkursabwendenden Vergleich zu befreien, noch gab es besondere Leitlinien für die von dem Gericht bestellten Aufsichtspersonen.[83] Das Fehlen einer längerfristigen Unterstützung des Schuldners und eines dauerhaften Vergleichsverfahrens beruhte darauf, dass der Reichsgesetzgeber 1914 noch von einem bald endenden Krieg ausging und daher keine Notwendigkeit sah, eine dauerhafte, kriegsunabhängige Regelung zu schaffen.[84] Da die Verordnung nur für die Zeit des Krieges geschaffen worden war, mehrten sich wieder die Stimmen, die ein Vergleichsverfahren außerhalb des Konkurses forderten, da andernfalls nach Beendigung des Krieges eine Konkurswelle über das Land schwappen werde.[85]

2. Die Geschäftsaufsichtsverordnung von 1916

Am 14. Dezember 1916 beschloss der Bundesrat eine neue Verordnung über die Geschäftsaufsicht zur Abwendung des Konkurses.[86] Nach der Neufassung

80 *Flessner*, Sanierung und Reorganisation, S. 10.
81 *Schubert*, KTS 1993, 323, 326.
82 *Flessner*, Sanierung und Reorganisation, S. 10 m.w.N.
83 *Schubert*, KTS, 1993, 323, 326; *Eisenhardt*, Sanierung statt Liquidation, S. 139; *Kiesow*, Vergleichsordnung, Einl. S. XXI f.; *Klimmer*, Geschäftsaufsicht, S. VIII.
84 *Bauer*, Insolvenzplan, S. 259 m.w.N.
85 *Eisenhardt*, Sanierung statt Liquidation, S. 143 f. m.w.N.
86 RGBl. S. 1363.

war einem Antrag auf Geschäftsaufsicht immer dann stattzugeben, wenn die Möglichkeit bestand, dass der drohende Konkurs durch einen Vergleich mit den betroffenen Gläubigern abgewendet werden könnte. Damit war einer der Hauptkritikpunkte an der Verordnung von 1914 beseitigt worden. Die §§ 33–65 der Verordnung von 1916 regelten den Vergleich detailliert und enthielten bereits Elemente der späteren Vergleichsordnung.[87]

Die Bedeutung der Neufassung der Verordnung von 1916 zeigt sich allein schon an ihrem Umfang. So hatte die Verordnung von 1914 gerade einmal 13 Paragraphen, die Verordnung von 1916 bereits 80.[88] In der neuen Verordnung wurden die Pflichten der Aufsichtspersonen näher spezifiziert.[89] Trotz der Forderungen, die Verordnung nicht nur auf unmittelbare Ursachen des Krieges zu beschränken, erfasste auch die Geschäftsaufsichtsverordnung von 1916 nur Schuldner, die auf Grund des Krieges zahlungsunfähig geworden waren. Zu beachten ist jedoch, dass das Merkmal der kriegsbedingten Zahlungsunfähigkeit von den Gerichten sehr weit ausgelegt wurde, so dass zumindest in der Praxis dieser Kritikpunkt ins Leere lief.[90] Die Verordnung von 1914 wurde von den Gerichten so angewendet, dass sie im Wesentlichen der neuen Verordnung gleichkam.[91] Eine Mitursächlichkeit des Krieges an der Zahlungsunfähigkeit der Schuldner, die die Geschäftsaufsicht beantragt hatten, wurde allgemein als ausreichend erachtet.[92]

3. Die Änderungsverordnungen von 1924

Nach Ende des Ersten Weltkrieges verlor die Geschäftsaufsichtsverordnung zunächst ihre Bedeutung. Dies änderte sich jedoch nach der durch die Inflation notwendig gewordene Währungsumstellung und der 1924 einsetzenden Deflation.[93]

---

87 *Flessner*, Sanierung und Reorganisation, S. 11 m.w.N.; *Eisenhardt*, Sanierung statt Liquidation, S. 153; *Henschel*, DJZ 1917, 191, 193 f.

88 *Cahn*, Geschäftsaufsicht, S. 1; *Kiesow*, Vergleichsordnung, Einl. S. XXII.

89 *Schubert*, KTS 1993, 323, 326 f.; *Eisenhardt*, Sanierung statt Liquidation, S. 153 ff. beide m.w.N. zu den durchweg positiven Reaktionen auf die Neufassung der Verordnung; *Jaeger*, Deutsches Konkursrecht, S. 16 f.

90 *Eisenhardt*, Sanierung statt Liquidation, S. 155 f. m.w.N.

91 *Klimmer*, Geschäftsaufsicht, S. XII.

92 *Klimmer*, Geschäftsaufsicht, S. 4.

93 *Schubert*, KTS 1993, 323, 327; *Eisenhardt*, Sanierung statt Liquidation, S. 159; zur Privatrechtsgeschichte nach Ende des Ersten Weltkrieges siehe grundlegend *Nörr*, Privatrechtsgeschichte der Weimarer Republik.

Im Jahr 1923 ist die Geschäftsaufsicht nur 163-mal angeordnet worden, 1924 bereits 7 111-mal.[94]

Um die Geschäftsaufsicht an die geänderten gesamtwirtschaftlichen Begebenheiten anzupassen, wurde am 8. Februar 1924 eine Änderungsverordnung[95] verabschiedet. Diese ermöglichte eine Geschäftsaufsicht auch dann, wenn die Zahlungsunfähigkeit des betroffenen Schuldners wegen der durch den Krieg entstandenen wirtschaftlichen Verhältnisse eingetreten war. Damit war der Anwendungsbereich deutlich weiter gefasst, so dass letztlich nur mittelbar durch den Krieg verursachte Folgen von der Verordnung ausdrücklich erfasst wurden.[96] Die Geschäftsaufsicht war zunächst auf ein Jahr begrenzt worden.[97] Da es in der Folgezeit immer wieder zu Missbrauch durch die Schuldner kam, wurde am 14. Juni 1924 eine neue Verordnung[98] verabschiedet. Schuldner nutzten unter Vorspiegelung falscher Tatsachen die Geschäftsaufsicht, um sich bei rückläufiger Konjunktur ein Zahlungsmoratorium von mindestens einem Monat zu verschaffen.[99] Um das missbräuchliche Verhalten der Schuldner einzudämmen, konnten nun die Gläubiger, die mindestens die Hälfte der Gesamtsumme der angemeldeten Vergleichsforderungen repräsentierten, beantragen, dass das Gericht die Geschäftsaufsicht wieder aufhebt.[100] Erstmalig war die Geschäftsaufsicht im Reichsanzeiger bekanntzugeben und Voraussetzung für die Anordnung der Geschäftsaufsicht, so dass zumindest eine begründete und absehbare Wahrscheinlichkeit bestand, dass das Unternehmen des Schuldners saniert werden könnte.[101] Darüber hinaus wurde die maximal mögliche Dauer der Geschäftsaufsicht von einem Jahr auf drei Monate verkürzt.[102] Trotz der Einschränkungen durch die Verordnung vom 14. Juni 1924 kam es weiterhin zu Missbräuchen der Geschäftsaufsichtsverordnung.[103]

---

94 Eine Übersicht über die angeordneten Geschäftsaufsichten und eröffneten Konkursverfahren für die Jahre 1918 bis 1926 findet sich bei *Kiesow*, Vergleichsordnung, Einl. S. XXIII.

95 RGBl. S. 51.

96 *Schubert*, KTS 1993, 323, 327; *Bauer*, Insolvenzplan, S. 260 m.w.N.

97 *Flessner*, Sanierung und Reorganisation, S. 12.

98 RGBl. S. 641.

99 *Eisenhardt*, Sanierung statt Liquidation, S. 162; zu dem interessanten rechtshistorischen Vergleich der späteren Vergleichsordnung mit dem heutigen Insolvenzplanverfahren nach den §§ 217 ff. InsO siehe grundlegend *Bauer*, Insolvenzplan, S. 262 ff.

100 *Schubert*, KTS 1993, 323, 327.

101 *Schubert*, KTS 1993, 323, 327; *Eisenhardt*, Sanierung statt Liquidation, S. 161.

102 *Flessner*, Sanierung und Reorganisation, S. 12; *Eisenhardt*, Sanierung statt Liquidation, S. 161.

103 *Eisenhardt*, Sanierung statt Liquidation, S. 161.

II. Die Vergleichsordnung von 1927

Die Kritik an der Geschäftsaufsicht vor allem wegen der steigenden Anzahl rechtsmissbräuchlichen Verhaltens durch die Schuldner nahm in der Folgezeit weiterhin zu.[104] So befürchtete man, dass das Ausnutzen der Geschäftsaufsicht zur Erlangung eines, wenn auch nur sehr kurzen Zahlungsmoratoriums dazu führe, dass mittelfristig das bisher hohe Ansehen des deutschen Kaufmanns im europäischen Ausland gefährdet sein würde; weiterhin hätte dies zur Folge gehabt, dass in Zeiten größter wirtschaftlicher Unsicherheit die Kreditbeschaffung für die deutsche Wirtschaft aufgrund des dadurch schwindenden Vertrauens erheblich erschwert werden könnte.[105]

1. Entstehungsprozess

Die zahlreichen Kritiker der Geschäftsaufsicht forderten die sofortige Abschaffung der Verordnung und zugleich den Erlass eines Gesetzes, das den konkursabwendenden Zwangsvergleich regeln solle.[106] Eine wesentliche Rolle bei der Entstehung der Vergleichsordnung spielte die Rechtsentwicklung in den europäischen Nachbarländern.[107] So hatte Österreich 1914 die sog. Ausgleichsordnung[108] erlassen, die als Gesetz den außergerichtlichen Zwangsvergleich detailliert regelte.[109] Das Reichsjustizministerium zog während des Gesetzgebungsverfahrens die Kollegen aus Österreich wiederholt zu Rate, da diese bereits erste Erfahrungen mit ihrem außergerichtlichen Vergleichsverfahren sammeln konnten.[110]

---

104 *Eisenhardt*, Sanierung statt Liquidation, S. 162 f. m.w.N.

105 *Kiesow*, Einl. S. XXIV; *Schubert*, KTS 1993, 323, 327; *Bauer*, S. 268; *Flessner*, S. 12 m.w.N.

106 *Kiesow*, Vergleichsordnung, Einl. S. XXIV; *Eisenhardt*, Sanierung statt Liquidation, S. 162 ff. m.w.N. zu der damals geäußerten Kritik in der Literatur, aber auch der Tagespresse.

107 *Cahn*, Geschäftsaufsicht, S. 6 f.

108 RGBl. Nr. 337/1914 S. 1280; zur österreichischen Konkurs- und Ausgleichsordnung instruktiv und ausführlich siehe *Mayer*, DJZ 1915, 139; zu den Insolvenzgesetzen und vor allem zu einem der geistigen Väter der damaligen Gesetze – *Robert Bartsch* – siehe *Riel*, ZIK 2015/7, 13.

109 *Schubert*, KTS 1993, 323, 326 m.w.N.; *Riel*, KTS 2012, 167, 168; ein guter Überblick der damaligen Entwicklung der Vergleichsverfahren in anderen europäischen Rechtsordnungen findet sich bei *Kohler*, Leitfaden, S. 163 ff.

110 *Eisenhardt*, Sanierung statt Liquidation, S. 190.

Das Gesetzgebungsverfahren,[111] das letztlich in die Vergleichsordnung münden sollte, begann am 21. Januar 1925 durch den Antrag der Abgeordneten *Mayer* und *Koch*. Diese forderten, dass der Reichstag die Regierung um die Einbringung eines Gesetzesentwurfs ersuchen solle. Inhalt dieses Entwurfes sollte sowohl die Abschaffung der Verordnung über die Geschäftsaufsicht sein als auch die Schaffung eines Vergleichsverfahrens außerhalb des Konkurses.[112]

Der erste Entwurf des Reichsjustizministeriums stammte vom 24. September 1925.[113] Dieser Entwurf wollte das Vergleichsverfahren, wie im „Entwurf einer deutschen Gemeinschuldordnung", noch innerhalb der Konkursordnung regeln und setzte somit einen Antrag auf Eröffnung des Konkursverfahrens voraus.[114] Das Reichswirtschaftsministerium hatte Vorbehalte gegenüber einem Vergleich innerhalb des Konkursverfahrens. Diese begründete es unter anderem damit, dass die Voraussetzung, einen Konkursantrag zu stellen, dazu führe, dass die betroffenen Schuldner gehemmt seien, das Vergleichsverfahren zu bestreiten. Daher solle das Vergleichsverfahren außerhalb der Konkursordnung in einem eigenständigen Gesetz geregelt werden.[115] Nach umfangreichen Stellungnahmen der Länder und der anderen Reichsministerien wurde der endgültige Entwurf[116] mit einigen wenigen Änderungen schließlich am 5. Dezember 1925 unter Artikel 1 als Teil eines „Entwurfs eines Gesetzes zur Förderung des Preisabbaus" in den Reichsrat eingebracht.[117]

2. *Inhalt des Entwurfs*

Nach § 1 des Entwurfs[118] konnte ein zahlungsunfähig gewordener Schuldner zur Abwendung seines Konkurses bei dem zuständigen Gericht die Eröffnung eines gerichtlichen Vergleichsverfahrens beantragen. Das Gleiche sollte für einen Schuldner gelten, der lediglich überschuldet war, und ein Konkursverfahren auf Grund der Überschuldung eröffnet werden konnte. Nach § 12 Nr. 3 des Entwurfs

111 Ausführlich und grundlegend hierzu *Eisenhardt*, Sanierung statt Liquidation, S. 167 ff.

112 *Eisenhardt*, Sanierung statt Liquidation, S. 167 m.w.N.; *Kiesow*, Vergleichsordnung, Einl. S. XXIV f.

113 Abgedruckt als Anhang 7 bei *Eisenhardt*, Sanierung statt Liquidation, S. 363 ff.

114 *Eisenhardt*, Sanierung statt Liquidation, S. 169.

115 *Eisenhardt*, Sanierung statt Liquidation, S. 171 m.w.N.

116 Artikel 1 des Entwurfs eines Gesetzes zur Förderung des Preisabbaus ist abgedruckt als Anhang 8 bei *Eisenhardt*, Sanierung statt Liquidation, S. 375 ff.

117 *Schubert*, KTS 1993, 323, 328; *Eisenhardt*, Sanierung statt Liquidation, S. 188 ff. m.w.N.

118 Die §§ im Folgenden unter Erster Teil, B. II. 2. sind §§ des Entwurfs eines Gesetzes zur Förderung des Preisabbaus.

musste der Antrag auf Eröffnung des Verfahrens bereits einen Vergleichsvorschlag enthalten, dem wiederum mindestens die Hälfte der Gläubiger zustimmen musste. Die Gläubiger, mit Ausnahme der bevorrechtigten Gläubiger (vgl. § 2) mussten zudem mindestens drei Viertel der von dem Vergleich betroffenen Forderungen repräsentieren. Nach § 15 Nr. 2 des Entwurfs war die Eröffnung des Vergleichsverfahrens bereits dann abzulehnen, wenn der Vergleichsvorschlag einen Erlass von mehr als der Hälfte der Forderung des einzelnen Gläubigers vorsah. Nach § 26 bestellte das Gericht bei Eröffnung des Verfahrens eine Vertrauensperson, deren Aufgabe die Prüfung der wirtschaftlichen Verhältnisse des Schuldners und die Überwachung seiner Geschäftsführung war. § 27 gab der Mehrheit der Gläubiger die Möglichkeit, eine eigene Vertrauensperson vorzuschlagen. Falls keine Versagungsgründe vorlagen, war diese von dem zuständigen Gericht zu ernennen. Nach § 52 war ein mit den Gläubigern abgeschlossener Vergleich durch das Gericht zu bestätigen und nach § 54 das Verfahren sodann aufzuheben. Nach § 57 entfaltete der bestätigte Vergleich für alle am Verfahren beteiligten Gläubiger Wirkungen, unabhängig davon, ob sie an dem Verfahren nicht teilgenommen hatten oder gegen den Vergleichsvorschlag gestimmt hatten. Scheiterte der Vergleich, so war gemäß § 54 zwingend das Konkursverfahren zu eröffnen.[119]

3. *Endgültige Fassung der Vergleichsordnung von 1927*

Die endgültige Fassung der Vergleichsordnung von 1927 wurde von einem durch das Reichwirtschaftsministerium eingesetzten Sonderausschuss erarbeitet.[120] Der Ausschuss plädierte für eine Stärkung der Gläubigerautonomie und dafür, dass der Richter sich auf die Beachtung der gesetzlichen Vorschriften und die Einsetzung für ein geordnetes Verfahren beschränken solle.[121] Der Entwurf wurde am 7. Juni 1926 in den Reichstag eingebracht und nach ausführlichen Beratungen angenommen. Die Vergleichsordnung trat als „Gesetz über den Vergleich zur Abwendung des Konkurses" schließlich zum 1. Oktober 1927 in Kraft.[122]

Als wesentliche Änderungen gegenüber des ursprünglichen Entwurfs lassen sich zum einen die Herabsetzung der Mindestquote von 50 % auf 30 %, und

119 *Schubert*, KTS 1993, 323, 328 f. m.w.N.
120 *Schubert*, KTS 1993, 323, 329.
121 *Schubert*, KTS 1993, 323, 329 m.w.N.
122 RGBl. I S. 139.

zum anderen die Abmilderung der Versagungsgründe des § 18 bezeichnen.[123] Nicht durchsetzen konnte sich der in der Literatur vielfach befürwortete Vorschlag, auch eine Zahlungsstockung des Schuldners als Vergleichsgrund für eine Eröffnung des Verfahrens genügen zu lassen.[124] Begründet wurde die Ablehnung durch den Reichsgesetzgeber damals damit, dass der Begriff der Zahlungsstockung zu unbestimmt und daher von den Gerichten schwierig überprüfbar sei.[125] Mit Inkrafttreten der Vergleichsordnung von 1927 entfiel die stark in Verruf geratene Geschäftsaufsichtsverordnung ersatzlos.[126]

III. Die Vergleichsordnung von 1935

Anfangs wurde die Vergleichsordnung von 1927 überwiegend positiv aufgenommen.[127] Es dauerte jedoch nicht allzu lange, bis die kritischen Stimmen wieder die Oberhand gewannen.[128]

1. Kritik an der Vergleichsordnung von 1927

Es waren abermals die politischen und wirtschaftlichen Verhältnisse, die die Reformbestrebungen entfachten und den Gesetzgeber letztlich zu erneutem Handeln zwangen. Der Börsencrash im Oktober 1929 und die anschließende weltweite Rezession brachten die Mängel der Vergleichsordnung offen zu Tage.[129] Hauptkritikpunkt und zugleich ein großes Problem in der Praxis waren, dass der Schuldner für die Vorbereitung des Vergleichs und die Sammlung der Zustimmungserklärungen zu sorgen hatte und er sich dadurch den Gläubigern offenbaren musste. So kam es häufig – noch bevor das Gericht das Verfahren eröffnete – zu Arresten und Zwangsvollstreckungen.[130] Daher wurden ein gerichtliches Vorverfahren und die Bestellung einer Vertrauensperson gefordert.

---

123 *Schubert*, KTS 1993, 323, 331; *Kiesow*, Vergleichsordnung, Einl. S. XXXI.; *Eisenhardt*, Sanierung statt Liquidation, S. 222 f. m.w.N.

124 *Eisenhardt*, Sanierung statt Liquidation, S. 230 f. m.w.N.

125 *Eisenhardt*, Sanierung statt Liquidation, S. 230 f. m.w.N.

126 *Jaeger*, Deutsches Konkursrecht, S. 218.

127 *Eisenhardt*, Sanierung statt Liquidation, S. 253 ff. m.w.N. zu der geäußerten Kritik an der Vergleichsordnung; *Schubert*, KTS 1993, 323, 331.

128 *Paulus*, NZI 2011, 657, 658; *Prütting*, in: Kübler/Prütting/Bork, InsO, Einl. Rn. 14; *Schubert*, KTS 1993, 323, 332 f. m.w.N.; *Cahn*, JW 1928, 1118, 1118.

129 *Schubert*, KTS 1993, 323, 332; *Gottwald*, in: Gottwald, Insolvenzrechts-Handbuch, § 1 Rn. 19; *Schmerbach*, in: FK-InsO, Vor §§ 1 ff. Rn. 4.

130 *Flessner*, Sanierung und Reorganisation, S. 15.; *Danielcik/Küch*, Vergleichsordnung, S. 14 f.

Weiterhin seien von Beginn an Verfügungs- und Vollstreckungsbeschränkungen und die Erhöhung der gesetzlichen Mindestquote notwendig gewesen.[131]

2. Entstehungsprozess

Die von der Kritik ausgelösten Reformbemühungen führten dazu, dass der Deutsche Industrie- und Handelskammertag 1931 einen zuvor mit dem Österreichischen Kammertag ausgearbeiteten Entwurf einer neuen Vergleichsordnung vorlegte.[132] Der Entwurf bot die Grundlage der im November 1931 begonnenen Verhandlungen zwischen dem deutschen und dem österreichischen Justizministerium.[133] Man hatte sich zum Ziel gesetzt, gemeinsam eine einheitliche Vergleichsordnung zu erarbeiten. Bei den Verhandlungen zu der neuen Vergleichsordnung waren der Deutsche *Wilhelm Kiesow* und der Österreicher *Guido Strobele* federführend.[134] Der endgültige Entwurf der beiden Justizministerien wurde Anfang 1933 vorgestellt.[135] Wie von den Kritikern gefordert, enthielt dieser Entwurf als wesentliche Neuerung ein Vorverfahren, das unter Aufsicht des Gerichts und eines zu bestellenden Vergleichsverwalters stand. Weiterhin sollten bereits während des Vorverfahrens Verfügungsbeschränkungen möglich sein.[136]

Zu einer gemeinsamen Vergleichsordnung in beiden Ländern kam es auf Grund der politischen Umstürze letztlich allerdings nicht.[137] Der Entwurf bildete dennoch die Grundlage der 1934 begonnenen Beratungen eines Unterausschusses der von den Nationalsozialisten eingesetzten Akademie für Deutsches Recht.[138] Ziel der Akademie war, „die Neugestaltung des deutschen Rechtslebens

---

131 *Eisenhardt*, Sanierung statt Liquidation, S. 255 m.w.N.; *Maas*, JW 1928, 1127, 1127.

132 *Flessner*, Sanierung und Reorganisation, S. 16; *Kilger/K. Schmidt*, VglO, Einl. VglO, II. 1, S. 578; *Schubert*, KTS 1993, 323, 333; *Danielcik/Küch*, Vergleichsordnung, S. 10; *Eisenhardt*, Sanierung statt Liquidation, S. 256 ff.

133 *Eisenhardt*, Sanierung statt Liquidation, S. 257; *H. Hess*, InsO, 1. Aufl., Vor § 1 ff. Rn. 108.

134 *Eisenhardt*, Sanierung statt Liquidation, S. 257; zur Person *Kiesows* als Architekt der Vergleichsordnung siehe *Eisenhardt*, Sanierung statt Liquidation, S. 273 f.; *Riel*, KTS 2012, 167, 168 ff. m.w.N.

135 *Schubert*, KTS 1993, 323, 333.

136 *Schubert*, KTS 1993, 323, 334.

137 *Flessner*, Sanierung und Reorganisation, S. 16; *Danielcik/Küch*, S. 10; *Riel*, KTS 2012, 167, 170.

138 *Danielcik/Küch*, Vergleichsordnung, S. 10; *Schubert*, KTS 1993, 323, 335; zu einem bisher stark vernachlässigten Bereich der jüngeren Rechtsgeschichte – das Konkurs- und Vergleichsrecht im Dritten Reich – siehe grundlegend *Paulus*, NZI 2011, 657.

zu fördern und in enger, dauernder Verbindung mit den für die Gesetzgebung zuständigen Stellen das nationalsozialistische Programm auf dem gesamten Gebiete des Rechtes und der Wirtschaft zu verwirklichen“[139]. Der auf Anregung der Akademie für deutsches Recht umgearbeitete Entwurf wurde am 4. März 1935 von der Reichsregierung verabschiedet und trat am 1. April 1935 in Kraft.[140] Inwiefern die Vergleichsordnung von 1935 nationalsozialistisches Gedankengut enthielt, ist bis heute stark umstritten.[141]

3. *Endgültige Fassung der Vergleichsordnung von 1935*

Die Vergleichsordnung von 1935 enthielt zahlreiche Änderungen gegenüber ihrer Vorgängerin. Der Gesetzgeber kam dabei den meisten Forderungen der Kritiker nach. So wurden unter anderem mit der Vergleichsordnung von 1935 ein Vor- und ein Nachverfahren eingeführt. Es war Aufgabe des Gerichts, das Vergleichsverfahren vorzubereiten.[142] Die nun verpflichtender Weise zu bestellende Aufsichtsperson musste ein geschäftskundiger und unabhängiger Vergleichsverwalter sein (vgl. § 38 VglO). Bereits mit Antragsstellung ernannte das Gericht nach § 11 VglO einen vorläufigen Vergleichsverwalter, für den die §§ 38 ff. VglO entsprechend anzuwenden waren.[143]

Nach § 12 VglO i.V.m. § 57 VglO konnte das Gericht Verfügungsbeschränkungen erlassen, und der Vergleichsverwalter konnte die Geschäfte des Schuldners übernehmen. Die Mindestquote für einen Vergleich wurde auf 35 % bei einer Zahlung binnen Jahresfrist und auf 40 % bei Zahlung binnen nicht mehr als 18 Monaten festgesetzt.[144] Die Ablehnungsgründe der §§ 17, 18 VglO wurden erweitert. So musste nach § 17 Nr. 4 und 5 VglO die Eröffnung abgelehnt werden, wenn in den letzten fünf Jahren das Konkursverfahren über das Vermögen des Schuldners eröffnet worden war. Nach der Vergleichsordnung von 1927 hatte der Richter in diesem Fall noch einen Ermessensspielraum gehabt.[145]

---

139 *Schubert*, KTS 1993, 323, 335 m.w.N.

140 *Danielcik/Küch*, Vergleichsordnung, S. 10.

141 Siehe dazu u.a. *Eisenhardt*, Sanierung statt Liquidation, S. 272; *Paulus*, NZI 2011, 657, 657 f.; *Flessner*, Sanierung und Reorganisation, S. 16 ff. m.w.N.; *Schubert*, KTS 1993, 323, 349 f.; *Henckel*, in: Jaeger, InsO, Einl. Rn. 14; *Kraemer*, Neues Insolvenzrecht, S. 19.

142 *Kilger/K. Schmidt*, VglO, Einl. VglO II 1, S. 578.

143 *Flessner*, Sanierung und Reorganisation, S. 17.

144 *Eisenhardt*, Sanierung statt Liquidation, S. 270.

145 *Flessner*, Sanierung und Reorganisation, S. 18.

IV. Ergebnis

Allein der Umfang der bisherigen Ausführungen verdeutlicht die Bedeutung der Vergleichsordnung für die Entwicklung des Sanierungsgedankens im deutschen Insolvenzrecht im letzten Jahrhundert. Wie gezeigt werden konnte, war der Sanierungsgedanken in der Konkursordnung *de facto* nicht existent. Alleiniges Ziel des Konkursverfahrens war die gemeinschaftliche Befriedigung der Gläubiger im Wege der Gesamtvollstreckung. Dieser Umstand rächte sich und zwang den Gesetzgeber, sehr bald tätig zu werden, um alternative Lösungswege für Gläubiger und Schuldner zu schaffen.

Mit Inkrafttreten der Vergleichsordnung war es dem Schuldner erstmals möglich, den Konkurs abzuwenden und dadurch letztlich eine Gesundung seines Unternehmens herbeizuführen. Der Gesetzgeber hatte erkannt, dass in Krisenzeiten den Gläubigern nicht immer geholfen war, wenn das Vermögen der Schuldner liquidiert wurde, sondern es oft vorteilhafter für alle Beteiligten war, wenn das Unternehmen fortgeführt werden konnte.[146] Man mag hierbei noch nicht von einem bereits vollzogenen Paradigmenwechsel sprechen, jedoch stellt die Vergleichsordnung unstrittig einen ersten wichtigen Meilenstein auf dem langen und steinigen Weg zu einem modernen Sanierungsrecht dar.[147] Die Entstehungsgeschichte der Vergleichsordnung von 1935 macht vor allem aber auch deutlich, dass es in Deutschland seit jeher eine große Scheu gab und es daher sehr lange dauerte, Regelungen zu schaffen, die den Konkurs und die Liquidation eines Unternehmens abzuwenden vermochten. Ob die Vergleichsordnung tatsächlich ihre Wirkung in der Praxis entfalten konnte, wird der nächste Abschnitt zeigen.

C. Die Insolvenzordnung

Bereits die Entwicklungen seit 1879 mit Inkrafttreten der Konkursordnung verdeutlichen, dass das Interesse an dem Insolvenzrecht stark von den politischen und wirtschaftlichen Bedingungen abhängig ist. Der Fokus auf das Insolvenzrecht und dessen Fort- und Weiterentwicklung unterlag in seiner langen Geschichte stets starken Schwankungen. Reformen wurden nicht zuletzt auch durch die wirtschaftlichen und politischen Gegebenheiten der jeweiligen Zeit in Gang gebracht. Dies setzte sich in der zweiten Hälfte des 20. Jahrhunderts fort.

---

146 *Henckel*, in: Jaeger, InsO, Einl. Rn. 13.

147 *Gottwald*, in: Gottwald, Insolvenzrechts-Handbuch, § 1 Rn. 20; *Kübler*, in: HRI, 2. Aufl., § 1 Rn. 1; *Vallender*, NZI 2010, 838, 840; *Flessner*, Sanierung und Reorganisation, S. 7.

Paulus spricht daher zurecht von „Wellen, auf denen das Rechtsgebiet im Zentrum der Diskussion steht“[148].

Im Folgenden werden die Wellen, die zur heutigen Insolvenzordnung führten, nachgezeichnet. Dabei sind insbesondere die zahlreichen Reformvorstöße aus der Literatur von Bedeutung, die den Gesetzgeber letztlich dazu bewegten, die Zweigleisigkeit von Konkursordnung und Vergleichsordnung aufzugeben und ein neues einheitliches Insolvenzgesetz zu schaffen. Der Fokus liegt aber freilich darauf, inwieweit der Sanierungsgedanke durch diese zahlreichen Reformanstöße immer weiter in den Vordergrund gerückt ist.

I. Entwicklung nach Inkrafttreten der Vergleichsordnung von 1935

Kurz nach Inkrafttreten der Vergleichsordnung im Jahre 1935 war die Reform der Konkursordnung wieder auf der politischen Agenda.[149] Es wurden unter anderem eine Einschränkung der Vorrechte, insbesondere des Fiskus, eine Einschränkung des Kündigungsschutzes, ein Wegfall der Gläubigerrechte im Gläubigerausschuss und eine Anpassung der Bestimmungen über den Vergleich an die Vergleichsordnung diskutiert.[150] Die Vorschläge aus Literatur und Wirtschaft mündeten in einen von *Werner Vogels* erarbeiteten Entwurf des Reichsjustizministeriums, der im März 1937 veröffentlicht wurde.[151] Der Entwurf zielte auf eine deutlich stärkere Stellung des Richters ab, schränkte die Rechte des Konkursverwalters und die Gläubigerautonomie ein und hatte das Ziel, das Anfechtungsrecht zu verschärfen.[152] Mit Ausbruch des Zweiten Weltkrieges 1939 wurden alle Gesetzesvorhaben eingestellt, so dass das Reformvorhaben des Reichsjustizministeriums aufgegeben wurde.[153]

---

148 *Paulus*, KTS 2000, 239, 239; von einer „Welle der Insolvenzrechtsreformen“ wurde bereits 1985 in dem Bericht der Kommission für Insolvenzrecht gesprochen, siehe Erster Bericht, S. 11.

149 *Kübler*, in: HRI, 2. Aufl., § 1 Rn. 6; *Kraemer*, Neues Insolvenzrecht, S. 19; grundlegend zur politischen Entwicklung nach dem Inkrafttreten der Vergleichsordnung 1935 siehe *Schubert*, KTS 1993, 323, 340 ff.;

150 *Schubert*, KTS 1993, 323, 341 f. m.w.N.

151 *Schubert*, KTS 1993, 323, 344; zur Person *Vogels* als Architekt der Vergleichsordnung siehe *Eisenhardt*, Sanierung statt Liquidation, S. 274.

152 *Schmerbach*, in: FK-InsO, Vor §§ 1 ff. Rn. 4; *Schubert*, KTS 1993, 323, 344 f.; *Prütting*, in: Kübler/Prütting/Bork, InsO, Einl. Rn. 15.

153 *Uhlenbruck*, Das neue Insolvenzrecht, S. 18; *Schubert*, KTS 1993, 323, 348; *Prütting*, in: Kübler/Prütting/Bork, InsO, Einl. Rn. 15.; *Kübler*, in: HRI, 2. Aufl., § 1 Rn. 6; *Nerlich*, in: Nerlich/Römermann, InsO, Einl. Rn. 2; ein guter Überblick der wenigen und für die vorliegende Arbeit zu vernachlässigenden Änderungen der Konkursordnung

II. Entwicklung nach Ende des Zweiten Weltkrieges

Bis in die fünfziger Jahre des 20. Jahrhunderts hinein gab es auch in der Literatur wenig Diskussions- und Reformvorschläge.[154] Dies lag vermutlich zum einen daran, dass die Kriegsfolgen zu dringenderen Reformen zwangen, und zum anderen an der Stützung der Wirtschaft der neugegründeten Bundesrepublik durch den Marshall-Plan und dem langsam beginnenden „Wirtschaftswunder".[155] Die Konkurszahlen nahmen seit 1950 kontinuierlich ab.[156] 1950 gab es 5 735 Konkurse und Vergleichsverfahren ohne Anschlusskonkurse, denen ein eröffnetes Vergleichsverfahren vorausgegangen war. 1960 waren es bereits nur noch 2 958 Verfahren.[157]

Im Folgenden wird an Hand der kommenden Jahrzehnte die jeweilige Entwicklung des Reformprozesses des deutschen Insolvenzrechts und der damit verbundenen Stärkung oder auch wieder eingetretenen Schwächung des Sanierungsgedankens näher untersucht.

1. *Fünfziger Jahre*

Als ersten und nachhaltigen Anstoß der Reformdiskussionen nach Ende des Zweiten Weltkrieges lässt sich der Artikel von *Berges* Mitte der fünfziger Jahre festmachen.[158]

a. *Beitrag von A. M. Berges 1955*

Berges stellte in seinem Aufsatz in der KTS die Frage, ob eine große oder eine kleine Insolvenzrechtsreform vonnöten sei. Er plädierte eindringlich für eine große und umfassende Reform des Insolvenzrechts. Unter ausdrücklichem Hinweis auf die §§ 233–256 des Entwurfs einer deutschen Gemeinschuldordnung von 1873 schlug er ein einheitliches Insolvenzgesetz vor, das die Konkursordnung und die Vergleichsordnung zusammenführt; die Vergleichsordnung und

---

bis zum Inkrafttreten der Insolvenzordnung findet sich u.a. bei *Henckel*, in: Jaeger, InsO, Einl. Rn. 14 ff.; *Weis*, in: Weis/H. Hess/Wienberg, InsO, Vor § 1 ff. Rn. 112 ff.

154 *Gottwald*, in: Gottwald, Insolvenzrechts-Handbuch, § 1 Rn. 21; *W. Hofmann*, DRiZ 1994, 411, 411; *Eisenhardt*, Sanierung statt Liquidation, S. 276.

155 *Uhlenbruck*, in: FS 100 Jahre KO, S. 32; *Uhlenbruck*, Das neue Insolvenzrecht, S. 19.

156 *Gottwald*, in: Gottwald, Insolvenzrechts-Handbuch, § 1 Rn. 21.

157 Die Daten des Statistischen Bundesamtes sind abrufbar unter: https://www.destatis.de/DE/Themen/Branchen-Unternehmen/Unternehmen/Gewerbemeldungen-Insolvenzen/Tabellen/lrins01.html [zuletzt aufgerufen am 31. 5. 2019].

158 *Berges*, KTS 1955, 49.

die Konkursordnung teilten, so behauptete *Berges*, ein gemeinsames Ziel – die größtmögliche Verringerung des Verlustes der Gläubiger. Dies solle außerdem Ausdruck in einem einheitlichen Gesetze finden, weswegen der Gesetzgeber den historischen Fehler zweier Gesetze korrigieren müsse.[159] Weiterhin befürwortete er eine Rechtsangleichung an die kontinentalen Nachbarländer, da ein starkes Bedürfnis nach einer Europäisierung bestünde.[160] Abschließend forderte *Berges*, dass für konkursrechtliche Streitigkeiten einheitlich die Kammer für Handelssachen bei den Landgerichten zuständig sein sollte.[161] Alle Maßnahmen, die während des Konkurs- oder Vergleichsverfahrens getroffen werden, sollten von einem Gericht aus Gründen der Beschleunigung und der Rechtssicherheit erledigt werden können.[162]

b. Beiträge von A. Böhle-Stamschräder und F. Weber 1959

Danach bekamen die Reformbestrebungen durch die viel beachteten Vorträge von *Böhle-Stamschräder* und *Weber* auf dem Fachkongress des Arbeitskreises für Insolvenz- und Schiedsgerichtswesen im Mai 1959 in Köln neuen Aufwind.[163]

aa. *Böhle-Stamschräder*

Ebenso wie *Berges* betonte *Böhle-Stamschräder* die Wichtigkeit der Rechtsvergleichung. Bei einer eventuellen Neugestaltung des deutschen Konkursrechts müsse auch die Gesetzgebung des Auslands berücksichtigt werden; langfristig solle es sogar zu einer Rechtsangleichung auf europäischer Ebene kommen.[164] Im Gegensatz zu *Berges* sah der Vortragende jedoch keine Notwendigkeit einer großen Insolvenzrechtsreform und einer Zusammenführung der Konkursordnung und der Vergleichsordnung. *Böhle-Stamschräder* wollte vielmehr nur konkursrechtliche Einzelvorschriften neufassen und an die geänderten wirtschaftlichen Gegebenheiten anpassen.[165] Besonderen Reformbedarf auf Grund der geänderten Struktur der Wirtschaft sah *Böhle-Stamschräder* bei der Abwicklung

---

159 *Berges*, KTS 1955, 49, 51 f.
160 *Berges*, KTS 1955, 49, 50.
161 *Berges*, KTS 1955, 49, 53 f.
162 *Berges*, KTS 1955, 49, 53 f.
163 *Böhle-Stamschräder*, KTS 1959, 66; *Weber*, KTS 1959, 80; beide Autoren leisteten einen großen Beitrag die Reformbemühungen wieder in Gang zu bringen, weswegen sie an dieser Stelle Erwähnung finden.
164 *Böhle-Stamschräder*, KTS 1959, 66, 67.
165 *Böhle-Stamschräder*, KTS 1959, 66, 73.

schwebender Rechtsgeschäfte, dem Recht der Anfechtung und nicht zuletzt bei der Rechtsstellung des Konkursverwalters.[166]

bb. *Weber*

Weber widersprach seinem Vorredner auf dem Fachkongress in Köln. Mit Verweis auf *Berges* forderte er eine umfassende Neukonzeption des deutschen Insolvenzrechts. Es reiche eben gerade nicht aus, nur gewisse Einzelregelungen zu überarbeiten.[167] *Weber* stellte Überlegungen an, ob es möglich und sogar sinnvoll wäre, alle Vorrechte zukünftig zu beseitigen, um so dem Grundsatz der Gleichheit der Gläubiger (*par conditio creditorum*), wieder mehr Geltung zu verschaffen.[168] Weiterhin befürwortete er – unter Hinweis auf andere europäische Rechtsordnungen – bei der Anfechtung allein auf objektive Gründe abzustellen und die subjektive Einstellung des Erwerbers gänzlich außen vor zu lassen.[169] Abschließend sprach sich *Weber* für ein einheitliches Insolvenzverfahren aus, wie es sich damals bereits in Frankreich und Großbritannien bewährt hatte, weshalb das Ziel daher eine umfassende Reform des Konkurs- und Vergleichsrechts sei.[170]

2. *Sechziger Jahre*

Die Reformbestrebungen des vergangenen Jahrzehnts fanden in den sechziger Jahren keinen allzu großen Zuspruch mehr. Als Jahrzehnt des deutschen Wirtschaftswunders lag der Fokus der Öffentlichkeit und der Politik auf anderen Gesetzesvorhaben. Dies konnten selbst die zwei spektakulären Großinsolvenzen des *Borgward*-Unternehmens und des *Schlieker*-Konzerns nicht ändern.[171] In

---

166 *Böhle-Stamschräder*, KTS 1959, 66, 67 ff. m.w.N.

167 *Weber*, KTS 1959, 80, 83.

168 *Weber*, KTS 1959, 80, 85. Zu der *par conditio creditorum* als einem wesentlichen Grundsatz des heutigen Insolvenzrechts und ob dieser gerecht ist, siehe einführend *Zipperer*, in: FS Vallender, S. 843 ff.

169 *Weber*, KTS 1959, 80, 85 f. m.w.N. zu den damaligen Regelungen in ausländischen Rechtsordnungen.

170 *Weber*, KTS 1959, 80, 87 f. m.w.N. zu den damaligen Regelungen in ausländischen Rechtsordnungen; zum Rückblick auf seinen damaligen Vortrag siehe *Weber*, in: FS 100 Jahre KO, S. 321 ff., worin der Autor seine Ansicht, dass eine umfassende Insolvenzrechtsreform vonnöten sei, erneut bekräftigte, siehe *Weber*, in: FS 100 Jahre KO, S. 338.

171 *Uhlenbruck*, in: Braun/Uhlenbruck, Unternehmensinsolvenz, S. 1; *Lüer*, in: Uhlenbruck, InsO, 13. Aufl., Vor §§ 217 ff. Rn. 2.

Zeiten wirtschaftlichen Aufschwungs war auch schon in der Vergangenheit die Kritik am bestehenden Konkursrecht weitestgehend verstummt, so dass es bis zu diesem Zeitpunkt noch zu keinen tiefergreifenden Änderungen der Konkursordnung gekommen war.[172]

3. *Siebziger Jahre*

Ende der sechziger Jahre kam es wieder zu einem Anstieg der Verfahren. 1970 waren es noch 4 201, 1974 bereits 7 722 und 1977 schließlich 9 562 Verfahren.[173] Der Anteil der Vergleichsverfahren an den erfassten Insolvenzen lag 1970 bei nur noch 8 %; 1950 hatte der Anteil dagegen noch bei 30 % gelegen.[174] Der Anstieg der Verfahren ist nicht zuletzt auf die Rezession zu Beginn der siebziger Jahre zurückzuführen, deren wesentlicher Auslöser die Ölpreiskrise 1973 war.[175] Die wirtschaftlichen Schwierigkeiten führten dazu, dass die Reformdiskussionen wieder neuen Aufwind bekamen. Um einen genauen Überblick über die Entwicklung der Konkurs- und Vergleichsverfahren zu bekommen, gab das Bundesministerium der Justiz dem Max-Planck-Institut für ausländisches und internationales Privatrecht in Hamburg den Auftrag, die Verfahren rechtssoziologisch zu untersuchen.[176]

a. *„Konkurs des Konkurses"*

Das Problem, das sich stellte, war nicht in erster Linie der bloße Anstieg der Verfahren, sondern vielmehr die Aushöhlung der Konkursmasse und damit einhergehend eine Ablehnung nach § 107 KO beziehungsweise eine Einstellung des Verfahrens nach § 204 KO. 1970 wurden 47 %, 1975 bereits 66 % der Anträge mangels ausreichender Masse abgewiesen.[177] Parallel dazu nahm der durch

---

172 *Uhlenbruck*, in: FS 100 Jahre KO, S. 22; *W. Hofmann*, DRiZ 1994, 411, 411; *Kübler*, in: HRI, 2. Aufl., § 1 Rn. 6.

173 Die Daten des Statistischen Bundesamtes sind abrufbar unter: https://www.destatis.de/DE/Themen/Branchen-Unternehmen/Unternehmen/Gewerbemeldungen-Insolvenzen/Tabellen/lrins01.html [zuletzt aufgerufen am 31. 5. 2019].

174 Erster Bericht, S. 3.

175 *Braun*, in: Nerlich/Römermann, InsO, Vor § 217 ff. Rn. 24; *Kübler*, in: HRI, 2. Aufl., § 1 Rn. 7; *Henckel*, in: Jaeger, InsO, Einl. Rn. 25; *Gottwald*, in: Gottwald, Insolvenzrechts-Handbuch, § 1 Rn. 21; *H. Hess*, InsO, 1. Aufl., Vor § 1 ff. Rn. 163; *Seagon*, in: Buth/Hermanns, Handbuch, § 27 Rn. 6; *Nerlich*, in: Nerlich/Römermann, InsO, Einl. Rn. 2.

176 Die Ergebnisse der Studie des MPI bzgl. der rechtstatsächlichen Grundlagen finden sich bei *Gessner/Rhode/Strate/Ziegert*, Praxis der Konkursabwicklung.

177 Anlage 1 des Ersten Berichts, S. 459.

Insolvenzen entstandene Schaden zu. So konnten 1970 noch DM 1,2 Mrd., 1975 bereits DM 4,8 Mrd. Verluste festgestellt werden.[178] Die Deckungsquote für einfache Konkursgläubiger lag Ende der Siebziger nur noch bei etwa 8 %.[179] *Kilger* gab daher seinem grundlegenden Vortrag auf dem 38. Deutschen Anwaltstag in Berlin 1975 den vielfach zitierten Titel „Konkurs des Konkurses".[180] Neben *Kilgers* Vortrag ist der Beitrag „Zur Krise des Insolvenzrechts" von *Uhlenbruck* in der NJW im gleichen Jahr hervorzuheben.[181]

aa. *Kilger*

Als Hauptproblem des Konkursrechts benannte *Kilger* die Aus- oder Absonderungsrechte der dinglich berechtigten Gläubiger. Am meisten trage der Eigentumsvorbehalt zur Entreicherung der Konkursmasse bei.[182] Aus seiner Praxis als Konkursverwalter berichtete er, dass durch die zahlreich vereinbarten Eigentumsvorbehalte ein extremer Aufwand betrieben werden müsse; so koste die Erstellung eines Verzeichnisses der Lagerbestände viel Geld, das aus der Konkursmasse zu Lasten der Konkursgläubiger abgezogen werden müsse.[183] *Kilger* meinte, dass eine Reform sich nicht allein auf das Konkursrecht fokussieren sollte, sondern ebenfalls auf das Arbeits- und Sozialrecht, das Handelsrecht sowie das Steuerrecht.[184] So forderte er, dass die Konkursmasse von der Umsatzsteuerpflicht befreit werden solle und das Fiskus-Vorrecht gänzlich abgeschafft werden müsse.[185] Abschließend hielt der Vortragende eine große Insolvenzreform, wie sie *Berges* und *Weber* gefordert hatten, für nicht zielführend, da dadurch zu viele Bereiche der Wirtschaft betroffen würden. Vielmehr sollte das geltende Recht in erster Linie hinsichtlich der Vorrechte geändert werden.[186]

---

178 Anlage 1 des Ersten Berichts, S. 462.

179 *Gessner/Rhode/Strate/Ziegert*, Praxis der Konkursabwicklung, S. 163.

180 *Kilger*, KTS 1975, 142. *Kayser/Heidenfelder* gaben in Anlehnung an *Kilger* einem Beitrag aus dem Jahre 2016 den Titel „Vom Konkurs des Konkurses zur Insolvenz der Insolvenz", siehe *Kayser/Heidenfelder*, ZIP 2016, 447.

181 *Uhlenbruck*, NJW 1975, 897; beide Beiträge hatten enormen Einfluss auf den weiteren Verlauf der Reformgeschichte des deutschen Insolvenzrechts, weswegen sie an dieser Stelle eine kurze Betrachtung verdienen.

182 *Kilger*, KTS 1975, 142, 148.

183 *Kilger*, KTS 1975, 142, 148 f.

184 *Kilger*, KTS 1975, 142, 157.

185 *Kilger*, KTS 1975, 142, 164 f.

186 *Kilger*, KTS 1975, 142, 165 f.

bb. *Uhlenbruck*

Uhlenbruck verwies in seinem Aufsatz ebenso wie schon *Berges* ausdrücklich auf den der Gemeinschuldordnung von 1873 innewohnenden Gedanken, dass der konkursabwendende Vergleich in eine umfassendere Ordnung des Konkursrechts zwingend miteinzubeziehen sei.[187] *Uhlenbruck* monierte weiterhin das damals bestehende Kreditsicherungssystem, die unangemessenen Sozialplanprivilegien und Fiskalvorrechte sowie eine Überlastung der Gerichte und damit einhergehende, überlange Verfahren.[188] Für ihn war der Konkurs in seiner damaligen Form 1975 bereits „tot", weswegen er eine Rückbesinnung auf den Grundsatz der Konkursordnung forderte, nämlich die gemeinschaftliche Befriedigung der Konkursgläubiger durch die Konkursmasse.[189]

b. 51. Deutscher Juristentag 1976

Kilgers Hauptkritikpunkt, die Entreicherung der Konkursmasse durch die Mobiliarsicherheiten, war bereits ein Jahr später Gegenstand des Gutachtens von *Drobnig*[190] auf dem 51. Deutschen Juristentag in Stuttgart 1976. In seinem Gutachten forderte *Drobnig* unter Verweis auf *Weber* ebenfalls eine Verschärfung des Anfechtungsrechts, in dem ohne den Nachweis subjektiver Absichten der Konkursgläubiger die Sicherheiten unwirksam sein sollten.[191] Um die Sicherungsgläubiger an der Gefahrengemeinschaft des Insolvenzverfahrens zu beteiligen, schlug er vor, dass der Anspruch auf Herausgabe suspendiert sein sollte, sobald ein Antrag auf Eröffnung des Verfahrens gestellt wurde. Um ein eigenmächtiges Abholen durch die Sicherungsgläubiger im Wege verbotener Eigenmacht zu unterbinden, solle zudem ein pauschalierter Schadensersatzanspruch festgelegt werden.[192] Das gleiche solle auch für das Vergleichsverfahren gelten. Der Anspruch auf Herausgabe müsse vom Zeitpunkt der Antragsstellung an bis zur Beendigung des Verfahrens durch das Gericht suspendiert sein.[193]

An *Drobnigs* Gutachten knüpften die Referate von *Henckel* und *Kilger* an. *Henckel* sah das Hauptproblem der Masselosigkeit darin, dass die bevorrechtigten

---

187 *Uhlenbruck*, NJW 1975, 897, 900.
188 *Uhlenbruck*, NJW 1975, 897, 902.
189 *Uhlenbruck*, NJW 1975, 897, 903.
190 *Drobnig*, Gutachten F für den 51. DJT.
191 *Drobnig*, S. F 86 f.
192 *Drobnig*, S. F 87.
193 *Drobnig*, S. F 88.

Gläubiger regelmäßig kein gesondertes Interesse an einer frühzeitigen Eröffnung des Konkursverfahrens hatten.[194] Daher schlug er vor, dass den Forderungen der durch Sicherungseigentum und Sicherungsabtretung gedeckten Gläubiger die Massekosten und Masseschulden vorgehen sollten.[195] *Kilger* sah den Schlüssel zum Erfolg ebenfalls darin, dass die Gläubiger dazu angeregt werden sollten, möglichst früh einen Antrag auf Eröffnung des Konkursverfahrens zu stellen. Dies solle durch die Schaffung von Normen erreicht werden, die die Gläubiger und den Schuldner zur rechtzeitigen Einleitung motivieren.[196] Dazu sollten die Sicherungsgläubiger mit einem pauschalierten Betrag an den Kosten für die Feststellung und Bearbeitung ihres Sicherungsgutes beteiligt werden.[197]

c. Beginn der Reform

Als offiziellen Beginn der Insolvenzrechtsreform lässt sich die Einsetzung der Sachverständigenkommission für Insolvenzrecht durch den damaligen, der SPD angehörenden, Bundesminister der Justiz *Hans-Jochen Vogel* 1978 festmachen.[198] Bereits 1977 sprach er im Geleitwort zu der Festschrift zum hundertjährigen Bestehen der Konkursordnung von einer sehr schwierigen und ebenso langwierigen Aufgabe, die Krise des Konkurses zu meistern.[199] Die zahlreichen Reformaufrufe der vergangenen beiden Jahrzehnte wurden somit schließlich erhört. Zur gleichen Zeit wurde auch in vielen anderen europäischen Staaten, vor allem aber in den USA, Reformen der Insolvenzgesetze in Angriff genommen; diese hatten

---

194 *Henckel*, S. O 18.

195 *Henckel*, S. O 22 f.

196 *Kilger*, S. O 38.

197 *Kilger*, S. O 45.

198 *Prütting*, in: Kübler/Prütting/Bork, InsO, Einl. Rn. 18; *H. Hess*, InsO, 1. Aufl., Vor § 1 ff. Rn. 175; *Schmerbach*, in: FK-InsO, Vor §§ 1 ff. Rn. 7; *Braun*, in: Nerlich/Römermann, InsO, Vor §§ 217 ff. Rn. 24; fast zeitgleich wurde auch in Großbritannien im Januar 1977 eine Kommission mit dem Ziel der Reformierung des damaligen britischen Insolvenzrechts eingesetzt, die ihren Abschluss unter Federführung von *Sir Kenneth Cork* mit dem sog. *Cork Report* (Report of the Review Committee on Insolvency Law and Practice, 1982, Cmnd. 8558) fand, siehe dazu *Tolmie*, Corporate and Personal Insolvency Law, S. 1, 12.

199 *Vogel*, FS 100 Jahre KO, S. IX f.; die Kommission für Insolvenzrecht setzte sich aus Vertretern der Justiz, der Anwaltschaft, der jeweils zuständigen Bundes- und Landesministerien, der Gewerkschaften, der Wirtschaft und nicht zuletzt der Wissenschaft zusammen, siehe *Thole*, in: HK-InsO, Einl. Rn. 2.

zum Teil wiederum erheblichen Einfluss auf die Entwicklungen in Deutschland, das in vielen Bereichen hinterherhinkte.[200]

4. *Achtziger Jahre*

Mit dem Einsetzen der Sachverständigenkommission für Insolvenzrecht nahm auch die parallele Diskussion in der Literatur wieder an Fahrt auf. Neben den bisher aufgegriffenen diversen Einzelproblemen des bisherigen Konkursrechts wie etwa der ausufernden massezehrenden Vorrechte, der damit einhergehenden Entreicherung der Konkursmasse und der häufig verspäteten Antragsstellung, rückte ein Reorganisationsverfahren, das letztlich Konkursordnung und Vergleichsordnung ablösen sollte, in den Fokus der Diskussion.[201] Die Forderung von *Berges* und *Weber*, das bisherige zweigleisige System abzuschaffen, fand über zwei Jahrzehnte später mithin eine breite Zustimmung.[202] Der Anteil der Vergleichsverfahren an den insgesamt erfassten Insolvenzen lag 1980 bei gerade einmal einem Prozent, so dass der Vergleich seine Funktion als Mittel zur Erhaltung von Unternehmen weitestgehend verloren hatte.[203]

a. *Reorganisationsverfahren*

Anfang der achtziger Jahre bestand bereits international größtenteils Einigkeit, dass ein Insolvenzverfahren mit dem Ziel der Sanierung von Unternehmen gleichberechtigt neben das bestehende liquidierende Verfahren treten sollte.[204] Die Frage die sich damit zu dieser Zeit stellte, war nicht mehr ob, sondern vielmehr wie ein funktionsfähiges Sanierungsrecht ausgestaltet werden konnte.[205] Die Notwendigkeit eines Reorganisationsverfahrens wurde vor allem damit begründet, dass der Betriebsbestehenswert (sog. *going-concern value*) in der Regel

---

200 *H. Hess*, InsO, 1. Aufl., Vor § 1 ff. Rn. 174; *K. Schmidt*, in: K. Schmidt, InsO, Einl. Rn. 5; *Paulus*, KTS 2000, 239, 244; *Lutter/Hommelhoff/Timm*, BB 1980, 737, 737; *Kübler*, in: HRI, 2. Aufl., § 1 Rn. 7, 11; *Uhlenbruck*, ZIP 1980, 73, 75.

201 *Kübler*, in: HRI, 2. Aufl., § 1 Rn. 11.

202 Siehe statt vieler *Henckel*, ZIP 1981, 1296, 1296 m.w.N.

203 Erster Bericht, S. 3; dies veranlasste *Braun* sogar zu behaupten, dass zumindest eine Eigensanierung des Unternehmens von dem Grundverständnis her gar nicht gewollt gewesen sei, siehe *Braun*, in: *Braun/Uhlenbruck*, Unternehmensinsolvenz, S. 425.

204 *Flessner*, ZIP 1981, 113, 118; *Großfeld*, WPg 1980, 665, 666 f.; ein guter Überblick über den damaligen Stand der Gesetzgebung in anderen Rechtsordnungen bzgl. eines Sanierungsverfahrens findet sich bei *Uhlenbruck*, KTS 1981, 513, 525 ff.; siehe dazu ebenso *K. Schmidt*, S. D 29 ff.; Erster Bericht, S. 10 ff.

205 *Uhlenbruck*, KTS 1981, 513, 525.

deutlich höher als der Liquidationswert (sog. *liquidation value*) eines Unternehmens ausfalle und die Gläubiger damit ein Interesse hätten, dass das betroffene Unternehmen saniert und weitergeführt werde.[206] Nur einige wenige Stimmen in der Literatur lehnten damals ein Reorganisationsverfahren als gleichberechtigten und notwendigen Bestandteil eines Insolvenzverfahrens ab.[207]

Als einer der einflussreichsten Wegbereiter und Fürsprecher eines Reorganisationsverfahrens trat *Flessner* auf. Mit seiner Habilitationsschrift, die den Titel „Sanierung und Reorganisation" trägt, hatte er sich als Experte hervorgetan, so dass er ab 1980 als außenstehender Sachverständiger zum Bereich „Rechtsvergleichung" an den Kommissionssitzungen teilnehmen durfte.[208] Daneben ist abermals der Kölner Insolvenzrichter *Uhlenbruck* hervorzuheben, der zahlreiche Beiträge zu diesem Thema in Fachzeitschriften verfasste.[209] Letzterer war Mitglied der Arbeitsgruppe Anfechtungs- und Verfahrensrecht in der Insolvenzrechtskommission.[210]

aa. Begriff

Fraglich ist, ob der Begriff der Sanierung von dem Begriff der Reorganisation eines Unternehmens zu unterscheiden ist. Sanierung meine laut *Flessner* „alle organisatorischen, finanziellen und rechtlichen Maßnahmen, die ein Unternehmen aus einer ungünstigen wirtschaftlichen Situation herausführen soll, um seine Weiterexistenz zu sichern"[211]. Dagegen beschreibe die Reorganisation die verfahrensrechtliche Gestaltung der internen und externen Sanierung.[212] Das Reorganisationsverfahren sei als ein gerichtliches Verfahren gedacht, das zum Ziel habe, sanierungsbedürftige und sanierungsfähige Unternehmen wiederherzustellen.[213] Die beiden Begriffe werden in der Literatur jedoch nicht immer einheitlich verwendet. Zum Teil wird auch von einem Sanierungsverfahren

---

206 *Uhlenbruck*, KTS 1981, 513, 560 f.; *Eidenmüller*, in: MünchKomm-InsO, Vor §§ 217 ff. Rn. 7 m.w.N.

207 Zweifelnd vor allem *Meyer-Cording*, NJW 1981, 1242; ebenfalls kritisch *Stürner*, ZIP 1982, 761.

208 Erster Bericht, S. 8.

209 Vor allem *Uhlenbruck*, ZIP 1980, 73 und KTS 1981, 513.

210 Anlage 1 des Ersten Berichts, S. 250.

211 *Flessner*, Sanierung und Reorganisation, S. 2.

212 *Uhlenbruck*, KTS 1981, 513, 537 f.; zu dem Begriff der Reorganisation siehe ebenfalls *Zeuner*, S. M 12.

213 *Uhlenbruck*, KTS 1981, 513, 538.

gesprochen und dieses als äquivalent zu einem Reorganisationsverfahren verstanden, so dass die Begriffe letztlich austauschbar bleiben.[214]

bb. Ausgestaltung

Die Frage, die sich stellte, war, ob ein Reorganisationsverfahren ein Verfahren im Rahmen staatlicher Wirtschaftslenkung sein sollte, in dem der Staat notleidenden Unternehmen Subventionen gewährt. Oder ob es sich vielmehr um ein Verfahren handeln sollte, das auf einen Vergleich abzielte und die Mehrheit der Gläubiger mit ins Boot nehmen sollte. *Kilger*, Mitglied der Kommission,[215] beantwortete diese Frage mit letzterem, da nur dies unserer durch die soziale Marktwirtschaft geprägten Wirtschaftsordnung entspreche.[216] Wie ein gerichtliches Reorganisationsverfahren *en detail* auszusehen habe, wurde auch ausgiebig auf dem 54. Deutschen Juristentag 1982 in Nürnberg diskutiert. Nachdem bereits erste Vorschläge der Sachverständigenkommission für Insolvenzrecht bekannt wurden, stand das Insolvenzrecht unter dem Titel „Möglichkeiten der Sanierung von Unternehmen durch Maßnahmen im Unternehmens-, Arbeits-, Sozial- und Insolvenzrecht" damit abermals auf der Agenda des Deutschen Juristentages.[217]

Unter den Teilnehmern des 54. Deutschen Juristentages war zunächst umstritten, ob ein Reorganisationsverfahren gleichberechtigt neben das Liquidationsverfahren treten sollte und diese zusammen ein einheitliches Insolvenzverfahren bilden sollten oder ob die Verfahren weiterhin getrennt sein sollten. Für eine Trennung sprach sich damals *Hanau* aus. Dies begründete er damit, dass sich nur so das Sanierungsverfahren von dem Konkursverfahren abheben und dadurch der Sanierungszweck deutlich hervortreten könne.[218] Andernfalls sei das einheitliche Insolvenzverfahren mit dem „Ruch der Pleite" behaftet.[219] Dem widersprach *Zeuner* mit Hinweis auf zahlreiche Stimmen in der Literatur

---

214 So etwa bei *Kilger*, ZIP 1982, 779, 780; siehe hierzu ebenfalls *Kübler*, ZIP 1981, 1387, 1389. Mittlerweile hat der Begriff der Restrukturierung als Überbegriff vor und während der Insolvenz die Reorganisation weitestgehend abgelöst. So spricht auch der Richtlinienentwurf von der Restrukturierung als ein Mittel zur Sanierung von Unternehmen, siehe COM(2016) 723 final, S. 2, weshalb sich die Bezeichnung als Restrukturierungsrichtlinie durchgesetzt hat. Im Folgenden werden die Begriffe der Reorganisation und der Sanierung synonym verwendet.

215 Anlage 1 des Ersten Berichts, S. 249.

216 *Kilger*, ZIP 1982, 779, 780.

217 *Prütting*, in: Kübler/Prütting/Bork, InsO, Einl. Rn. 18.

218 *Hanau*, S. E 98.

219 *Hanau*, S. E 98.

und forderte ein einheitliches Insolvenzverfahren, das entweder die Reorganisation oder aber die Liquidation eines Unternehmens zur Folge habe.[220]

b. Insolvenzverhütungsverfahren

Jaeger hielt schon in seinem Lehrbuch zum Deutschen Konkursrecht Anfang des 20. Jahrhunderts fest, dass die Konkursverhütung „eine überaus ernste Aufgabe des Gesetzgebers sei".[221] Neben einem einheitlichen Verfahren, das entweder auf Reorganisation oder Zerschlagung des Unternehmens gerichtet ist, tauchte daher ein zweites Verfahren in der Diskussion auf.[222] Ein Insolvenzverhütungsverfahren sollte, als zeitlich vorgezogenes gerichtliches Verfahren, vor allem die Flucht in außergerichtliche Sanierungstechniken verhindern.[223]

Weber sprach sich bereits 1977 auf dem Kölner Insolvenzrechtskongress für ein Insolvenzverhütungsverfahren aus. Als Vorbild für ein solches Verfahren verwies er auf gerichtliche Generalmoratorien, die sich in einigen Landesrechten bereits vor Inkrafttretens der Konkursordnung im Jahr 1877 fanden. Jedoch sah er zugleich auch die Gefahr des Missbrauchs und das Problem der Festlegung des Zeitpunkts der Verfahrenseröffnung.[224] *Hanau* stellte in seinem Gutachten für den 54. Deutschen Juristentag fest, dass die Eröffnung eines Reorganisationsverfahrens schon bei nur drohender Insolvenz aus arbeitsrechtlicher Sicht geboten sei.[225] Ohne aber eine genaue Abgrenzung zu einem Insolvenzverhütungsverfahren vorzunehmen, lehnt *Hanau* ein solches Verfahren im gleichen Gutachten an anderer Stelle ausdrücklich ab.[226]

K. Schmidt lehnte in seinem Gutachten für den 54. Deutschen Juristentag ein solches Verfahren ebenfalls strikt ab. Er sah die Gefahr einer sog. *„selffulfilling prophecy"*, indem die bestehende Krise durch ein gerichtliches Konkursabwendungsverfahren zu einem Zusammenbruch des Unternehmens führe, weil die Kreditwürdigkeit des betroffenen Unternehmens gefährdet werde und es so letztlich zu einer Kettenreaktion kommen könne. Des Weiteren seien die Begriffe „Insolvenzverhütung" und „Krisenabwehr", die von den Befürwortern benutzt wurden, von enormer Unbestimmtheit, so dass der Zeitpunkt, ab dem

---

220 *Zeuner*, S. M 20 m.w.N.

221 *Jaeger*, S. 17.

222 *K. Schmidt*, S. D 97.

223 *Uhlenbruck*, KTS 1981, 513, 516.

224 *Weber*, 100 Jahre KO, S. 332 ff.; ebenso *Kilger*, in: Arbeitstagung der IG Metall 1981, S. 138.

225 *Hanau*, S. E 99.

226 *Hanau*, S. E 14.

die Schuldnerautonomie enden oder zumindest eingeschränkt werden sollte, durch die Gerichte nur sehr schwierig festzulegen sei.[227]

Henckel hielt eine Vorverlagerung der Verfahrenseröffnung für einen zu weitreichenden Eingriff in die Entscheidungsfreiheit der betroffenen Unternehmensleitung; es müsse der Leitung des noch zahlungsfähigen Unternehmens überlassen bleiben, wie die wirtschaftliche Krise überwunden werden könnte.[228] Er betonte jedoch, dass eine möglichst frühe Verfahrenseröffnung die Chancen einer erfolgreichen Sanierung erheblich erhöhen könnte und daher von dem Gesetzgeber gefördert werden sollte.[229]

c. Berichte der Kommission für Insolvenzrecht

1985 wurde der Erste Bericht der Kommission für Insolvenzrecht von dem, der FDP angehörenden Bundesminister der Justiz *Hans A. Engelhard* der Öffentlichkeit vorgelegt. Der Erste Bericht konzentrierte sich in erster Linie auf den materiellen Inhalt des künftigen Insolvenzrechts. Dabei wurden Leitsätze und eine ausführliche Begründung der selbigen niedergeschrieben. Der ein Jahr später vorgestellte, Zweite Bericht der Kommission für Insolvenzrecht enthielt Vorschläge bezüglich der verfahrensrechtlichen Ausgestaltung des neuen Insolvenzrechts. Im Vorwort zum Zweiten Bericht hielt *Engelhard* fest, dass die Mängel des geltenden Konkurs- und Vergleichsrechts offensichtlich seien und eine Reform daher rechts- und wirtschaftspolitisch geboten sei.[230]

Als einer der Leitsätze wurde festgehalten, dass ein einheitliches Insolvenzverfahren eingeführt werden sollte, das entweder die Reorganisation oder die Liquidation des Schuldnervermögens als Ziel hat. Welches Ziel verfolgt werden sollte, sollte vor Eröffnung des Verfahrens in einem Vorverfahren durch das Gericht entschieden werden.[231] Bestand *in casu* eine hinreichende Aussicht auf eine Reorganisation des notleidenden Unternehmens, so hätte das Insolvenzgericht die Einleitung des Reorganisationsverfahrens unverzüglich beschließen müssen. Dieser Beschluss wiederum wäre nach der Konzeption der Kommission für Insolvenzrecht für die Beteiligten nicht anfechtbar gewesen.[232] Nach Leitsatz 1.3.4.4 des Ersten Berichts konnte daher allein das zuständige Insolvenzgericht

227 *K. Schmidt*, S. D 97 ff.
228 *Henckel*, ZIP 1981, 1296, 1302.
229 *Henckel*, ZIP 1981, 1296, 1303.
230 Zweiter Bericht, S. V.
231 Erster Bericht, S. 27.
232 Erster Bericht, S. 150.

über das Verfahrensziel bestimmen.[233] Die Kommission für Insolvenzrecht ging damals mithin von einem Vorrang des Reorganisationsverfahrens gegenüber dem Liquidationsverfahren aus. Der Sanierungsgedanke war daher einer der Leitgedanken der Impulsgeber aus der Kommission für Insolvenzrecht.

Bestünde keine Aussicht auf Reorganisation oder wäre der Schuldner nicht reorganisationsfähig gewesen, so wäre ein Vorverfahren entfallen und mit Eröffnung des Insolvenzverfahrens zugleich das Liquidationsverfahren einzuleiten gewesen.[234] Schuldner und Gläubiger sollten für beide Verfahren antragsberechtigt sein.[235] Eröffnungsgründe sollten die Zahlungsunfähigkeit, die kurz bevorstehende Zahlungsunfähigkeit und die Überschuldung sein.[236]

Ein Insolvenzverhütungsverfahren, das dem Insolvenzverfahren vorgeschaltet sein sollte, wurde abgelehnt.[237] Dies wurde unter anderem damit begründet, dass ein solches Verfahren auf unbestimmten und generalklauselartigen Begriffen basieren würde und deswegen wenig praktikabel sei. Es bestünde weiterhin die Gefahr, dass Unternehmen ein Insolvenzverhütungsverfahren missbrauchen könnten, um sich ihrer Schulden und sozialen Lasten zu entledigen; darüber hinaus könnten notwendige Eingriffe vor dem Eintritt der Insolvenz die Grenze des Art. 14 GG schnell überschreiten.[238]

Der Kommissionsbericht nennt das damals noch junge amerikanische Reorganisationsrecht nach *Chapter 11 of Title 11 U.S.C.* (sog. „*Bankruptcy Code*") ausdrücklich als Vorbild für das Reorganisationsverfahren, weist aber gleichzeitig auf die zum Teil erheblichen Unterschiede der beiden Rechtssysteme hin.[239] So sei es zum Beispiel in den USA unter engen Voraussetzungen möglich, bei verbundenen Unternehmen Aktiva und Passiva zusammenzufassen; einem solchen Konzerninsolvenzrecht erteilte die Kommission jedoch eine Absage, da dies den Grundsätzen des deutschen Konzernrechts zuwiderlaufe.[240]

---

233 Erster Bericht, S. 36.
234 Erster Bericht, S. 36.
235 Erster Bericht, S. 28.
236 Erster Bericht, S. 30.
237 Erster Bericht, S. 37.
238 Erster Bericht, S. 154.
239 Erster Bericht, S. 156 ff.; zur Reorganisation nach *Chapter 11* siehe einführend *Lüer/Streit*, in: Uhlenbruck, InsO, Vor §§ 217 ff. Rn. 9 f.; umfassender und grundlegend siehe dazu *Flessner*, Sanierung und Reorganisation, S. 33 ff.; *Gräwe*, ZInsO 2012, 158; zur geschichtlichen Entwicklung von *Chapter 11* siehe *Braun*, in: Nerlich/Römermann, InsO, Vor § 217 ff. Rn. 34 ff.; *Priebe*, ZInsO 2011, 1676, 1678.
240 Erster Bericht, S. 157 f.

d. Kritik und Folgen der Kommissionsberichte

Nachdem sich *Engelhard* zahlreicher Kritik durch Verbände wie dem BDI und dem BDA ausgesetzt sah, betonte er, dass ein gerichtliches Sanierungsverfahren nur „marktkonform" ausgestaltet werden könne.[241] Weiterhin sah er die Gefahr, dass es zu einer Umverteilung von Vermögenswerten zu Lasten der Sicherungsgläubiger kommen könne, und forderte, dies zu vermeiden.[242] Deshalb schlug er vor, den Sicherungsgläubigern während der verfahrensbedingten Nutzung ihres Vermögens durch den Insolvenzverwalter Zinsen zu gewähren, da eine entschädigungslose Nutzung, wie sie die Kommission befürwortete, einem „ordnungspolitisch fragwürdigen Umverteilungseingriff" entspreche.[243] Noch kritischer äußerte sich der ehemalige Bundesminister für Wirtschaft und damalige wirtschaftspolitische Sprecher der FDP-Bundestagsfraktion, *Graf Lambsdorff*. Er attestierte der Kommission einen „Strukturkonservismus" und sah die Gefahr einer Aushöhlung der Privatautonomie.[244] Er kritisierte in erster Linie die Einschränkung der Gläubigerbefugnisse, wie etwa die Wahl des Insolvenzverwalters zu bestimmen, und eine zu starke Stellung des Insolvenzrichters.[245]

Ebenso kritisch äußerte sich der *Gravenbrucher Kreis*[246] zu den Vorschlägen der Kommission. Hauptkritikpunkte der Vereinigung überregional tätiger Insolvenzverwalter waren eine Tendenz zur Aushöhlung der Gläubigerautonomie und eine Verstaatlichung der Insolvenzabwicklung.[247] Um dieser Tendenz entgegen zu wirken, machte der *Gravenbrucher Kreis* zahlreiche Gegenvorschläge. So sollte das Verfahrensziel, ob eine Reorganisation oder eine Liquidation des Unternehmens erfolgen soll, von den Gläubigern im Zusammenwirken mit dem Insolvenzverwalter entschieden werden und nicht, wie von der Kommission vorgesehen, durch das Gericht.[248] Weiterhin sollte es möglich sein, ohne die Zustimmung des Gerichts bereits im Vorverfahren das Unternehmen im Ganzen zu veräußern; erforderlich

---

241 *Engelhard*, ZIP 1986, 1287, 1288.

242 *Engelhard*, ZIP 1986, 1287, 1289.

243 *Engelhard*, ZIP 1986, 1287, 1289 f.

244 *Graf Lambsdorff*, ZIP 1987, 809, 811.

245 *Graf Lambsdorff*, ZIP 1987, 809, 811 f.

246 Nach eigenen Angaben handelt es sich bei dem *Gravenbrucher Kreis* um einen seit 1986 bestehenden Zusammenschluss von „Vertretern der führenden Insolvenzkanzleien Deutschlands, die sich durch überregionale Restrukturierungs- und Sanierungserfahrung sowie umfassende Kompetenz auszeichnen", siehe http://www.gravenbrucher-kreis.de/über-uns [zuletzt aufgerufen am 31. 5. 2019].

247 *Gravenbrucher Kreis*, BB 1986, Beil. 15, S. 3.

248 *Gravenbrucher Kreis*, BB 1986, Beil. 15, S. 3.

sollte dabei allein die Zustimmung der Gläubiger sein.[249] Darüber hinaus müsse es den Gläubigern möglich sein, statt des gerichtlich bestimmten Insolvenzverwalters einen neuen Verwalter zu bestimmen.[250] Schließlich sollte Ziel der Reorganisation nicht die Erhaltung des Unternehmensträgers, sondern vielmehr des Unternehmens sein; damit sollte die übertragende Sanierung als Mittel der Unternehmenssanierung ebenfalls zulässig sein.[251]

Trotz oder vielleicht auch gerade wegen der zahlreichen Kritik führten die Kommissionsberichte letztlich Ende der achtziger Jahre zu ersten Entwürfen der Regierung, in denen sich die politischen Ansichten der Kritiker zum Teil bereits wiederfanden.[252] 1988 wurde der erste „Diskussionsentwurf zur Reform des Insolvenzrechts" vorgelegt. Im Dezember 1989 kam ein Referentenentwurf hinzu.[253]

aa. Diskussionsentwurf

Der Diskussionsentwurf ging nicht mehr so weit wie die Vorschläge der Kommission für Insolvenzrecht. Der Vorrang der Reorganisation gegenüber der Liquidation als ein eigenständiges Verfahrensziel fand sich darin nicht mehr wieder.[254] In der Begründung des Entwurfs wird dabei ausdrücklich darauf hingewiesen, dass die Erhaltung von Unternehmen kein Ziel des Insolvenzverfahrens sein könne.[255] Damit wurde der Sanierungsgedanke, den die Kommission für Insolvenzrecht noch in den Vordergrund gestellt hatte, zurückgedrängt. Im Diskussionsentwurf fanden sich in den §§ 243 ff. erstmals Regelungen zum Insolvenzplan, der das gerichtliche Vergleichsverfahren und den Zwangsvergleich innerhalb des Konkursverfahrens ablösen sollte.[256] Das Bundesministerium der Justiz hatte die zahlreiche Kritik, insbesondere bezüglich der geringen Gläubigerbeteiligung, angenommen und größtenteils im Entwurf umgesetzt.[257]

---

249 *Gravenbrucher Kreis*, BB 1986, Beil. 15, S. 4.

250 *Gravenbrucher Kreis*, BB 1986, Beil. 15, S. 5; zur bisherigen Regelung des § 80 KO, siehe *Uhlenbruck*, NZI 1998, 1, 4.

251 *Gravenbrucher Kreis*, BB 1986, Beil. 15, S. 8 f.

252 *Gottwald*, in: Gottwald, Insolvenzrechts-Handbuch, § 1 Rn. 34; *Lüer/Streit*, in: Uhlenbruck, InsO, Vor § 217 ff. Rn. 8; zur damaligen Kritik siehe statt vieler umfassend dazu *Balz*, ZIP 1988, 273 m.w.N.

253 *H. Hess*, InsO, 1. Aufl., Vor § 1 ff. Rn. 176.

254 *W. Hofmann*, DRiZ 1994, 411, 413; zum Diskussionsentwurf siehe *Uhlenbruck*, BB 1989, 433.

255 Diskussionsentwurf, S. B 3.

256 Diskussionsentwurf, S. B 216.

257 *Uhlenbruck*, BB 1989, 433, 41.

bb. Referentenentwurf

Die tagespolitische Aufmerksamkeit für den Referentenentwurf fiel nach dem Fall der Mauer deutlich verhaltener aus; es drängten sich dringendere Vorhaben auf.[258] Gegenüber dem Diskussionsentwurf enthält der Referentenentwurf des Bundesministeriums der Justiz einige Änderungen. So stellte § 62 des Entwurfs nun klar, dass die Insolvenzgläubiger sofortige Beschwerde einlegen konnten, für den Fall, dass das Gericht den vorgeschlagenen Insolvenzverwalter nicht für geeignet ansah; im Diskussionsentwurf fand sich noch kein ausdrücklicher Hinweis auf diese Rechtsschutzmöglichkeit.[259] Die auf *Engelhard*[260] zurückgehende Regelung, im Referentenentwurf eine Verzinsung für die Zeit der Nutzung des Sicherungsgutes zu gewähren, wurde von dem *Gravenbrucher Kreis* als unbillige Besserstellung gegenüber dem alten Recht bezeichnet.[261] Darüber hinaus sei das Insolvenzplanverfahren zu sehr an *Chapter 11* orientiert, ohne dabei die Besonderheiten der deutschen Rechtsordnung ausreichend zu berücksichtigen.[262] Hervorzuheben ist jedoch, dass in der Begründung des Entwurfs ausdrücklich festgehalten wird, dass die Liquidation, die übertragende Sanierung und die Sanierung des Schuldners gleichrangig sein sollten.[263]

5. Neunziger Jahre

Bereits im November 1991 wurde trotz der einigungsbedingten Veränderungen der Regierungsentwurf[264] einer Insolvenzordnung verabschiedet.[265]

258 *W. Hofmann*, DRiZ 1994, 411, 413 f.; wie etwa auch die Privatisierung der Staatsbetriebe in der ehemaligen DDR durch die unter der Fachaufsicht des Bundesfinanzministeriums stehende Treuhandanstalt, siehe dazu http://www.bpb.de/geschichte/deutsche-einheit/zahlen-und-fakten-zur-deutschen-einheit/211280/das-vermoegen-der-ddr-und-die-privatisierung-durch-die-treuhand [zuletzt aufgerufen am 31. 5. 2019].

259 Siehe Referentenentwurf, S. 34; Diskussionsentwurf, S. 29.

260 *Engelhard*, ZIP 1986, 1287, 1289 f.

261 *Gravenbrucher Kreis*, ZIP 1990, 476, 477.

262 *Gravenbrucher Kreis*, ZIP 1990, 476, 477.

263 Referentenentwurf, S. A 19 f.

264 RegE InsO, BT-Drucks. 12/2443; zum Regierungsentwurf instruktiv *Uhlenbruck*, KTS 1992, 499.

265 *W. Hofmann*, DRiZ 1994, 411, 414.

a. Regierungsentwurf

Der Regierungsentwurf entsprach in weiten Teilen dem Referentenentwurf.[266] In der Begründung des Entwurfs wurde ausdrücklich festgehalten, dass es der folgenschwerste Mangel des damals geltenden Rechts sei, dass den Beteiligten ein funktionsfähiger rechtlicher Rahmen für die Sanierung notleidender Unternehmen verweigert wurde.[267] 1992 gelangte der Regierungsentwurf in den Rechtsausschuss des Deutschen Bundestages, wobei der Regierungsentwurf nur wenige Änderungen – in erster Linie Vereinfachungen und Verkürzungen – erfuhr.[268] § 1 Abs. 1 des Entwurfs hielt fest, dass das Insolvenzverfahren dazu diene, die Gläubiger eines Schuldner gemeinschaftlich zu befriedigen, indem das Vermögen des Schuldners verwertet und der Erlös verteilt wird. § 1 Abs. 3 des Regierungsentwurfs normierte, dass die Beteiligten ihre Rechte in einem Insolvenzplan abweichend von den gesetzlichen Vorschriften regeln können; so könnten die Gläubiger insbesondere bestimmen, dass der Schuldner sein Unternehmen fortführt und die Gläubiger anschließend aus den Erträgen des Unternehmens befriedigt werden könnten. Das Insolvenzplanverfahren fand sich in den §§ 253 ff. des Regierungsentwurfes. Zweck des Verfahrens sollte es sein, den Beteiligten einen Rechtsrahmen für die einvernehmliche Bewältigung der Insolvenz im Wege von Verhandlungen und privatautonomen Austauschprozessen zu ermöglichen. Darin sollte der entscheidende Beitrag zu einer Deregulierung der Insolvenzabwicklung liegen.[269]

Die zahlreiche Kritik und wohl vor allem der Regierungswechsel 1982 während des andauernden Reformprozesses führten zu einem deutlich veränderten Insolvenzrecht.[270] Statt der Sanierung und Reorganisation standen „Deregulierung" und die vielfach geforderte „Gläubigerautonomie" im Vordergrund.[271] Der

266 *Gottwald*, in: Gottwald, Insolvenzrechts-Handbuch, § 1 Rn. 36; *Nerlich*, in: Nerlich/Römermann, InsO, Einl. Rn. 6.

267 RegE InsO, BT-Drucks. 12/2443, S. 73.

268 *Stürner*, in: MünchKomm-InsO, Einl. Rn. 44; *Häsemeyer*, Insolvenzrecht, Rn. 4.03; zu den Änderungen durch den Rechtsausschuss des deutschen Bundestages siehe ausführlich *Funke*, WM 1994, 452; *Grub*, WM 1994, 880.

269 RegE InsO, BT-Drucks. 12/2443, S. 90.

270 *Stürner*, in: MünchKomm-InsO, Einl. Rn. 39; *Thole*, in: HK-InsO, Einl. Rn. 6; *Eidenmüller*, in: MünchKomm-InsO, Vor §§ 217 ff. Rn. 6, 8; *Nerlich*, in: Nerlich/Römermann, InsO, Einl. Rn. 3; *Uhlenbruck*, Das neue Insolvenzrecht, S. 22 f.; *Henckel*, in: Jaeger, InsO, Einl. Rn. 43 f.; *Balz*, in: Kölner Schrift, 2. Aufl., S. 1 Rn. 1; *Flessner*, KTS 2010, 127, 142 f.

271 *Uhlenbruck*, KTS 1992, 499, 499.

Gravenbrucher Kreis lehnte den Regierungsentwurf – ebenso wie zuvor schon den Referentenentwurf – ab.[272] Es wurde vor allem das Insolvenzplanverfahren kritisiert. Dieses führe zu Rechtsunsicherheit und Verfahrensverzögerungen, da die Beteiligten, die über den Plan abstimmen sollen, grundsätzlich zersplittert seien.[273] 1993 hatte der Kreis dem Bundesministerium der Justiz einen Alternativentwurf vorgelegt.[274] *Grub* kritisierte die deutlich schwächere Stellung des Insolvenzverwalters im Vergleich zu der Konkursordnung, da dieser nun oftmals entweder die Zustimmung des Gläubigerausschusses oder des Insolvenzgerichts benötige, um handlungsfähig zu bleiben.[275]

b. Gesetzgebungsverfahren und nachträgliche Änderungen

Der Bundesrat hatte, nachdem ihm der Regierungsentwurf zugeleitet worden war, mehr als 40 Änderungen beantragt, diese ließen jedoch die Grundlagen des neuen Rechts weitestgehend unberührt.[276] So wurde vom Bundesrat unter anderem vorgeschlagen, die Restschuldbefreiung in einem eigenständigen Verfahren außerhalb der Insolvenzordnung zu regeln.[277] Dies wurde vom Rechtsausschuss verworfen, und die Restschuldbefreiung blieb ein Bestandteil der Insolvenzordnung. Um eine bessere Übersichtlichkeit und Verständlichkeit zu erreichen, kam es im Ausschuss zu einer deutlichen Straffung des Gesetzestextes, so dass mehr als 60 Paragraphen gestrichen wurden.[278] Im Vermittlungsausschuss einigte man sich im Juni 1994 schließlich auf ein Inkrafttreten der Insolvenzordnung zum 1. Januar 1999, da die Länder eine personelle Überforderung und Kostenexplosion wegen des neuen Verbraucherinsolvenzverfahrens fürchteten.[279] Zum Teil wurde diese Zeit jedoch nicht effektiv genug zur Vorbereitung auf die

---

272 *Gravenbrucher Kreis*, ZIP 1992, 657, 658.

273 *Gravenbrucher Kreis*, ZIP 1992, 657, 658.

274 Abgedruckt in ZIP 1993, 625, 628 ff.

275 *Grub*, ZIP 1993, 393, 397.

276 Siehe dazu RegE InsO, BT-Drucks. 12/2443, S. 248 ff.; *W. Hofmann*, DRiZ 1994, 411, 415; *Schmidt-Räntsch*, DStR 1992, 1477.

277 RegE InsO, BT-Drucks. 12/2443, S. 254 f.; *Prütting*, in: Kübler/Prütting/Bork, InsO, Einl. Rn. 36.

278 *W. Hofmann*, DRiZ 1994, 411, 415; *Kreft*, in: HK-InsO, 7. Aufl., Einl. Rn. 7.

279 *Nerlich*, in: Nerlich/Römermann, InsO, Einl. Rn. 11; *Gottwald*, in: Gottwald, Insolvenzrechts-Handbuch, § 1 Rn. 37; *Uhlenbruck*, Das neue Insolvenzrecht, S. 27; *W. Hofmann*, DRiZ 1994, 411, 417; *Pape*, NJW 1999, 29, 29 f.; später versuchten sogar einige Bundesländer vergebens das Inkrafttreten der Insolvenzordnung auf 2002 hinauszuschieben, siehe dazu *Heyer*, NJW 1997, 2803, 2803.

Umstellungen durch das neue Gesetz genutzt.[280] Die Insolvenzordnung wurde zwischen ihrer Verabschiedung und dem Inkrafttreten mehrfach geändert.[281]

c. *Exkurs: Gesamtvollstreckungsordnung*

Bis 1975 galten in der ehemaligen DDR die Konkursordnung und die Vergleichsordnung, allerdings modifiziert durch einige Rechtsverordnungen.[282] Ab 1975 wurden die beiden Gesetze durch eine Gesamtvollstreckungsverordnung des Ministerrates abgelöst.[283] Die Gesamtvollstreckungsverordnung von 1975 wurde durch den Einigungsvertrag (Anlage II Kap. III A Abschn. II Nr. 1 a) in den Rang eines Bundesgesetzes erhoben.[284] Dieses Bundesgesetz trat als Gesamtvollstreckungsordnung[285] nach der Wiedervereinigung neben die Konkursordnung und die Vergleichsordnung für das Gebiet der ehemaligen DDR i.d.F. der Bekanntmachung vom 23. Mai 1991.

Die Sonderregelung für die neuen Bundesländer und Ost-Berlin wurde unter anderem damit begründet, dass ansonsten die Gerichte und Rechtspfleger mit der Anwendung der Konkursordnung und der Vergleichsordnung überfordert sein könnten, und man während des Reformprozesses die Mängel des Rechts der Bundesrepublik erkannt hatte.[286] Des Weiteren sollte durch die Rechtsspaltung innerhalb des Bundesgebiets der Reformdruck erhöht werden und die Gesamtvollstreckungsordnung so mittelbar als Katalysator für die neue Insolvenzordnung wirken.[287] Daher enthielt die Gesamtvollstreckungsordnung bereits

---

280 So *Uhlenbruck*, NJW 2000, 1386, 1386 f.

281 Zu den diversen Modifikationen vor Inkrafttreten der Insolvenzordnung siehe u.a. *Prütting*, in: Kübler/Prütting/Bork, InsO, Einl. Rn. 40; *Schmerbach*, in: FK-InsO, Vor §§ 1 ff. Rn. 11; *Uhlenbruck/Vallender*, NZI 2009, 1; *H. Hess*, InsO, 1. Aufl., Vor § 1 ff., Rn. 207 ff.; *Henckel*, in: Jaeger, InsO, Einl. Rn. 46 ff.

282 *Weis*, in: H. Hess/Weis/Wienberg, InsO, Vor § 1 ff. Rn. 139.

283 *Weis*, in: H. Hess/Weis/Wienberg, InsO, Vor § 1 ff. Rn. 140.

284 *K. Schmidt*, in: K. Schmidt, InsO, Einl. Rn. 3.; *Uhlenbruck*, Das neue Insolvenzrecht, S. 25; *Nerlich*, in: Nerlich/Römermann, InsO, Einl. Rn. 8; überblicksartig zu der interessanten Geschichte der Gessamtvollstreckungsordnung in der ehemaligen DDR siehe *H. Hess*, InsO, 1. Aufl., Vor § 1 ff. Rn. 139 ff.; *Weis*, in: H. Hess/Weis/Wienberg, InsO, Vor § 1 ff. Rn. 139 ff.; zum Recht in der ehemaligen DDR nach dem Mauerfall siehe instruktiv *Lübchen/Landfermann*, ZIP 1990, 829.

285 BGBl. I S. 1185.

286 *K. Schmidt*, in: K. Schmidt, InsO, Einl. Rn. 3; *Stürner*, in: MünchKomm-InsO, Einl. Rn. 42; *Henckel*, in: Jaeger, InsO, Einl. Rn. 32.

287 *Stürner*, in: MünchKomm-InsO, Einl. Rn. 42; *Prütting*, in: Kübler/Prütting/Bork, InsO, Einl. Rn. 27; *H. Wagner*, DStR 1992, 650, 650; *Holzer*, in: FS Kübler, S. 288 f.

Regelungen, die in Westdeutschland erst mit Inkrafttreten der Insolvenzordnung Anwendung fanden, wie zum Beispiel die Anerkennung der Rechtsfähigkeit der Gesellschaft bürgerlichen Rechts in § 1 Abs. 1 Satz 1 GesO.[288] In der Praxis wurde die minimalistische Gesamtvollstreckungsordnung vor allem im Lichte der Konkursordnung ausgelegt oder die Regelungen der Konkursordnung analog angewendet, um bereits vor der Rechtvereinheitlichung durch die Insolvenzordnung zu einem Gleichklang der Insolvenzrechte in der Bundesrepublik zu gelangen.[289]

III. Ergebnis

Über 20 Jahre nach Einsetzung der Kommission für Insolvenzrecht trat am 1. Januar 1999 die Insolvenzordnung in Kraft. Sie löste die Konkursordnung, die Vergleichsordnung und die Gesamtvollstreckungsordnung ab und stellte damit die innerdeutsche Rechtseinheit im Bereich des Insolvenzrechts wieder her.[290] Die bisherige Zweigleisigkeit von Konkurs- und Vergleichsverfahren wurde durch die Insolvenzordnung endlich abgeschafft.[291] Der während des Gesetzgebungsverfahrens mehrmals umformulierte § 1 InsO lautete nun: „Das Insolvenzverfahren dient dazu, die Gläubiger eines Schuldners gemeinschaftlich zu befriedigen, indem das Vermögen des Schuldners verwertet und der Erlös verteilt oder in einem Insolvenzplan eine abweichende Regelung insbesondere zum Erhalt des Unternehmens getroffen wird. Dem redlichen Schuldner wird Gelegenheit gegeben, sich von seinen restlichen Verbindlichkeiten zu befreien." Damit war der Paradigmenwechsel von einem reinen Zerschlagungs- und Verteilungsrecht hin zu einem Sanierungs- und Restrukturierungsrecht – zumindest auf dem Papier – vollzogen. Mit der Zielbestimmung in § 1 InsO wird deutlich, dass der Gesetzgeber im Erhalt des Unternehmens grundsätzlich eine gleichwertige Alternative zur Liquidation des Schuldnervermögens sah.[292] Durch die

---

288 *Prütting*, in: Kübler/Prütting/Bork, InsO, Einl. Rn. 27; *Weis*, in: H. Hess/Weis/Wienberg, InsO, Vor § 1 ff. Rn. 247.

289 *Weis*, in: H. Hess/Weis/Wienberg, InsO, Vor § 1 ff. Rn. 157 m.w.N.

290 *H. Hess*, InsO, Vor § 1 ff. Rn. 21; *Reischl*, Insolvenzrecht, Rn. 17; Konkurs- oder Vergleichsanträge, die bis zum 31. 12. 1998 gestellt wurden, unterlagen nach Art. 103 EGInsO (Gesetz v. 5. 10. 1994, BGBl. I S. 2911) dem alten Recht (KO, VglO, GesO).

291 Damit hat Deutschland laut *Luttermann/Geißler* als einziges Land ein einheitliches Insolvenzgesetz, dass sowohl die Liquidation als auch die Erhaltung von Unternehmen regelt, siehe *Luttermann/Geißler*, ZInsO 2013, 1381, 1382.

292 Zu dem äußerst umstrittenen Problem, ob die Sanierung eines Unternehmens ein eigenständiges Verfahrensziel nach der heutigen Konzeption der Insolvenzordnung sein kann, siehe ausführlich Zweiter Teil, A. I.

Schaffung eines einheitlichen Verfahrens sollten die Sanierungschancen erhöht werden. Ein erheblicher Mangel des alten Rechts war, dass in einem viel zu frühen Stadium der Krise bereits entschieden werden musste, ob das Vergleichs- oder aber das Konkursverfahren Anwendung findet; wobei letzteres ganz klar überwog.[293]

Die – in weiten Teilen oft nur holzschnittartige – Nachzeichnung der historischen Entwicklung des Sanierungsgedankens in Deutschland konnte bereits verdeutlichen, dass es bisweilen enormer Kraftanstrengungen durch die Praxis, die Lehre und den Gesetzgeber bedarf, um Reformen voranzutreiben. Insbesondere der Gesetzgeber war oft zögerlich, wenn es um die Schaffung neuer insolvenzrechtlicher Reglungen ging. Es bleibt nicht zuletzt auch immer ein Wechselspiel zwischen den wirtschaftlichen und politischen Entwicklungen,[294] ob und wie sich das Insolvenzrecht wandeln und fortentwickeln kann.

---

293 RegE InsO, BT-Drucks. 12/2443, S. 73; *Warrikoff*, KTS 1996, 489, 493.

294 Zu den kulturgeschichtlichen Einflüssen auf das Insolvenzrecht aus historischer und literarischer Sicht zuletzt *Zipperer*, NJW 2016, 750.

Zweiter Teil: Umsetzung des Sanierungsgedankens

Nachdem die historische Entwicklung des Sanierungsgedankens im deutschen Insolvenzrecht nachgezeichnet wurde, wird nun das Ergebnis des langen und oft zähen Reformprozesses – die Insolvenzordnung – einem vermeintlichen „Jahrhundertgesetz",[295] einer näheren Betrachtung unterzogen. Dabei soll der zweite Teil der vorliegenden Arbeit zeigen, welche Instrumente das neue moderne Sanierungs- und Restrukturierungsrecht für die Beteiligten bereithält und wie diese im Einzelnen funktionieren. Zu klären ist, ob sie in der Praxis ihre sanierungsfördernde Wirkung entfalten kann und vor allem wie das Recht in neuerer Zeit von dem Gesetzgeber, insbesondere zuletzt durch das im Dezember 2011 verkündete und am 1. März 2012 in Kraft getretene ESUG, weiterentwickelt wurde.[296]

Abermals führte unter anderem eine wirtschaftliche Krise – die internationale Finanzmarktkrise seit Mitte 2007 – zu Reformen des bestehenden Rechts durch den deutschen Gesetzgeber.[297] Infolge der mit der Krise einhergehenden weltweiten Rezession kam es immer häufiger zu einem „Insolvenztourismus".[298]

---

295 *Uhlenbruck*, NZI 1998, 1, 1.

296 Das ESUG stellte bereits die 37. Änderung der Insolvenzordnung dar, so *Flöther*, ZIP 2012, 1833, 1836; auf die zahlreichen, jedoch meist weniger tiefgreifenden Modifikationen nach Inkrafttreten der Insolvenzordnung bis zum Erlass des ESUG wird im Einzelnen nicht mehr eingegangen, sofern es für die jeweiligen Abschnitte nicht unerlässlich erscheint, siehe zu den zahlreichen Änderungen ausführlich u.a. *Uhlenbruck/Vallender*, NZI 2009, 1, 2 ff.; *Gottwald*, in: Gottwald, Insolvenzrechts-Handbuch, § 1 Rn. 66 ff.; *K. Schmidt*, in: K. Schmidt, InsO, Einl. Rn. 8 ff.; *Henckel*, in: Jaeger, InsO, Einl. Rn. 55 ff.; *A. Schmidt*, in: HambKomm-InsO, § 1 Rn. 9 ff.; *Seagon*, in: Buth/Hermanns, Handbuch, § 27 Rn. 14; *H. Hess*, InsO, 1. Aufl., Vor § 1 ff. Rn. 212 ff.; *Thole*, in HK-InsO, Einl. Rn. 11 ff.; *Schmerbach*, in: FK-InsO, Vor §§ 1 ff. Rn. 48 ff.; *Stürner*, in: MünchKomm-InsO, Einl. Rn. 45 ff.

297 So u.a. *Balz*, in: Insolvenzrecht 2.020, S. 92; *Gude*, ZInsO 2012, 320, 320; *Silcher*, in: Ahrens/Gehrlein/Ringstmeier, InsO, § 217 Rn. 9; *Eidenmüller*, in: MünchKomm-InsO, Vor §§ 217 ff. Rn. 68; *Eidenmüller*, Finanzkrise, S. 6 ff.

298 *Hergenröder*, DZWiR 2009, 309, 309, wobei sich der Verfasser des Artikels auf den „Tourismus" natürlicher Personen beschränkt; siehe dazu ebenso *May*, ZInsO 2012, 165, 168 f.; bereits vor Beginn der Finanzkrise gab es Anfang 2007 zwei aufsehenerregende Fälle (*Schefenacker AG* und *Deutsche Nickel AG*), die die Diskussion belebten, siehe dazu u.a. *Bork*, Sanierungsrecht in Deutschland und England, § 1 Rn. 1.7 ff. m.w.N.; *Bork*, ZIP 2010, 397; *Eidenmüller*, KTS 2014, 401, 402; *Hirte/Knof/Mock*,

Einige Unternehmen versuchten durch die Verlagerung ihres sog. *centre of main interests* (COMI), als Anknüpfungspunkt für die Eröffnung des Hauptinsolvenzverfahrens nach Art. 3 Abs. 1 EuInsVO,[299] unter günstigere Regelungen im europäischen Ausland (in erster Linie England) zu fallen.[300] Nicht zuletzt auch, um dem *forum shopping* und dem innereuropäischen Wettbewerb der unternehmerfreundlichsten Insolvenzrechtsordnung Einhalt zu gebieten, sah sich der Bundesgesetzgeber gezwungen, den Insolvenzrechtsstandort Deutschland durch eine umfassende Reform der Insolvenzordnung für Unternehmen wieder attraktiver zu machen.[301]

ESUG, S. 3; zur letztlich gescheiterten Flucht der *Hans Brochier Holdings Ltd.* in das britische Insolvenzrecht siehe *Andres/Grund*, NZI 2007, 137; zur Sitzverlagerung nach Großbritannien allgemein aus angelsächsischer Perspektive siehe *Griffiths/Hellmig*, NZI 2008, 418.

299 VO (EG) Nr. 1346/2000 des Rates v. 29. 5. 2000, ABl. Nr. L 160 S. 1, gilt für alle Verfahren die bis 26. Juni 2017 eröffnet worden sind, danach greift die Neufassung der EuInsVO, VO (EU) Nr. 2015/848 des Europäischen Parlaments und des Rates v. 20. 5. 2015 über Insolvenzverfahren, ABl. Nr. L 141 S. 19, ein, vgl. Art. 84 Abs. 1 Satz 1 EuInsVO n.F., siehe einführend zur Neufassung der Europäischen Insolvenzverordnung *Ebke/Humpenöder*, in: Unternehmensrestrukturierung und Unternehmensinsolvenz - National - international - europäisch, S. 117 ff. m.w.N.; bei den Artikeln der EuInsVO ohne nähere Angabe ist die Neufassung der EuInsVO im Folgenden maßgeblich.

300 Zu dem Problem der Verlegung des COMI von Deutschland in europäische Nachbarstaaten siehe u.a. *Weller*, ZGR 2008, 835; *Vallender*, NZI 2007, 129; *Eidenmüller*, ZIP 2010, 649, 650; *Eidenmüller*, Finanzkrise, S. 8; *Lürken*, NZI 2015, 3, 4.

301 RegE ESUG, BT-Drucks. 17/5712, S. 17; siehe zu diesem Aspekt auch u.a. *Römermann*, NJW 2012, 645; *Eidenmüller*, ZHR 175 (2011), 11, 13; *Seagon*, ZVglRWiss 108 (2009), 203; *Hirte/Knof/Mock*, S. 3; *Vallender*, NZI 2007, 129; *Undritz*, in: Kölner Schrift, 29. Kap. Rn. 144; *Rattunde*, GmbHR 2012, 455; *Kübler*, in: HRI, 2. Aufl., § 1 Rn. 13; *Eidenmüller*, in: MünchKomm-InsO, Vor §§ 217 ff. Rn. 68; das Problem wurde von *Eidenmüller/Frobenius/Prusko* 2010 einer empirischen Untersuchung unterzogen; die Verfasser kamen dabei allerdings zu dem durchaus überraschenden Ergebnis, dass der tatsächliche Wettbewerb im Unternehmensinsolvenzrecht deutlich geringer ist als es die öffentlichkeitswirksamen Fälle und deren Diskussion in der Literatur, wie etwa bei *Schefenacker*, vermuten ließen und eine Migration in eine andere Rechtsordnung nur äußerst selten von den Unternehmen erwogen wird, siehe *Eidenmüller/Frobenius/Prusko*, NZI 2010, 545, 549; trotzdem gab es auch danach weiterhin prominente (Einzel-)Fälle der Sitzverlegung ins Ausland (z.B. *Tele Columbus* und *Rodenstock*), siehe dazu einführend *Simon/Merkelbach*, NZG 2012, 121, ausführlich dazu auch Dritter Teil, A. II. 2. c. cc.

Als Gesetz zur weiteren Erleichterung der Sanierung von Unternehmen geschaffen, gilt es zu überprüfen, ob das ESUG seinem Namen gerecht wird. Der Fokus der Untersuchung liegt dabei auf dem Insolvenzplanverfahren gemäß §§ 217 ff. InsO, als dem „Kernstück des neuen Insolvenzrechts“,[302] der Eigenverwaltung gemäß §§ 270 ff. InsO und dem durch das ESUG neu eingeführten sog. „Schutzschirmverfahren“ gemäß § 270b InsO. Das Regelinsolvenzverfahren,[303] an dessen Ende grundsätzlich[304] die Liquidation des Unternehmens und die Verteilung des Erlöses an die Beteiligten des Verfahrens nach den §§ 187 ff. InsO steht, soll hierbei gerade nicht Gegenstand der Betrachtung sein, da der Schwerpunkt der Analyse allein auf der Sanierung und dem Erhalt des Unternehmens liegt.

Damit stellt sich die Frage, ob die genannten Instrumentarien der Insolvenzordnung den Sanierungsgedanken bereits hinreichend umsetzen und ob sie ihre Wirkungen bei der Rettung von Unternehmen in der Praxis tatsächlich entfalten können.

A. Insolvenzplanverfahren

In der Gesetzesbegründung der Insolvenzordnung wird als Ziel des Insolvenzplanverfahrens[305] die Schaffung eines Rechtsrahmens genannt, der es den

302 So u.a. *Maus*, in: Kölner Schrift, 2. Aufl., S. 931 Rn. 1; *Geiwitz*, in: Buth/Herrmanns, Handbuch, § 29 Rn. 1.

303 Eine gute Einführung zum Regelinsolvenzverfahren findet sich bei *Häller*, Kapitalmarktrecht und Unternehmenssanierung, S. 42 ff.; zu den aktuellen Entwicklungen des Regelinsolvenzverfahrens siehe zuletzt *Vallender*, NJW 2019, 1351.

304 Zu der Möglichkeit einer übertragenden Sanierung als eine Form der Liquidation siehe bereits oben ausführlich unter Erster Teil, A. III.

305 Zur für die vorliegende Untersuchung im Ergebnis nachrangigen und wohl wenig praxisrelevanten, in der Literatur allerdings weiterhin sehr umstrittenen Frage, welche Rechtsnatur ein Insolvenzplan hat, siehe u.a. *Eidenmüller*, in: MünchKomm-InsO, § 217 Rn. 6 ff.; *Smid/Rattunde/Martini*, Insolvenzplan, Rn. 7.1 ff.; *Braun*, in: Nerlich/Römermann, InsO, Vor §§ 217 ff. Rn. 71 ff.; *Rendels/Zabel*, Insolvenzplan, Rn. 14 ff.; *Madaus*, KTS 2012, 27, 30 ff.; *Thies*, in: HambKomm-InsO, Vor §§ 217 ff. Rn. 6; *Andres*, in: Andres/Leithaus, InsO, § 217 Rn. 17; *Jaffé*, in: FK-InsO, § 217 Rn. 45 ff.; *Spahlinger*, in: Kübler/Prütting/Bork, InsO, § 217 Rn. 59 ff.; der Bundesgerichtshof hält den Insolvenzplan für „ein spezifisch insolvenzrechtliches Instrument, mit dem die Gläubigergesamtheit die Befriedigung aus dem Schuldnervermögen organisiert“, siehe zuletzt BGH, Urt. v. 9. 1. 2014 – IX ZR 209/11, BGHZ 199, 344, 352 = NZI 2014, 262 m. Anm. *Römermann*.

Beteiligten ermöglichen soll, die Insolvenz durch Verhandlungen und Austauschprozesse einvernehmlich zu bewältigen.[306] Auf Grund der durch die privatautonomen Gestaltungsmöglichkeiten gewährleisteten Flexibilität solle durch das neue Verfahren eine bestmögliche Befriedigung der Gläubiger erreicht werden.[307] § 217 Satz 1 InsO hält dementsprechend fest, dass die Befriedigung der absonderungsberechtigten Gläubiger und der Insolvenzgläubiger, die Verwertung der Insolvenzmasse und deren Verteilung an die Beteiligten sowie die Verfahrensabwicklung[308] und die Haftung des Schuldners nach der Beendigung des Insolvenzverfahrens in einem Insolvenzplan abweichend von den Vorschriften der Insolvenzordnung geregelt werden können.

Nach dem Willen des Gesetzgebers soll der Insolvenzplan nicht nur für Sanierungen, sondern grundsätzlich für jede, der konkursmäßigen Zwangsverwertung abweichende Art der Masseverwertung zur Verfügung stehen.[309] Es können daher die Liquidation, die übertragende Sanierung oder aber eben die Reorganisation und damit der Erhalt des Unternehmensträgers in einem Insolvenzplan geregelt werden.[310] Eine Liquidation des insolventen Unternehmens werde in der Praxis jedoch meist weiterhin im Regelinsolvenzverfahren durchgeführt.[311] Das Gleiche gelte regelmäßig ebenfalls für die übertragende Sanierung; diese lasse sich nach allgemeiner Ansicht außerhalb eines Insolvenzplans für die Beteiligten grundsätzlich kostengünstiger und schneller bewerkstelligen, weil vor allem keine gesellschaftsrechtlichen Beschlüsse erforderlich sind.[312] Da aber nur letztere Variante des Insolvenzplanverfahrens, also der Erhalt eines Unternehmens im Wege einer Reorganisation, den Sanierungsgedanken tatsächlich und umfassend verwirklichen kann, soll auch nur sie Gegenstand der folgenden Untersuchung sein.

---

306 RegE InsO, BT-Drucks. 12/2443, S. 90.

307 RegE InsO, BT-Drucks. 12/2443, S. 78, 90 f.

308 „die Verfahrensabwicklung“ in § 217 S. 1 wurde durch das ESUG neu eingeführt, siehe dazu *Thies*, in: HambKomm-InsO, § 217 Rn. 1, 8 f.

309 RegE InsO, BT-Drucks. 12/2443, S. 83.

310 *Eidenmüller*, in: MünchKomm-InsO, § 217 Rn. 171 ff.; *H. Hess*, InsO, § 217 Rn. 1 ff.; *Jaffé*, in: FK-InsO, § 217 Rn. 70 ff.; *Spahlinger*, in: Kübler/Prütting/Bork, InsO, § 217 Rn. 22; *Rendels/Zabel*, Insolvenzplan, Rn. 19 f.

311 *Jaffé*, in: FK-InsO, § 217 Rn. 72; *Spahlinger*, in: Kübler/Prütting/Bork, InsO, § 217 Rn. 25; *Silcher*, in: Ahrens/Gehrlein/Ringstmeier, InsO, § 217 Rn. 47 f.

312 *Jaffé*, in: FK-InsO, § 217 Rn. 77; *Brinkmann*, WM 2011, 97, 98; *Undritz*, in: HRI, § 2 Rn. 31; *Spahlinger*, in: Kübler/Prütting/Bork, InsO, § 217 Rn. 24; *Silcher*, in: Ahrens/Gehrlein/Ringstmeier, InsO, § 217 Rn. 49 ff.

Das Insolvenzplanverfahren trat mit Inkrafttreten der Insolvenzordnung 1999 an die Stelle des bis dahin geltenden, konkursabwendenden Vergleichs nach der Vergleichsordnung, des Zwangsvergleichs der Konkursordnung gemäß den §§ 173 ff. KO und des Vergleichs nach § 16 GesO.[313] Im Gegensatz zum bisherigen Vergleichsverfahren war es nun endlich möglich, Insolvenzen durch autonome Entscheidungen der Gläubiger im Insolvenzplanverfahren auf flexible Art und Weise wirtschaftlich effektiv abzuwickeln.[314] Streng genommen handele es sich bei dem sog. Insolvenzplanverfahren jedoch gar nicht um ein eigenständiges Verfahren *sui generis*, sondern vielmehr nur um eine der möglichen Gestaltungsvarianten in einem bereits eröffneten einheitlichen Insolvenzverfahren.[315]

Da das Insolvenzplanverfahren und das Regelinsolvenzverfahren nach dem ausdrücklichen Willen des Gesetzgebers gleichrangige Alternativen eines eröffneten Insolvenzverfahrens darstellen sollen, ist auch ein Wechsel von einem Regel- zu einem Planverfahren und umgekehrt grundsätzlich möglich.[316] Scheitert jedoch die Aufstellung eines Insolvenzplans, so ist es gemäß § 159 InsO die Aufgabe des gerichtlich bestellten Insolvenzverwalters, die Masse zu verwerten und nach den §§ 187 ff. InsO an die Beteiligten zu verteilen.[317]

Im Folgenden wird zu einem besseren Verständnis des komplexen und in mehr als 60 Paragraphen äußerst detailreich geregelten Insolvenzplanverfahrens und den zahlreichen erfolgten Neuerungen aus jüngerer Zeit zuerst skizziert – wenn auch nur fragmentarisch – welchen Gang ein Verfahren grundsätzlich nimmt. Sodann wird genauer auf die durch das ESUG eingeführten Änderungen eingegangen und überprüft, inwiefern diese den Sanierungsgedanken umsetzen. Abschließend wird ein Blick auf die in der Praxis weiterhin äußerst relevanten außergerichtlichen Sanierungen als Alternative zum gerichtlichen Insolvenzplanverfahren geworfen. Vorweg wird allerdings als Vorfrage die sehr umstrittene Frage erörtert, ob nach der heutigen Konzeption der Insolvenzordnung die

---

313 RegE, InsO, BT-Drucks. 12/2443, S. 90; *Weis*, in: H. Hess/Weis/Wienberg, InsO, Vor § 1 ff. Rn. 273; *Eidenmüller*, in: MünchKomm-InsO, Vor §§ 217 ff. Rn. 3; *Kübler*, in: HRI, 2. Aufl., § 1 Rn. 11; *Maus*, in: Kölner Schrift, 2. Aufl., S. 932 Rn. 3.

314 *Uhlenbruck/Vallender*, NZI 2009, 1, 4.

315 So u.a. *Spahlinger*, in: Kübler/Prütting/Bork, InsO, § 217 Rn. 2; *Kebekus/Wehler*, in: Graf-Schlicker, InsO, § 217 Rn. 5; *Lüer*, in: Uhlenbruck, InsO, 13. Aufl., Vor §§ 217 ff. Rn. 32; Letzterer spricht von einem „besonderen Verfahrensweg" innerhalb des Insolvenzverfahrens.

316 RegE InsO, BT-Drucks. 12/2443, S. 78; *Spahlinger*, in: Kübler/Prütting/Bork, InsO, § 217 Rn. 2.

317 *Eidenmüller*, in: MünchKomm-InsO, Vor §§ 217 ff. Rn. 1.

Sanierung eines Unternehmens ein eigenständiges Verfahrensziel des deutschen Insolvenzrechts sein kann.

I. Sanierung als eigenständiges Verfahrensziel?

§ 1 Satz 1 Halbs. 1 InsO hält auf der einen Seite fest, dass das Insolvenzverfahren der gemeinschaftlichen Befriedigung der Gläubiger durch die Verwertung des Schuldnervermögens und die Verteilung des Erlöses dienen solle.[318] Auf der anderen Seite solle es jedoch alternativ nach § 1 Satz 1 Halbs. 2 InsO möglich sein, in einem Insolvenzplan eine abweichende Regelung zum Erhalt des Unternehmens zu treffen. Die vom Gesetzgeber gewählten Worte „oder“ und „insbesondere“ werfen dabei die Frage auf, in welchem Verhältnis die bestmögliche Gläubigerbefriedigung zum Erhalt des Unternehmens stehen soll.

In dem Ersten Bericht der Kommission für Insolvenzrecht von 1985 war das Reorganisationsverfahren mit dem Ziel, das Unternehmen zu erhalten, noch als vorrangig gegenüber dem Liquidationsverfahren angesehen worden. Nach Leitsatz 1.3.4.4 des Ersten Berichts konnte das zuständige Insolvenzgericht über das Verfahrensziel bestimmen.[319] Bestand *in casu* eine hinreichende Aussicht auf eine Reorganisation des notleidenden Unternehmens, so hätte das Insolvenzgericht die Einleitung des Reorganisationsverfahrens unverzüglich beschließen müssen. Dieser Beschluss wiederum wäre nach der Konzeption der Kommission für Insolvenzrecht für die Beteiligten nicht anfechtbar gewesen.[320] Wie bereits im ersten Teil der vorliegenden Arbeit erörtert, kam es jedoch auf Grund des Regierungswechsels Anfang der achtziger Jahre und der zum Teil erheblichen Kritik aus der Lehre und der Praxis nicht zu einem Reorganisationsverfahren im Sinne der Kommission für Insolvenzrecht.[321]

Der Gesetzgeber hat sich bei dem Erlass der Insolvenzordnung vielmehr dazu entschieden, den Erhalt eines Unternehmens als Ganzes im Rahmen des Insolvenzplanverfahrens nicht mehr ausdrücklich zu bevorzugen. In der Gesetzesbegründung zur Insolvenzordnung wird festgehalten, dass das

---

318 *Flessner* weist zurecht darauf hin, dass es sich bei der Vorgabe des Gesetzgebers, die Gläubiger gleichmäßig zu befriedigen, um einen Euphemismus („lebenserleichternde Selbsttäuschung“) handele, da es regelmäßig nur um die Verteilung des noch verbliebenen Restvermögens unter den Gläubigern gehe, siehe *Flessner*, KTS 2010, 127, 142.

319 Erster Bericht, S. 36.

320 Erster Bericht, S. 150.

321 Zu den Ursachen für die deutlich veränderte Konzeption des Reorganisations- bzw. des späteren Insolvenzplanverfahrens siehe ausführlich bereits unter Erster Teil, C. II. 5. a.

Insolvenzplanverfahren gleichberechtigt neben dem Regelinsolvenzverfahren stehen solle.[322] Zu klären ist daher, ob die Erhaltung eines Unternehmens trotzdem ein eigenständiges Verfahrensziel der Insolvenzordnung darstellen kann.

1. Eigenständiges Ziel des Verfahrens

Zum Teil wird vertreten, dass der Erhalt des Unternehmens auch nach der Insolvenzordnung ein Ziel des Verfahrens sei.[323] Die Sanierung des Unternehmens diene nicht allein der Gläubigerbefriedigung, sondern stehe vielmehr als gleichrangiges Ziel neben ihr.[324] Zum Teil wird die Sanierung sogar als „primäres Ziel" gegenüber der Zerschlagung eines Unternehmens bezeichnet.[325] Zumindest soll es nach der Ansicht von *Prütting* nicht ausgeschlossen sein, dass, obwohl der Gesetzgeber die Sanierung in der Insolvenzordnung nicht ausdrücklich hervorgehoben hat, neben der Gläubigerbefriedigung noch gleichrangige Verfahrensziele stehen können.[326] Dementsprechend spricht *Ahrens* von einem „Zieldreieck", bestehend aus Gläubigerbefriedigung, Unternehmenssanierung und Restschuldbefreiung, die als gemeinsame Primärziele gleichrangig nebeneinander stehen sollten.[327] Die Gleichrangigkeit der Ziele werde nicht zuletzt auch durch die Einführung des ESUG verdeutlicht, da der Gesetzgeber dadurch ausdrücklich die Sanierungsaussichten von Unternehmen steigern wollte.[328] Ein Indiz für ein eigenständiges Ziel der Sanierung könnte sich darüber hinaus im Bericht des Rechtsausschusses während des Gesetzgebungsverfahrens der Insolvenzordnung finden. Darin heißt es: „Als Ziel des Insolvenzverfahrens neben der Gläubigerbefriedigung wird die Erhaltung von Unternehmen durch einen Insolvenzplan hervorgehoben."[329] Vermittelnd wird von *A. Schmidt* angemerkt, dass die bestmögliche Gläubigerbefriedigung zwar wünschenswert sei, aber

---

322 RegE InsO, BT-Drucks. 12/2443, S. 78.

323 So u.a. *Haas*, in: HK-InsO, Vor §§ 217 ff. Rn. 4; *Pape*, in: Kübler/Prütting/Bork, InsO, § 270b Rn. 14 ff.; *Ehlers/Drieling*, Unternehmenssanierung, S. 3; *Smid/Rattunde/Martini*, Insolvenzplan, Rn. 0.2; *Bork*, Insolvenzrecht, Rn. 413; *F. Braun*, Aufsichtsrat, S. 44; *Ahrens*, in: Ahrens/Gehrlein/Ringstmeier, InsO, § 1 Rn. 8.

324 *Bork*, Insolvenzrecht, Rn. 413 f.

325 *Ehlers/Drieling*, Unternehmenssanierung, S. 3.

326 *Prütting*, in: Kübler/Prütting/Bork, InsO, § 1 Rn. 3.

327 *Ahrens*, in: Ahrens/Gehrlein/Ringstmeier, InsO, § 1 Rn. 7 f., 41.

328 *Ahrens*, in: Ahrens/Gehrlein/Ringstmeier, InsO, § 1 Rn. 41.

329 Berichtigung der Beschlussempfehlung und des Berichts des Rechtsausschusses zum Gesetzentwurf der Bundesregierung (BT-Drucks. 12/7302, S. 155), BT-Drucks. 12/8506, S. 2.

zumindest kein „absolutes Ziel" der Insolvenzordnung darstellen solle.[330] Die Abgeordnete der CDU/CSU-Fraktion *Elisabeth Winkelmeier-Becker* behauptete in ihrer Rede vor der zweiten Lesung zum ESUG im Deutschen Bundestag, dass der Gesetzgeber durch die Einführung des ESUG den Sanierungsgedanken neben den Gedanken der Gläubigerbefriedigung stelle.[331] Ebenso sieht *Pape* seit der Einführung des ESUG die Sanierung des Unternehmens als gleichrangiges Ziel des Insolvenzverfahrens an.[332]

2. Kein „Hauptziel" des Verfahrens

Dagegen sieht die herrschende Meinung im Schrifttum[333] in der Erhaltung des Unternehmens auch weiterhin kein eigenständiges Ziel der Insolvenzordnung. Vor allem der Wortlaut des § 1 Satz 1 InsO spreche dagegen, da das tatsächliche Ziel der InsO stets die bestmögliche Gläubigerbefriedigung sei und die Sanierung im Wege des Insolvenzplanverfahrens mithin nur eines der möglichen Mittel darstelle, um dies zu erreichen.[334] In der Gesetzesbegründung heißt es

---

330 *A. Schmidt*, in: HambKomm-InsO, § 1 Rn. 41.

331 *Winkelmeier-Becker*, BT-Plenarprotokoll 17/136, S. 16166 (A).

332 *Pape*, in: Kübler/Prütting/Bork, InsO, § 270b Rn. 14; *Paulus* merkte zurecht zuletzt an, dass die textlich suggerierte Gläubigerzentriertheit des § 1 InsO zumindest bei Unternehmensinsolvenzen dem gesetzgeberischen Willen, Unternehmen zu erhalten und damit auch Arbeitsplätze zu retten, widerspreche, siehe *Paulus*, NZI 2015, 1001, 1006.

333 So u.a. *Stürner*, in: MünchKomm-InsO, Einl. Rn. 1 ff.; *Eidenmüller*, in: MünchKomm-InsO, Vor §§ 217 ff. Rn. 6; *Eidenmüller*, ZIP 2010, 649, 650; *Henckel*, in: Jaeger, InsO, § 1 Rn. 2; *Undritz*, in: Kölner Schrift, 29. Kap. Rn. 5; *Gerhardt*, in: Insolvenzrecht im Umbruch, S. 3 f.; *Prütting*, in: Kölner Schrift, 2. Aufl., S. 240 Rn. 60; *Silcher*, in: Ahrens/Gehrlein/Ringstmeier, InsO, § 217 Rn. 2; *Schmerbach*, in: FK-InsO, § 1 Rn. 12; *Busch*, in: Haarmeyer/Wutzke/Förster, InsO, § 1 Rn. 8; *Kießner*, in: Braun, InsO, § 1 Rn. 2; *Pape*, in: Uhlenbruck, InsO, § 1 Rn. 1, 7; *Hübler*, Eigenverwaltung, S. 37 f.; *Camek*, Schutzschirmverfahren, S. 11 f.; *Lüer*, in: Uhlenbruck, InsO, 13. Aufl., Vor §§ 217 ff. Rn. 41; *Buchalik*, Sanieren statt Liquidieren, S. 55; *Madaus*, in: BeckOK-InsO, § 1 Rn. 5; *Doliwa*, Geplante Insolvenz, S. 98 f.; *Thole*, JZ 2011, 765, 771 ff.; *Sternal*, in: HK-InsO, § 1 Rn. 3; *Brinkmann/Zipperer*, ZIP 2011, 1337, 1338; *Brinkmann*, ZIP 2014, 197, 199 f.; *Madaus*, ZIP 2014, 500, 501; im Ergebnis allerdings differenzierend und vermittelnd nur *Ganter/Lohmann*, in: MünchKomm-InsO, 3. Aufl., § 1 Rn. 85.

334 So auch die Rechtsprechung, siehe u.a. BVerfG, Beschl. v. 23. 5. 2006 – 1 BvR 2530/04, NZI 2006, 453, 454; BGH, Urt. v. 21. 4. 2005 – IX ZR 281/03, BGHZ 163, 32, 35 = NJW 2005, 2015; der Rechtsprechung zustimmend u.a. *Eidenmüller*, in: MünchKomm-InsO, Vor §§ 217 ff. Rn. 6; *Silcher*, in: Ahrens/Gehrlein/Ringstmeier, InsO, § 217 Rn. 2.

demnach ausdrücklich, dass der „Plan – anders als die von der Kommission für Insolvenzrecht konzipierte Reorganisation – dem Ziel der bestmöglichen Haftungsverwirklichung untergeordnet“[335] sei. Weiterhin spricht der Gesetzgeber an anderer Stelle in der Begründung der Insolvenzordnung von der bestmöglichen Befriedigung der Gläubiger als „Hauptziel“[336] und davon, dass die Erhaltung des Unternehmens kein eigenständiges Ziel des Insolvenzverfahrens sei.[337] Dies hat der Gesetzgeber im Rahmen des ESUG erneut bekräftigt, indem er in der Begründung des Regierungsentwurfs festhielt, dass das vorrangige Ziel des Insolvenzverfahrens die bestmögliche Befriedigung der Gläubiger sei und die Erhaltung eines insolventen Unternehmens kein Selbstzweck in einer marktwirtschaftlichen Ordnung sein dürfe.[338] So bleibe auch nach Inkrafttreten des ESUG die Sanierung für den Schuldner lediglich ein Reflex der Gläubigerinteressen, also nur eine Option auf dem Weg zur bestmöglichen Befriedigung der Gläubiger.[339]

Stürner bezeichnet die Erhaltung ebenso wie die Liquidation des Unternehmens als „sekundäre Verfahrenszwecke“ und nennt die bestmögliche Gläubigerbefriedigung dementsprechend den „primären Verfahrenszweck“.[340] *Ganter/Lohmann* wollen dagegen von einem „nachgeordneten oder partiellen Verfahrensziel“ sprechen und führen aus, dass gegen die Anerkennung als generelles Verfahrensziel in erster Linie spreche, dass in der Praxis eine Sanierung nur in den wenigsten Fällen erreicht werden könne.[341]

3. *Stellungnahme*

Sowohl der klare Wortlaut des § 1 Satz 1 InsO als auch der (bisher) eindeutige Wille des Gesetzgebers lassen letztlich nur wenig Raum für die Auslegung der Minderansicht und sprechen gegen ein eigenständiges und gleichberechtigtes Verfahrensziel in Form der Erhaltung des Unternehmens. Die herrschende Ansicht verdient daher Zustimmung. Das Insolvenzverfahren der Insolvenzordnung hat, ebenso wie das Konkursverfahren der Konkursordnung, in erster Linie und vorrangig die Funktion der bestmöglichen Gläubigerbefriedigung. Ob

---

335 RegE InsO, BT-Drucks. 12/2443, S. 91.
336 RegE InsO, BT-Drucks. 12/2443, S. 108.
337 RegE InsO, BT-Drucks. 12/2443, S. 109.
338 RegE ESUG, BT-Drs. 17/5712, S. 17.
339 *Brünkmans/Uebele*, ZInsO 2014, 265, 272.
340 *Stürner*, in: MünchKomm-InsO, Einl. Rn. 1.
341 *Ganter/Lohmann*, in: MünchKomm-InsO, 3. Aufl., § 1 Rn. 85.

dabei von „Zielbestimmung“, „Hauptziel“ oder „primärem Ziel“ beziehungsweise „primärem Verfahrenszweck“ gesprochen wird, ist für die praktische Anwendung eher zweitrangig und stiftet am Ende mehr Verwirrung, als dass es an dieser Stelle für Klarheit zu sorgen vermag.

Im Ergebnis stellen damit die Sanierung oder Liquidation eines Unternehmens *de lege lata*[342] beide nur Mittel dar, um dem Zweck der Gläubigerbefriedigung zu dienen, sie dürfen jedoch gerade kein Selbstzweck sein. Welches Mittel *in casu* gewählt werden sollte, um die Gläubiger in der effektivsten Art und Weise befriedigen zu können, entscheiden letzten Endes die Verfahrensbeteiligten, also allen voran die Gläubiger selbst.[343] Es besteht daher eine Art „Wettbewerb um die beste Verwertungsart“[344]. Ein solcher Wettbewerb erscheint wünschenswert. Gläubiger sind bei ihrer Entscheidung allerdings nicht durch eine Zielbestimmung gebunden. Dennoch sollte, um dem Sanierungsgedanken Rechnung zu tragen, für den Fall, dass das Unternehmen sanierungsfähig ist und die Gläubigerbefriedigung ebenfalls bei Erhalt des Unternehmens in mindestens gleichem Maße gesichert ist, eine Reorganisation von den Beteiligten immer in Betracht gezogen werden.[345]

Ob zum Konzept der Kommission für Insolvenzrecht *de lege ferenda* zurückgekehrt werden sollte, ist zweifelhaft. Dass allein das Insolvenzgericht über die Fortführung oder die Abwicklung eines Unternehmens entscheidet, erscheint für das deutsche Insolvenzrechtssystem mittlerweile wesensfremd. Ob aber ein anderes Modell entwickelt werden sollte, das in Form eines eigenständigen Sanierungsgesetzes außerhalb oder eines vorinsolvenzlichen Verfahrens innerhalb der Insolvenzordnung, den Sanierungsgedanken in den Vordergrund stellen würde, muss an dieser Stelle noch offen gelassen werden.[346]

II. Gang des Verfahrens

Der genaue Ablauf und der Aufbau eines Insolvenzplanverfahrens ergeben sich bereits aus der vorgegebenen Gesetzessystematik.[347] Der erste Abschnitt des

342 Daran hat auch das ESUG, das ja gerade die Sanierung von Unternehmen erleichtern sollte, nichts geändert, siehe dazu der ausdrückliche Wille des Gesetzgebers in RegE ESUG, BT-Drs. 17/5712, S. 17.

343 *Henckel*, in: Jaeger, InsO, § 1 Rn. 2.

344 RegE InsO, BT-Drucks. 12/2443, S. 78.

345 So im Ergebnis wohl auch *Ganter/Lohmann*, in: MünchKomm-InsO, 3. Aufl., § 1 Rn. 85.

346 Siehe dazu ausführlich unter Dritter Teil, C.

347 *Thies*, in: HambKomm-InsO, Vor §§ 217 ff. Rn. 24; daneben können auch einige Normen außerhalb des sechsten Teils der InsO (z.B. § 210a InsO) eine Rolle in einem

sechsten Teils der Insolvenzordnung (§§ 217–234 InsO) befasst sich mit der Aufstellung, der zweite Abschnitt (§§ 235–253 InsO) mit der Annahme und Bestätigung des Plans und der dritte Abschnitt (§§ 254–269 InsO) mit den Wirkungen des bestätigten Plans und – falls im Plan fakultativ geregelt – der anschließenden Überwachung der Planerfüllung. Erst wenn der regelmäßige Ablauf eines Insolvenzplanverfahrens erörtert wurde, können sanierungsfördernde, aber vor allem auch sanierungshemmende Mechanismen innerhalb des Verfahrens genauer aufgezeigt werden. Der Gang des Verfahrens ist mithin wesentlich für die Umsetzung des Sanierungsgedankens.

1. *Aufstellung des Plans*

Für die erfolgreiche Aufstellung eines Insolvenzplans sind stets ein Antrag und die damit verbundene Vorlageberechtigung, ein inhaltliches Konzept und eine summarische Prüfung durch das Insolvenzgericht erforderlich.

a. *Antrag und Vorlageberechtigung*

Die Insolvenzordnung normiert nicht ausdrücklich, dass ein Antrag zur Einleitung des Insolvenzplanverfahrens erforderlich ist, allerdings kann das Insolvenzgericht nur dann tätig werden und das Verfahren beginnen lassen, wenn ein solcher gestellt wurde.[348] Für den Fall, dass der Schuldner bereits – wie es § 218 Abs. 1 Satz 2 InsO vorsieht – mit dem Antrag auf Eröffnung des Insolvenzverfahrens einen Insolvenzplan vorlegt, soll dieser Antrag inzident auch den Antrag an das Gericht enthalten, die Vorschriften über den Insolvenzplan anzuwenden.[349]

Zur Vorlage eines Insolvenzplans sind nach § 218 Abs. 1 Satz 1 InsO der Schuldner und der Insolvenzverwalter berechtigt. Dies wird jedoch von zahlreichen Stimmen in der Literatur immer noch stark kritisiert. So solle die Vorlageberechtigung (*contra legem*) ebenso auf Gläubiger – oder zumindest bestimmte Gläubigergruppen – und daneben ebenso auf persönlich haftende Gesellschafter des Schuldners erweitert werden.[350] Der Regierungsentwurf zur Insolvenzordnung

---

Insolvenzplanverfahren spielen, siehe *Spahlinger*, in: Kübler/Prütting/Bork, InsO, § 217 Rn. 10.

348 *Haas*, in: HK-InsO, § 218 Rn. 1; *Lüer*, in Uhlenbruck, InsO, 13. Aufl., Vor §§ 217 ff. Rn. 33.

349 *Lüer*, in Uhlenbruck, InsO, 13. Aufl., Vor §§ 217 ff. Rn. 33; *Maus*, in: Kölner Schrift, 2. Aufl., S. 939 Rn. 31; *Braun*, in: Nerlich/Römermann, InsO, Vor §§ 217 ff. Rn. 90.

350 So u.a. *Braun*, in: Braun/Uhlenbruck, Unternehmensinsolvenz, S. 472; *Braun*, in: Nerlich/Römermann, InsO, Vor §§ 217 ff. Rn. 91 ff.; *Haas*, in: HK-InsO, § 218 Rn. 5; *Eidenmüller*, in: MünchKomm-InsO, § 218 Rn. 3 ff., 100.

enthielt in § 255 Abs. 1 RegE InsO – in Anlehnung an *Chapter 11* – damals auch noch eine Berechtigung der Gläubiger und der persönlich haftenden Gesellschafter zur Vorlage eines Insolvenzplans.[351] Dieser Absatz wurde allerdings auf Anraten des Rechtsausschusses während des Gesetzgebungsverfahrens gestrichen; man wollte durch die damalige Streichung des § 255 Abs. 1 RegE InsO Probleme, die bei konkurrierenden Insolvenzplänen von verschiedenen Gläubigergruppen hätten entstehen können, wie etwa eine drohende Verzögerung des Verfahrens, vermeiden.[352] *De lege lata* können die Gläubiger daher nur über einen Beschluss der Gläubigerversammlung den Insolvenzverwalter gemäß § 157 Satz 2 InsO i.V.m. § 218 Abs. 2 InsO beauftragen einen Insolvenzplan auszuarbeiten.[353] Den Insolvenzverwalter trifft dann eine Planinitiativpflicht.[354] Die Gläubiger haben im Gegensatz dazu aber nur ein sog. Planinitiativrecht und eben gerade kein originäres Planvorlagerecht.[355]

Daneben ist weiterhin umstritten, ob der Verwalter, sofern er von der Gläubigersammlung zur Vorlage verpflichtet wurde, daneben sein originäres Planvorlagerecht behält. Zum Teil wird dies mit Hinweis auf die Entstehungsgeschichte des § 218 InsO bejaht.[356] So kannte der Regierungsentwurf kein eigenes, sondern nur ein abgeleitetes Vorlagerecht aus § 176 RegE InsO i.V.m. § 254 RegE

---

351 RegE InsO, BT-Drucks. 12/2443, S. 50; *Silcher*, in: Ahrens/Gehrlein/Ringstmeier, InsO, § 218 Rn. 1 f.; *Rendels/Zabel*, Insolvenzplan, Rn. 380 f.

352 RechtsA InsO, BT-Drucks. 12/7302, S. 181 f.; zustimmend *Flöther/Wehner*, in: BK-InsO, § 218 Rn. 3.

353 *Eidenmüller*, in: MünchKomm-InsO, § 218 Rn. 100; *Silcher*, in: Ahrens/Gehrlein/Ringstmeier, InsO, § 218 Rn. 1; etwas anderes ergibt sich zutreffender Weise auch nicht aus dem Anspruch auf rechtliches Gehör, der in Art. 103 Abs. 1 GG als grundrechtsgleiches Recht gewährleistet wird, siehe dazu ausführlich *Smid*, WM 1996, 1249, 1253 f.; bestätigt zuletzt durch den BGH, Beschl. v. 7. 7. 2005 – IX ZB 266/04, BGHZ 163, 344, 345 f.

354 *Flöther/Wehner*, in: BK-InsO, § 218 Rn. 13; *Andres*, in: Andres/Leithaus, InsO, § 218 Rn. 4; *Braun/Frank*, in: Braun, InsO, § 218 Rn. 4; der Gesetzgeber sah auch bei Erlass des ESUG trotz der erheblichen Kritik an § 218 Abs. 1 Satz 1 InsO keinen Handlungsbedarf, das Vorlagerecht auf andere Beteiligte zu erweitern und beließ es daher bei der geltenden Regelung, siehe dazu *Wenzel*, in: Haarmeyer/Wutzke/Förster, InsO, § 218 Rn. 9.

355 Zu diesen beiden Begriffen siehe ausführlich und differenzierend *Spahlinger*, in: Kübler/Prütting/Bork, InsO, § 218 Rn. 1, 5 ff.; *Spliedt*, in: K. Schmidt, InsO, § 218 Rn. 1 ff.

356 So u.a. *Braun*, in: Nerlich/Römermann, InsO, § 218 Rn. 23 ff.; *Braun*, in: Braun/Uhlenbruck, InsO, S. 474; *Koch/de Bra*, in: Gottwald, Insolvenzrechts-Handbuch, § 67 Rn. 3 ff.; *H. Hess*, InsO, § 218 Rn. 4 ff., 47.

InsO.[357] Der Insolvenzverwalter sollte ohne einen entsprechenden Auftrag der Gläubigerversammlung nicht berechtigt sein, dem Gericht einen Insolvenzplan vorzulegen.[358] Der Rechtsausschuss änderte mit dem Argument der Verfahrensvereinfachung diese Konzeption dahingehend, dass Gläubigergruppen kein Planvorlagerecht mehr gewährt werden, der Insolvenzverwalter aber ein eigenes Vorlagerecht bekommen sollte.[359] Daraus folge, dass die vom Rechtsausschuss bezweckte Stärkung des Insolvenzverwalters nur dann zum Tragen kommen könne, wenn sein originäres Vorlagerecht neben dem abgeleiteten Recht der Gläubigerversammlung zur Vorlage bestehen bleibe.[360]

Die besseren Argumente sprechen indes für ein Erlöschen des originären Planvorlagerechts des Insolvenzverwalters, wenn er von der Gläubigerversammlung zur Vorlage eines Planes aufgefordert wurde.[361] So läuft es einem der zentralen Leitgedanken des Insolvenzplanverfahrens – der Gläubigerautonomie – zuwider, wenn der Insolvenzverwalter mit seinem Plan in Konkurrenz zu den Gläubigern treten kann.[362] Weiterhin sprechen die Gesamtschau und die gesetzgeberische Wertung für eine Bevorzugung der Gläubigerversammlung gegenüber dem Insolvenzverwalter, da sie der Ort ist, an dem die Gläubigerautonomie ausgeübt wird und sich manifestiert.[363]

b. Gliederung und Inhalt eines Insolvenzplans

Ein Insolvenzplan gibt den Beteiligten die Möglichkeit, von den gesetzlichen Bestimmungen des Regelinsolvenzverfahrens abzuweichen, allerdings eben nur von diesen; Abweichungen von anderen zwingenden gesetzlichen Vorschriften außerhalb der Insolvenzordnung sind somit grundsätzlich ausgeschlossen.[364] Der Gesetzgeber hatte sich bei der Schaffung der Insolvenzordnung die Stärkung der Gläubigerautonomie auf die Fahnen geschrieben. Allerdings unterliegt

---

357 RegE InsO, BT-Drucks. 12/2443, S. 37, 49.

358 RegE InsO, BT-Drucks. 12/2443, S. 196.

359 RechtsA InsO, BT-Drucks. 12/7302, S. 94, 181 f.

360 *Koch/de Bra*, in: Gottwald, Insolvenzrechts-Handbuch, § 67 Rn. 3;

361 So auch u.a. *Jaffé*, in FK-InsO, § 218 Rn. 38 ff.; *Eidenmüller*, in: MünchKomm-InsO, § 218 Rn. 29 f.; *Eidenmüller*, Unternehmenssanierung, S. 64 f.; *Smid/Rattunde/Martini*, Insolvenzplan, Rn. 3.8; *Flöther/Wehner*, in: BK-InsO, § 218 Rn. 13 ff.

362 *Eidenmüller*, in: MünchKomm-InsO, § 218 Rn. 29.

363 *Jaffé*, in: FK-InsO, § 218 Rn. 40 ff.

364 *Lüer/Streit*, in: Uhlenbruck, InsO, § 217 Rn. 26; *Spliedt*, in: K. Schmidt, InsO, § 217 Rn. 1 f.; *Kebekus/Wehler*, in: Graf-Schlicker, InsO, § 217 Rn. 6; zu möglichen Ausnahmen wie etwa durch § 225a Abs. 3 InsO siehe unten unter Zweiter Teil, A. III. 1.

auch die Gläubigerautonomie gewissen Grenzen. Ein Insolvenzplan kann nur das regeln, was § 217 InsO vorgibt und ist dabei abschließend, also gerade nicht dispositiv.[365] Die Regelungsmöglichkeiten, die den Beteiligten offenstehen, um die Krise eines Unternehmens durch einen Insolvenzplan zu bewältigen, sind mithin begrenzt.

aa. Gliederung des Insolvenzplans

Die Gliederung eines Insolvenzplans soll nach dem Willen des Gesetzgebers dazu dienen, den Beteiligten des Verfahrens volle Information über die Grundlagen, den Gegenstand und die Auswirkungen eines Plans zu geben.[366] § 219 InsO hält dementsprechend fest, dass sich ein Insolvenzplan stets aus einem darstellenden und einem gestaltenden Teil zusammensetzt. Die beiden Teile sind wegen ihrer Vollstreckbarkeit und den unmittelbaren weiteren Rechtwirkungen strikt voneinander zu trennen.[367] Empfängerhorizont und Maßstab für den Insolvenzplan soll dabei der durchschnittliche Gläubiger des Verfahrens sein.[368] Die in den §§ 229, 230 InsO genannten Anlagen sind dem Insolvenzplan stets beizufügen und sollen den Beteiligten und dem Insolvenzgericht die wirtschaftlichen Konsequenzen aus der Fortführung des Unternehmens auf der Grundlage des Insolvenzplans näher erläutern.[369]

Nach § 220 Abs. 1 InsO dient der darstellende Teil des Insolvenzplans dazu, die bereits getroffenen und noch geplanten Änderungen zu erläutern, um dadurch die Grundlage für die Gestaltung der Rechte der Beteiligten zu schaffen. § 220 Abs. 2 InsO legt fest, dass der darstellende Teil des Plans die notwendigen

---

365 *Thies*, in: HambKomm-InsO, § 217 Rn. 1 f.; *Lüer/Streit*, in: Uhlenbruck, InsO, § 217 Rn. 26.

366 RegE InsO, BT-Drucks. 12/2443, S. 197; übersichtliche und instruktive Musterbeispiele von Insolvenzplänen finden sich u.a. bei *Geiwitz*, in: Buth/Herrmanns, Handbuch, § 29; *Smid/Rattunde//Martini*, Insolvenzplan, Anhänge 1–3; Mustergliederungen finden sich u.a. bei *H. Hess*, InsO, § 219 Rn. 5 ff.; *Braun*, in: Nerlich/Römermann, InsO, § 219 Rn. 19 ff.

367 *Flöther/Wehner*, in: BK-InsO, § 219 Rn. 2; *Spliedt*, in: K. Schmidt, InsO, § 219 Rn. 1; *Spahlinger*, in: Kübler/Prütting/Bork, InsO, § 219 Rn. 1; *Silcher*, in: Ahrens/Gehrlein/Ringstmeier, InsO, § 219 Rn. 1; *Eilenberger*, in: MünchKomm-InsO, § 219 Rn. 5; *Haas*, in: HK-InsO, § 219 Rn. 2.

368 *Jaffé*, in: FK-InsO, § 219 Rn. 1; *Braun*, in: Nerlich/Römermann, InsO, § 219 Rn. 35.

369 *Eilenberger*, in: MünchKomm-InsO, § 219 Rn. 7; *Wenzel*, in: Haarmeyer/Wutzke/Förster, InsO, § 219 Rn. 6; *Smid/Rattunde/Martini*, Insolvenzplan, Rn. 6.85; ein guter Überblick der zwingend beizufügenden Anlagen zu einem Insolvenzplan findet sich bei *Smid/Rattunde/Martini*, Insolvenzplan, Rn. 6.88 ff.

Informationen, die für die Entscheidungen der Gläubiger und des Insolvenzgerichts erforderlich sind, enthalten soll. Zu den notwendigen Informationen zählen insbesondere eine Bewertung des Unternehmens, eine umfassende Analyse der wesentlichen Krisenursachen und die Sanierungsmöglichkeiten.[370] Damit hat der darstellende Teil in erster Linie die wichtige Funktion, die Gläubiger zu informieren, um dadurch zusammen mit den beizufügenden Anlagen den Beteiligten zu ermöglichen, die im gestaltenden Teil des Insolvenzplans dargestellten Änderungen zu beurteilen, um dann über ihn abschließend entscheiden zu können.[371] Es sollen dabei alle Angaben enthalten sein, die für ein sachgerechtes Urteil der Gläubiger regelmäßig erforderlich sind,[372] so dass er im Ergebnis in erster Linie einen „unterrichtenden Charakter"[373] hat.

Nach § 221 Satz 1 InsO soll dagegen der gestaltende Teil des Insolvenzplans regeln, wie die Rechtsstellung der Beteiligten geändert wird, und welche rechtlichen Wirkungen der Plan für und gegen die Beteiligten entfalten soll, nachdem er durch das zuständige Insolvenzgericht bestätigt wurde.[374] § 222 Abs. 1 Satz 1 InsO bestimmt, dass Gruppen zu bilden sind, um die Rechte der Beteiligten des Verfahrens im gestaltenden Teil festlegen zu können. Welche Rechte den verschiedenen Gruppen im Einzelnen zustehen, bestimmen die §§ 223 ff. InsO.

bb. Inhalt des Insolvenzplans

Dem darstellenden Teil kommt in der Praxis ohne Zweifel eine äußerst wichtige Rolle zu. Denn ohne umfassende Information über die *wirtschaftlichen* Parameter eines Unternehmens werden die Gläubiger aller Wahrscheinlichkeit nach wenig geneigt sein, dem Insolvenzplan zuzustimmen.[375] Dennoch liegt der Fokus für die vorliegende *rechtliche* Analyse bei dem Inhalt eines Insolvenzplans auf dem gestaltenden Teil.[376] Im gestaltenden Teil des Insolvenzplans besteht für den Planersteller die Möglichkeit, wie es § 217 Satz 1 InsO bereits vorgibt, die

---

370 *Rattunde*, GmbHR 2012, 455, 456.

371 BGH, Beschl. v. 19. 5. 2009 – IX ZB 236/07, NZI 2009, 515, 517; Der Rechtsprechung zustimmend siehe u.a. *Eilenberger*, in: MünchKomm-InsO, § 220 Rn. 1; *Thies*, in: HambKomm-InsO, § 220 Rn. 2; *Spliedt*, in: K. Schmidt, InsO, § 220 Rn. 3; *Kebekus/Wehler*, in: Graf-Schlicker, InsO, §§ 219–221 Rn. 3; *H. Hess*, InsO, § 219 Rn. 1; *Maus*, in: Kölner Schrift, 2. Aufl., S. 943 Rn. 42; *Rendels/Zabel*, Insolvenzplan, Rn. 113.

372 BGH, Beschl. v. 13. 10. 2011 – IX ZB 37/08, NZI 2012, 139, 140.

373 So *H. Hess*, InsO, § 220 Rn. 26.

374 *Jaffé*, in: FK-InsO, § 219 Rn. 11.

375 *Rattunde*, GmbHR 2012, 455, 456.

376 Hervorhebungen durch den Verfasser.

Rechtsstellung der Beteiligten – abweichend von den gesetzlichen Vorschriften des Regelinsolvenzverfahrens – mittels der Rechtskraftwirkungen der §§ 254–254b InsO durch einen erfolgreich bestätigten Insolvenzplan abschließend festzulegen.[377]

„Beteiligte" i.S.d. § 221 InsO sollen die absonderungsberechtigten Gläubiger (§ 223 InsO), die Insolvenzgläubiger (§§ 224, 225 InsO), der Schuldner (§ 227 InsO) und, mit Einführung des ESUG, auch die an dem Schuldnerunternehmen beteiligten Personen (§ 225a InsO)[378] sein.[379] Keine Beteiligten im engeren Sinne sind in zutreffender Weise hingegen der Insolvenzverwalter und die Massegläubiger.[380] Der Insolvenzverwalter kann nach § 221 Satz 2 InsO, der mit dem ESUG neu eingeführt wurde, durch den Insolvenzplan bevollmächtigt werden, die zu der Umsetzung des Planes notwendigen Maßnahmen zu treffen und offensichtliche Fehler zu berichtigen.[381] Maßnahmen zur Umsetzung des Plans konnte der Verwalter allerdings auch schon nach allgemeiner Ansicht[382] vor der Einführung von § 221 Satz 2 InsO treffen, so dass dieser gesetzlichen Neuregelung insofern lediglich Klarstellungswirkung zukommt.

Dem Verwalter ist es aber möglich, Fehler im Insolvenzplan ohne Einberufung einer Gläubigerversammlung zu korrigieren, um dadurch die Umsetzung des von den Gläubigern beschlossenen Planinhalts zu gewährleisten, dem unter Umständen Formfehler entgegenstehen können, die eine Eintragung von in einem Plan vorgesehenen, eintragungspflichtigen Umständen in das jeweilige

---

377 *Rendels/Zabel*, Insolvenzplan, Rn. 281; *Haas*, in: HK-InsO, § 221 Rn. 3.

378 Siehe dazu ausführlich unten unter Zweiter Teil, A. III. 1.

379 RegE InsO, BT-Drucks. 12/2443, S. 199; *Spliedt*, in: K. Schmidt, InsO, § 221 Rn. 2; *Jaffé*, in: FK-InsO, § 221 Rn. 3, 5 f.; *Spahlinger*, in: Prütting/Kübler/Bork, InsO, § 221 Rn. 4; *Thies*, in: HambKomm-InsO, § 221 Rn. 4.

380 So u.a. *Haas*, in: HK-InsO, § 221 Rn. 2; *Jaffé*, in: FK-InsO, § 221 Rn. 4; *Madaus*, ZIP 2016, 1141, 1142; *Braun*, in: Nerlich/Römermann, InsO, § 219 Rn. 56 f.; *Spliedt*, in: K. Schmidt, InsO, § 217 Rn. 4 ff.; *Maus*, in: Kölner Schrift, 2. Aufl., S. 945 f. Rn. 51 f.; *Eidenmüller*, in: MünchKomm-InsO, § 221 Rn. 20; dagegen sieht *Thies* auch die Aussonderungsberechtigten und den Insolvenzverwalter als mögliche Beteiligte i.S.d. § 221 InsO, jedoch ausschließlich im Wege der freiwilligen Planunterwerfung, siehe *Thies*, in: HambKomm-InsO, § 221 Rn. 5; *Lüer/Streit* und *Balthasar* sprechen von „freiwilligen" und „zwangsweisen" Beteiligten, siehe *Lüer/Streit*, in: Uhlenbruck, InsO, § 221 Rn. 2; *Balthasar*, in: HRI, § 26 Rn. 14.

381 Eingeführt auf Vorschlag des Rechtsausschusses, siehe RechtsA ESUG, BT-Drucks. 17/7511, S. 11, 35 f.

382 Siehe u.a. *Thies*, in: HambKomm-InsO, § 221 Rn. 12; *Haas*, in: HK-InsO, § 221 Rn. 8; *Spahlinger*, in: Kübler/Prütting/Bork, InsO, § 221 Rn. 3.

Register verhindern würde.[383] Diese Vereinfachung trägt zu einer weiteren Beschleunigung des Insolvenzplanverfahrens und damit gleichfalls zu einer Erhöhung der Sanierungschancen bei.

c. Prüfung durch das Insolvenzgericht

Das gerichtliche Insolvenzplanverfahren beginnt nachdem der Plan dem Insolvenzgericht vorgelegt wurde und dieses sodann den Plan summarisch auf das Vorliegen der in § 231 InsO genannten Mindestanforderungen prüft.[384] Nach § 231 Abs. 1 InsO weist das Gericht den Plan von Amts wegen immer dann zurück, wenn entweder nach § 231 Nr. 1 InsO die Vorschriften über das Recht zur Vorlage und den Inhalt des Plans, insbesondere zur Bildung von Gruppen, nicht beachtet worden sind und der Vorlegende den Mangel nicht beheben kann oder innerhalb einer angemessenen, von dem Gericht gesetzten Frist nicht behebt oder nach § 231 Nr. 2 InsO, wenn ein von dem Schuldner vorgelegter Plan offensichtlich keine Aussicht auf Annahme durch die Beteiligten oder auf Bestätigung durch das Gericht hat, oder aber nach § 231 Nr. 3 InsO, wenn die Ansprüche, die den Beteiligten nach dem gestaltenden Teil eines von dem Schuldner vorgelegten Plans zustehen, offensichtlich nicht erfüllt werden können.[385]

Falls das Insolvenzgericht den Plan nicht zurückweist, leitet es den Insolvenzplan den in § 232 InsO aufgeführten Beteiligten (Gläubigerausschuss, Betriebsrat, Schuldner beziehungsweise Insolvenzverwalter) für eine Stellungnahme zu, um dadurch den Abstimmungstermin vorzubereiten.[386] Durch die Abgabe von Stellungnahmen können eventuelle Zustimmungshindernisse bereits in einem frühen Stadium des Verfahrens entdeckt werden, so dass es dem Planvorlegenden ermöglicht wird, den Plan vorab ändern zu können und dadurch die Chancen der Zustimmung erhöht werden.[387] Womit wiederum letztlich auch eine

---

383 RechtsA ESUG, BT-Drucks. 17/7511, S. 35.

384 *Spahlinger*, in: Kübler/Prütting/Bork, InsO, § 231 Rn. 1; *Lüer/Streit*, in: Uhlenbruck, InsO, § 231 Rn. 3 f.

385 *Silcher*, in: Ahrens/Gehrlein/Ringstmeier, InsO, § 231 Rn. 2; *Haas*, in: HK-InsO, § 231 Rn. 1, 11 f.

386 *Lüer/Streit*, in: Uhlenbruck, InsO, § 232 Rn. 1; *Wenzel*, in: Haarmeyer/Wutzke/Förster, InsO, § 232 Rn. 6.

387 *Lüer/Streit*, in: Uhlenbruck, InsO, § 232 Rn. 1; *Spahlinger*, in: Kübler/Prütting/Bork, InsO, § 218 Rn. 55; *Breuer*, in: MünchKomm-InsO, § 232 Rn. 1; *Jaffé* empfiehlt für den Fall, dass der Schuldner der Insolvenzplanvorlegende ist, dass dieser schon im Vorfeld u.U. Stellungnahmen einholen sollte, um so das Verfahren zu beschleunigen und einen reibungslosen Ablauf gewährleisten zu können, siehe dazu *Jaffé*, in: FK-InsO, § 232 Rn. 8 f.

erfolgreiche Sanierung des Unternehmens wahrscheinlicher wird. Nach Eingang der Stellungnahmen werden diese gemäß § 234 InsO zusammen mit den Anlagen und dem Insolvenzplan in der Geschäftsstelle des Insolvenzgerichts zur Einsicht ausgelegt.

Mit dem Ziel der Verfahrensbeschleunigung wurde in dem durch das ESUG neu eingeführten § 231 Abs. 1 Satz 2 InsO festgelegt, dass eine Entscheidung des Insolvenzgerichts spätestens zwei Wochen nach der Vorlage des Insolvenzplans erfolgen solle.[388] Danach beraumt das Insolvenzgericht einen Termin an, bei dem der Insolvenzplan erörtert und über ihn abgestimmt wird.[389] Für den Fall, dass bereits bei Insolvenzantragstellung ein Insolvenzplan eingereicht wurde, kann das Insolvenzgericht mit Eröffnung des Verfahrens schon den Berichts-, den Prüfungs-, den Erörterungs-, und den Abstimungstermin festlegen, um durch die Beschleunigung des Verfahrens die Sanierungschancen des Unternehmens ebenfalls zu erhöhen.[390] Darüber hinaus solle es für das Insolvenzgericht grundsätzlich möglich sein, die Vorprüfung nach § 231 InsO bereits vor der Verfahrenseröffnung durchführen zu können, um so zu einer weitergehenden Verfahrensbeschleunigung beitragen zu können.[391]

2. *Annahme und Bestätigung des Insolvenzplans*

Nach § 235 Abs. 1 Satz 1 InsO bestimmt das Insolvenzgericht grundsätzlich einen Termin, in dem sowohl der Insolvenzplan und das Stimmrecht der Beteiligten erörtert wird als auch anschließend über den Insolvenzplan abgestimmt wird. Davon abweichend kann nach § 241 Abs. 1 Satz 1 InsO von dem zuständigen Insolvenzgericht ein gesonderter Termin zur Abstimmung anberaumt werden. Nach § 243 InsO stimmen dann jede Gläubigergruppe und die Anteilsinhaber des Schuldners gesondert über den Plan ab. Die jeweiligen Stimmrechte der Gläubigergruppen und der Anteilsinhaber sind in den §§ 237–238a InsO

388 *Silcher*, in: Ahrens/Gehrlein/Ringstmeier, InsO, § 231 Rn. 13 f.; *Spliedt*, in: K. Schmidt, InsO, § 231 Rn. 2; *Haas*, in: HK-InsO, § 231 Rn. 1; *Wenzel* weist jedoch darauf hin, dass in der Praxis der durchschnittliche Prüfungszeitraum des Insolvenzgerichts bei lediglich einem bis drei Tagen liege und der Neuregelung damit nur eine geringe praktische Bedeutung zukomme, siehe *Wenzel*, in: Haarmeyer/Wutzke/Förster, InsO, § 231 Rn. 18.

389 *Thies*, in: HambKomm-InsO, Vor §§ 217 ff. Rn. 26; *Spahlinger*, in: Kübler/Prütting/Bork, InsO § 217 Rn. 11.

390 *Jaffé*, in: FK-InsO, § 231 Rn. 3; *Busch*, in: MünchKomm-InsO, § 29 Rn. 85.

391 So u.a. *Braun*, in: Nerlich/Römermann, InsO, § 231 Rn. 34; *Lüer/Streit*, in: Uhlenbruck, InsO, § 231 Rn. 4.

geregelt. Die erforderlichen Mehrheiten für die Annahme des Insolvenzplans legt § 244 InsO fest.

a. Annahme des Insolvenzplans

Nach § 244 InsO ist es für die erfolgreiche Annahme eines Insolvenzplans grundsätzlich erforderlich, dass in jeder Gruppe die Mehrheit der abstimmenden Gläubiger dem Plan zustimmt (sog. Kopfmehrheit) und die Summe der Ansprüche der zustimmenden Gläubiger mehr als die Hälfte der Summe der Ansprüche der abstimmenden Gläubiger beträgt (sog. Summenmehrheit).[392] Enthaltungen bei der Abstimmung sollen nach dem ausdrücklichen Willen des Gesetzgebers der Insolvenzordnung im Ergebnis nicht den Ausschlag geben und daher bei der Berechnung der Kopfmehrheit außer Betracht bleiben.[393]

Wäre § 244 InsO die alleinige Vorschrift zur Annahme eines Insolvenzplans, wären Insolvenzpläne in der Praxis wohl nur äußerst selten von Erfolg gekrönt, da stets die Gefahr bestünde, dass eine Minderheit von Gläubigern die Abstimmung über den Insolvenzplan missbrauchen könnte, um eigennützige Ziele zu verfolgen.[394] Würde nur eine Abstimmungsgruppe nicht zustimmen, könnte das Insolvenzgericht den Plan nicht bestätigen und dieser daher keine Wirkung entfalten. Um diese Missbrauchsgefahr einzudämmen, führte der Gesetzgeber mit § 245 InsO das sog. Obstruktionsverbot ein.[395]

Das Obstruktionsverbot gilt daher neben dem Gruppenprinzip der §§ 222, 226, 243 f. InsO als die „zentrale Norm des Insolvenzplanrechts"[396]. „Obstruktion" meint dabei eine „Entscheidung, die Ausfluss eines strategischen Manövers ist, mit dem Ziel, Sondervorteile zu erreichen"[397]. § 245 InsO ermöglicht es, dass eine Entschuldung und infolgedessen letztlich die erfolgreiche Sanierung eines Unternehmens auch gegen den Willen bestimmter Gläubigergruppen erreicht werden kann, indem die fehlende Zustimmung einer Gruppe durch eine

---

392 RegE InsO, BT-Drucks. 12/2443, S. 208

393 RegE InsO, BT-Drucks. 12/2443, S. 208; in der Konkursordnung und der Vergleichsordnung war dies noch anders geregelt; damals waren alle anwesenden Gläubiger für die Berechnung der Kopfmehrheit, für die Berechnung der Summenmehrheit sogar alle stimmberechtigten Gläubiger, zu berücksichtigen.

394 *Pleister*, in: Kübler/Prütting/Bork, InsO, § 245 Rn. 4; *Spliedt*, in: K. Schmidt, InsO, § 245 Rn. 1; *Rühle*, in: Nerlich/Römermann, InsO, § 245 Rn. 1; *Drukarczyk*, in: MünchKomm-InsO, § 245 Rn. 2; *Lüer/Streit*, in: Uhlenbruck, InsO, § 245 Rn. 1.

395 RegE InsO, BT-Drucks. 12/2443, S. 208 f.

396 *Spliedt*, in: K. Schmidt, InsO, § 245 Rn. 1.

397 *Drukarczyk*, in: MünchKomm-InsO, § 245 Rn. 2.

richterliche Entscheidung nach § 245 InsO fingiert wird.[398] Dafür müssen jedoch die Voraussetzungen des § 245 Abs. 1 Nr. 1–3 InsO kumulativ vorliegen.[399] Zu beachten ist, dass § 245 InsO immer nur dann Anwendung finden kann, wenn in die Rechte einer Beteiligtengruppe eingegriffen wird, die einer zwangsweisen Regelung grundsätzlich überhaupt zugänglich ist.[400]

Nach § 245 Abs. 1 Nr. 1 InsO dürfen die Angehörigen der Gruppe, deren Zustimmung als erteilt gelten soll, voraussichtlich nicht schlechter gestellt werden als sie ohne Plan stünden. Nach § 245 Abs. 1 Nr. 2 InsO müssen die betroffenen Angehörigen weiterhin angemessen an dem wirtschaftlichen Wert, der auf Grundlage des Insolvenzplans den Beteiligten zufließen soll, beteiligt werden. Und nach Nr. 3 muss zusätzlich die Mehrheit der abstimmenden Gruppen dem Plan mit den erforderlichen Mehrheiten des § 244 InsO zugestimmt haben. § 245 Abs. 2 InsO legt fest, wann von einer angemessenen Beteiligung i.S.d. § 245 Abs. 1 Nr. 2 InsO auszugehen ist.

b. Bestätigung des Insolvenzplans

Nach der erfolgreichen Annahme des Insolvenzplans durch die Beteiligten bedarf der Insolvenzplan einer Bestätigung durch das Insolvenzgericht (vgl. § 248 Abs. 1 InsO). Nach § 248 Abs. 2 InsO soll das Insolvenzgericht vor der Bestätigung des Plans jedoch nochmals den Insolvenzverwalter und den Gläubigerausschuss anhören.[401] Die Bestätigung des Plans erfolgt dann durch gerichtlichen Beschluss und kann gemäß § 252 Abs. 1 Satz 1 InsO bereits in dem Abstimmungstermin verkündet werden oder aber an einem alsbald zu bestimmenden späteren Termin. Nach § 250 InsO ist die Bestätigung des Insolvenzplans

---

398 *Lüer/Streit*, in: Uhlenbruck, InsO, § 245 Rn. 4; *Rendels/Zabel*, Insolvenzplan, Rn. 6; *Drukarczyk*, in: MünchKomm-InsO, § 245 Rn. 2.

399 *Wenzel*, in: Haarmeyer/Wutzke/Förster, InsO, § 245 Rn. 8; siehe dazu auch OLG Köln, Beschl. v. 5. 1. 2001 - 2 W 228/00, NZI 2001, 660, 661.

400 *H. Hess*, InsO, § 245 Rn. 2; so stellte etwa das Oberlandesgericht Düsseldorf fest, dass, wenn ein unterhaltsberechtigter Gläubiger in einem bereits bestätigten Insolvenzplan auf seinen nach Eröffnung des Insolvenzverfahrens entstehenden Unterhaltsanspruch verzichtet, § 245 InsO nicht eingreifen kann, sondern vielmehr die Zustimmung des betroffenen Gläubigers zwingend erforderlich sei, siehe OLG Düsseldorf, Urt. v. 24. 9. 2008 – II 8 UF 212/07, NZI 2008, 689, 690.

401 Die Kommission für Insolvenzrecht verzichtete 1985 in ihrem Reformvorschlag noch auf eine Anhörung, bevor der Reorganisationsplan durch das Insolvenzgericht bestätigt werden sollte, siehe dazu Erster Bericht, S. 42, was die deutlich stärkere Stellung des Gerichts im geplanten Reorganisationsverfahren verdeutlicht.

durch das Gericht von Amts wegen zu versagen, wenn nach Nr. 1 wesentliche Vorschriften des Insolvenzplanverfahrens nicht beachtet worden sind und der Mangel nicht behoben werden kann oder aber nach Nr. 2, wenn die Annahme des Plans auf unlautere Weise herbeigeführt wurde.

Gegen den Beschluss können die Gläubiger oder der Schuldner nach § 253 Abs. 1 InsO sofortige Beschwerde einlegen. Dem Insolvenzverwalter steht dagegen *de lege lata* grundsätzlich kein Rechtmittel zu.[402] Eine Ausnahme davon stellt nur die Möglichkeit der sofortigen Beschwerde gegen den Beschluss des Insolvenzgerichts bezüglich einer etwaigen Planberichtigung, die in § 248a Abs. 4 InsO geregelt ist und durch das ESUG neu in die InsO eingeführt wurde, dar.[403]

3. Wirkungen des bestätigten Plans und Überwachung der Planerfüllung

Sobald der Insolvenzplan rechtskräftig geworden ist, treten nach § 254 Abs. 1 InsO die im gestaltenden Teil des Plans festgelegten Wirkungen für und gegen alle Beteiligten ein. Sofern der Insolvenzplan rechtskräftig ist und sich aus ihm ausnahmsweise keine abweichenden Regelungen ergeben, hebt das Insolvenzgericht das Insolvenzverfahren nach § 258 Abs. 1 InsO auf. Nach § 259 Abs. 1 Satz 2 InsO erhält der Schuldner dann seine Verfügungsbefugnis über die Insolvenzmasse wieder zurück. Fakultativ kann nach den §§ 260 ff. InsO im Insolvenzplan geregelt werden, ob und wie die Erfüllung des Plans überwacht werden soll.[404]

III. Die wichtigsten Neuerungen durch das ESUG

Nachdem der grobe Ablauf eines Insolvenzplanverfahrens in der gebotenen Kürze – wenn auch nur holzschnittartig – geschildert wurde, werden nun die zum Teil tiefgreifenden Änderungen der §§ 217 ff. InsO durch die Einfügung

---

402 BGH, Beschl. v. 5. 2. 2009 – IX ZB 230/07, NZI 2009, 230, 231 f.; während des Gesetzgebungsverfahrens zum ESUG wurde eine allgemeine Beschwerdeberechtigung des Insolvenzverwalters gegen den Beschluss des Insolvenzgerichts abermals zurecht ausdrücklich abgelehnt, siehe dazu RegE ESUG, BT-Drucks. 17/5712, S. 69.

403 *Sinz*, in: MünchKomm-InsO, § 253 Rn. 18; zu beachten ist jedoch, dass der sofortigen Beschwerde des Insolvenzverwalters auf Grund der Verweisung in § 248a Abs. 4 Satz 2 InsO auf § 253 Abs. 4 InsO ebenfalls kein Suspensiveffekt zukommen kann, siehe *Jaffé*, in: FK-InsO, § 248a Rn. 9.

404 *Spahlinger*, in: Kübler/Prütting/Bork, InsO, § 217 Rn. 12; *Lüer/Streit*, in: Uhlenbruck, InsO, § 260 Rn. 2; *Jaffé*, in: FK-InsO, § 260 Rn. 11; *Braun*, in: Nerlich/Römermann, InsO, § 260 Rn. 3.

des ESUG näher beleuchtet.[405] Dabei wird insbesondere untersucht, ob die zahlreichen Neuerungen dem Sanierungsgedanken ausreichend Rechnung tragen – oder aber, ob und wie das Insolvenzplanverfahren noch weiter verbessert werden kann. Zwar wurde an einzelnen Stellen bereits auf einige der Modifikationen durch das ESUG Bezug genommen, diese spielen aber für die vorliegende Untersuchung eher eine untergeordnete, so dass sie daher nur am Rande erwähnt wurden.[406]

Als Neuerung ist vor allem die durch das ESUG deutlich engere Verzahnung des Gesellschaftsrechts mit dem Insolvenzrecht hervorzuheben. Diese spiegelt sich in erster Linie in den Neuregelungen der §§ 217 Satz 2, 225a, 254a Abs. 2 InsO wider.[407] Der Gesetzgeber hatte es sich bei dem Erlass des ESUG zum Ziel gesetzt, die strikte und starre Trennung von Insolvenzrecht und Gesellschaftsrecht, die die bisherige Insolvenzordnung den Gerichten und den Insolvenzverwaltern vorgab, durch das ESUG zu überwinden.[408] Eingriffe in die Anteils- und Mitgliedschaftsrechte der Gesellschafter eines insolventen Unternehmens wurden bereits während des Entstehungsprozesses der Insolvenzordnung ausgiebig und kontrovers, unter anderem auch von der Kommission für Insolvenzrecht, diskutiert.[409] Sie wurden aber letztlich – unter anderem wegen der zum Teil heftigen Kritik im Schrifttum[410] – nicht in die Insolvenzordnung 1999 eingeführt.

---

405 Zur Entstehung des ESUG, insbesondere zum Weg von dem Diskussionsentwurf zum Regierungsentwurf siehe grundlegend *Deppisch*, Insolvenzplanverfahren, S. 119 ff.

406 Allerdings ist die aller Voraussicht nach positive Wirkung der zahlreichen verfahrensbeschleunigenden Modifikationen (wie z.B. § 231 Abs. 1 Satz 2 InsO), die durch das ESUG eingeführt wurden und auf die bereits zum Teil oben eingegangen wurde, auf den Sanierungserfolg eines Unternehmens auf keinen Fall von der Hand zu weisen. Diese setzen daher den Sanierungsgedanken bereits um.

407 *Thies*, in: HambKomm-InsO, § 225a Rn. 2; *Rendels/Zabel*, Insolvenzplan, Rn. 233.

408 RegE ESUG, BT-Drucks. 17/5712, S. 18.

409 Siehe dazu Erster Bericht, S. 189 ff.; nach der damaligen Konzeption sollten die Gesellschafter keine Abstimmungsgruppe bilden, sondern vielmehr außerhalb des Abstimmungstermins mögliche Änderungen beschließen; wurde die erforderliche Mehrheit nicht erreicht, so konnte jedoch nach Leitsatz 2.2.20 die fehlende Zustimmung durch einen Beschluss (ähnlich wie nun durch § 245 InsO) des Insolvenzgerichts ersetzt werden; daneben sah der Bericht in dem Leitsatz 2.4.9.5. vor, dass für den Fall der Wertlosigkeit der Gesellschaftsanteile die Inhaber der Anteile sogar durch einen gerichtlichen Beschluss zwangsweise ausgeschlossen werden konnten, siehe Erster Bericht, S. 282 f.

410 Zur Kritik an einer Einbeziehung der Gesellschafter in den Reorganisationsplan siehe u.a. *Ulmer*, ZHR 149 (1985), 541, 554 ff.; *K. Schmidt*, S. D 89 f.; der Leitsatz 2.2.20 des Ersten Berichts der Kommission für Insolvenzrecht sorgte bei *K. Schmidt* sogar für

Der Gesetzgeber ging während des Gesetzgebungsprozesses zur Insolvenzordnung noch davon aus, dass die Anteilseigner eines Unternehmens an einer Sanierung des Unternehmens durch einen Insolvenzplan von sich aus mitarbeiten würden, weil diesen andernfalls eine übertragende Sanierung drohen würde und sie dadurch ihre Anteile an den Erwerber verlieren würden.[411]

Bis zum Inkrafttreten des ESUG ließ sich eine Pflicht der Anteilseigner eines Unternehmens zur Mitwirkung bei einer Reorganisation in Ausnahmefällen höchstens aus der von der Rechtsprechung konkretisierten gesellschaftsrechtlichen Treuepflicht ableiten.[412] Aus dieser Treuepflicht folge, dass ein Gesellschafter eines Unternehmens auf Grund seiner gegen den Mitgesellschaftern bestehenden Treuebindung eine von diesen mehrheitlich angestrebten und wirtschaftlich sinnvollen Sanierung nicht aus eigennützigen Gründen verhindern dürfe, wenn gleichzeitig sichergestellt sei, dass er durch die Sanierungsmaßnahme nicht schlechter gestellt werde als er ohne die Sanierungsmaßnahme stünde.[413]

Unter Bezugnahme auf die Rechtsprechung des Bundesgerichtshofs zu gesellschaftsrechtlichen Treuepflichten bei Sanierungen vertrat *Bitter* vor Inkrafttreten des ESUG, dass Maßnahmen gegen die Gesellschafter ausnahmsweise in Einzelfällen zulässig sein sollten, da diese bei einer insolventen Gesellschaft regelmäßig eine Treue- und eine Aufopferungspflicht treffe.[414] Dies begründet er unter anderem damit, dass die Gesellschafter in der Regel wegen § 199 InsO bei der Verteilung der Masse als doppelt nachrangige Insolvenzgläubiger unberücksichtigt blieben und im Ergebnis leer ausgingen.[415]

„die beklemmende Vision von dem Insolvenzrichter, der sich Verdienste als gesellschaftsrechtlicher *Zwangsbeglücker* erwirbt", siehe *K. Schmidt*, in: Kölner Schrift, 2. Aufl., S. 1212 Rn. 27 (Hervorhebung durch den Verfasser).

411 Dies fand sich in dieser Form erstmals im Diskussionsentwurf 1988 und wurde später auch so in den Regierungsentwurf übernommen, siehe dazu Diskussionsentwurf, S. A 33 und RegE InsO, BT-Drucks. 12/2443, S. 83.

412 Für eine GbR siehe BGH, Urt. v. 9. 6. 2015 – II ZR 420/13, NZG 2015, 995 = JuS 2016, 173 m. Anm. *K. Schmidt*; für eine Publikumspersonengesellschaft siehe BGH, Urt. v. 19. 10. 2009 – II ZR 240/08 („Sanieren oder Ausscheiden"), BGHZ 183, 1, siehe dazu auch *Goette*, GWR 2010, 1, 1 f.

413 Für eine AG siehe BGH, Urt. v. 20. 3. 1995 – II ZR 205/94 („Girmes"), BGHZ 129, 136, siehe dazu ausführlich *Häsemeyer*, ZHR 160 (1996), 109; BGH, Urt. v. 19. 10. 2009 – II ZR 240/08 („Sanieren oder Ausscheiden"), BGHZ 183, 1, 8 ff.; der Rechtsprechung zustimmend siehe u.a. *K.-R. Wagner*, NZG 2009, 1378; *Ulrich*, GmbHR 2010, 36.

414 *Bitter*, ZGR 2010, 147, 172 ff.; ablehnend dazu statt vieler siehe nur *Brinkmann*, WM 2011, 97, 98 f.

415 *Bitter*, ZGR 2010, 147, 191 ff.

Bisher war es der ausdrückliche Wille des Gesetzgebers, dass zwangsweise Eingriffe in die gesellschaftsrechtliche Mitgliedschaft mit der Insolvenzordnung und der ihr zugrundliegenden zivilrechtlichen Güterzuordnung unvereinbar sein sollten.[416] Der neu eingeführte § 217 Satz 2 InsO normiert nun jedoch erstmals, dass, sofern der Schuldner keine natürliche Person ist, die Anteils- oder Mitgliedschaftsrechte der an dem Schuldnerunternehmen beteiligten Personen in den Insolvenzplan einbezogen werden können. Das Problem, ob eine Treuepflicht der Gesellschafter im Rahmen einer Sanierung besteht, stellt sich damit heute in dieser Form nicht mehr. Mit der Einführung von §§ 217, 225a InsO hat der Gesetzgeber einen Paradigmenwechsel vollzogen. Er hat die strikte Trennung von Insolvenzrecht und Gesellschaftsrecht aufgegeben und einen Meilenstein für eine deutlich engere und – wie sich zeigen wird – durchaus notwendige Verzahnung der beiden Rechtsmaterien gesetzt.[417]

1. Debt-equity swap

Als die wohl wichtigste und zentrale Neuregelung, die das Insolvenzplanverfahren nach der bisherigen Insolvenzordnung durch das ESUG erfahren hat, gilt die Einführung des § 225a InsO als weitere Konkretisierung des § 217 Satz 2 InsO.[418] Dadurch ist es mehr als zehn Jahre nach Inkrafttreten der Insolvenzordnung erstmals möglich geworden, dass die Gesellschafter eines insolventen Unternehmens in die Regelungen des gestaltenden Teils eines Insolvenzplans miteinbezogen werden können.[419] Der Gesetzgeber wollte durch die Schaffung von § 217

416 RegE InsO, BT-Drucks. 12/2443, S. 78 f.

417 So auch *Hirte*, in: Uhlenbruck, InsO, § 225a Rn. 1; *Gehrlein*, NZI 2012, 257, 260; *Priester*, in: FS Kübler, S. 564; *Hirte/Knof/Mock*, ESUG, S. 3; *Seagon*, in: FS Wellensiek, S. 359; *Schulz*, Debt Equity Swap, S. 101; *K. Schmidt* hält die durch das ESUG eingeführten Neuregelungen bezüglich der Einbeziehung der Gesellschafter angesichts der alten Insolvenzordnung und deren starren Regeln für „geradezu revolutionär", siehe *K. Schmidt*, BB 2011, 1603, 1607; zu dem äußerst praxisrelevanten Spannungsverhältnis von Kapitalmarktrecht und Insolvenzrecht siehe grundlegend *Häller*, Kapitalmarktrecht und Unternehmenssanierung.

418 *Eidenmüller*, in: MünchKomm-InsO, § 225a Rn. 1; *Hirte*, in: Uhlenbruck, InsO, § 225a Rn. 2; *Braun/Frank*, in: Braun, InsO, § 225a Rn. 1; *Kübler*, in: HRI, 2. Aufl., § 1 Rn. 33; *Spahlinger*, in: Kübler/Prütting/Bork, InsO, § 225a Rn. 1; *Haas*, NZG 2012, 961, 963; *Willemsen/Rechel*, ESUG, § 225a Rn. 1; *Thies*, in: HambKomm-InsO, § 225a Rn. 1; zu einem *debt-equity swap* aus ökonomischer Sicht siehe *Drukarczyk*, NZI 2015, 110, 114 ff.

419 Zu den für die vorliegende Untersuchung nachrangigen verfassungsrechtlichen Problemen einer Einbeziehung der Gesellschafter (insbesondere hinsichtlich der

Satz 2 InsO und § 225a InsO unter anderem das Blockadepotenzial der Gesellschafter bei insolvenzgefährdeten Unternehmen brechen.[420] So schwebte bisher zum Beispiel eine grundsätzlich erforderliche Dreiviertelmehrheit für eine Kapitalerhöhung bei einer GmbH oder einer AG (siehe dazu § 53 GmbHG[421] beziehungsweise § 182 AktG[422]) oft wie das Schwert des Damokles über einer sanierungsbedürftigen Gesellschaft.[423] Der Gesetzgeber sieht die Zufuhr von Eigenkapital zurecht als die oft „entscheidende Weichenstellung" für die erfolgreiche Sanierung eines Unternehmens an und hat daher den *debt-equity swap* als ein Instrument, das primär der Eigenkapitalgewinnung dienen soll, in die Insolvenzordnung aufgenommen.[424]

§ 225a Abs. 1 InsO stellt klar, dass die Anteils- oder Mitgliedschaftsrechte der an dem Schuldnerunternehmen beteiligten Personen vom Insolvenzplan unberührt bleiben, wenn der Plan dazu keine ausdrückliche Regelung trifft.[425] Daraus folgt, dass für den Fall, dass der Insolvenzplan keine Regelung zu den Anteils- und Mitgliedschaftsrechten enthält, es bei der bisherigen Rechtslage

---

Vereinbarkeit mit Art. 9 GG und Art. 14 GG) siehe einführend u.a. *Verse*, ZGR 2010, 299, 309 ff.; *Müller*, KTS 2012, 419, 425 ff.; *Spliedt*, in: K. Schmidt, InsO, § 225a Rn. 7 ff.; *Schulz*, Debt Equity Swap, S. 159 ff.; *Eidenmüller*, in: MünchKomm-InsO, § 225a Rn. 44 ff.; *Eidenmüller*, KTS 2014, 401, 420; *Haas*, in: HK-InsO, § 225a Rn. 15 ff.; *Willemsen/Rechel*, ESUG, § 225a Rn. 17 ff.; *Deppisch*, Insolvenzplanverfahren, S. 162 ff.; *Thies*, in: HambKomm-InsO, § 225a Rn. 10 f.; *Hölzle*, NZI 2011, 124, 128; *H. Hess*, InsO, § 225a Rn. 55 ff.; *Hölzle*, in: HRI, § 31 Rn. 7 ff.; LG Berlin, Beschl. v. 20. 10. 2014 – 51 T 696/14, NZI 2015, 66, 70. Der Gesetzgeber hält den verfassungsrechtlich garantierten Eigentumsschutz aus Art. 14 GG auf Grund der detaillierten Regelungen zum Minderheitenschutz und der Rechtsmittel gegen die Planbestätigung zurecht für gewährleistet, siehe dazu RegE ESUG, BT-Drucks. 17/5712, S. 32. Zur europarechtlichen Vereinbarkeit, insbesondere mit der 2. Kapitalrichtlinie (EWG) Nr. 91/1977, siehe grundlegend *Schulz*, Debt Equity Swap, S. 137 ff.; siehe ergänzend dazu u.a. *Spliedt*, GmbHR 2012, 462, 465 f.; *Spliedt*, in: K. Schmidt, InsO, § 225a Rn. 14; *Madaus*, ZIP 2014, 500, 506; *Haas*, in: HK-InsO, § 225a Rn. 22; *Deppisch*, Insolvenzplanverfahren, S. 166 ff.; *Thies*, in: HambKomm-InsO, § 225a Rn. 12; *Brinkmann*, WM 2011, 97, 100 m.w.N. zur Rechtsprechung des Europäischen Gerichtshofs.

420 RegE ESUG, BT-Drucks. 17/5712, S. 30; zu den (neuen) gesellschaftsrechtlichen Maßnahmen im Insolvenzplan siehe einführend *Müller*, KTS 2012, 419.

421 Gesetz v. 20. 4. 1892, RGBl. I S. 477.

422 Gesetz v. 6. 9. 1965, BGBl. I S. 1089.

423 *Seagon*, in: FS Wellensiek, S. 345.

424 RegE ESUG, BT-Drucks. 17/5712, S. 31.

425 *Spahlinger*, in: Kübler/Prütting/Bork, InsO, § 225a Rn. 5; *Willemsen/Rechel*, ESUG, § 225a Rn. 2.

bleiben soll. In § 225a Abs. 2 Satz 1 InsO wird dann der *debt-equity swap* als die „wichtigste gesellschaftsrechtliche Umstrukturierungsmaßnahme“[426] ausdrücklich vor der Generalklausel in § 225a Abs. 3 InsO genannt.[427] Die allgemeine Regelung des § 225a Abs. 3 InsO stellt dementsprechend klar, dass abgesehen von einem *debt-equity swap* in einem Insolvenzplan grundsätzlich jede andere gesellschaftsrechtlich zulässige Regelung getroffen werden könne.[428]

Die Umwandlung von Gläubigerforderungen in Eigenkapital hatte sich bereits in zahlreichen europäischen Insolvenzrechtsordnungen als wichtiger Bestandteil für die Reorganisation von Unternehmen herausgestellt, weswegen eine Einführung des *debt-equity swap* in das deutsche Insolvenzrecht von vielen Praktikern mit Nachdruck befürwortet wurde[429] und zudem von zahlreichen gewichtigen Stimmen in der Literatur bereits seit langem gefordert wurde.[430] Ein *debt-equity swap* konnte grundsätzlich schon vor der Einführung des ESUG vereinbart werden, allerdings nicht gegen den Willen der Gesellschafter des insolventen Unternehmens, so dass er letztlich kaum zur Anwendung kam.[431]

---

426 *Willemsen/Rechel*, ESUG, § 225a Rn. 4. Der *debt-equity swap* – als ein Instrument der Sanierung – wurde bereits 2010 spezialgesetzlich für Kreditinstitute im sog. „Gesetz zur Reorganisation von Kreditinstituten“ (BGBl. I S. 1900) normiert, vgl. § 9 KredReorgG. Dieses Gesetz beinhaltet das bisher einzige echte vorinsolvenzliche Sanierungsverfahren nach deutschem Recht, siehe dazu *Seagon*, in: Praxis der Unternehmensrestrukturierung, S. 92 f.

427 *Spahlinger*, in: Kübler/Prütting/Bork, InsO, § 225a Rn. 3; *Spliedt*, in: K. Schmidt, InsO, § 225a Rn. 34; *Eidenmüller*, in: MünchKomm-InsO, § 225a Rn. 28; dagegen sieht *Thies* keine zwingende Notwendigkeit für einen separaten Abs. 2 neben Abs. 3, siehe *Thies*, in: HambKomm-InsO, § 225a Rn. 13; ähnlich auch *Braun/Frank*, in: Braun, InsO, § 225a Rn. 2.

428 Zur Auslegung von § 225a Abs. 3 InsO und zur Notwendigkeit einer Einschränkung der Norm siehe einführend *Madaus*, ZIP 2016, 1141, 1142 ff.

429 *Eidenmüller*, in: MünchKomm-InsO, § 225a Rn. 5 ff. m.w.N. zu den Regelungen in den europäischen Nachbarsstaaten und den USA; 66 % der befragten Praktiker einer empirischen Studie im Jahr 2010 gaben an, dass sie die Stellung der Gesellschafter im deutschen Insolvenzrecht negativ bewerten, siehe *Eidenmüller/Frobenius/Prusko*, NZI 2010, 545, 549.

430 Siehe dazu u.a. *Eidenmüller/Engert*, ZIP 2009, 541; *Wittig*, in: K. Schmidt/Uhlenbruck, GmbH in Krise, 4. Aufl., Rn. 2.270; *Jaffé*, in: Kölner Schrift, 23. Kap. Rn. 51 ff.; *Thies*, in: HambKomm-InsO, § 225a Rn. 13; *Bauer/Dimmling*, NZI 2011, 517; *Andres*, in: Andres/Leithaus, InsO, § 225a Rn. 1a; *Uhlenbruck*, NZI 2008, 201, 205; *Carli/Rieder/Mückl*, ZIP 2010, 1737, 1741.

431 *Kleindiek*, in: FS Hommelhoff, S. 545; *Flöther*, ZIP 2012, 1833, 1837; *Rattunde*, GmbHR 2012, 455, 458; ein *debt-equity swap* wurde etwa bei der Sanierung der *Borussia*

Nachfolgend wird zunächst die Funktionsweise eines *debt-equity swap* näher ausgeführt. Danach werden vor allem Probleme der Bewertung und ein mögliches Bezugsrecht beziehungsweise dessen Ausschluss näher erörtert. Dadurch soll geklärt werden, ob der *debt-equity swap* als ein mögliches Mittel zur Eigenkapitalgewinnung geeignet ist, den Sanierungsgedanken zu verwirklichen und dazu beizutragen, Unternehmenssanierungen in Zukunft weiter zu erleichtern.

a. Funktionsweise

Durch einen *debt-equity swap* kann, wie es die Bezeichnung bereits nahelegt, Fremd- in Eigenkapital umgewandelt werden.[432] Um vor allem die negative Vereinigungsfreiheit aus Art. 9 Abs. 1 GG zu wahren, legt § 225a Abs. 2 Satz 2 InsO allerdings einschränkend fest, dass eine Umwandlung der Rechte der Gläubiger niemals gegen deren Willen erfolgen dürfe.[433] Daher müssen dem Insolvenzplan gemäß § 230 Abs. 2 InsO Zustimmungserklärungen aller betroffenen Gläubiger angefügt werden.[434]

Ein *debt-equity swap* erfolgt in der Praxis regelmäßig durch einen Kapitalschnitt.[435] Für einen solchen Kapitalschnitt sind eine nominelle

---

Dortmund GmbH & Co. KGaA 2006 oder der *Bavaria Yachtbau GmbH* 2009 angewandt, zu diesen und weiteren (Einzel-)Fällen vor Inkrafttreten des ESUG siehe *Carli/Rieder/Mückl*, ZIP 2010, 1737.

432 Einen guten und ausführlichen Überblick über den regelmäßigen Ablauf eines *debt-equity swap* im Rahmen eines Insolvenzplanverfahrens bieten die Musterbeispiele für eine AG und eine GmbH bei *Horstkotte/Martini*, ZInsO 2012, 557.

433 *Eidenmüller/Engert*, ZIP 2009, 541, 547; *Müller*, KTS 2012, 419, 444; *Haas*, in: HK-InsO, § 225a Rn. 21; *Thies* sieht die Norm kritisch und hält sie für einen systematischen Widerspruch, da für die Insolvenzgläubiger von dem im Übrigen geltenden Mehrheitsprinzip abgewichen werde, siehe *Thies*, in: HambKomm-InsO, § 225a Rn. 35 ff.; ebenso hält *Eidenmüller* die Norm für missglückt und im Ergebnis sogar für ein Sanierungshindernis, siehe dazu *Eidenmüller*, in: MünchKomm-InsO, § 230 Rn. 45; der Diskussionsentwurf zum ESUG (abgedruckt bei *Hirte/Knof/Mock*, ESUG, S. 71 ff.) enthielt in § 230 Abs. 2 DiskE ESUG noch eine Widerspruchslösung, wonach die Zustimmung der Gläubiger unter bestimmten Voraussetzungen als erteilt galt; den Diskussionsentwurf ausdrücklich befürwortend, *Hölzle*, NZI 2011, 124, 128.

434 *Jaffé*, in: FK-InsO, § 225a Rn. 9; *Haas*, in: HK-InsO § 225a Rn. 23; *Sinz*, in: Uhlenbruck, InsO, § 230 Rn. 4; *Thies*, in: HambKomm-InsO, § 225a Rn. 35.

435 RegE ESUG, BT-Drucks. 17/5712, S. 31; *Simon/Merkelbach*, NZG 2012, 121, 123; *Willemsen/Rechel*, ESUG, § 225a Rn. 11; *Schulz*, Debt Equity Swap, S. 82; *H. Hess*, InsO, § 225a Rn. 5; *Andres*, in: Andres/Leithaus, InsO, § 225a Rn. 5.

Kapitalherabsetzung und eine anschließende Sachkapitalerhöhung erforderlich.[436] Die Forderungen der Gläubiger gegenüber der zu sanierenden Gesellschaft gelten allgemein als Sacheinlagen.[437] Die Forderungen der Gläubiger gegen den Schuldner werden bei einem *debt-equity swap* entweder an diesen abgetreten, so dass sie durch Konfusion erlöschen, oder es wird eine Verzichtsvereinbarung zwischen Gläubiger und Schuldner geschlossen, wobei das Erlöschen der Forderungen dann gemäß § 397 Abs. 1 BGB eintritt.[438] Die ehemaligen Gläubiger werden durch den *debt-equity swap* mithin neue Anteilsinhaber an dem zu sanierenden Unternehmen.[439]

Falls die Anteils- und Mitgliedschaftsrechte der Gesellschafter im Insolvenzplan geregelt werden, so bilden diese nach § 222 Abs. 1 Satz 2 Nr. 4 InsO eine eigene (Abstimmungs-)Gruppe. Daher findet das Obstruktionsverbot des § 245 InsO auch auf sie Anwendung. Selbst wenn die Gesellschafter gegen den Insolvenzplan stimmen sollten, kann die fehlende Zustimmung somit durch einen gerichtlichen Beschluss ersetzt werden, sofern die Voraussetzungen des § 245 InsO vorliegen. § 245 Abs. 3 InsO trifft für die an dem Schuldnerunternehmen beteiligten Personen allerdings eine Sonderregelung. So liegt eine angemessene Beteiligung i.S.d. § 245 Abs. 1 Nr. 2 InsO für die Anteilsinhaber immer nur dann vor, wenn nach dem Insolvenzplan kein Gläubiger wirtschaftliche Werte erhält,

---

436 *Brinkmann*, WM 2011, 97, 97; *Simon/Merkelbach*, NZG 2012, 121, 123. Ob und wie ein *debt-equity swap* bei Personengesellschaften anzuwenden ist untersucht *K. Schmidt*, siehe *K. Schmidt*, ZGR 2012, 566, 569 ff.; siehe dazu ebenfalls *Spahlinger*, in: Kübler/Prütting/Bork, InsO, § 225a Rn. 38 ff.; *Haas*, in: HK-InsO, § 225a Rn. 34.

437 Allgemeine Ansicht in der gesellschaftsrechtlichen Literatur, siehe dazu u.a. *Schwandtner*, in: MünchKomm-GmbHG, § 5 Rn. 124; *Fastrich*, in: Baumbach/Hueck, GmbHG, § 5 Rn. 28; *Leitzen*, in: Michalski/Heidinger/Leible/J. Schmidt, GmbHG, § 5 Rn. 82 ff.; *Roth*, in: Roth/Altmeppen, GmbHG, § 56 Rn. 3b; *Fromm*, ZInsO 2012, 1253, 1254; zu der Möglichkeit und den Problemen der Einbringung eines Gesellschafterdarlehens im Rahmen eines *debt-equity swap* siehe grundlegend *Habersack*, in: FS Kübler, S. 219 ff.

438 RegE ESUG, BT-Drucks. 17/5712, S. 31; *Spliedt*, in: K. Schmidt, InsO, § 225a Rn. 19; *Hirte*, in: Uhlenbruck, InsO, § 225a Rn. 20; *Braun/Frank*, in: Braun, InsO, § 225a Rn. 7; *Priester*, DB 2010, 1445; *Eidenmüller*, in: MünchKomm-InsO, § 225a Rn. 51; *Habersack*, in: FS Kübler, S. 219.

439 Um zu verhindern, dass die Gläubiger Stimm- oder sonstige Mitbestimmungsrechte erhalten, wird teilweise ein sog. *debt-mezzanine swap* vorgeschlagen, dieser führe zu neuem handelsbilanziellem Eigenkapital, das trotzdem als Fremdkapital zu klassifizieren und daher abzugsfähig sei, siehe dazu ausführlich *Hagemann*, Debt Equity Swaps, S. 33 ff. m.w.N.

die den vollen Betrag seines Anspruchs übersteigen, und gleichzeitig ebenfalls kein Anteilsinhaber, der ohne einen Plan den Anteilsinhabern der Gruppe gleichgestellt wäre, im Ergebnis bessergestellt wird als diese. Gläubiger, die ihre Forderungen eingebracht haben, profitieren von dem Sanierungsprivileg des § 39 Abs. 4 Satz 2 InsO.[440]

b. Bewertung

Die Bewertung der Anteile der Gläubiger, die ihre Forderungen als Sacheinlagen in die zu sanierende Gesellschaft als *debt-equity swap* innerhalb eines Insolvenzplanverfahrens einbringen, wirft zahlreiche Fragen auf, die die Praxis oft vor große Herausforderungen stellt.[441]

aa. Streitstand

Außerhalb des Insolvenzplanverfahrens gilt nach mittlerweile wohl herrschender Meinung das sog. „Vollwertigkeitsprinzip", wonach eine einzubringende Forderung mit dem Wert anzusetzen ist, mit dem sie durch das Gesellschaftsvermögen gedeckt ist; es ist also grundsätzlich der objektive Wert der Forderung für die Bewertung maßgeblich.[442] Fraglich ist allerdings, ob dieser Grundsatz im Rahmen des Insolvenzplanverfahrens genauso gelten kann. Nach dem ausdrücklichen Willen des Gesetzgebers soll im Insolvenzplan angegeben werden, welcher Wert für einen Anspruch anzusetzen ist.[443] Im Zweifel sollen Gutachten über die Werthaltigkeit der Forderungen eingeholt werden.[444] Da der Wert der

---

440 *Hirte*, in: Uhlenbruck, InsO, § 225a Rn. 45; *Smid/Rattunde/Martini*, Insolvenzplan, Rn. 9.16; ausführlicher dazu *Spahlinger*, in: Kübler/Prütting/Bork, InsO, § 225a Rn. 48 ff.

441 *Priester* spricht dementsprechend von dem „Zentralproblem" des *debt-equity swap*, siehe *Priester*, DB 2010, 1445; dagegen hält *Römermann* wegen § 254 Abs. 4 InsO das Problem im Ergebnis fälschlicherweise für nicht relevant, siehe *Römermann*, NJW 2012, 645, 651. § 254 Abs. 4 InsO schließt lediglich einen Anspruch des Schuldners gegen die Gläubiger nach Bestätigung des Plans aus, wenn es zu einer Überbewertung der Forderung kam, darüber hinaus trifft § 254 Abs. 4 aber gerade keine Regelung.

442 So u.a. BGH, Urt. v. 26. 3. 1984 – II ZR 14/84, BGHZ 90, 370, 373 f.; *Koch*, in: Hüffer/Koch, AktG, § 27 Rn. 17; *Jaffé*, in: FK-InsO, § 225a Rn. 21; *Haas*, in: HK-InsO, § 225a Rn. 26 f., Letzterer spricht von dem sog. „Vollwertprinzip".

443 RegE ESUG, BT-Drucks. 17/5712, S. 31 f.

444 RegE ESUG, BT-Drucks. 17/5712, S. 31 f.; aufwändige externe Wertgutachten dienen wohl in erster Linie dazu, den Insolvenzverwalter aus der Haftung nach § 60 InsO zu entlassen und dürften auf Grund des in der Regel hohen Zeitdrucks im Rahmen eines

einzubringenden Forderungen regelmäßig unter dem Nennwert liege, könne die Quotenerwartung ebenfalls mitberücksichtigt werden.[445]

Dem widerspricht eine Ansicht im Schrifttum und vertritt, dass die einzubringenden Forderungen mit ihrem tatsächlichen Nennwert angesetzt werden sollten. Dies wird unter anderem damit begründet, dass dadurch schwierige Bewertungsfragen entfielen und gleichzeitig die Bereitschaft der Gläubiger, einen *debt-equity swap* zu vereinbaren, deutlich erhöht werden könne.[446] Daneben sei eine Werthaltigkeitskontrolle der einzubringenden Forderungen weder zum Schutz der Gesellschaftsgläubiger, noch der Gesellschafter erforderlich, sofern die geltenden kapitalmarktrechtlichen und die gesellschaftsrechtlichen Offenlegungsvorschriften beachtet würden.[447]

Die wohl herrschende Ansicht im Schrifttum geht dagegen von einer Bewertung nach Verkehrswerten aus.[448] Innerhalb der herrschenden Meinung wird jedoch zum Teil vertreten, dass sich aus der Gesetzesbegründung nicht eindeutig ergebe, ob bei der Forderungsbewertung vom Liquidationswert oder aber vom Fortführungswert des zu sanierenden Unternehmens ausgegangen werden solle.[449] Daher wird zum Teil vertreten, dass der ausdrückliche Verweis des Gesetzgebers auf die Quotenerwartung als Orientierung ein Anhaltspunkt für eine Bewertung der Forderung nach dem Zerschlagungswert des Unternehmens sei.[450] Daneben spreche auch aus systematischen Erwägungen § 225 Abs. 5 InsO für eine Bewertung der einzubringenden Forderungen nach dem Zerschlagungswert des Unternehmens, da für die Bewertung eines etwaigen

Insolvenzplanverfahrens wenig praxisrelevant werden, siehe dazu *Jaffé*, in: FK-InsO, § 225a Rn. 23; *Willemsen/Rechel*, ESUG, § 225a Rn. 56.

445 RegE ESUG, BT-Drucks. 17/5712, S. 32.

446 Siehe dazu u.a. *Simon*, CFL 2010, 448, 451 ff.; *A. Cahn/Simon/Theiselmann*, CFL 2010, 238; *A. Cahn/Simon/Theiselmann*, DB 2010, 1629, 1631 f.; *Spliedt*, GmbHR 2012, 462, 464; *Spliedt*, in: K.Schmidt, InsO, § 225a Rn. 24; *J. Weber/Schneider*, ZInsO 2012, 374, 378 f.

447 *A. Cahn/Simon/Theiselmann*, CFL 2010, 238, 238.

448 So in zutreffender Weise u.a. *Willemsen/Rechel*, ESUG, § 225a Rn. 53 ff.; *Wenzel*, in: Haarmeyer/Wutzke/Förster, InsO, § 225a Rn. 11; *Altmeppen*, in: FS Hommelhoff, S. 13 ff.; *Ekkenga*, DB 2012, 331, 332.

449 *Eidenmüller*, in: MünchKomm-InsO, § 225a Rn. 51 f.; *Priester*, DB 2010, 1445, 1447 ff.

450 So u.a. *Hirte*, in: Uhlenbruck, InsO, § 225a Rn. 35; *Jaffé*, in: FK-InsO, § 225a Rn. 23; *Haas*, in: HK-InsO, § 225a Rn. 27; *Altmeppen*, in: FS Hommelhoff, S. 13 ff.; *Kleindiek*, in: FS Hommelhoff, S. 553 f.; *Simon/Merkelbach*, NZG 2012, 121, 124.

Abfindungsanspruches der Altgesellschafter ausdrücklich die Vermögenslage maßgeblich sei, die sich bei einer Abwicklung des Schuldners eingestellt hätte.[451]

Überzeugender erscheint es indes, im Einzelfall zu differenzieren, nämlich je nachdem, ob im Insolvenzplan die Fortführung oder aber die Liquidation des Unternehmens vorgesehen ist.[452] Da in der Regel ein Insolvenzplan auf den Erhalt und damit die Fortführung des Unternehmens ausgerichtet sein wird, wäre damit in den meisten Fällen der Fortführungswert maßgeblich. Zum Teil wird eine Bewertung nach Fortführungswerten auch dann noch befürwortet, wenn der Rechtsträger zwar als solcher liquidiert, das Unternehmen aber durch einen anderen Rechtsträger fortgeführt werde, da dann der Liquidationswert dem Fortführungswert entspreche.[453]

Mithin spricht in erster Linie die Gesetzessystematik für die vermittelnde Ansicht, wonach bei einer geplanten Sanierung des Unternehmens im Insolvenzplanverfahren eine Bewertung der einzubringenden Forderungen nach dem Fortführungswert des Unternehmens vorzunehmen ist.

bb. Rechtsmittel

Um Planungssicherheit für die beteiligten Gläubiger zu gewährleisten und um eine spätere Nachschusspflicht nach den Grundsätzen der Differenzhaftung wegen einer falschen Bewertung der Forderungen zu vermeiden, wurde § 254 Abs. 4 InsO als Ergänzung des *debt-equity swap* aus § 225a Abs. 2 InsO eingeführt.[454] § 254 Abs. 4 InsO legt dementsprechend fest, dass die Schuldner nach der gerichtlichen Bestätigung des Insolvenzplans keine Ansprüche wegen einer etwaigen Überbewertung der Forderungen im Plan gegen die bisherigen Gläubiger geltend machen können.[455] Mithin ist eine Differenzhaftung zu Lasten der Einleger gegenüber dem Schuldner nach Abschluss des Insolvenzplanverfahrens ausgeschlossen. Zum Teil wurde in § 254 Abs. 4 InsO ein nicht hinnehmbarer Widerspruch zu den gesellschaftsrechtlichen Kapitalaufbringungsvorschriften

---

451 *Simon/Merkelbach*, NZG 2012, 121, 124; *Haas*, in: HK-InsO, § 225a Rn. 27.

452 Siehe dazu *Eidenmüller*, in: MünchKomm-InsO, § 225a Rn. 52; *Rendels/Zabel*, Insolvenzplan, Rn. 254; *K. Schmidt*, ZIP 2012, 2085, 2087; generell für eine Bewertung nach den Fortführungswerten im Planverfahren u.a. *Schäfer/Wüstemann*, ZIP 2014, 1757, 1758 ff.; *Schäfer*, ZIP 2015, 1208, 1210.

453 So zuletzt Schäfer, ZIP 2016, 1911, 1912 f.

454 RegE ESUG, BT-Drucks. 17/5712, S. 36; *Lüer/Streit*, in: Uhlenbruck, InsO, § 254 Rn. 25 f.

455 *Gehrlein* sieht daher in § 254 Abs. 4 InsO die „Kernvorschrift" zum Schutz der Gläubiger, siehe *Gehrlein*, NZI 2012, 257, 260.

gesehen.[456] Die Norm muss nun mittlerweile aber als geltendes Recht anerkannt werden.

Den Inhabern der Anteils- oder Mitgliedschaftsrechte an dem zu sanierenden Unternehmen bleibt daher letztlich nur die sofortige Beschwerde gegen die gerichtliche Bestätigung des Insolvenzplans nach § 253 InsO. Bis zum Inkrafttreten des ESUG lautete § 253 InsO wie folgt: „Gegen den Beschluß, durch den der Insolvenzplan bestätigt oder die Bestätigung versagt wird, steht den Gläubigern und dem Schuldner die sofortige Beschwerde zu." Der neu geschaffene § 253 Abs. 2 InsO setzt allerdings voraus, dass der Beschwerdeberechtigte dem Insolvenzplan spätestens im Abstimmungstermin widersprochen, gegen den Plan gestimmt hat und daneben glaubhaft machen kann, dass er durch den Plan wesentlich schlechter gestellt wird, als ohne Plan, und dass dieser Nachteil nicht durch eine Zahlung aus den in § 251 Abs. 3 InsO genannten Mitteln ausgeglichen werden könnte.[457] § 253 InsO wurde mithin durch das ESUG deutlich verschärft, um das bis dahin drohende Risiko der Verfahrensverzögerung zu minimieren und die Sanierungschancen zu erhöhen.[458]

c. *Bezugsrecht der Gesellschafter und möglicher Ausschluss des Bezugsrechts*

Neben der Frage der Bewertung der einzubringenden Forderungen ist zum einen fraglich, ob die Altgesellschafter bei der Kapitalerhöhung im Rahmen des Insolvenzplanverfahrens ein Bezugsrecht erhalten. Und zum anderen, falls sie ein Bezugsrecht erhalten sollten, ob ein solches dennoch ausgeschlossen werden kann. Grundsätzlich steht den Aktionären einer AG bei einer Kapitalerhöhung außerhalb des Insolvenzplanverfahrens nach § 186 Abs. 1 Satz 1 AktG und den Gesellschaftern einer GmbH analog § 186 Abs. 1 Satz 1 AktG[459] ein Recht zum

456 Zur Kritik an § 254 Abs. 4 InsO während des Gesetzgebungsverfahren siehe u.a. *Hölzle*, NZI 2011, 124, 129; *Brinkmann*, WM 2011, 97, 101. Zu einem möglichen Schutz der Neugläubiger, insbesondere durch § 826 BGB, siehe *Kanzler/Mader*, GmbHR 2012, 992, 994 ff.

457 Siehe dazu Zweiter Teil, A. III. 1. d.

458 *Sinz*, in: MünchKomm-InsO, § 253 Rn. 1; *Andres*, in: Andres/Leithaus, InsO, § 253 Rn. 1; *Lüer/Streit*, in: Uhlenbruck, InsO, § 253 Rn. 1; Vallender, MDR 2012, 125, 126 f.; *J. Weber/Schneider*, ZInsO 2012, 374, 382.

459 Wohl mittlerweile h.M. in der Literatur, siehe dazu u.a. *Zöllner/Fastrich*, in: Baumbach/Hueck, GmbHG, § 55 Rn. 20; *Hermanns*, in: Michalski/Heidinger/Leible/J. Schmidt, GmbHG, § 55 Rn. 39 f.; *Eidenmüller*, in: MünchKomm-InsO, § 225a Rn. 49; *Fleischer*, GmbHR 2008, 673, 680; *Rottnauer*, ZGR 2007, 401, 408 ff.; die Rechtsprechung bejaht ebenfalls ein Bezugsrecht, lässt den Streit über die Herleitung im Ergebnis aber weiterhin offen, siehe dazu BGH, Urt. v. 18. 4. 2005 – II ZR 151/03, NZG, 2005, 551, 552.

Bezug neuer Aktien bzw. Gesellschaftsanteile zu. § 225a Abs. 2 Satz 3 InsO hält dagegen ausdrücklich fest, dass ein Insolvenzplan den Ausschluss von Bezugsrechten vorsehen kann. Daraus folge, dass zumindest für den Fall, dass der Insolvenzplan eine Regelung über die Bezugsrechte enthält, ein Bezugsrecht der Altgesellschafter ausgeschlossen werden könne.[460]

Da der Ausschluss des Bezugsrechts der Gesellschafter eines Unternehmens im Rahmen des Insolvenzplanverfahrens in aller Regel mit dem kompensationslosen Verlust ihrer Anteile einherginge, ist diese Frage für die Gesellschafter von erheblicher und oft sogar existenzieller Bedeutung.[461] Nach dem Willen des Gesetzgebers soll für die Bewertung der Anteile der Gesellschafter der Liquidationswert des zu sanierenden Unternehmens maßgeblich sein, weshalb in der Regel von einer Wertlosigkeit der Anteile ausgegangen werden müsse.[462] Strittig ist jedoch, welche Voraussetzungen erfüllt sein müssen, damit ein Bezugsrechtsausschluss in einem Kapitalerhöhungsbeschluss möglich und zulässig ist. Grundsätzlich bedarf ein Bezugsrechtsausschluss bei einer Kapitalerhöhung außerhalb eines *debt-equity swap* im Rahmen eines Insolvenzplanverfahrens der sachlichen Rechtfertigung durch eine Abwägung der Interessen und der Verhältnismäßigkeit von Mittel und Zweck.[463] Für den Bezugsrechtsausschluss bei einer Sacheinlage soll es jedoch regelmäßig genügen, wenn die Gesellschaft *in casu* ein hinreichendes Interesse an dem Erwerb des Gegenstands hat.[464]

Vereinzelt wird bei einem *debt-equity swap* im Rahmen eines Insolvenzplanverfahrens ebenfalls eine sachliche Rechtfertigung des Bezugsrechtsausschlusses gefordert, obwohl die Einbringung der Forderungen als Sacheinlage nicht in

---

460 *Willemsen/Rechel*, ESUG, § 225a Rn. 28; die Regierungsbegründung spricht etwas missverständlich davon, dass für die Kapitalerhöhung, die von dem Inferenten übernommen wird, ein Bezugsrechtsausschluss zu Lasten der Anteilsinhaber geregelt werden *müsse*, siehe RegE ESUG, BT-Drucks. 17/5712, S. 32 (Hervorhebung durch den Verfasser).

461 *Simon/Merkelbach*, NZG 2012, 121, 125. Dass in Einzelfällen ein (Rest-)Wert der Anteile bleibt, ändert daran zunächst nichts.

462 RegE ESUG, BT-Drucks. 17/5712, S. 32.

463 BGH, Urt. v. 13. 3. 1978 – II ZR 142/76 („Kali & Salz"), BGHZ 71, 40, 45 f.; *Veil*, in: K. Schmidt/Lutter, AktG, § 186 Rn. 30 m.w.N.; *Zöllner/Fastrich*, in: Baumbach/Hueck, GmbHG, § 55 Rn. 26 f.

464 *Pfeifer*, in: MünchKomm-AktG, 3. Aufl., § 186 Rn. 90; *Hermanns*, in: Michalski/Heidinger/Leible/J. Schmidt, GmbHG, § 55 Rn. 53; *Lieder*, in: MünchKomm-GmbHG, § 55 Rn. 95a.

Zweifel gezogen wird.[465] Darüber hinaus wird einschränkend vertreten, dass im Lichte von Art. 14 Abs. 1 GG die Altgesellschafter nicht gegen ihren Willen aus der Gesellschaft ausgeschlossen werden dürften. Deswegen solle der Insolvenzplan im Rahmen einer Barkapitalerhöhung den Gesellschaftern die Möglichkeit geben, weiterhin an der Gesellschaft beteiligt zu bleiben.[466] Dafür spreche zudem, dass den bisherigen Gesellschaftern zumindest die Möglichkeit gegeben wird, weiterhin an dem Unternehmen beteiligt zu bleiben, um dadurch einen Anreiz für eine frühzeitige Sanierung mittels eines Insolvenzplans zu schaffen.[467]

Dem ist jedoch zu widersprechen. In zutreffender Weise liegt ein für eine Sacheinlage gefordertes hinreichendes Interesse bei einem *debt-equity swap*, der im Rahmen einer Sanierung eines notleidenden Unternehmensträgers erfolgt, durch den Sanierungszweck erst recht vor.[468] Die wohl herrschende Meinung geht sogar so weit, dass eine Rechtfertigung, also zumindest ein hinreichendes Interesse der Gesellschaft, für einen Bezugsrechtsausschluss gänzlich entbehrlich sein soll.[469] Zu beachten sei ferner, dass es den auszuschließenden Altgesellschaftern auch noch jederzeit während des Verfahrens möglich ist, den Insolvenzgrund durch die Einbringung von eigenem Kapital wieder entfallen zu lassen und dadurch eine Einstellung des Insolvenzverfahrens wegen Wegfalls des Eröffnungsgrundes gemäß § 212 InsO zu erzwingen.[470]

---

465 So u.a. *H. Hess*, § 225a Rn. 77; *Jaffé*, in: FK-InsO, § 225a Rn. 13; *Simon/Merkelbach*, NZG 2012, 121, 125; *Müller*, KTS 2012, 419, 441 f.; *Deppisch*, Insolvenzplanverfahren, S. 154 f.; *Schäfer*, ZIP 2016, 1911, 1914; allgemein und ausführlich zum Schutz der (Alt-)Gesellschafter bei einem Kapitalschnitt siehe *Ekkenga*, ZGR 2009, 581, 604 ff.

466 *Simon/Merkelbach*, NZG 2012, 121, 125 f.; *Simon*, CFL 2010, 448, 455 f.; ebenfalls kritisch zu einem pauschalen Bezugsrechtsausschluss *Willemsen/Rechel*, ESUG, § 225a Rn. 37 ff.

467 *Simon/Merkelbach*, NZG 2012, 121, 126.

468 *Koch*, in: Hüffer/Koch, AktG, § 182 Rn. 32c; *Koch*, in: Hüffer/Koch, AktG, § 186 Rn. 35; *Pfeifer*, in: MünchKomm-AktG, 3. Aufl., § 186 Rn. 95; *Rendels/Zabel*, Insolvenzplan, Rn. 262; *Bauer/Dimmling*, NZI 2011, 517, 518 f.; *Pleister*, GWR 2013, 220, 221 f.; *Hölzle*, NZI 2011, 124, 128; erhöhte Anforderungen an die Rechtfertigung könnten sich allenfalls dann ergeben, wenn der Gläubiger bereits vor Durchführung des *debt-equity swap* über eine qualifizierte Mehrheit verfügt bzw. durch den *debt-equity swap* seinen Anteil auf 95 % erhöhen könnte und einen *squeeze-out* nach § 327a AktG durchführen könnte, siehe *Schürnbrand*, in: MünchKomm-AktG, § 186 Rn. 113.

469 Siehe u.a. *Eidenmüller*, in: MünchKomm-InsO, § 225a Rn. 50; *Eidenmüller*, NJW 2014, 17, 18; *R. Fischer*, NZI 2013, 823, 829; *Decher/Voland*, ZIP 2013, 103, 106 f.

470 *Altmeppen*, in: FS Hommelhoff, S. 19; zustimmend *Eidenmüller*, NJW 2014, 17, 18.

Damit der Bezugsrechtsausschluss wirksam werden kann, ist daneben in formeller Hinsicht gemäß § 186 Abs. 3 Satz 2 AktG beziehungsweise § 53 Abs. 2 Satz 1 GmbHG eine Mehrheit von mindestens drei Viertel des bei der Beschlussfassung vertretenen Grundkapitals und drei Viertel der abgegebenen Stimmen erforderlich, sofern die jeweils geltende Satzung nicht sogar noch höhere Anforderungen voraussetzt.

d. *Finanzielle Kompensation*

§ 225a InsO selbst sieht keine Entschädigungsregelung der Gesellschafter für den Verlust ihrer Anteile durch einen *debt-equity swap* vor.[471] Allerdings müsse der Insolvenzplan nach dem Willen des Gesetzgebers eine Entschädigung der Gesellschafter vorsehen für den Fall, dass deren Anteile ausnahmsweise noch werthaltig sind.[472] In diesem Einzelfall solle der Insolvenzplan nach § 251 Abs. 3 InsO die erforderlichen Mittel zur Verfügung stellen.[473] Der Minderheitenschutz des § 251 InsO erstreckt sich nun nicht mehr nur wie bisher auf die Gläubiger, sondern auch auf die Anteilsinhaber.

Der Gesetzgeber hält eine Einschränkung oder den Verlust der Mitgliedschaftsrechte grundsätzlich für unbedenklich, da die Anteilsinhaber nach Eröffnung des Insolvenzplanverfahrens ohnehin nicht mehr mit dem Erhalt ihrer Anteils- oder Mitgliedschaftsrechte rechnen könnten. Denn ohne einen Insolvenzplan käme es zu einer Abwicklung und damit letztlich zu einer Löschung des insolventen Rechtsträgers im Handelsregister.[474] Vorausgesetzt, dass dennoch ausnahmsweise ein restlicher Vermögenswert der Anteils- oder Mitgliedschaftsrechte bestünde, sollte ein Ausgleich im Insolvenzplan geregelt werden; ein Streit über einen möglichen finanziellen Ausgleich solle außerhalb des Insolvenzplanverfahrens in einem gesonderten Rechtsstreit vor den ordentlichen Gerichten geführt werden, um das Verfahren nicht unnötig zu verzögern und dadurch letztlich eine erfolgreiche Sanierung zu gefährden.[475]

---

471 Dagegen sah der Diskussionsentwurf zum ESUG (abgedruckt bei *Hirte/Knof/Mock*, S. 71 ff.) in § 225a Abs. 4 DiskE ESUG noch ausdrücklich vor, „dass im Plan eine angemessene Entschädigung vorzusehen" sei, siehe dazu auch *Hirte*, in: Uhlenbruck, InsO, § 225a Rn. 48 f.

472 RegE ESUG, BT-Drucks. 17/5712, S. 32.

473 RegE ESUG, BT-Drucks. 17/5712, S. 32.

474 RegE ESUG, BT-Drucks. 17/5712, S. 34 f.

475 RegE ESUG, BT-Drucks. 17/5712, S. 35.

e. *Kritik an der Neuregelung*

Hauptkritikpunkt an dem neu eingeführten *debt-equity swap* als ein Instrument der Sanierung von Unternehmen ist, dass er in der Praxis wenig bis gar keinen Erfolg verspreche und daher nicht den hohen Erwartungen gerecht werden könne.[476] So meint etwa *Spliedt*, dass ein *debt-equity swap* als Sanierungsinstrument „weitgehend überflüßig“ sei, sobald das Insolvenzverfahren eröffnet ist.[477] *Eidenmüller* kritisiert, dass *de lege lata* eine ausdrückliche Zustimmung der Gläubiger nach § 225a Abs. 2 Satz 2 InsO i.V.m. § 230 Abs. 2 InsO notwendig sei und sieht darin ein Sanierungshindernis, weswegen er in Anlehnung an das US-amerikanische Recht für eine Widerspruchslösung plädiert.[478] *Schulz* schlägt daher vor, zur Zustimmungsfiktion des § 230 Abs. 2 DiskE ESUG zurückzukehren, wodurch die Anzahl der beteiligten Gläubiger erhöht werden könne, Verzögerungen im Verfahrensablauf verhindert und Transaktionskosten gesenkt würden.[479]

Besonders hervorzuheben sind auch die gemeinsamen Studien von *Roland Berger Strategy Consultants* und der *Heidelberger gemeinnützige Gesellschaft für Unternehmensrestrukturierung mbH* zum ESUG aus den Jahren 2015[480] und 2016.[481] Für die umfassende Studie 2016 wurden 1 600 Entscheider (Insolvenzverwalter, Insolvenzrichter, Gläubiger, Manager/CRO und Berater) nach ihrer Bewertung der ESUG-Reformen befragt. Von den Befragten haben sich insgesamt 17 % an der Studie beteiligt.[482] Während im Jahr 2012, also im Jahr des Inkrafttreten des ESUG, lediglich 41 % der Befragten bereits Erfahrungen mit Eingriffen in die Gesellschafterrechte gemacht haben, bejahten dies im Jahr 2016

---

476 So u.a. *Brinkmann*, WM 2011, 97, 102 f.

477 *Spliedt*, in: K. Schmidt, InsO, § 225a Rn. 2.

478 *Eidenmüller/Engert*, ZIP 2009, 541, 552; *Eidenmüller*, in: MünchKomm-InsO, § 225a Rn. 13; *Eidenmüller*, in: MünchKomm-InsO, § 230 Rn. 45; nach 11 U.S.C § 1123 (a) (5) ist die Regelungslast umgedreht, so dass nach *Chapter 11* die Anteils- und Mitgliedschaftsrechte automatisch erlöschen, wenn keine ausdrückliche Regelung getroffen wurde, siehe dazu instruktiv auch *Braun*, in: FS G. Fischer, S. 59.

479 *Schulz*, Debt Equity Swap, S. 363 ff. m.w.N.

480 *Haghani/Bizenberger/Blatz/Seagon*, in: Unternehmensrestrukturierung und Unternehmensinsolvenz, S. 73 ff.

481 *Bizenberger/Eschmann/Blatz/Seagon*, in: Praxis der Unternehmensrestrukturierung, S. 51 ff.

482 *Bizenberger/Eschmann/Blatz/Seagon*, in: Praxis der Unternehmensrestrukturierung, S. 55.

schon 78 %.[483] Allerdings gaben nur 45 % der Befragten an, dass ein *debt-equity swap* genutzt wurde und 80 % derjenigen, die ihn genutzt haben, gaben an, dies nur „sehr selten" getan zu haben.[484] 2015 gingen 36 % der Befragten davon aus, dass die Wahrscheinlichkeit einer Liquidation eines Unternehmens sinke, wenn ein *debt-equity swap* zur Anwendung komme, 28 % gehen vom Gegenteil aus.[485] Im Rahmen der ESUG-Evaluierung gaben immerhin 23,52 % der 825 Befragten an, dass sie den *debt-equity swap* als wichtige Maßnahme im Insolvenzplanverfahren einstufen.[486]

Im Ergebnis konnten die ESUG-Studien zeigen, dass die Akzeptanz von § 225a InsO und des damit verbundenen Paradigmenwechsels hin zu einer engeren Verzahnung von Gesellschaftsrecht und Insolvenzrecht gestiegen ist, der *debt-equity swap* im Rahmen des Insolvenzplanverfahrens dennoch weiterhin eher ein Schattendasein fristet und trotz seiner positiven Wirkungen bisher nur selten zur Anwendung kam.

f. Fazit

Durch die Einführung von §§ 217 S. 2, 225a InsO hat der Gesetzgeber einen wichtigen und längst überfälligen Beitrag dazu geleistet, das Gesellschaftsrecht und das Insolvenzrecht besser miteinander zu verzahnen. Dies ist essenziell, da Unternehmen regelmäßig als Gesellschaften organisiert sind, und daher das Insolvenzrecht und das Gesellschaftsrecht aufeinander abgestimmt sein sollten, um erfolgreiche Sanierungen von Gesellschaften durch Insolvenzpläne zu gewährleisten. Als ein Instrument zur Gewinnung von Eigenkapital ist der *debt-equity swap* grundsätzlich besonders geeignet, Unternehmen aus der Krise zu führen und so letztlich zu einer Sanierung beizutragen. Selbst wenn der *debt-equity swap* als Spezialfall des § 225a Abs. 3 InsO in der Praxis bisher (noch) nicht die hohen Erwartungen erfüllen konnte, die viele an ihn stellten, so gilt es, sich in Geduld zu üben. Insolvenzrechtliche Neuregelungen fanden auch in der Vergangenheit erst nach einiger Zeit Anklang in der Praxis; so wurde das

483 *Bizenberger/Eschmann/Blatz/Seagon*, in: Praxis der Unternehmensrestrukturierung, S. 56.

484 Zwischen 2015 und 2016 sind die Zahlen damit quasi unverändert geblieben, vgl. *Bizenberger/Eschmann/Blatz/Seagon*, in: Praxis der Unternehmensrestrukturierung, S. 58; *Haghani/Bizenberger/Blatz/Seagon*, in: Unternehmensrestrukturierung und Unternehmensinsolvenz, S. 80.

485 *Haghani/Bizenberger/Blatz/Seagon*, in: Unternehmensrestrukturierung und Unternehmensinsolvenz, S. 83.

486 *Jacoby/Madaus/Sack/Schmidt/Thole*, ESUG-Evaluierung, S. 27.

Insolvenzplanverfahren insgesamt in den ersten Jahren nach Inkrafttreten der InsO sehr stiefmütterlich behandelt und fand nur äußerst selten Anwendung.[487]

Inwieweit die Verzahnung in sinnvoller Art und Weise noch weiter verbessert werden kann, um damit dem Sanierungsgedanken Rechnung zu tragen, muss an dieser Stelle noch offen gelassen werden und kann abschließend erst im dritten Teil der vorliegenden Arbeit geklärt werden.

2. Stärkung der Gläubigerautonomie

Neben einer engeren Verzahnung des Gesellschaftsrechts mit dem Insolvenzrecht, insbesondere durch die Einführung der §§ 217 Satz 2, 225a InsO, ist die Stärkung der Gläubigerautonomie als zweite Säule der Reform der Insolvenzordnung durch das ESUG besonders hervorzuheben und verdient daher eine tiefergehende Betrachtung.[488] Da das Ziel des Verfahrens die bestmögliche Gläubigerbefriedigung ist, ist der Grundsatz der Gläubigerautonomie letztlich auch in § 1 InsO i.V.m. § 217 Satz 1 InsO verankert und damit einer der zentralen Leitgedanken des Insolvenzplanverfahrens.[489] Den Gläubigern sollte es möglich sein, autonom über die Art und Weise der Masseverwertung und den weiteren Gang des Verfahrens zu entscheiden, da bei einer Insolvenz ihre Vermögensinteressen auf dem Spiel stehen.[490] Damit meint Gläubigerautonomie in zutreffender Weise „dass die Verfahrensbeteiligten nicht nur über die Form und Art der Masseverwertung entscheiden, sondern auch über die Gestaltung des Verfahrens und über die Fortführung des schuldnerischen Unternehmens."[491]

---

487 Zur Häufigkeit von Insolvenzplänen bei Unternehmensinsolvenzen unter Bezugnahme auf eine Studie der *Creditreform* siehe *Gude*, ZInsO 2012, 320, 321 f., danach stieg der Anteil der Insolvenzpläne von 2005–2010 von 0,95 % auf immerhin 2,14 %; signifikant ist dabei, dass vor allem mittlere und größere Unternehmen eher auf Insolvenzpläne setzen als kleinere Unternehmen; andere Zahlen finden sich bei *Schultze/Braun*, die den Zeitraum von 1999–2012 untersuchten. Die Tendenz ist jedoch ähnlich, wobei der Höchststand 2011 mit 1,99 % angegeben wird, Jahrbuch 2014, S. 44, https://www.schultze-braun.de/fileadmin/de/Fachbuecher/Insolvenzjahrbuecher/Insolvenzjahrbuch-2014/InsoJahrbuch_2014_D.pdf?_=1516114517 [zuletzt aufgerufen am 31. 5. 2019].

488 So auch u.a. *Stürner*, in: MünchKomm-InsO, Einl. Rn. 45b; *Wimmer*, ESUG, S. 14; *Reischl*, Insolvenzrecht, Rn. 18; *Schmerbach*, in: FK-InsO, Vor §§ 1 ff. Rn. 75; *Pleister*, GWR 2013, 220; *Geiwitz*, in: Buth/Hermanns, Handbuch, § 29 Rn. 4.

489 *Maus*, in: Kölner Schrift, 2. Aufl., S. 931 Rn. 1; *Pape*, in: Uhlenbruck, InsO, § 1 Rn. 4; *Leithaus*, in: Andres/Leithaus, InsO, § 1 Rn. 2.

490 *Ganter/Lohmann*, in: MünchKomm-InsO, 3. Aufl., § 1 Rn. 53.

491 So *Pape*, in: Uhlenbruck, InsO, § 1 Rn. 13.

Wie bereits im Ersten Teil der Arbeit gezeigt werden konnte, war ein Kritikpunkt an dem bestehenden Insolvenzrecht oder zumindest an den jeweiligen Reformvorhaben – sei es nun die Vergleichsordnung von 1927[492] oder aber die Berichte der Kommission für Insolvenzrecht 1985[493] – der fehlende oder zumindest der mangelnde Fokus auf die Gläubigerautonomie. Da es vor allem die Gläubiger eines Unternehmens sind, die regelmäßig das wirtschaftliche Risiko einer Sanierung tragen und daher ein Interesse an einem erfolgreichen Ausgang des Verfahrens haben, rückte der Gesetzgeber die Stärkung der Gläubigerautonomie zurecht in den Fokus des ESUG.[494] Gewiss kommt bereits die Einführung des *debt-equity swap* letzten Endes den Gläubigern zugute. Allerdings meint Gläubigerautonomie, dass den Gläubigern als wesentliche Beteiligte des Insolvenzverfahrens mehr Einfluss und Teilhabe zukommt. Eine gesellschaftsrechtlich gestaltete Sanierungsmaßnahme, die lediglich vorsieht, Forderungen in Gesellschaftsanteile umzuwandeln, ermöglicht dies gerade nicht. Durch mehr Mitbestimmung soll den Gläubigern mehr Gestaltungsmöglichkeiten eingeräumt werden. Billigt man den Gläubigern allerdings mehr Einfluss auf das Verfahren zu, so steht diese Stärkung stets in einem Spannungsverhältnis zur Verfahrensökonomie, also einem schnellen und rechtssicheren Verfahren, und damit auch der Stellung des Insolvenzverwalters und des Insolvenzrichters innerhalb des Insolvenzverfahrens.

Die Stärkung der Gläubigerautonomie wird unter anderem durch die Einrichtung eines vorläufigen Gläubigerausschusses und die Mitwirkung bei der Bestellung des Insolvenzverwalters durch einige Neuregelungen ermöglicht beziehungsweise erleichtert. Diese durch das ESUG in die Insolvenzordnung eingeführten Neuerungen könnten dazu beitragen, die Zustimmung der Gläubiger zum Insolvenzverfahren insgesamt zu erhöhen, das Stigma einer Insolvenz zu mindern und dadurch letztlich dem Sanierungsgedanken Rechnung zu tragen. Mithin verdient die Stärkung der Gläubigerautonomie eine nähere Betrachtung.

---

492 Zur damaligen Kritik an der VglO 1927 siehe *Schubert*, KTS 1993, 323, 329 m.w.N.

493 Zur Kritik an der Konzeption der Kommission für Insolvenzrecht siehe *Gravenbrucher Kreis*, BB 1986, Beil. 15, S. 3.

494 RegE ESUG, BT-Drucks. 17/5712, S. 17.

a. *Vorläufiger Gläubigerausschuss*

Der Gläubigerausschuss ist neben der zwingend einzusetzenden Gläubigerversammlung ein fakultatives, selbstständiges und unabhängiges Organ des Insolvenzverfahrens.[495]

aa. Allgemein

Der Gläubigerausschuss ist in den §§ 67 ff. InsO geregelt. § 69 InsO legt die Aufgaben des allgemeinen Gläubigerausschusses fest. Danach sollen die Mitglieder des Gläubigerausschusses den Insolvenzverwalter bei seiner Geschäftsführung unterstützen und überwachen, sich über den Gang seiner Geschäfte unterrichten sowie die Bücher und Geschäftspapiere einsehen und den Geldverkehr und -bestand prüfen. Der Gläubigerausschuss hat somit im Insolvenzverfahren sehr weitgehende Überwachungs- und Unterstützungsrechte. Nach Eingang eines zulässigen Eröffnungsantrags kann das Insolvenzgericht bis zur Eröffnung des Insolvenzverfahrens nach § 21 Abs. 2 Nr. 1a InsO bei Vorliegen der Voraussetzungen des § 22a InsO als Maßnahme der Sicherung einen vorläufigen Gläubigerausschuss einsetzen. Bis zum Inkrafttreten des ESUG kannte die Insolvenzordnung keinen vorläufigen Gläubigerausschuss im Rahmen des Eröffnungsverfahrens.[496]

Gemäß § 22a Abs. 1 InsO[497] ist das Insolvenzgericht nun sogar bei Großverfahren dazu verpflichtet, einen vorläufigen Gläubigerausschuss einzusetzen, wenn das Unternehmen zwei der drei genannten Schwellenwerte überschreitet (mindestens EUR 6 Mio. Bilanzsumme, mindestens EUR 12 Mio. Umsatzerlöse

---

495 *Zimmermann*, Insolvenzrecht, Rn. 168; *Schmid-Burgk*, in: MünchKomm-InsO, § 69 Rn. 1; *Knof*, in: Uhlenbruck, InsO, § 69 Rn. 1; siehe instruktiv zum (vorläufigen) Gläubigerausschuss *Seagon/Deckers*, in: Unternehmensrestrukturierung und Unternehmensinsolvenz, S. 47 ff.; *Haarmeyer* spricht bei dem vorläufigen Gläubigerausschuss sogar von einem „zentralen Steuerungs- und Gestaltungsorgan im Eröffnungsverfahren", siehe *Haarmeyer/Schildt*, in: MünchKomm-InsO, § 22a Rn. 1; zu den Änderungen bezüglich des Gläubigerausschusses während des Gesetzgebungsverfahrens des ESUG siehe ausführlich *Obermüller*, ZInsO 2012, 18.

496 *Haarmeyer/Schildt*, in: MünchKomm-InsO, § 22a Rn. 1; *Vallender*, in: Uhlenbruck, InsO, § 22a Rn. 1; *Blankenburg*, in: Kübler/Prütting/Bork, InsO, § 22a Rn. 1; *Flöther*, ZIP 2012, 1833, 1836; *Voß*, in: Graf-Schlicker, InsO, § 21 Rn. 11; zu den Problemen der Rechte, Pflichten und einer möglichen Haftung des vorläufigen Gläubigerausschusses siehe einführend *Frind*, ZIP 2012, 1380.

497 Zuletzt geändert durch das Bilanzrichtlinie-Umsetzungsgesetz v. 17. 7. 2015, BGBl. I S. 1245.

und mindestens 50 Arbeitnehmer).[498] Nach § 22a Abs. 2 InsO „soll“ das Insolvenzgericht einen vorläufigen Gläubigerausschuss nach seinem Ermessen auch dann einsetzen, wenn ein Antrag des Schuldners, des vorläufigen Insolvenzverwalters oder eines Gläubigers vorliegt und in diesem Antrag Personen benannt werden, die als Mitglieder eines vorläufigen Gläubigerausschusses in Betracht kommen und diese Personen ihr Einverständnis dazu erklärt haben. Nach § 21 Abs. 2 Nr. 1a InsO „kann“ ein vorläufiger Gläubigerausschuss vom Insolvenzgericht nach Ausübung seines eigenen, pflichtgemäßen Ermessens selbst dann eingesetzt werden, wenn kein Antrag eines Beteiligten vorliegt und das Gericht die Einsetzung für erforderlich oder sachdienlich für die Betriebsfortführung hält.[499]

Gemäß § 22a Abs. 3 InsO ist es dem Insolvenzgericht grundsätzlich möglich, von der Einsetzung eines vorläufigen Gläubigerausschusses abzusehen, wenn alternativ der Geschäftsbetrieb des Schuldners eingestellt worden ist, die Einsetzung eines vorläufigen Gläubigerausschusses im Hinblick auf die zu erwartende Insolvenzmasse unverhältnismäßig erscheint oder aber die mit einer Einsetzung verbundene Verzögerung zu einer nachteiligen Veränderung der Vermögenslage des Schuldners führt.

bb. Besonderheiten und Probleme

Das Insolvenzgericht ist bei der Auswahl der Personen, die den vorläufigen Gläubigerausschuss bilden sollen, grundsätzlich frei;[500] zu beachten sind allerdings die §§ 21 Abs. 2 Nr. 1a, 67 Abs. 2 InsO, wonach die genannten Gläubigergruppen im Gläubigerausschuss repräsentiert sein sollten.[501] Der Gesetzgeber sieht vor, dass der Gläubigerausschuss grundsätzlich in seiner Zusammensetzung „die typische Interessenvielfalt der Gläubigerschaft widerspiegeln“ solle.[502] Es besteht allerdings für den einzelnen Gläubiger kein Rechtsanspruch auf Bestellung als

---

498 Die Schwellenwerte des § 22a Abs. 1 Nr. 1a InsO sind angelehnt an die „kleine“ Kapitalgesellschaft in § 267 Abs. 1 HGB, siehe die Empfehlung der Ausschüsse des Bundesrates, BR-Drucks. 127/1/11, S. 5 f.; siehe zu § 267 HGB grundlegend und instruktiv *Reiner*, in: MünchKomm-HGB, § 267 Rn. 1 ff.

499 *Haarmeyer/Schildt*, in: MünchKomm-InsO, § 22a Rn. 122.

500 *Hölzle*, in: K. Schmidt, InsO, § 22a Rn. 42; *Sander*, in: Ahrens/Gehrlein/Ringstmeier, InsO, § 22a Rn. 8; *Böhm*, in: Braun, InsO, § 22a Rn. 18 f.; idealerweise sollte die Anzahl der Ausschussmitglieder eine ungerade Zahl sein, um mögliche Pattsituation bei den Abstimmungen zu vermeiden, siehe *Haarmeyer/Buchalik*, Sanieren statt Liquidieren, S. 67.

501 *Knof*, in: Uhlenbruck, InsO, § 67 Rn. 9; *Neubert*, GmbHR 2012, 439, 442.

502 RegE InsO, BT-Drucks. 12/2443, S. 100.

Mitglied des Gläubigerausschusses.[503] Gegen die Anordnung eines vorläufigen Gläubigerausschusses durch das Insolvenzgericht steht dem Schuldner nach § 21 Abs. 1 Satz 2 InsO die sofortige Beschwerde zu. Zu beachten ist allerdings, dass dieser Beschwerde keine aufschiebende Wirkung zukomme.[504]

Dagegen steht den Gläubigern, die die Einsetzung eines vorläufigen Gläubigerausschusses begehren, grundsätzlich kein Rechtsbehelf zu, wenn das Insolvenzgericht von seinem Recht aus § 22a Abs. 3 InsO Gebrauch gemacht hat;[505] dies folge aus einem Umkehrschluss aus dem Enumerationsprinzip des § 6 Abs. 1 Satz 1 InsO, wonach eine Rechtsbeschwerde nur in den Fällen möglich ist, in denen die Insolvenzordnung dies auch ausdrücklich vorsieht.[506]

Der fehlende Rechtsbehelf der Gläubiger gegen das Nichteinsetzen eines Gläubigerausschusses durch das Insolvenzgericht wird von vielen zurecht unter Rechtschutzgesichtspunkten kritisiert und demensprechend ein Handeln des Gesetzgebers gefordert.[507] Ohne die Einsetzung eines Gläubigerausschusses ist der Einfluss der Gläubiger auf das Verfahren erheblich geschwächt. Zum Teil wird daher vertreten, dass die Gläubiger nach § 23 EGGVG[508] oder nach § 567 Abs. 1 Nr. 2 ZPO gegen die ablehnende Entscheidung des Insolvenzgerichts

503 *Knof*, in: Uhlenbruck, InsO, § 67 Rn. 9; *Hölzle*, in: K. Schmidt, InsO, § 22a Rn. 42; *Schmidt-Burgk*, in: MünchKomm-InsO, § 67 Rn. 10.

504 *Schmerbach*, in: FK-InsO, § 21 Rn. 57; vgl. dazu § 4 InsO i.V.m. § 570 ZPO (Gesetz v. 30. 1. 1877, RGBl. S. 83).

505 Zu dem Streit, ob § 22a Abs. 3 InsO auf alle vorläufigen Gläubigerausschüsse Anwendung findet, siehe statt vieler *Haarmeyer/Schildt*, in: MünchKomm-InsO, § 22a Rn. 141 ff. m.w.N.

506 LG Dessau-Roßlau, Beschl. v. 2. 5. 2012 – 1 T 116/12, BeckRS 2013, 07431; LG Kleve, Beschl. v. 4. 4. 2013 – 4 T 32/13, NZI 2013, 599, 600; *N. Schmidt*, ZInsO 2012, 1107, 1109; *Hölzle*, in: K. Schmidt, InsO, § 21 Rn. 30; *Böhm*, in: Braun, InsO, § 22a Rn. 10; *Graf-Schlicker*, in: Graf-Schlicker, InsO § 22a Rn. 33; *Blankenburg*, in: Kübler/Prütting/Bork, InsO § 21 Rn. 103; *Mitter*, in: Haarmeyer/Wutzke/Förster, InsO, § 21 Rn. 35; *Sander*, in: Ahrens/Gehrlein/Ringstmeier, InsO, § 21 Rn. 72; *Vallender*, in: Uhlenbruck, InsO, § 22a Rn. 82; *Beth*, ZInsO 2012, 1974, 1981; *Frind*, ZInsO 2013, 279, 285; *Frind*, in: HambKomm-InsO, § 22a Rn. 35; *Beth*, in: BK-InsO, § 22a Rn. 77; zur abschließenden Wirkung des Enumerativprinzips aus § 6 InsO siehe BGH, Beschl. v. 7. 2. 2013 – IX ZB 43/12, NZI 2013, 342 m. Anm. *Vallender* und m. Anm. *Weissinger* = NZG 2013, 998.

507 So u.a. *Römermann/Praß*, ZInsO 2012, 1923, 1923; *Römermann/Praß*, ZInsO 2013, 482, 489; *Pleister*, GWR 2013, 220; *Busch*, ZInsO 2012, 1389, 1392; *Haarmeyer/Schildt*, in: MünchKomm-InsO, § 22a Rn. 19 ff.

508 Gesetz v. 27. 1. 1877, RGBl. S. 77.

vorgehen könnten[509] oder zumindest ein Antrag auf Abhilfe nach § 321a ZPO möglich sein müsse.[510]

Dem ist im Ergebnis entgegen der wohl herrschenden Lehre zuzustimmen. Unter Berücksichtigung der Rechtsweggarantie aus Art. 19 Abs. 4 Satz 1 GG und vor allem wegen des selbst gesetzten Ziels des Gesetzgebers, die Gläubigerautonomie durch die Einführung des ESUG zu stärken, erscheint es äußerst zweifelhaft, dass die Insolvenzordnung *de lege lata* keinen Rechtsbehelf der Gläubiger gegen eine Nichteinsetzung des vorläufigen Gläubigerausschusses vorsieht.[511] Auf der einen Seite die Gläubigerautonomie stärken zu wollen, aber auf der anderen Seite den Gläubigern dann effektiven Rechtschutz zu verwehren, um ihre Rechte geltend machen zu können, ist widersprüchlich. Weiterhin spricht für eine Anerkennung eines Rechtsbehelfs auch, dass der Gesetzgeber im Diskussionsentwurf für § 21 DiskE ESUG[512] noch vorsah, zumindest den aus- oder absonderungsberechtigten Gläubigern das Recht der sofortigen Beschwerde zuzugestehen.

Da der Bundesgerichtshof den *numerus clausus* der Rechtsmittel in der Insolvenzordnung und damit § 6 InsO (leider) bisher besonders restriktiv ausgelegt hat,[513] muss man davon ausgehen, dass er einen Rechtsbehelf aus § 23 EGGVG oder § 567 Abs. 1 Nr. 2 ZPO ablehnen würde. Ausnahmsweise hält der Bundesgerichtshof eine sofortige Beschwerde dann für zulässig, wenn das Insolvenzgericht im Eröffnungsverfahren eine Maßnahme angeordnet hat, deren Anordnung aber von vorneherein außerhalb der gesetzlichen Befugnisse eines Insolvenzrichters liegt und darüber hinaus in den grundrechtlich geschützten Bereich des Beschwerdeführers eingreift.[514] Da dies wohl bei einer Nichteinsetzung eines vorläufigen Gläubigerausschusses selten oder nie der Fall sein dürfte, wäre es die Aufgabe des Gesetzgebers zu handeln. Mithin sollte *de lege ferenda*

---

509 *Römermann/Praß*, ZInsO 2012, 1923, 1927 f.; *Haarmeyer/Schildt*, in: MünchKomm-InsO, § 22a Rn. 170 ff.

510 *Rüntz/Laroche*, in: HK-InsO, § 22a Rn. 11.

511 Daher wird § 6 InsO im Ergebnis sogar von einigen Autoren als teilweise verfassungswidrig angesehen, siehe dazu *Haarmeyer/Schildt*, in: MünchKomm-InsO, § 22a Rn. 171; *Römermann/Praß*, ZInsO 2012, 1923, 1925 ff.

512 Abgedruckt bei *Hirte/Knof/Mock*, ESUG, S. 71 ff.; siehe dazu auch *Römermann/Praß*, ZInsO 2012, 1923, 1927.

513 So etwa der Bundesgerichtshof in seiner ersten Entscheidung zum ESUG, BGH, Beschl. v. 7. 2. 2013 – IX ZB 43/12, NZI 2013, 342 m. Anm. *Vallender* und m. Anm. *Weissinger* = NZG 2013, 998.

514 BGH, Beschl. v. 14. 7. 2011 – IX ZB 207/10, BeckRS 2011, 20013 Rn. 7.

ein Beschwerderecht der Gläubiger eingeführt werden. Dieses sollte sogar über § 21 DiskE ESUG hinausgehen und alle Gläubiger umfassen. Eine dadurch drohende Verfahrensverzögerung durch ein Beschwerderecht der Gläubiger ist hinzunehmen und durch Schutzmaßnahmen, wie etwa eine Entscheidung des Gerichts im Wege des einstweiligen Rechtsschutzes außerhalb des Insolvenzplanverfahrens, abzumildern.

b. Auswahl und Bestellung des Insolvenzverwalters

Nach § 56 Abs. 1 Satz 1 InsO soll als Insolvenzverwalter eine für den jeweiligen Einzelfall geeignete, insbesondere geschäftskundige und von den Gläubigern und dem Schuldner unabhängige natürliche Person, die aus dem Kreis aller zur Übernahme von Insolvenzverwaltungen bereiten Personen auszuwählen ist, durch das Insolvenzgericht bestellt werden. Bis zum Inkrafttreten des ESUG war es den Gläubigern nur gemäß § 57 Satz 1 InsO möglich, in der ersten Gläubigerversammlung im bereits eröffneten Verfahren einen anderen als den vom Insolvenzgericht zuvor bestellten Insolvenzverwalter zu wählen. Dies kam in der Praxis allerdings äußerst selten vor, da der Austausch des bestellten Insolvenzverwalters regelmäßig zu spät kam und der dadurch drohende Schaden den möglichen Nutzen überwog.[515]

Um den Gläubigern bereits vor der Bestellung des (vorläufigen) Insolvenzverwalters durch das Insolvenzgericht eine Mitwirkung bei der Auswahl der Person zu ermöglichen, wurde § 56a InsO als eine weitere wesentliche Neuerung des ESUG eingeführt.[516] Die Kommission für Insolvenzrecht hielt es 1985 in ihrem Bericht noch für zwingend erforderlich, dass sowohl die Auswahl und Bestellung als auch die Abberufung des Insolvenzverwalters allein die Aufgaben des Insolvenzgerichts seien, obwohl letzteres noch nach § 80 Satz 1 KO möglich gewesen war.[517] Der Gesetzgeber ging dagegen bei dem Erlass des ESUG davon aus, dass der mangelnde Einfluss der Gläubiger auf die Auswahl des Insolvenzverwalters einer der Gründe sei, warum ausländische Investoren das deutsche

515 *Jahntz*, in: FK-InsO, § 56a Rn. 1; *Zipperer*, in: Uhlenbruck, InsO, § 56a Rn. 1; *Riedel*, in: HK-InsO, § 56a Rn. 1; *Kammel/Staps*, NZI 2010, 791, 791; *Lüke*, in: Kübler/Prütting/Bork, InsO, § 57 Rn. 3; *Köhler-Ma*, DZWiR 2006, 228, 228.

516 RegE ESUG, BT-Drucks. 17/5712, S. 25 f.; die Möglichkeit eines Vorschlags der Gläubiger wurde bereits während des Entstehungsprozesses der Konkursordnung diskutiert, aber letztlich zu Gunsten der Auswahl des Konkursverwalters durch das Insolvenzgericht verworfen, siehe *Hahn*, Materialien IV, S. 278.

517 Erster Bericht, S. 128.

Insolvenzrecht für sanierungsfeindlich erachteten und dieses wegen seiner angeblich fehlenden Berechenbarkeit scheuten.[518]

Die Bestellung des Insolvenzverwalters erfolgt zwar letztlich immer noch durch das zuständige Insolvenzgericht, aber in den Fällen, in denen ein vorläufiger Gläubigerausschuss eingerichtet wurde, muss das Insolvenzgericht diesem nun gemäß § 56a Abs. 1 InsO die Gelegenheit geben, Äußerungen zu den Anforderungen an die Auswahl des Insolvenzverwalters zu treffen.[519] Noch entscheidender ist allerdings die Neuregelung in § 56a Abs. 2 Satz 1 InsO.[520] Danach darf das Insolvenzgericht von einem einstimmigen Vorschlag des vorläufigen Gläubigerausschusses nur dann abweichen, wenn die vorgeschlagene Person für die Übernahme nicht geeignet ist.[521] Erfolgt der Vorschlag durch den vorläufigen Gläubigerausschuss nicht einstimmig, so hat das Insolvenzgericht gemäß § 56a Abs. 2 Satz 2 InsO das vom Ausschuss festgelegte Anforderungsprofil an die Person des Insolvenzverwalters zumindest zu berücksichtigen.[522]

Gegen eine Abweichung des Gerichts von einem einstimmigen Vorschlag des vorläufigen Gläubigerausschusses zur Person des Verwalters gemäß § 56a Abs. 2 InsO steht den Gläubigern *de lege lata* wegen des sehr restriktiv auszulegenden § 6 InsO ebenfalls nicht das Rechtsmittel der sofortigen Beschwerde zu.[523] Dies wurde im Regierungsentwurf damit begründet, dass den Gläubigern immer noch die nachträgliche Abwahlmöglichkeit des Insolvenzverwalters durch § 57 InsO verbleibt.[524]

---

518 RegE ESUG, BT-Drucks. 17/5712, S. 1.

519 So auch *Graeber*, in: MünchKomm-InsO, § 56 Rn. 127.

520 *Gruber*, NJW 2013, 584, 584.

521 Zum „Anforderungsprofil" an den Insolvenzverwalter gem. § 56a InsO, siehe *Frind*, NZI 2012, 650; siehe ausführlich dazu *Riedel*, in: HK-InsO § 56a Rn. 18 ff.; zur weiterhin strittigen Frage, ob im Rahmen des § 56a Abs. 2 Satz 1 InsO die Unabhängigkeitsprüfung ausnahmsweise suspendiert ist, siehe *Frind*, ZInsO 2013, 59 m.w.N.; grundlegend zur Unahängigkeit des Insolvenzverwalters vor Inkrafttreten des ESUG siehe *Laukemann*, Die Unabhängigkeit des Insolvenzverwalters.

522 In der ESUG-Evaluierung zeigte sich, dass die Gerichte dem einstimmigen Vorschlag zur Person des Verwalters in über 80 % der Fälle gefolgt sind, siehe *Jacoby/Madaus/Sack/Schmidt/Thole*, ESUG-Evaluierung, S. 28

523 *Ries*, in: K. Schmidt, InsO, § 56a Rn. 31; *Frind*, in: Haarmeyer/Wutzke/Förster, InsO, § 56a Rn. 25; *Lind*, in: Ahrens/Gehrlein/Ringstmeier, InsO, § 56a Rn. 13.

524 RegE ESUG, BT-Drucks. 17/5712, S. 26.

c. *Kritik*

Die Stärkung der Gläubigerautonomie war ebenfalls Teil der bereits genannten ESUG-Studien 2014/2015 und 2016.[525] 81 % der Befragten konnten bereits Erfahrungen mit vorläufigen Gläubigerausschüssen sammeln. 2013 waren dies nur 64 %.[526] Der stärkere Einfluss der Gläubiger stieß allerdings nur bei 64 % der Befragten auf Zustimmung; bei der Umfrage 2013 lag die Zustimmung noch bei 69 %; nur 41 % hielten den vorläufigen Gläubigerausschuss mit Einfluss auf die Verwalterwahl für gelungen.[527] 2016 hielten dagegen immerhin 54 % der Befragten den vorläufigen Gläubigerausschuss und dessen Einfluss auf das Verfahren für gelungen.[528]

Insolvenzrichter fordern dagegen von der Praxis, dass idealerweise schon bei dem Antrag auf Eröffnung des Verfahrens eine Vorschlagsliste mit möglichen Ausschussmitgliedern angefügt werden sollte, um so eine möglichst effektive Verfahrensbeteiligung der Gläubiger zu gewährleisten.[529] Es wird allerdings darauf hingewiesen, dass Insolvenzgerichte schon mit vorbereiteten Namenslisten und einstimmigen Beschlüssen der Vorgeschlagenen bezüglich eines vorläufigen Insolvenzverwalters „überfallen" wurden und dadurch der Anschein interessengeleiteter Verfahrensführung entstehen könne.[530] Daneben bestünde die Gefahr, dass die Zusammenarbeit von Insolvenzverwalter und Insolvenzgericht erschwert werde, da der Insolvenzrichter den vom vorläufigen Gläubigerausschuss benannten Insolvenzverwalter unter Umständen (noch) nicht kenne und dieser seine Arbeitsweise nicht mit ihm abstimme.[531]

---

525 *Haghani/Bizenberger/Blatz/Seagon*, in: Unternehmensrestrukturierung und Unternehmensinsolvenz, S. 73 ff.; *Bizenberger/Eschmann/Blatz/Seagon*, in: Praxis der Unternehmensrestrukturierung, S. 59 ff.

526 *Haghani/Bizenberger/Blatz/Seagon*, in: Unternehmensrestrukturierung und Unternehmensinsolvenz, S. 78.

527 *Haghani/Bizenberger/Blatz/Seagon*, in: Unternehmensrestrukturierung und Unternehmensinsolvenz, S. 81. Einschränkend gilt es aber darauf hinzuweisen, dass 73 % der Befragten 2015 als Insolvenzverwalter tätig waren und nur 11 % der Befragten als Gläubiger an Verfahren beteiligt waren, so dass die Signifikanz der Aussagen beschränkt bleibt.

528 *Bizenberger/Eschmann/Blatz/Seagon*, in: Praxis der Unternehmensrestrukturierung, S. 59.

529 So zuletzt in den Beiträgen der beiden Insolvenzrichter *Busch* und *Vallender*, vgl. *Busch*, ZInsO 2012, 1389, 1391; *Vallender*, MDR 2012, 61, 63.

530 *Busch*, ZInsO 2012, 1389, 1393.

531 *Vallender*, MDR 2012, 61, 64.

Eine Bestellung eines vorläufigen Insolvenzverwalters durch einen vorläufigen Gläubigerausschuss sei sogar nur dann möglich, wenn - wie gefordert - mit dem Eröffnungsantrag des Insolvenzschuldners die Mitglieder eines vorläufigen Gläubigerausschusses benannt und deren Einverständniserklärungen zur Übernahme des Amtes als Mitglied eines vorläufigen Gläubigerausschusses dem Insolvenzgericht vorgelegt werden.[532] Damit läge die Auswahl der Mitglieder des vorläufigen Gläubigerausschusses allerdings wiederum in den Händen des Schuldners und dessen Berater, wodurch eine Stärkung der Gläubigerautonomie *de facto* nicht erreicht werden würde.[533] Andere sehen durch die Änderungen des ESUG die Gefahr, dass der Insolvenzverwalter nun als Vertreter der Großgläubiger auftrete und daher seine Unabhängigkeit gefährdet sei.[534] So könnte der Insolvenzverwalter aus der gleichen Kanzlei wie bereits die Sanierungsberater des/der Großgläubiger stammen.[535]

Zum Teil wird die Stärkung der Gläubigerautonomie durch den Gesetzgeber insgesamt heftig kritisiert. So wird vorgetragen, die Änderungen führten zu einer Einschränkung der Unabhängigkeit des Insolvenzverwalters.[536] Weiterhin wird bezweifelt, ob die Neuregelungen geeignet seien, die Wahrscheinlichkeit des Sanierungserfolges zu erhöhen, oder ob sie nicht sogar das Gegenteil bewirkt, da Gläubiger selten gleichlaufende Interessen verfolgen.[537]

d. Fazit

Fraglich ist, ob die aufgeführten Änderungen, die zu einer Stärkung der Gläubigerautonomie führen, auch dem Sanierungsgedanken ausreichend Rechnung tragen und diesen umsetzen. Wie *Maus*[538] unter Bezug auf Ausführungen des Rechtsausschusses zur Insolvenzordnung festhielt, ist die Gläubigerautonomie der zentrale Leitgedanke des Insolvenzplanverfahrens, da Insolvenzen auf der Grundlage der Gläubigerautonomie flexibel und wirtschaftlich effektiv abzuwickeln seien.[539]

---

532 *Graeber*, in: MünchKomm-InsO, § 56a Rn. 2.

533 *Graeber*, in: MünchKomm-InsO, § 56a Rn. 3; *Zipperer*, in: Uhlenbruck, InsO, § 56a Rn. 3.

534 *Gruber*, NJW 2013, 584, 584 ff.; *R. Paulus/Merath*, DZWiR 2012, 489, 493; *Römermann*, GWR 2011, 375, 376; zweifelnd dagegen *Graf-Schlicker*, ZInsO 2013, 1765, 1766.

535 *R. Paulus/Merath*, DZWiR 2012, 489, 493.

536 *Lüke*, in: Kübler/Prütting/Bork, InsO, § 56a Rn. 5; zur Unabhängigkeit des Insolvenzverwalters grundlegend *Laukemann*, Die Unabhängigkeit des Insolvenzverwalters.

537 *Lüke*, in: Kübler/Prütting/Bork, InsO, § 56a Rn. 5.

538 *Maus*, in: Kölner Schrift, 2. Aufl., S. 931 Rn. 1.

539 RechtsA InsO, BT-Drucks. 12/7302, S. 181.

Gewiss ist es schwierig zu sagen, ob mehr Teilhabe der Gläubiger an den Insolvenzverfahren immer dazu führt, die Sanierungschancen im Einzelfall zu erhöhen, allerdings entsteht eine Insolvenz gerade dadurch, dass ein Unternehmen nicht mehr die Forderungen seiner Gläubiger bedienen kann, weshalb es auch die Gläubiger sein müssen, die durch ihre Mitwirkung am Verfahren zum Gelingen des Insolvenzplans beitragen. Die Stärkung der Gläubigerautonomie erscheint insoweit regelmäßig sinnvoll und sanierungsfördernd. Die Grenze der Autonomie der Gläubiger stellt dabei grundsätzlich die Verfahrensökonomie dar. Das Insolvenzgericht und der Insolvenzverwalter müssen weiterhin in der Lage bleiben, das Verfahren nach den gesetzlichen Vorschriften zu leiten, zu gestalten und letztlich zu einem Abschluss bringen zu können.

Inwieweit die Rechtschutzmöglichkeiten, insbesondere durch einstweilige Anordnungen der Gerichte, ausgeweitet und verbessert werden können, sollte bei der nächsten Novellierung der Insolvenzordnung überdacht werden. Falls sich die Bedenken[540] bezüglich der Beeinflussbarkeit der Insolvenzverwalter durch Großgläubiger bewahrheiten sollten, müsste eventuell zum alten Recht zurückgekehrt werden und die Auswahl wieder allein in die Hände des Insolvenzrichters gelegt werden.[541]

Es lässt sich mithin feststellen, dass die Neuregelungen des ESUG einen wichtigen Beitrag bei der Umsetzung des Sanierungsgedankens leisten. Die Verfahrensökonomie wird gewahrt und die Gläubigerautonomie in angemessener Art und Weise gestärkt. Trotz vereinzelter Kritik sind die Änderungen des Gesetzgebers insgesamt zu begrüßen. Die zahlreichen positiven sanierungsfördernden Maßnahmen überwiegen die kleineren Schwachstellen, wie etwa der fehlende Rechtschutz der Gläubiger gegen die Nichteinsetzung eines vorläufigen Gläubigerausschusses. Ähnlich sahen dies auch die Befragten im Rahmen der ESUG-Evaluierung. Über 70 % stimmten der Aussage zu, dass sich der Gläubigerausschuss als wichtiges Organ der Verfahrensabwicklung erwiesen habe.[542]

---

540 So u.a. *Gruber*, NJW 2013, 584, 584 ff.; *R. Paulus/Merath*, DZWiR 2012, 489, 493; *Hölzle/Pink*, ZIP 2011, 360, 365, Letztere sprechen sogar von der Gefahr „lobbyistisch geprägter Verwalterstrukturen".

541 So im Ergebnis *Gruber*, NJW 2013, 584, 586, der daneben den Gesetzgeber auffordert, objektive und nachprüfbare Qualitätskriterien für Insolvenzverwalter verbindlich festzulegen.

542 *Jacoby/Madaus/Sack/Schmidt/Thole*, ESUG-Evaluierung, S. 28.

3. *Konzentration der Zuständigkeit der Insolvenzgerichte*

Neben der Stärkung der Gläubigerrechte, des Ausbaus und der Straffung des Insolvenzplanverfahrens sowie der Erleichterung des Zugangs zur Eigenverwaltung war eine größere Konzentration der sachlichen Zuständigkeit der Insolvenzgerichte eines der Ziele, das sich der Gesetzgeber mit dem ESUG gesetzt hat.[543] § 2 Abs. 2 Satz 1 RegE ESUG lautete wie folgt: „Die Landesregierungen werden ermächtigt, zur sachdienlichen Förderung oder schnelleren Erledigung der Verfahren durch Rechtsverordnung ein anderes Amtsgericht zum Insolvenzgericht für den Landgerichtsbezirk zu bestimmen und die Zuständigkeit eines Insolvenzgerichts über den Landgerichtsbezirk hinaus zu erstrecken."[544] Dadurch wäre es möglich gewesen, dass in den großen Flächenbundesländern wie Bayern oder Baden-Württemberg nur noch einige wenige Amtsgerichte zuständig gewesen wären. Leider stieß der Vorschlag in § 2 Abs. 2 Satz 1 RegE ESUG auf keine große Begeisterung in einigen Bundesländern, so dass diese eine stärkere Konzentration letztlich doch noch verhinderten.[545] Begründet wurde dies unter anderem damit, dass es wegen des Subsidiaritätsprinzips den Ländern auch weiterhin überlassen bleiben solle, in welchem Maße sie die von der Insolvenzordnung grundsätzlich vorgesehene Konzentration der Insolvenzgerichte auf das Amtsgericht am Sitz des Landgerichts umsetzen.[546] *Kübler* schlägt dagegen – zumindest für ein kommendes vorinsolvenzliches Verfahren – eine Zuständigkeit einer Spezialkammer am Landgericht für Restrukturierung und Insolvenzsachen vor.[547] Eine Zuständigkeit der Landgerichte anstatt der Amtsgerichte wurde auch schon von *Berges* 1955 gefordert. Er wollte, dass alle Maßnahmen, die während des Konkurs- oder Vergleichsverfahrens getroffen werden, von der Kammer für Handelssachen aus Gründen der Beschleunigung und der Rechtssicherheit erledigt werden können.[548]

---

543 RegE ESUG, BT-Drucks. 17/5712, S. 2, 17.

544 RegE InsO, BT-Drucks. 17/5712, S. 7.

545 Gestrichen durch die Beschlussempfehlung des Rechtsausschusses, siehe RechtsA ESUG, BT-Drucks. 17/5711, S. 6. *Graf-Schlicker*, damals zuständige Ministerialdirektorin im Bundesjustizministerium, weist darauf hin, dass vor allem der Widerstand einiger Insolvenzverwalterkanzleien zu der Streichung führte, siehe *Graf-Schlicker*, in: FS Vallender, S. 185.

546 RechtsA ESUG, BT-Drucks. 17/5711, S. 33.

547 *Kübler*, ZIP 2016, Beil. z. Heft 22, 47, 51; zu der Zuständigkeit der Gerichte in Insolvenzsachen in Österreich siehe ausführlich unter Dritter Teil, A. I. 2. d.

548 *Berges*, KTS 1955, 49, 53 f.

Es blieb somit bei der ursprünglichen Fassung von § 2 Abs. 2 Satz 1 InsO, wonach die Landesregierungen ermächtigt werden, zur sachdienlichen Förderung oder schnelleren Erledigung der Verfahren durch Rechtsverordnung andere oder zusätzliche Amtsgerichte zu Insolvenzgerichten zu bestimmen und die Bezirke der Insolvenzgerichte abweichend festzulegen. Eine Erstreckung der Zuständigkeit des Insolvenzgerichts auf weitere Landgerichtsbezirke ist *de lege lata* mithin nicht möglich. Dies kann vor allem dann zu Problemen führen, wenn die sachliche Zuständigkeit des § 3 Abs. 1 Satz 1 InsO bei einem Amtsgericht liegt, dass bis zur Antragsstellung wenig Expertise in großen Insolvenzverfahren erwerben konnte. Man denke etwa nur an die vielen unbekannten Weltmarktführer,[549] die ihren Hauptsitz oftmals in eher ländlich geprägten Regionen haben.[550] Durch eine auch örtliche Konzentration und damit einhergehend eine Spezialisierung der Gerichte könnte die Gefahr von Fehlern minimiert, Sanierungshindernisse abgebaut und Sanierungschancen in Zukunft besser genutzt werden.[551] Ob dabei zentrale Insolvenzgerichte je OLG-Bezirk für Unternehmensinsolvenzen eingerichtet werden sollten,[552] erscheint nicht zwingend. Eine Trennung von Unternehmensinsolvenzen und Verbraucherinsolvenzen sollte meines Erachtens nicht erfolgen.[553]

Um die oft sehr komplexen Verfahren aber angemessen meistern zu können, wären eine stärkere Konzentration der Gerichte und Vollzeitplanstellen für die zuständigen Insolvenzrichter wünschenswert gewesen.[554] Die Länder sollten daher bei einer möglichen Novellierung der Insolvenzordnung früh mit ins Boot

549 Sog. „*hidden champions*“, geprägt wurde dieser Begriff vor allem von *Simon*, ZfB 60 (1990), 875.

550 In Baden-Württemberg gibt es aktuell insgesamt 24 Insolvenzgerichte, siehe http://www.justiz.de/OrtsGerichtsverzeichnis/index.php [zuletzt aufgerufen am 31. 5. 2019].

551 Fast 80 % der Befragten stimmten im Rahmen der ESUG-Evaluierung der Aussage zu, dass es mehr zentralisierte Spruchkörper für Insolvenzsachen und insolvenzbezogene Rechtsstreitigkeiten in den Bundesländern geben sollte, siehe *Jacoby/Madaus/Sack/Schmidt/Thole*, ESUG-Evaluierung, S. 37.

552 So zuletzt ausdrücklich *Leithaus*, NZI 2019, 1, 4.

553 Anders aber zuletzt *Bogumil*, NZI 2018, 774, die vorschlägt, dass die Rechtspfleger bei den Amtsgerichten für die Verbraucherinsolvenzen zuständig sein sollen und die Richter bei den Landgerichten für die Unternehmensinsolvenzen; ablehnend dagegen *Büttner*, ZRP 2019, 51, 54.

554 *Flöther*, ZIP 2012, 1833, 1840; an kleineren Amtsgerichten werden den Richtern im Geschäftsverteilungsplan oftmals noch andere Aufgaben zugewiesen, *Madaus* sieht daher bei größeren Amtsgerichten eine stärkere Professionalisierung als bei den kleineren Amtsgerichten, siehe *Madaus*, NZI 2017, 329, 332.

geholt werden, um sie von den Vorteilen einer Konzentration der Zuständigkeit der Insolvenzgerichte zu überzeugen und den Einwand der Subsidiarität zu entkräften. Davon werden vor allem Insolvenzverfahren größerer Unternehmen profitieren.

Ausdrücklich zu begrüßen ist die Einführung von § 22 Abs. 6 Satz 2 GVG,[555] wonach Insolvenzrichter nun über belegbare Kenntnisse auf den Gebieten des Insolvenzrechts, des Handels- und Gesellschaftsrechts, sowie über Grundkenntnisse der für das Insolvenzverfahren notwendigen Teile des Arbeits-, Sozial- und Steuerrechts und des Rechnungswesens verfügen sollen. Verfügt ein Richter nicht über solche belegbaren Kenntnisse, dürfen ihm nach § 22 Abs. 6 Satz 3 GVG die Aufgaben eines Insolvenzrichters nur dann zugewiesen werden, wenn der Erwerb der Kenntnisse alsbald zu erwarten ist.[556] Gleichwohl sei ein Verstoß gegen § 22 Abs. 6 GVG weiterhin folgenlos, da es sich lediglich um eine Sollvorschrift handele.[557] Um § 22 Abs. 6 Satz 3 GVG gerecht zu werden, wäre eine Konzentration ebenfalls erforderlich. Nur wenn den Insolvenzrichtern die Möglichkeit gegeben werde, eine Mindestanzahl von Insolvenzfällen zu bearbeiten, können diese auch die erforderlichen Kenntnisse erwerben.[558]

Um die voranschreitende Professionalisierung der Justiz zu unterstützen, könnte über eine Amtszulage für Insolvenzrichter nachgedacht werden. Damit junge, aufstrebende Richter die Bereitschaft zeigen, sich auf das Insolvenzrecht zu spezialisieren und die Insolvenzabteilung eines Amtsgerichts auf Dauer zu leiten, erscheint eine höhere Vergütung zweckmäßig.[559] Das Insolvenzrecht ist eine hochkomplexe Materie, die von den Richtern einiges abverlangt. Um § 22 Abs. 6 Satz 2 GVG gerecht zu werden, müssen Insolvenzrichter zumindest Grundkenntnisse der für das Insolvenzverfahren notwendigen Teile des

555 I.d.F. der Bekanntmachung v. 9. 5. 1975, BGBl. I S. 107.

556 „Alsbald" i.S.d. § 22 Abs. 6 Satz 3 GVG bedeute maximal ein Jahr, so *Zimmermann*, in: MünchKomm-ZPO, § 22 GVG Rn. 4.

557 *Zimmermann*, in: MünchKomm-ZPO, § 22 GVG Rn. 4. Über 80 % der Befragten stimmten im Rahmen der ESUG-Evaluierung daher der Aussage zu, dass die Qualifikationsanforderungen an die Richter der Insolvenzgerichte noch weiter erhöht werden sollten, siehe *Jacoby/Madaus/Sack/Schmidt/Thole*, ESUG-Evaluierung, S. 37.

558 *Laroche/Schöttler/Siebert/Pruskowski*, in: FS Vallender, S. 328 f., die darauf hinweisen, dass teilweise sogar nur 0,1 oder 0,2 Arbeitskraftanteile der Insolvenzrichter an kleineren Amtsgerichten für Insolvenzsachen vorgesehen sind.

559 Dies könnte auch die Gefahren durch eine Haftung wegen Amtspflichtverletzungen, wie etwa die fehlerhafte Anordnung oder schuldhafte Unterlassung von Sicherungsmaßnahmen, minimieren, siehe dazu u.a. *Haarmeyer/Schildt*, in: MünchKomm-InsO, § 21 Rn. 42 f.; *Vallender*, in: Uhlenbruck, InsO, § 21 Rn. 56.

Arbeits-, Sozial- und Steuerrechts und des Rechnungswesens nachweisen. Dabei handelt es sich größtenteils um Rechtsgebiete, die aus gutem Grund nicht der ordentlichen Gerichtsbarkeit zugeordnet sind, da sie einen hohen Spezialisierungsgrad erfordern. Die meisten Richter an den Amtsgerichten werden in die Besoldungsgruppe R 1 eingruppiert und eine Beförderung in eine höhere Gruppe ist in aller Regel bis zu ihrer Pensionierung ausgeschlossen.[560] Falls auf Länderebene der Wille zu einer höheren Besoldung der Insolvenzrichter fehlt, sollte zumindest über eine Verbesserung der Personal- und Infrastruktur bei den Insolvenzgerichten nachgedacht werden.[561] Daneben wird eine Entlastung der Insolvenzrichter durch Ausgliederung bestimmter Verwaltungstätigkeiten, wie zum Beispiel das Führen der Vorauswahlliste oder das Überwachen der Insolvenzverwalter, an eine Behörde befürwortet.[562] Ob dieser Vorschlag dem Rechtsstaatsgebot genügt und die bisher hohe Rechtssicherheit weiterhin gewährleistet, darf bezweifelt werden.

Parallel zu § 22 Abs. 6 Satz 2 GVG wurde außerdem § 18 RPflG[563] geändert.[564] Wegen der wirtschaftlichen Bedeutung und der rechtlichen Implikationen des durch das ESUG neu gestalteten Insolvenzplanverfahrens soll durch § 18 Abs. 1 Nr. 2 RPflG die Zuständigkeit für das gesamte Insolvenzplanverfahren, mit Ausnahme der Vollstreckung aus dem Plan gemäß § 257 InsO, die funktionelle Zuständigkeit vom Rechtspfleger auf den Insolvenzrichter übertragen werden.[565] Dies ist ausdrücklich zu begrüßen, da im Rahmen des Insolvenzplanverfahrens erhebliches Missbrauchspotenzial besteht, wodurch das Verfahren verzögert und damit letztlich zum Scheitern gebracht werden kann. Daneben legt § 18

---

560 So werden z.B. in Baden-Württemberg lediglich weitere aufsichtführende Richter bei Amtsgerichten mit mehr als zehn Richterplanstellen, der ständige Vertreter des Amtsgerichtsdirektors und der Amtsgerichtsdirektor nach R 2 besoldet, siehe Anlage 3 zu LBesGBW (GBl. 2010, 793, 826); auf diesen Aspekt stellt auch *Bogumil* ab, die am Landgericht mehr Möglichkeiten zum Aufstieg sieht und unter anderem deswegen eine Zuständigkeit der Landgerichte für Unternehmensinsolvenzen präferiert, siehe *Bogumil*, NZI 2018, 774, 779.

561 *Jaffé* weist zurecht darauf hin, dass einerseits durch das zum Teil hohe Aufkommen an Gerichtskosten in Insolvenzverfahren andere Bereiche der Länderjustiz quersubventioniert werden, andererseits aber weitere Ausgaben zur Unterstützung der Insolvenzgerichte gescheut werden und Richter teilweise sogar Kommentare und Fachzeitschriften aus eigener Tasche bezahlen müssten, siehe *Jaffé*, ZGR 2010, 248, 262 f.

562 Vgl. *Pollmächer/Siemon*, NZI 2017, 93.

563 I.d.F. der Bekanntmachung v. 14. 4. 2013, BGBl. I S. 778, ber. 2014 S. 46.

564 RegE ESUG, BT-Drucks. 17/5712, S. 14.

565 RegE ESUG, BT-Drucks. 17/5712, S. 44.

Abs. 4 RPflG, wie auch § 22 Abs. 6 Satz 2 GVG, erhöhte fachliche Anforderungen an einen Rechtspfleger in Insolvenzsachen an, um dadurch den Sanierungsgedanken zu stärken und zum anderen eine qualifizierte Durchführung von Liquidationen zur bestmöglichen Gläubigerbefriedigung zu verbessern, da diese nur von Personen erledigt werden sollten, die ebenfalls über die erforderlichen Kenntnisse der relevanten Rechtsgebiete verfügen.[566]

IV. Ergebnis

Das Insolvenzplanverfahren nach den §§ 217 ff. InsO hat durch das ESUG zahlreiche durchaus begrüßenswerte Neuregelungen erhalten, die imstande sind, Unternehmenssanierungen weiter zu erleichtern und dem Sanierungsgedanken Rechnung zu tragen. Besonders positiv wiegt die bei der Verabschiedung der Insolvenzordnung leider versäumte Einbeziehung der Gesellschafter in den Insolvenzplan durch §§ 217 S. 2, 225a InsO. Die zahlreichen Modifikationen zu Gunsten der Gläubiger und deren Autonomie werden die Akzeptanz und damit letztlich auch die Erfolgsaussichten einer Reorganisation eines Unternehmens durch das Planverfahren weiter erhöhen. Positiv wiegt außerdem vor allem die Übertragung der Zuständigkeit für das Insolvenzplanverfahren auf den Insolvenzrichter, um dadurch einen Beitrag zu einer weiteren Professionalisierung des Verfahrens zu leisten. Die Konzentration der Zuständigkeit der Gerichte sollte bei der nächsten Novellierung der Insolvenzordnung in jedem Fall wieder aufgegriffen werden.[567]

Da viele Änderungen und Neuerungen ohne Vorbild in der bisherigen Insolvenzordnung waren, wird noch einige Zeit vergehen, bis die Beteiligten diese sich tatsächlich zunutze machen, um Sanierungen in Zukunft erfolgreicher gestalten zu können. Weil darüber hinaus aktuell der niedrigste Stand der Unternehmensinsolvenzen seit Inkrafttreten der Insolvenzordnung erreicht ist,[568] steht die Feuertaufe des ESUG noch aus. Ob durch das ESUG der Wegzug

566 RegE ESUG, BT-Drucks. 17/5712, S. 44, dies ist die einzige Stelle der Begründung des Regierungsentwurfs, wo ausdrücklich auf den Sanierungsgedanken und dessen Stärkung durch das ESUG Bezug genommen wird.

567 Die Autoren der ESUG-Evaluierung empfehlen, dass die ESUG-Verfahren künftig bei einem Gericht je Bezirk eines Oberlandesgerichts, jedenfalls aber bei maximal einem Gericht je Landgerichtsbezirk zu konzentrieren seien, um dort spezifische Expertise aufzubauen, siehe *Jacoby/Madaus/Sack/Schmidt/Thole*, ESUG-Evaluierung, S. 239.

568 Pressemitteilung des statistischen Bundesamtes, verfügbar unter: https://www.destatis.de/DE/PresseService/Presse/Pressemitteilungen/2016/12/PD16_442_52411.html [zuletzt aufgerufen am 31. 5. 2019].

von Unternehmen in vermeintlich sanierungsfreundlichere Rechtsordnungen vermieden wird und damit ein Leitmotiv des Gesetzgebers verwirklicht wurde, bleibt ebenfalls abzuwarten.[569]

V. Abschließender Exkurs: Außergerichtliche[570] Sanierung als Alternative?

Seit jeher ist der Konkurs für viele mit dem Makel des wirtschaftlichen Scheiterns des Unternehmers behaftet,[571] weswegen sowohl der Schuldner als auch die Gläubiger oft nur widerwillig die Kontrolle und ihren Einfluss auf die Sanierung oder Liquidation in die Hände von Richtern, Rechtspflegern und Verwaltern legen wollen.[572] Trotz der aufgezeigten zahlreichen Neuerungen und Verbesserungen des Insolvenzplanverfahrens durch das ESUG scheuen sich (leider) weiterhin viele Geschäftsleiter von Schuldnerunternehmen, den Weg des gerichtlichen Insolvenzplanverfahrens frühzeitig zu gehen, da sie dadurch ihren Einfluss in für sie unangemessener Weise beschränkt sehen.

---

569 Die tatsächliche Zahl der Sitzverlagerungen in Sanierungsfällen war zumindest vor Inkrafttreten des ESUG eher gering, siehe *Eidenmüller/Frobenius/Prusko*, NZI 2010, 545, 549; die ESUG-Studie 2014/2015 ergab, dass 59 % der Befragten angaben, dass sich die geringe Anzahl der Sitzverlagerungen ins Ausland noch weiter reduziert hätten, siehe dazu *Haghani/Bizenberger/Blatz/Seagon*, in: Unternehmensrestrukturierung und Unternehmensinsolvenz, S. 80.

570 Zum Teil wird von „freier“ Sanierung gesprochen; „frei“ meine dabei die Freiheit von einem rechtsförmigen gerichtlichen Verfahren, siehe *Undritz*, in: HRI, 2. Aufl., § 3 Rn. 5; synonym wird auch von der „stillen“ Sanierung gesprochen, siehe *Häuser*, in: Schimansky/Bunte/Lwowski, Bankrechts-Handbuch, § 85 Rn. 4; im Rahmen der außergerichtlichen Sanierung wird dann zum Teil noch zwischen interner und externer Sanierung differenziert, siehe dazu ausführlich *Uhlenbruck*, in: K. Schmidt/Uhlenbruck, GmbH in Krise, Rn. 2.16 ff.

571 Sehr anschaulich schildert *Thomas Mann* in seinem Roman „Buddenbrooks: Verfall einer Familie“ die mit dem Konkurs ihres Gatten Grünlich verbundenen Assoziationen der Tony Buddenbrook: „Erst in diesem Augenblick ging Alles vor ihr auf, was in dem Worte ‚Bankerott‘ verschlossen lag, Alles, was sie schon als kleines Kind dabei an Vagem und Fürchterlichem empfunden hatte …‚Bankerott’ … das war etwas Gräßlicheres als der Tod, das war Tumult, Zusammenbruch, Ruin, Schmach, Schande und Verzweiflung und Elend …“, siehe *Mann*, Buddenbrooks, S. 214.

572 Zum Makel des Konkurses rechtshistorisch und rechtvergleichend siehe u.a. *Gerhardt*, in: FS Michaelis, S. 100 ff.; rechtshistorisch siehe *Paulus*, ZGR 2005, 309, 310 f.; allgemeiner dazu siehe *Vallender*, NZI 2010, 838, 839 f.; *Paulus*, DStR 2002, 1865, 1866; *Hübler*, Eigenverwaltung, S. 20 ff.

Da der Gegenstand der vorliegenden Arbeit die Analyse des Sanierungsgedankens im deutschen geschriebenen Insolvenzrecht ist, können alternative Sanierungsmöglichkeiten für Unternehmen der Vollständigkeit halber freilich nicht gänzlich außen vor gelassen werden.[573] Dies gilt umso mehr, als die praktische Bedeutung außergerichtlicher Sanierungsalternativen weiterhin ungebrochen erscheint und ihre tragende Rolle bei der Bewältigung von Unternehmenskrisen nicht zu leugnen ist.[574]

Da für juristische Personen und Gesellschaften ohne Rechtspersönlichkeit eine Pflicht besteht, ein (gerichtliches) Insolvenzverfahren einzuleiten, sobald die Insolvenzgründe der §§ 17, 19 InsO[575] vorliegen,[576] bedeutet außergerichtliche Sanierung eine vor Eintreten der Eröffnungsgründe und damit außerhalb des Insolvenzverfahrens stattfindende Sanierung.[577] Für die vorliegende Betrachtung erscheint es mithin unerlässlich – zumindest kurz und holzschnittartig – auch auf die außergerichtliche Sanierung einzugehen, um so die Nachteile, aber vor allem die Vorteile des gerichtlichen Sanierungsverfahrens der Insolvenzordnung aufzuzeigen und dadurch besser verstehen zu können.

1. *Unterschiede*

Ein wesentlicher Unterschied der Sanierungsvarianten ist es, dass die außergerichtliche Sanierung nur zu einem sehr frühen Zeitpunkt in Betracht kommt. Wegen der Pflicht aus § 15a Abs. 1–3 InsO, im deutschen Insolvenzrecht einen Antrag auf Eröffnung des Insolvenzverfahrens zu stellen, wenn ein Insolvenzgrund vorliegt, scheidet dann eine außergerichtliche Sanierung zu diesem

573 Zu den Möglichkeiten einer außergerichtlichen Sanierung in Großbritannien („*informal rescue*") siehe einführend *Finch*, Corporate Insolvency Law, S. 294 ff.

574 Aus der Natur der Sache ergibt sich, dass es keine verlässlichen Statistiken zur Häufigkeit von außergerichtlichen Sanierungen gibt. Schätzungen, welchen Anteil die außergerichtlichen Sanierungen an allen Sanierungen haben, erscheinen leider äußerst schwierig, wenn nicht sogar unmöglich, siehe in diesem Sinne ebenso *Undritz*, in: Kölner Schrift, 29. Kap. Rn. 26; *Häsemeyer*, Insolvenzrecht, Rn. 27.04 m.w.N.

575 Zu Überschneidungen von Überschuldung (§ 19 InsO) und drohender Zahlungsunfähigkeit (§ 18 InsO) siehe einführend *Drukarczyk*, in: MünchKomm-InsO, § 18 Rn. 79 ff.; zur Überschuldung als Insolvenzeröffnungsgrund in Europa siehe *Piekenbrock*, KTS 2017, 333.

576 Diese Pflicht ist nunmehr seit der Einführung des § 15a Abs. 1–3 InsO durch das „Gesetz zur Modernisierung des GmbH-Rechts und zur Bekämpfung von Missbräuchen" v. 23. 10. 2008 (BGBl. I S. 2026) einheitlich in der Insolvenzordnung geregelt.

577 *Undritz*, in: HRI, 2. Aufl., § 3 Rn. 4.

Zeitpunkt bereits aus. Dies macht eine Vergleichbarkeit der beiden Varianten schwierig und schmälert ihren Aussagegehalt.

Ein wichtiger Unterschied der außergerichtlichen Sanierung gegenüber dem gerichtlichen Insolvenzplanverfahren nach den §§ 217 ff. InsO ist es, dass bei der außergerichtlichen Variante für die Gläubiger *de lege lata* keine Pflicht besteht, auf ihre Rechte zu verzichten und sich einer Mehrheitsentscheidung zu fügen.[578] Dagegen wurde zum Teil noch zum alten Recht der Konkursordnung vertreten, dass bei Gläubigern eines insolvenzgefährdeten beziehungsweise insolventen Unternehmens eine Gefahrengemeinschaft entstehen könne, bei der dann Mehrheitsentscheidungen zu Lasten der nicht zustimmenden Gläubiger wünschenswert seien und von den Gerichten im Wege der Rechtsfortbildung auch zugelassen werden sollten.[579] Dadurch könnten Akkordstörer, also Gläubiger, die dem Vergleich ihre Zustimmung verwehren, trotzdem durch einen von den übrigen Gläubigern geschlossenen Vergleich gebunden sein.[580] Dem widerspricht jedoch der Bundesgerichtshof im Ergebnis zurecht ausdrücklich und hält dementsprechend fest, dass eine solch weitgehende Rechtsfortbildung in keinem Fall mit der in Art. 20 Abs. 3 GG verfassungsrechtlich garantierten Bindung des Richters an Gesetz und Recht vereinbar sei.[581]

Zu beachten ist ferner, dass von dem Gesetzgeber für außergerichtliche Sanierungen (bisher) weder ein verfahrensrechtlicher, noch ein materiellrechtlicher einheitlicher Rahmen geschaffen wurde, weswegen die allgemeinen Grundsätze des Rechts, insbesondere der Grundsatz der Privatautonomie umfassend gelten.[582]

---

578 BGH, Urt. v. 12. 12. 1991 – IX ZR 178/91, BGHZ 116, 319, 322; *Uhlenbruck*, in: K. Schmidt/Uhlenbruck, GmbH in Krise, Rn. 2.6; *Jaffé*, in: Kölner Schrift, 23. Kap. Rn. 13; *Habersack*, in: MünchKomm-BGB, § 779 Rn. 54 f.; für eine Kooperationspflicht der Gläubiger bei außergerichtlichen Sanierungen siehe einführend dazu *Eidenmüller*, ZHR 160 (1996), 343, 354 ff.; ausführlicher und grundlegend *Eidenmüller*, Unternehmenssanierung, S. 555 ff.

579 So erstmals *Habscheid*, in: GS Bruns, S. 261 ff.

580 *Habscheid*, in: GS Bruns, S. 262.

581 BGH, Urt. v. 12. 12. 1991 – IX ZR 178/91, BGHZ 116, 319, 325.

582 *Eidenmüller*, ZHR 160 (1996), 343, 349 f.; *Undritz*, in: HRI, 2. Aufl., § 3 Rn. 5; *Uhlenbruck*, in: K. Schmidt/Uhlenbruck, GmbH in Krise, 4. Aufl., Rn. 2.2. Zur Möglichkeit eines vorinsolvenzlichen gesetzlichen Verfahrens siehe ausführlich unter Dritter Teil, C.

2. *Vorteile einer außergerichtlichen Sanierung*

Aus den zentralen Unterschieden der beiden Sanierungsvarianten ergeben sich letztlich bereits die jeweiligen Vor- und Nachteile der beiden Verfahren.[583] Schuldner bevorzugen die außergerichtliche Sanierung in erster Linie wegen der fehlenden Publizität.[584] Da es kein geordnetes öffentliches Verfahren gibt, ist es ihnen möglich, die Sanierung diskret im Stillen durchzuführen.[585] Weiterhin entstehen durch eine außergerichtliche Sanierung regelmäßig Kostenvorteile, sowohl für den Schuldner als auch für die Gläubiger: So entfallen auf der einen Seite die Kosten eines Insolvenzverfahrens (unter anderem Gerichtskosten, Vergütung des Insolvenzverwalters oder Vergütung der Mitglieder des Gläubigerausschusses), auf der anderen Seite reduzieren sich die indirekten Kosten einer Insolvenz, also der immense Vertrauens- und Reputationsverlust am Markt, der oftmals bereits durch die Anmeldung der Insolvenz unwiederbringlich entstanden ist.[586] Die Vermeidung des Vertrauens- und Reputationsverlustes stellt wohl regelmäßig den größten Kostenvorteil dar. Ein weiterer Vorteil der außergerichtlichen Sanierung sei es, dass die privatautonomen Prozesse der Beteiligten dazu führen, dass die Beteiligten ein hohes Engagement zeigen, eine hohe Akzeptanz des Sanierungskonzepts erzeugt werden könne und, dass die privaten Akteure in der Regel einen Informationsvorsprung gegenüber staatlichen Akteuren haben.[587]

Die durch die außergerichtliche Sanierung erzielten Kosten- und Effizienzvorteile sind gewiss nicht zu leugnen. Ein direkter Vergleich der beiden Sanierungsalternativen erscheint dennoch schwierig. Denn das Unternehmen ist bei der außergerichtlichen Sanierung eben noch nicht zahlungsunfähig oder

---

583 Ausführlich und grundlegend dazu *Eidenmüller*, Unternehmenssanierung, S. 331 ff.

584 *Eidenmüller*, in: MünchKomm-InsO, Vor §§ 217 ff Rn. 64; *Haarmeyer/Buchalik*, Sanieren statt Liquidieren, S. 20 f.; *Jaffé*, in: Kölner Schrift, 23. Kap. Rn. 11; *Drukarczyk/Schöntag*, in: Gottwald, Insolvenzrechts-Handbuch, § 3 Rn. 1; *Oberle*, in: FS Wellensiek, S. 75; *Wittig*, NZI 1998, 49, 50; *Undritz*, in: Kölner Schrift, 29. Kap. Rn. 26. Nach § 30 Abs. 1 InsO ist die Geschäftsstelle des Insolvenzgerichts verpflichtet, den Eröffnungsbeschluss öffentlich bekanntzumachen.

585 *Häsemeyer*, Insolvenzrecht, Rn. 27.03; *Wellensiek*, NZI 2002, 233, 237.

586 *Seagon*, in: Buth/Hermanns, Handbuch, § 24 Rn. 115; *Drukarczyk/Schöntag*, in: Gottwald, Insolvenzrechts-Handbuch, § 3 Rn. 1; *Eidenmüller*, Unternehmenssanierung, S. 331 ff. m.w.N. insbesondere zur ökonomischen Analyse der Kostenvorteile außergerichtlicher Sanierungen in den USA.

587 *Eidenmüller*, Unternehmenssanierung, S. 340 ff.; *Jaffé*, in: Kölner Schrift, 23. Kap. Rn. 11.

überschuldet, da ansonsten das gerichtliche Insolvenzverfahren eröffnet werden müsste (vgl. § 15a InsO). Das Unternehmen ist also regelmäßig noch zumindest finanziell handlungsfähig und daher auch noch sanierungsfähiger, weswegen die Kosten einer Sanierung dadurch reduziert werden können. Die wesentlichen Vorteile einer außergerichtlichen Unternehmenssanierung fasste *K. Schmidt* in seinem Gutachten für den 54. Deutschen Juristentag in prägnanter Art und Weise wie folgt zusammen: „Die wirksamsten Unternehmenssanierungen erfolgen früh, schnell und still, also außerhalb des Insolvenzverfahrens."[588]

3. Nachteile einer außergerichtlichen Sanierung

Hätte die außergerichtliche Sanierung nur Vorteile gegenüber einer gerichtlichen Sanierung, wäre die vorliegende Arbeit in ihrem Kern obsolet. Weil nach zutreffender Ansicht keine allgemeine Kooperationspflicht der Gläubiger bei einer außergerichtlichen Sanierung besteht,[589] können Minderheiten nicht überstimmt werden. Dies kann dazu führen, dass einzelne Gläubiger die Sanierung in einem frühen Stadium, in dem eine Sanierung noch Erfolg versprechend wäre, eine Rettung des Unternehmens blockieren und ihr Erpressungspotenzial einsetzen, um so ihre Interessen gegen die übrigen Beteiligten durchsetzen zu können.[590] Sofern im Einzelfall eine Kooperation der Gläubiger zu einer höheren Ausschüttung führen würde, käme es dennoch wegen opportunistischem Verhaltens der Gläubiger zu sog. Trittbrettfahrereffekten, wenn jeder Gläubiger irrtümlicherweise darauf vertraut, dass der jeweils andere den Liquiditätsbedarf des Unternehmens decken werde.[591]

Im Insolvenzplanverfahren können blockierende Gläubiger(-gruppen) dagegen, wie bereits erörtert, überstimmt werden und ihre fehlende Zustimmung wegen des Obstruktionsverbotes aus § 245 InsO durch richterliche Entscheidung fingiert werden. Der gerichtlich bestätigte Insolvenzplan entfaltet nach § 254 Abs. 1 InsO seine Wirkung für und gegen alle Beteiligten. Der § 254b

---

588 *K. Schmidt*, S. D 133.

589 BGH, Urt. v. 12. 12. 1991 – IX ZR 178/91, BGHZ 116, 319, 322; *Uhlenbruck*, in: K. Schmidt/Uhlenbruck, GmbH in Krise, Rn. 2.6; *Drukarczyk/Schöntag*, in: Gottwald, Insolvenzrechts-Handbuch, § 3 Rn. 3; *Undritz*, in: HRI, 2. Aufl., § 3 Rn. 7; *Häsemeyer*, Insolvenzrecht, Rn. 27.04; dass eine Kooperation der Gläubiger untereinander regelmäßig sinnvoll und für den Erhalt des Unternehmens wünschenswert wäre, ist unbestritten, allerdings kann eine Pflicht zur Kooperation in zutreffender Weise *contra legem* nicht begründet werden, siehe statt vieler nur *Madaus*, NZI 2011, 622, 624.

590 *Undritz*, in: Kölner Schrift, 29. Kap. Rn. 17, 27.

591 *Eidenmüller*, Unternehmenssanierung, S. 346 ff.

InsO stellt dabei ausdrücklich klar, dass die Wirkungen des Insolvenzplans auch für Insolvenzgläubiger gelten, die ihre Forderungen nicht angemeldet haben, und sogar für Beteiligte, die dem Insolvenzplan ausdrücklich widersprochen haben. Insgesamt gilt, dass nach wohl mittlerweile herrschender Meinung dispositive Regelungen außerhalb der Insolvenzordnung durch das Insolvenzplanverfahren modifiziert und beschränkt werden können.[592]

Seit 2008 ist die Pflicht zu einer Einleitung des Insolvenzverfahrens innerhalb von drei Wochen ab Vorliegen der Eröffnungsgründe einheitlich in § 15a Abs. 1–3 InsO normiert. Die Beteiligten haben nur in dem oft sehr begrenzten Zeitraum vor dem Eintreten der Insolvenzgründe die Möglichkeit außergerichtlich eine Sanierung des Unternehmens zu versuchen. Es war dabei der ausdrückliche Wille des Gesetzgebers, dass durch das MoMiG[593] das Insolvenzverfahren rechtzeitig eingeleitet werde.[594] Solange das Verfahren allerdings noch nicht eröffnet ist, greift die insolvenzrechtliche Vollstreckungssperre des § 89 Abs. 1 InsO noch nicht ein, was dazu führen kann, dass das Unternehmen Vollstreckungen der Gläubiger ausgesetzt ist, was wiederum eine spätere gerichtliche Sanierung erheblich erschweren kann.[595]

4. Fazit

Der bewusst sehr kurz gehaltene und lediglich überblicksartige Vergleich von gerichtlicher und außergerichtlicher Sanierungsmöglichkeiten macht bereits an dieser Stelle deutlich, dass beide Varianten ihre Berechtigung haben und ihre jeweiligen Vorteile für die Beteiligten bieten. Weil der zeitliche Anknüpfungspunkt allerdings wegen § 15a InsO i.V.m. §§ 17, 19 InsO einen erheblichen Unterschied darstellt, erscheint ein direkter Vergleich im Ergebnis schwierig. Je früher die Eröffnungsgründe eingreifen und das gerichtliche Verfahren eingeleitet wird, desto kleiner ist der Anwendungsbereich der außergerichtlichen Sanierung.

Ob und wie die außergerichtliche Sanierung im Einzelnen verbessert werden könnte – eventuell etwa sogar durch die Einführung neuer gesetzlicher

592 Siehe dazu u.a. *Haas*, NZG 2012, 961, 965 ff.; *Eidenmüller*, NJW 2014, 17, 18 f.; kritisch hingegen zuletzt u.a. *Schäfer*, ZIP 2015, 1208, 1209 f.; *Westermann*, NZG 2015, 134, 137.

593 Gesetz v. 23. 10. 2008, BGBl. I S. 2026.

594 RegE MoMiG, BT-Drucks. 16/6140, S. 55.

595 *Undritz*, in: Kölner Schrift, 29. Kap. Rn. 27.

Regelungen, etwa in Form eines eigenständigen Sanierungsgesetzes – ist unter anderem Gegenstand des dritten Teils der vorliegenden Arbeit.

B. Eigenverwaltung

In einem bereits eröffneten Insolvenzverfahren stehen die Verwaltungsbefugnisse und die Verfügungsbefugnisse über das zur Insolvenzmasse gehörende Vermögen gemäß § 80 Abs. 1 InsO dem Grundsatz nach dem von dem Gericht bestellten Insolvenzverwalter zu.[596] Die Regel der Fremdverwaltung wird allerdings durch die Eigenverwaltung nach den §§ 270 ff. InsO durchbrochen.[597] So hält § 270 Abs. 1 Satz 1 InsO fest, dass der Schuldner berechtigt ist, unter der Aufsicht eines zu bestellenden Sachwalters die Insolvenzmasse zu verwalten und über sie frei zu verfügen, wenn das zuständige Insolvenzgericht im Beschluss über die Eröffnung des Insolvenzverfahrens die Eigenverwaltung angeordnet hat. Damit behält der Schuldner im Rahmen der Eigenverwaltung weitestgehend die Zügel in der Hand. Grundsätzlich sind daher alle von dem Schuldner in Eigenverwaltung getroffenen Verfügungen, unabhängig von der Mitwirkung des Sachwalters oder des (vorläufigen) Gläubigerausschusses, im Außenverhältnis wirksam.[598] Eine ausdrückliche Rückausnahme enthält allerdings wiederum § 277 InsO. Gemäß § 277 Abs. 1 Satz 1 InsO ordnet das Insolvenzgericht auf Antrag der Gläubigerversammlung an,[599] dass bestimmte Rechtsgeschäfte nur dann wirksam sind, wenn der Sachwalter diesen zustimmt.

Vor, aber auch noch nach der Einführung der Eigenverwaltung durch die Insolvenzordnung 1999 wurde von vielen Stimmen im Schrifttum oftmals die Befürchtung geäußert, dass die Gefahr bestehe, dass sprichwörtlich der Bock zum Gärtner gemacht werde, wenn der Schuldner die Verwaltungs- und

596 *Grub* bezeichnet denjenigen, der in einem Insolvenzverfahren die Verwaltungs- und Verfügungsbefugnisse innehat, dementsprechend als „Herr des Verfahrens", siehe *Grub*, in: Kölner Schrift, 2. Aufl., S. 678 Rn. 19.

597 *Ott/Vuia*, in: MünchKomm-InsO, § 80 Rn. 1; *Wimmer-Amend*, in: FK-InsO, § 80 Rn. 3; *Sternal*, in: K. Schmidt, InsO, § 80 Rn. 4; *Mock*, in: Uhlenbruck, InsO, § 80 Rn. 2; *Riggert*, in: Nerlich/Römermann, InsO, § 270 Rn. 6.

598 *Sternal*, in: K. Schmidt, InsO, § 80 Rn. 4.

599 Ist die Anordnung unaufschiebbar erforderlich, um Nachteile für die Gläubiger zu vermeiden, so kann nach § 277 Abs. 2 InsO die Anordnung durch das Insolvenzgericht ausnahmsweise auch auf Antrag nur eines absonderungsberechtigten Gläubigers oder eines Insolvenzgläubigers ergehen, vgl. § 277 Abs. 2 InsO.

Verfügungsbefugnisse behalte.[600] Dementsprechend hält sogar der Gesetzgeber selbst in der Begründung des Regierungsentwurfs fest, dass es grundsätzlich zweckmäßig erscheine, dass nicht der Schuldner die Verfügungs- und Verwaltungsbefugnisse über die Insolvenzmasse ausüben sollte, sondern vielmehr ein von den Beteiligten grundsätzlich unabhängiger Insolvenzverwalter.[601] Trotz seiner Vorbehalte entschloss sich der Gesetzgeber letztlich zur Einführung der Eigenverwaltung und damit zur Durchbrechung seines eigenen Dogmas.

Mehrere Gründe bewegten den Gesetzgeber letzten Endes doch dazu, die Eigenverwaltung unter Aufsicht eines Sachwalters in die Insolvenzordnung einzuführen. So versprach sich der Gesetzgeber von der Einführung der Eigenverwaltung unter anderem eine Verbilligung des oft sehr kostenintensiven Insolvenzverfahrens.[602] Daneben ging man davon aus, dass durch die Eigenverwaltung die Kenntnisse und Erfahrungen der Geschäftsleitung weiterhin genutzt werden könnten und eine für den Fremdverwalter oft erhebliche Einarbeitungszeit somit entfalle.[603] Um eine Ausuferung der Eigenverwaltung zu vermeiden, sollte es ursprünglich allein Sache der Gläubiger sein, ob sie dem Schuldner die Fortführung und Sanierung oder aber die Abwicklung seines Unternehmens überlassen wollen.[604] Durch ein günstigeres Verfahren und umfassende Kenntnisse und Erfahrungen der bisherigen Geschäftsleitung ist es grundsätzlich möglich, mittels einer Eigenverwaltung die Sanierungschancen für das betroffene Unternehmen zu erhöhen.

Im Folgenden soll der Gang eines Eigenverwaltungsverfahrens, ebenso wie bereits der Gang des Insolvenzplanverfahrens, in der gebotenen Kürze geschildert werden. Dabei sollen zum einen die wesentlichen Unterschiede zum Insolvenzplanverfahren nach den §§ 217 ff. InsO herausgearbeitet werden und zum anderen abschließend ein vertiefter kritischer Blick auf die zahlreichen

---

600 *Tetzlaff*, in: MünchKomm-InsO, Vor §§ 270 ff. Rn. 5 m.w.N.; die Kommission für Insolvenzrecht befand 1985 noch, dass es nicht einzusehen sei, warum ausgerechnet Personen, welche regelmäßig die Insolvenz zu verantworten haben, geeignet sein sollten, diese wieder zu bereinigen, siehe Erster Bericht, S. 125.

601 RegE InsO, BT-Drucks. 12/2443, S. 222.

602 RegE InsO, BT-Drucks. 12/2443, S. 85; so erhält der Sachwalter in der Eigenverwaltung grundsätzlich nur eine Regelvergütung von 60 % der Vergütung eines ordentlichen Insolvenzverwalters, vgl. §§ 274, 63 ff. InsO i.V.m. § 12 InsVV.

603 RegE InsO, BT-Drucks. 12/2443, S. 223; so bereits schon in der Begründung der Kommission für Insolvenzrecht zu Leitsatz 1.3.1.1, Erster Bericht, S. 125.

604 RegE InsO, BT-Drucks. 12/2443, S. 100.

Neuerungen der Eigenverwaltung durch das ESUG, insbesondere auch auf das neu eingeführte Schutzschirmverfahren nach § 270b InsO, geworfen werden. Die Frage, die sich dabei stellt ist, ob durch die ESUG-Reform die Eigenverwaltung insgesamt sanierungsfreundlicher geworden ist und sie den Sanierungsgedanken hinreichend umsetzen kann.

I. Ziel der Eigenverwaltung

Fraglich ist, was grundsätzlich der Sinn und Zweck der Eigenverwaltung eines Unternehmens durch den Schuldner im eröffneten Insolvenzverfahren sein soll. Da der Schuldner bei der Eigenverwaltung im Unterschied zum Regelinsolvenzverfahren und dem Insolvenzplanverfahren grundsätzlich verwaltungs- und verfügungsbefugt bleibt, wird eine Eigenverwaltung in aller Regel auf eine Sanierung des schuldnerischen Unternehmens ausgerichtet sein. Trotzdem geht der Gesetzgeber davon aus, dass auch eine Liquidation des insolventen Unternehmens in Eigenverwaltung grundsätzlich möglich sein soll, selbst wenn dies einen Ausnahmefall darstelle.[605] Dass eine Liquidation in Eigenverwaltung ebenfalls möglich sein muss, folge letztlich aus einem Umkehrschluss aus § 157 Satz 1 InsO, wonach der Gläubigerausschuss im Insolvenzverfahren darüber entscheidet, ob das Unternehmen fortgeführt und saniert oder aber stillgelegt und liquidiert werden soll.[606] Um ein Unternehmen in Eigenverwaltung zu sanieren und damit letztlich zu erhalten, sei die Erstellung eines Insolvenzplans allerdings

605 RegE InsO, BT-Drucks. 12/2443, S. 226; *Undritz*, in: K. Schmidt, InsO, Vor §§ 270 ff. Rn. 8; *Tetzlaff*, in: MünchKomm-InsO, § 270 Rn. 101; *Fiebig*, in: HambKomm-InsO, § 270 Rn. 5 f.; *Buchalik*, in: Haarmeyer/Wutzke/Förster, InsO, § 270 Rn. 3; *Reus/Höfer/Harig*, NZI 2019, 57, 60; zu dem in der Praxis äußerst seltenen Fall der Liquidation in Eigenverwaltung siehe LG Potsdam, Beschl. v. 16. 5. 2001 – 5 T 239/00, ZIP 2001, 1689, 1689 f., dagegen lehnte das AG Hamburg eine Eigenverwaltung bei einem reinen Liquidationsverfahren ab, siehe AG Hamburg, Beschl. v. 18. 12. 2013 – 67 c IN 410/13, NZI 2014, 269, 269 f.; die Eigenverwaltung in den USA ist in *Chapter 11* geregelt, wonach der sog. *debtor in possession*, der als Vorbild für die Eigenverwaltung nach den §§ 270 ff. InsO gilt, nur in Reorganisationsfällen möglich ist, siehe dazu ausführlich u.a. *Tetzlaff*, in: MünchKomm-InsO, Vor §§ 270 ff. Rn. 40; *Smid*, WM 1998, 2489, 2506; *Undritz*, in: K. Schmidt, InsO, Vor §§ 270 ff. Rn. 13 ff; *Hübler*, Eigenverwaltung, S. 82 ff.

606 *Haas*, in: Gottwald, Insolvenzrechts-Handbuch, § 87 Rn. 2; *Tetzlaff*, in: MünchKomm-InsO, § 270 Rn. 103.

keine zwingende Voraussetzung, was sich indirekt wiederum aus § 284 InsO ableiten lasse.[607]

Mithin ist es offen, welches Ziel eine Eigenverwaltung nach den §§ 270 ff. InsO verfolgt. Dafür spricht nicht zuletzt auch die Zielvorgabe des § 1 InsO, wonach die bestmögliche Gläubigerbefriedigung weiterhin im Vordergrund stehen soll.[608] In der Praxis werden aber wohl in aller Regel der Erhalt und die Sanierung des Unternehmens angestrebt, so dass allein diese Alternative von Interesse für die vorliegende Betrachtung ist.[609]

II. Gang des Verfahrens

Gemäß § 270 Abs. 1 Satz 2 InsO gelten für die Eigenverwaltung die allgemeinen Vorschriften des Regelinsolvenzverfahrens nur, soweit in den §§ 270 ff. InsO nichts anderes bestimmt ist. Ob die einzelnen Vorschriften des siebten Teils der Insolvenzordnung vorrangig gegenüber den allgemeinen Vorschriften sind, ist durch eine Auslegung im Einzelfall zu ermitteln.[610] Zu beachten ist allerdings, dass die Eigenverwaltung ebenso wenig wie das Insolvenzplanverfahren[611] eine eigene Form des Insolvenzverfahrens darstellt.[612]

1. Antrag

Damit eine Eigenverwaltung durch das Insolvenzgericht angeordnet werden kann, setzt § 270 Abs. 2 Nr. 1 InsO zunächst als zwingende formelle Voraussetzung

---

607 *Tetzlaff/Kern*, in: MünchKomm-InsO, § 284 Rn. 2; *Undritz*, in: HRI, § 2 Rn. 27 f.; *Riggert*, in: Nerlich/Römermann, InsO, § 284 Rn. 1; irrtümlicherweise auf § 282 InsO anstatt § 284 InsO hinweisend *Undritz*, in: K. Schmidt, InsO, Vor §§ 270 ff. Rn. 8.

608 Siehe dazu bereits ausführlich unter Zweiter Teil, A. I.

609 *Madaus* schlägt dagegen vor, dass *de lege ferenda*, eine Eigenverwaltung nur in Sanierungsfällen zugelassen werden sollte und empfiehlt für eine zukünftige Novellierung der Insolvenzordnung, dass eine Eigenverwaltung nur noch dann angeordnet werden könne, wenn sie einen konkreten Vorteil für das Verfahrensergebnis biete und der *going concern* Wert des Unternehmens gesteigert werde, siehe *Madaus*, KTS 2015, 115, 136 ff. Ob eine solche lediglich formale Änderung die Sanierungschancen einer Eigenverwaltung tatsächlich erhöhen würde, darf bezweifelt werden.

610 *Riggert*, in: Nerlich/Römermann, InsO, § 270 Rn. 3; *Undritz*, in: K. Schmidt, InsO, § 270 Rn. 2; *Zipperer*, in: Uhlenbruck, InsO, § 270 Rn. 33.

611 *Spahlinger*, in: Kübler/Prütting/Bork, InsO, § 217 Rn. 2; *Kebekus/Wehler*, in: Graf-Schlicker, InsO, § 217 Rn. 5.

612 BGH, Beschl. v. 11. 1. 2007 – IX ZB 10/05, NZI 2007, 240, 241; *Undritz*, in: K. Schmidt, InsO, § 270 Rn. 1 f.; *Foltis*, in: FK-InsO, § 270 Rn. 5.

den Antrag des Schuldners voraus.[613] Der Antrag auf Eigenverwaltung ist eine Prozesshandlung und damit bedingungsfeindlich.[614] Eine Eigenverwaltung kann bei der Verfahrenseröffnung weder auf Antrag eines Gläubigers, noch des vorläufigen Gläubigerausschusses, noch von Amts wegen angeordnet werden.[615] Nachträglich kann in einem bereits eröffneten Insolvenzverfahren gemäß § 271 Satz 1 InsO die Eigenverwaltung allerdings auch dann angeordnet werden, wenn die Gläubiger in der Gläubigerversammlung mit der Summenmehrheit (vgl. § 76 Abs. 2 InsO) und der Kopfmehrheit (vgl. § 57 Satz 2 InsO) die Eigenverwaltung beantragen und der Schuldner seine Zustimmung erteilt hat.[616]

Die Gläubigerrechte wurden durch das ESUG nicht nur im Rahmen des Insolvenzplanverfahrens gestärkt. Ihre deutlich gewachsene Bedeutung schlägt sich auch in den Regeln über die Eigenverwaltung nieder. So normiert der neue § 270 Abs. 3 Satz 1 InsO, dass, bevor das Insolvenzgericht über die Eigenverwaltung entscheidet, dem vorläufigen Gläubigerausschuss Gelegenheit zur Äußerung zu geben ist, sofern dies nicht ausnahmsweise zu einer nachteiligen Vermögenslage des Schuldners führt. Wird der Antrag auf Eigenverwaltung von einem einstimmigen Beschluss des vorläufigen Gläubigerausschusses unterstützt, so gilt nach § 270 Abs. 3 Satz 2 InsO die Anordnung nicht als nachteilig für die Gläubiger i.S.d. § 270 Abs. 2 Nr. 2 InsO.[617]

2. *Keine Nachteile für die Gläubiger*

Ist die formelle Voraussetzung in Form eines Antrags des Schuldners gegeben, so hat das Gericht von Amts wegen zu prüfen, ob auch die materiellen Voraussetzungen der Eigenverwaltung vorliegen.[618] Der Antrag des Schuldners hat immer nur dann Aussicht auf Erfolg, wenn gemäß § 270 Abs. 2 Nr. 2 InsO n.F. keine Umstände bekannt sind, die erwarten lassen, dass durch die Anordnung der

---

613 *Brünkmans*, in: HK-InsO, § 270 Rn. 9; *Undritz*, in: K. Schmidt, InsO, § 270 Rn. 3; *Tetzlaff*, in: MünchKomm-InsO, § 270 Rn. 23.

614 *Graf-Schlicker*, in: Graf-Schlicker, InsO, § 270 Rn. 6; *Zipperer*, in: Uhlenbruck, InsO, § 270 Rn. 42; *Foltis*, in: FK-InsO, § 270 Rn. 57.

615 *Neußner*, in: HRI, § 6 Rn. 103.

616 *Tetzlaff*, in: MünchKomm-InsO, § 271 Rn. 1 f.; *Zipperer*, in: Uhlenbruck, InsO, § 271 Rn. 2; *Riggert*, in: Nerlich/Römermann, InsO, § 271 Rn. 4.

617 Kritisch zu dieser Lösung siehe der *Gravenbrucher Kreis*, ZIP 2015, 1259, 1260, der diese Lösung für zu pauschal hält und dementsprechend eine zukünftige Einschränkungsmöglichkeit von § 270 Abs. 3 InsO in bestimmen Missbrauchsfällen fordert.

618 *Brünkmans*, in: HK-InsO, § 270 Rn. 13; *Tetzlaff*, in: MünchKomm-InsO, § 270 Rn. 89.

Eigenverwaltung Nachteile für die Gläubiger entstehen.[619] Vor Inkrafttretens des ESUG setzte der sehr viel strengere § 270 Abs. 2 Nr. 3 InsO a.F. noch voraus, dass eine Eigenverwaltung nur dann angeordnet werden könne, wenn nach den Umständen zu erwarten sei, dass die Anordnung nicht zu einer Verzögerung des Verfahrens oder zu sonstigen Nachteilen für die Gläubiger führen werde.[620] Durch die Streichung der Nr. 3 und die Neufassung in der Nr. 2 wird die Eigenverwaltung grundsätzlich zum Regelfall erklärt und erheblich erleichtert.[621] Zweifel hinsichtlich des Bestehens von Nachteilen für die Gläubiger gehen damit nach neuer Rechtslage nicht mehr zu Lasten des Schuldners.[622]

Um zu klären, ob gemäß § 270 Abs. 2 Nr. 2 InsO keine Umstände bekannt sind, die Nachteile für die Gläubiger erwarten lassen, muss das Insolvenzgericht alle Vor- und Nachteile einer Eigenverwaltung gegeneinander abwägen.[623] Nachteile für die Gläubiger können zum Beispiel unter anderem dann vorliegen, wenn der Schuldner wegen Vermögensdelikten verurteilt wurde, oder gegen ihn wegen solcher Delikte ermittelt wird, oder aber, wenn die Gefahr besteht, dass der Schuldner sich oder einzelnen Gläubigern ungerechtfertigte Vorteile verschaffen will.[624] Die Abwägung der Vor- und Nachteile durch das Insolvenzgericht hat dabei nach freiem pflichtgemäßem Ermessen zu erfolgen.[625] Um zu einer Entscheidung zu kommen vergleicht das Insolvenzgericht den voraussichtlichen Verlauf des Insolvenzverfahrens bei Anordnung der Eigenverwaltung mit

---

619 Damit kehrt der Gesetzgeber richtigerweise wieder zu der ursprünglichen Formulierung des Regierungsentwurfs der Insolvenzordnung zurück, siehe RegE ESUG, BT-Drucks. 17/5712, S. 39 und RegE InsO, BT-Drucks. 12/2443, S. 61.

620 *Tetzlaff*, in: MünchKomm-InsO, § 270 Rn. 10 ff.; *Hofmann*, Eigenverwaltung, Rn. 8; *Vallender*, GmbHR 2012, 445, 446; *Brünkmans*, in: HK-InsO, § 270 Rn. 4 f.; *Pape*, in: Kübler/Prütting/Bork, InsO, § 270 Rn. 12, 96 ff.; *Madaus*, KTS 2015, 115, 120.

621 *Tetzlaff*, in: MünchKomm-InsO, § 270 Rn. 44; *Henkel*, ZIP 2015, 562, 569; *Hölzle*, ZIP 2012, 158, 159.

622 *Neußner*, in: HRI, § 10 Rn. 31; *Tetzlaff*, in: MünchKomm-InsO, § 270 Rn. 44; *Haas*, in: Gottwald, Insolvenzrechts-Handbuch, § 87 Rn. 16.

623 *Brünkmans*, in: HK-InsO, § 270 Rn. 14; über die Hälfte der Befragten gaben bei der ESUG-Evaluierung an, dass der offene Nachteilsbegriff des § 270 Abs. 2 Nr. 2 InsO die Planbarkeit der Eigenverwaltung vermindere, *Jacoby/Madaus/Sack/Schmidt/Thole*, ESUG-Evaluierung, S. 32.

624 *Graf-Schlicker*, in: Graf-Schlicker, InsO, § 270 Rn. 12 mit weiteren Beispielen für Nachteile i.S.d. § 270 Abs. 2 Nr. 2 InsO.

625 *Foltis*, in: FK-InsO, § 270 Rn. 67.

dem voraussichtlichen Verlauf eines Insolvenzverfahrens bei Bestellung eines Insolvenzverwalters.[626]

Fraglich ist, ob bei der Prognoseentscheidung des Insolvenzgerichts einzelne Nachteile grundsätzlich durch bestimmte Vorteile für die Gläubiger wieder ausgeglichen werden können und das Insolvenzgericht damit die Eigenverwaltung anordnen kann. Teilweise wird dies mit dem Hinweis auf den Wortlaut und den Sinn und Zweck der Norm verneint, so dass folglich eine Eigenverwaltung nicht in Betracht käme.[627] Dies kann nicht überzeugen. Richtigerweise setzt eine Abwägung *per definitionem* bereits voraus, dass ein Nachteil durch Vorteile ausgeglichen werden kann. Anderenfalls müsste die Eigenverwaltung stets abgelehnt werden, sofern das Insolvenzgericht einen Nachteil vermutet.[628] Die Autoren der ESUG-Evaluierung halten die jetzige Regelung für zu weit und empfehlen eine stärkere Begrenzung der Eigenverwaltung.[629] Eine solche Begrenzung könne etwa durch Festlegung unabdingbarer Mindestanforderungen für eine gute Eigenverwaltung erreicht werden.[630]

Hat der Schuldner den vorläufigen Gläubigerausschuss auf seiner Seite, so entfällt eine gerichtliche Abwägung wegen § 270 Abs. 3 Satz 2 InsO i.V.m. § 270 Abs. 2 Nr. 2 InsO.[631] Das Insolvenzgericht ist an den Beschluss des vorläufigen Gläubigerausschusses gebunden, unabhängig davon, ob in tatsächlicher Hinsicht Nachteile drohen.[632] Die unwiderlegbare Vermutung des § 270 Abs. 2 Satz 2 InsO führt damit zu einer sichereren Eigenverwaltung und spiegelt die durch das ESUG bezweckte Stärkung der Gläubigerautonomie wider.[633]

---

626 AG Mannheim, Beschl. v. 21. 2. 2014 – 4 IN 115/14, NZI 2014, 412, 413; *Undritz*, in: K. Schmidt, § 270 Rn. 8; *Haas*, in: Gottwald, Insolvenzrechts-Handbuch, § 87 Rn. 18.

627 *Undritz*, in: K. Schmidt, InsO, § 270 Rn. 8; AG Köln, Beschl. v. 15. 12. 2014 – 74 IN 152/12, ZIP 2015, 440, 444.

628 *Brünkmans*, in: HK-InsO, § 270 Rn. 14; *Haas*, in: Gottwald, Insolvenzrechts-Handbuch, § 87 Rn. 40.

629 *Jacoby/Madaus/Sack/Schmidt/Thole*, ESUG-Evaluierung, S. 79 f.

630 *Jacoby/Madaus/Sack/Schmidt/Thole*, ESUG-Evaluierung, S. 79.

631 RegE ESUG, BT-Drucks. 17/5712, S. 39.

632 *Zipperer*, in: Uhlenbruck, InsO, § 270 Rn. 58; *Tetzlaff*, in: MünchKomm-InsO, § 270 Rn. 97; *Haarmeyer/Buchalik*, Sanieren statt Liquidieren, S. 67; kritisch zu dieser Regelung zuletzt der *Gravenbrucher Kreis*, ZIP 2015, 1259, 1260.

633 *Graf-Schlicker*, in: Graf-Schlicker, InsO, § 270 Rn. 11; *Madaus* spricht daher von einer „Eigenverwaltungsgarantie“, siehe *Madaus*, KTS 2015, 115, 120.

3. *Anordnung*

Die Eigenverwaltung kann durch das Insolvenzgericht gemäß § 270 Abs. 1 Satz 1 InsO bereits im Beschluss über die Eröffnung des Insolvenzverfahrens angeordnet werden. Eine nachträgliche Anordnung der Eigenverwaltung ist allerdings gemäß § 271 Satz 1 InsO auch noch im bereits eröffneten Insolvenzverfahren möglich, wenn dies von der Gläubigerversammlung beantragt wurde und der Schuldner seine Zustimmung erteilt hat.[634]

Nach § 270c InsO i.V.m. § 27 Abs. 1 Satz 2, Abs. 2 Nr. 2 InsO, der § 270 Abs. 3 InsO a.F. weitestgehend entspricht, enthält der Eröffnungsbeschluss im Falle der Anordnung der Eigenverwaltung notwendigerweise die Bestellung eines Sachwalters.[635] Dessen Rechtsstellung legt § 274 InsO fest. Nach § 274 Abs. 2 Satz 1 InsO hat der Sachwalter die Aufgabe, die wirtschaftliche Lage des Schuldners zu prüfen und die Geschäftsführung sowie die Ausgaben für die Lebensführung des Schuldners zu überwachen. § 274 Abs. 3 Satz 1 InsO normiert für den Sachwalter eine Anzeigepflicht. Wenn er Umstände feststellt, die erwarten lassen, dass die Fortsetzung der Eigenverwaltung zu Nachteilen für die Gläubiger führen wird, muss er dies unverzüglich sowohl dem Gläubigerausschuss als auch dem Insolvenzgericht anzeigen.

4. *Haftung*

Im Rahmen der Eigenverwaltung spielt die Frage der Haftung bei der Verletzung der bestehenden Pflichten für die Praxis wie auch beim Regelinsolvenzverfahren oftmals eine äußerst wichtige Rolle.[636] Im Unterschied zum Regelinsolvenzverfahren, bei dem es in erster Linie um die persönliche Haftung des Insolvenzverwalters nach den §§ 60 ff. InsO geht, können sowohl der Schuldner als auch der gerichtlich bestellte Sachwalter potenziell haften.[637] Weiterhin muss dabei

634 Bis zum Inkrafttreten des ESUG im Jahr 2012 war eine nachträgliche Anordnung der Eigenverwaltung ohne vorigen Schuldnerantrag gesetzlich nicht normiert, zum Meinungsstand nach altem Recht siehe statt vieler *Uhlenbruck*, in: Uhlenbruck, InsO, 13. Aufl., § 271 Rn. 2 m.w.N.

635 *Zipperer*, in: Uhlenbruck, InsO, § 270c Rn. 1; *Neußner*, in: HRI, § 10 Rn. 8; *Graf-Schlicker*, in: Graf-Schlicker, InsO, § 270 Rn. 4.

636 *Thole/Brünkmans* merken daher an, dass sich die Frage nach der Haftung des Eigenverwalters als die „Achillesferse für die Attraktivität des Eigenverwaltung“ erweisen könnte, siehe *Thole/Brünkmans*, ZIP 2013, 1097, 1097.

637 Zu der Frage der Haftung des (vorläufigen) Sachwalters siehe u.a. *Madaus*, KTS 2015, 115, 129; *Flöther*, in: HRI, § 18 Rn. 39 ff.; *Frind*, NZI 2014, 977; ausführlich hierzu zuletzt *Krämer*, NZI 2017, 960.

zwischen der Haftung des Schuldners in Eigenverwaltung als Gesellschaft und der persönlichen Haftung der Mitglieder der geschäftsführenden Organe des Schuldners in Eigenverwaltung unterschieden werden. Daneben ist zwischen der Innenhaftung gegenüber der Gesellschaft und der Außenhaftung gegenüber den Gläubigern zu differenzieren.

a. *Haftung des eigenverwaltenden Schuldners*

Da gemäß § 35 Abs. 1 InsO die Insolvenzmasse das gesamte Vermögen, das dem Schuldnerunternehmen zur Zeit der Eröffnung des Insolvenzverfahrens gehört und das es während des Verfahrens erlangt, umfasst, spielt die Haftung des Schuldners in Eigenverwaltung im Ergebnis in der Praxis für die Beteiligten eine eher untergeordnete Rolle und wird daher nur wenig kontrovers diskutiert.[638] Im eröffneten Eigenverwaltungsverfahren fehle es regelmäßig an einem ausreichenden Haftungssubstrat, so dass das Interesse der Gläubiger an einer Haftung des Schuldners gering sei.[639]

b. *Persönliche Haftung der Mitglieder der geschäftsführenden Organe des Schuldners*

Im Regelverfahren haftet der Insolvenzverwalter gemäß § 60 Abs. 1 InsO persönlich gegenüber allen Beteiligten, wenn er schuldhaft die Pflichten verletzt, die ihm nach der Insolvenzordnung obliegen.[640] Er hat dabei für die Sorgfalt eines ordentlichen und gewissenhaften Insolvenzverwalters einzustehen. In der Praxis kommt für Schadensersatzansprüche allerdings regelmäßig die Berufshaftpflichtversicherung des Insolvenzverwalters auf.[641] Daher erscheint für die Gläubiger eines Unternehmens in Eigenverwaltung die Frage, ob die Organe des Schuldnerunternehmens ebenfalls nach insolvenzrechtlichen Normen für Pflichtverletzungen haften, umso wichtiger. Eine weitergehende persönliche Haftung der Organe des Schuldners könnte einerseits den Gläubigern eine

---

638 So auch u.a. *Tetzlaff*, in: MünchKomm-InsO, § 270 Rn. 167; *Gulde*, Eigenverwaltung, S. 43; *Brinkmann*, DB 2012, 1313; *Brinkmann*, DB 2012, 1369; *Flöther*, ZIP 2012, 1833, 1842; *Thole/Brünkmans*, ZIP 2013, 1097, 1101; *Landfermann*, in: HK-InsO, 8. Aufl., § 270 Rn. 31.

639 *Fiebig*, in: HambKomm-InsO, § 270 Rn. 44.

640 Zu der Anwendbarkeit der sog. *business judgement rule* auf den Insolvenzverwalter siehe einführend *Berger/Frege*, ZIP 2008, 204; grundlegend und umfassend dazu *Resch*, Business Judgement Rule.

641 *Tetzlaff*, in: MünchKomm-InsO, § 270 Rn. 168; *Fiebig*, in: HambKomm-InsO, 6. Aufl., § 270 Rn. 42.

zusätzliche Absicherung bieten, die dafür sorge, dass das Eigenverwaltungsverfahren gegenüber dem Regelverfahren gleichwertig erscheine und damit letztlich die Zustimmung der Gläubiger zum Verfahren wachse.[642] Andererseits kann durch eine drohende Haftung aber auch die Bereitschaft des Schuldners, sich in Eigenverwaltung zu sanieren, abnehmen.

aa. Ablehnung einer Haftung

Zum Teil wird eine insolvenzrechtliche persönliche Haftung der Organe des Schuldners generell abgelehnt. Danach sollen nur die gesellschaftsrechtlichen Haftungsnormen,[643] in erster Linie also die Binnenhaftung nach § 43 Abs. 2 GmbHG beziehungsweise § 93 Abs. 2 AktG,[644] eingreifen.[645] Es bliebe daher bei dem Haftungskonzept des deutschen Gesellschaftsrechts, so dass eine persönliche Inanspruchnahme von Vertretungsorgangen einer Gesellschaft nur in absoluten Ausnahmefällen in Betracht käme.[646] Dies erscheint auf den ersten Blick auch deswegen zu überzeugen, weil die §§ 270 ff. InsO über den Verweis in § 274 Abs. 1 InsO auf § 60 InsO ausdrücklich nur die Haftung des Sachwalters normieren.[647]

bb. Herleitung einer Haftung

Obwohl die Konzeption des Gesetzgebers eine insolvenzrechtliche Haftung der Organe nicht nahelegt, ist ein Bedürfnis der Gläubiger nach einer

---

642 *Thole/Brünkmans*, ZIP 2013, 1097, 1101.

643 Zur Haftung aus Vertrag bzw. aus c.i.c. und zur deliktsrechtlichen Haftung (insbesondere § 826 BGB) und deren engen Voraussetzungen siehe ausführlich *Thole/Brünkmans*, ZIP 2013, 1097, 1098 f.

644 Zu dem Problem, ob die Haftungsnormen auch das Gläubigerinteresse einbeziehen, siehe *Thole/Brünkmans*, ZIP 2013, 1097, 1099 f. m.w.N.; siehe ferner ebenso *Flöther*, in: HRI, 2. Aufl., § 18 Rn. 29 ff.

645 So u.a. *Haas*, in: Gottwald, Insolvenzrechts-Handbuch, § 90 Rn. 18, 53; *Brinkmann*, DB 2012, 1369, 1369 f.; *Zipperer*, in: Uhlenbruck, InsO, § 270 Rn. 17 f.; *Hofmann*, in: HRI, § 7 Rn. 231 f.; *Landfermann*, in: HK-InsO, 8. Aufl., § 270 Rn. 32; nicht anwendbar soll dagegen die Geschäftsführerhaftung nach § 64 S. 1 GmbHG sein, da der Schutzzweck der Innenhaftung zeitlich mit der Verfahrenseröffnung bereits ende, siehe dazu ausführlich *Schmidt/Poertzgen*, NZI 2013, 369, 376 m.w.N.

646 *Tetzlaff*, in: MünchKomm-InsO, § 270 Rn. 169.

647 *Spliedt*, in: FS Vallender, S. 627; *Hofmann* forderte daher während des Gesetzgebungsprozesses zum ESUG, dass die Haftung der Organe des Schuldners in Eigenverwaltung in der Insolvenzordnung ausdrücklich geregelt werden sollten, siehe *Hofmann*, NZI 2010, 798, 804.

Haftungserweiterung der handelnden Organe nicht von der Hand zu weisen. Daher fordern einige im Vordringen befindliche Stimmen in der Literatur, dass grundsätzlich die Organe des Schuldners nach den insolvenzrechtlichen Bestimmungen haften sollten, wobei die Herleitung einer Haftung uneinheitlich ist. Man könnte die persönliche Haftung bereits aus dem Verweis in § 270 Abs. 1 Satz 2 InsO auf die „allgemeinen Vorschriften", und damit auch auf die §§ 60, 61 InsO, ableiten. Dies erscheint allerdings äußerst zweifelhaft, da § 270 Abs. 1 Satz 2 InsO richtigerweise lediglich die allgemeinen Vorschriften für die Rechtsstellung des Schuldners für anwendbar erklärt, nicht aber für die Rechtsstellung und damit die Haftung der Organe des Schuldners.[648] Somit kann eine persönliche insolvenzrechtliche Haftung der Organe des Schuldners letztlich nur über eine analoge Anwendung der §§ 60, 61 InsO hergeleitet werden.[649] Dafür müssten zunächst die Voraussetzungen für eine Analogie vorliegen, also eine planwidrige Regelungslücke bei vergleichbarer Interessenlage.[650]

Fraglich ist, ob die Interessenlage vergleichbar ist. Die Mitglieder der geschäftsführenden Organe müssten in der Eigenverwaltung des Unternehmens also ähnliche Aufgaben wie der Insolvenzverwalter im Regelverfahren wahrnehmen. Lasse man die Aufgaben des Sachwalters, die sich in erster Linie auf die Überwachung des Schuldners beschränken, außen vor, so erscheine eine Parallelität der Interessenlagen evident.[651] Für eine Vergleichbarkeit der Rechtsstellung der handelnden Personen spreche darüber hinaus, der durch das ESUG neu eingeführte § 276a InsO, aus dem folge, dass neben dem Rechtsträger zudem die handelnden Personen insolvenzrechtlichen Pflichten unterworfen sein sollten.[652] Weiterhin wird für eine analoge Anwendung auch die Aufteilung der

648 *Haas*, in: Gottwald, Insolvenzrechts-Handbuch, § 90 Rn. 53; *Flöther*, ZIP 2012, 1833, 1842: *Schmidt/Poertzgen*, NZI 2013, 369, 376; *Zipperer*, in: Uhlenbruck, InsO, § 270 Rn. 17 f.

649 *Tetzlaff*, in: MünchKomm-InsO, § 270 Rn. 172; *Fiebig*, in: HambKomm-InsO, 6. Aufl., § 270 Rn. 43; *Jaffé*, in: FS Vallender, S. 288.

650 Zu den Voraussetzungen einer Analogie siehe einführend und grundlegend statt vieler nur *Rüthers/C. Fischer/Birk*, Rechtstheorie, Rn. 889 ff.

651 *Thole/Brünkmans*, ZIP 2013, 1097, 1102.

652 *Thole/Brünkmans*, ZIP 2013, 1097, 1104; dennoch kommen die Autoren letztlich zum Ergebnis, dass eine Innenhaftung der Organe gem. § 43 Abs. 2 GmbHG bzw. § 93 Abs. 2 AktG gegenüber der Gesellschaft genüge, der Sachwalter diesen Anspruch geltend machen müsse und nur der Schuldner analog § 60 InsO hafte, nicht jedoch die Mitglieder der geschäftsführenden Organe, siehe *Thole/Brünkmans*, ZIP 2013, 1097, 1105 ff.; zur Haftung nach § 43 Abs. 2 GmbHG siehe ausführlich *Gulde*, Eigenverwaltung, S. 40 ff.

Kompetenzen zwischen Schuldner und Sachwalter in den §§ 270 ff. InsO vorgebracht.[653] Schließlich spreche für eine Analogie ebenfalls, dass das Insolvenzrecht anders als das Gesellschaftsrecht die Haftung (bisher) nur natürlichen Personen, also dem Insolvenzverwalter, aufbürdet (vgl. § 56 Abs. 1 InsO).[654] Eine durch die Analogie zu §§ 60, 61 InsO verschärfte insolvenzrechtliche Haftung sei neben der gesellschaftsrechtlichen Haftung notwendig, da ansonsten die Gefahr bestünde, dass die handelnden Personen für die Verletzung ihrer Pflichten nicht einstehen müssten, und die geschädigten Gläubiger dadurch nur auf die regelmäßig unzulängliche Insolvenzmasse des Schuldners zugreifen könnten.[655] Darüber hinaus könne durch eine analoge Anwendung von §§ 60, 61 InsO eine Disziplinierung der Mitglieder der geschäftsführenden Organe erreicht werden.[656]

Mittlerweile hat sich nun auch der Bundesgerichtshof der herrschenden Meinung angeschlossen und lässt die Geschäftsleiter eines sich in Eigenverwaltung befindlichen Schuldnerunternehmens analog §§ 60, 61 InsO haften.[657] Das Gericht erkannte, dass die bestehende Gesetzeslücke nicht im Rückgriff auf die allgemein für Geschäftsleiter von Kapitalgesellschaften geltenden Haftungstatbestände, also inbesondere § 43 Abs. 2 GmbHG und § 93 Abs. 2 Satz 1 AktG, angemessen ausgefüllt werden kann.[658] Die Analogie wird unter anderem auch damit begründet, dass die Geschäftsleiter nach Eröffnung des

---

653 *Häsemeyer*, Insolvenzrecht, Rn. 8.14.

654 *Madaus*, KTS 2015, 115, 125 f.; *Tetzlaff*, in: MünchKomm-InsO, § 270 Rn. 180; zur Vereinbarkeit von § 56 InsO mit Art. 3 Abs. 1 GG und Art. 12 Abs. 1 GG, siehe BVerfG, Beschl. v. 12. 1. 2016 – 1 BvR 3102/13, ZIP 2016, 321 m. Anm. *Römermann* = NZI 2016, 163 = NJW 2016, 930 m. Anm. *Piekenbrock/Bluhm*; *Bluhm* hielt 2014 § 56 InsO sowohl für unvereinbar mit deutschem Verfassungsrecht als auch europäischem Primär- und Sekundärrecht, siehe dazu *Bluhm*, ZIP 2014, 555; der Regierungsentwurf zur Insolvenzordnung sah noch vor, dass juristische Personen zum Insolvenzverwalter bestellt hätten werden können, siehe RegE InsO, BT-Drucks. 12/2443, S. 19, 127; erst der Rechtsausschuss schlug die später geltende Fassung vor, so dass *de lege lata* nur natürliche Personen zum Insolvenzverwalter bestellt werden können, siehe RechtsA InsO, BT-Drucks. 12/7302, S. 24, 161.

655 *Tetzlaff*, in: MünchKomm-InsO, § 270 Rn. 173; *Madaus* bejaht allerdings nur eine Analogie zu § 60 InsO und lehnt eine Analogie zu § 61 InsO ab, da der Eigenverwalter wegen § 275 InsO nicht frei darin sei, Masseverbindlichkeiten zu begründen und daher eine vergleichbare Interessenlage entfiele, siehe dazu *Madaus*, KTS 2015, 115, 126.

656 *Flöther*, in: HRI, § 18 Rn. 28.

657 BGH, Urt. v. 26. 4. 2018 – IX ZR 238/17, NZI 2018, 519.

658 BGH, Urt. v. 26. 4. 2018 – IX ZR 238/17, NZI 2018, 519, 521 Rn. 26.

Eigenverwaltungsverfahrens nicht mehr allein aufgrund ihrer gesellschaftsrechtlichen Leitungsmacht tätig werden, sondern und vor allem insolvenzrechtliche Rechte und Pflichten für die Gesellschaft wahrnehmen.[659] Das Gericht stellte zudem klar, dass nicht nur § 60 InsO, sondern auch § 61 InsO analog anzuwenden ist, und die Geschäftsleiter damit ebenso für die Nichterfüllung von Masseverbindlichkeiten persönlich haften.[660]

cc. Stellungnahme

Die Gläubiger sind im Rahmen der Eigenverwaltung auf Grund des erheblich geringeren Einflusses auf den Ablauf und den Gang des Verfahrens einem deutlich höheren Risiko als im Regelverfahren ausgesetzt. Es erscheint daher durchaus zweckmäßig, der Gläubigerschaft einen Anreiz zu geben, der deren Zustimmung erhöht. Die Mitglieder der geschäftsführenden Organe des Schuldners haften im Ergebnis richtigerweise amtspflichtbezogen entsprechend der §§ 60, 61 InsO ebenfalls persönlich mit ihrem Vermögen für etwaig von ihnen begangene Pflichtverletzungen.[661] Für den Fall, dass die Organe der zu sanierenden Gesellschaft selbst nicht in der Lage sein sollten, ihre Pflichten zu erfüllen, so wären sie bei einer analogen Anwendung von §§ 60, 61 InsO verpflichtet, professionelle und im Insolvenzrecht bereits erfahrene Berater hinzuzuziehen, um dadurch eine Haftung zu vermeiden, was als Nebeneffekt eine weitere Professionalisierung des Verfahrens mit sich brächte.[662] Insofern ist die klarstellende und in seiner Ausführlichkeit fast schon lehrbuchartige Entscheidung des Bundesgerichtshofes ausdrücklich zu begrüßen.[663]

Die oftmals sehr weiten Handlungsspielräume der Mitglieder der geschäftsführenden Organe in der Eigenverwaltung lassen die Gläubiger umso schutzwürdiger erscheinen.[664] Die gesellschaftsrechtlichen Haftungstatbestände seien

---

659 BGH, Urt. v. 26. 4. 2018 – IX ZR 238/17, NZI 2018, 519, 524 Rn. 53.

660 BGH, Urt. v. 26. 4. 2018 – IX ZR 238/17, NZI 2018, 519, 527 Rn. 64.

661 Zu der Frage der Geltendmachung eines Anspruchs wegen der Verletzung von Pflichten durch die Organe des Schuldners in Eigenverwaltung siehe ausführlich *Flöther*, in: HRI, § 18 Rn. 35 ff.

662 So auch *Flöther*, in: HRI, § 18 Rn. 28. Problematisch ist indes, wie solche externen Berater bezahlt werden sollen. Durch deren Vergütung könnte die Masse geschmälert werden, so dass letztlich die Gläubiger für die Entlastung der handelnden Organe aufkommen würden. Die Mitglieder der geschäftsführenden Organe für die Kosten persönlich in Anspruch zu nehmen, erscheint indes nur sehr schwer mit den gesellschaftsrechtlichen Prinzipien vereinbar.

663 BGH, Urt. v. 26. 4. 2018 – IX ZR 238/17, NZI 2018, 519.

664 *Hill*, ZInsO 2010, 1825, 1829.

regelmäßig nicht ausreichend, da sich die Ansprüche meist nur gegen die Gesellschaft richte und nicht gegen die handelnden Organe.[665] Die Haftungserweiterung auf die handelnden Organe würde letztlich als eine Art Korrektiv fungieren, da durch das ESUG die Eigenverwaltung erheblich erleichtert wurde[666] und die Gläubiger im Gegenzug deutlich schutzbedürftiger als vor Inkrafttreten des ESUG erscheinen. Da es sich bei der Haftung um eine sehr tiefgreifende und wichtige Frage handelt, wäre zu Zwecken der Klarstellung eine gesetzliche Regelung, wie sie der Gesetzgeber für den Sachwalter in § 274 Abs. 1 InsO geschaffen hat, äußerst wünschenswert.[667]

Da die §§ 60, 61 InsO eine persönliche Haftung vorgeben, könnte über eine Haftungserleichterung nachgedacht werden. Eine Haftung für Vorsatz und grobe Fahrlässigkeit erscheint meines Erachtens dabei ausreichend, da ansonsten die Abschreckungswirkung für den Schuldner zu groß wäre und die Bereitschaft zur Eigenverwaltung deutlich sinken würde.[668] Denkbar wäre auch, dass den Handelnden eine Exkulpationsmöglichkeit gewährt wird, wenn sie im Vorfeld sachkundigen Rat eingeholt haben. Eine Anwendung der §§ 60, 61 InsO könnte in Einzelfällen zu streng sein, vor allem dann, wenn sich Versicherungsunternehmen weigern sollten, solche Fälle in eine Berufshaftpflichtversicherung aufzunehmen. Insgesamt bleibt die Frage der Haftung der handelnden Organe eine Gratwanderung. Auf der einen Seite könnte durch eine persönliche Haftung die Bereitschaft der Gläubiger, sich am Verfahren zu beteiligen und einen Beitrag zur Sanierung des Unternehmens zu leisten, erhöht werden. Auf der anderen Seite sollte die Haftung aber nicht zu streng gehandhabt werden, da ansonsten die handelnden Entscheider im Unternehmen kaum gewillt sein werden, eine Sanierung mittels einer Eigenverwaltung zu wagen. Ziel sollte es letztlich sein,

---

665 *Gravenbrucher Kreis*, ZIP 2015, 2159, 2163.

666 Siehe dazu ausführlich unter Zweiter Teil, B. III.

667 Ausdrücklich für eine gesetzliche Regelung *Gravenbrucher Kreis* ZIP 2014, 1262, 1264; *Bachmann/Becker*, NJW 2018, 2235, 2238; im Ergebnis wohl auch *Thole/Brünkmans*, ZIP 2013, 1097, 1105; ähnlich so schon 2010 zum Diskussionsentwurf des ESUG *Hofmann*, NZI 2010, 798, 804; *Hill*, ZInsO 2010, 1825, 1828 f.

668 So sieht beispielsweise § 31a Abs. 1 BGB für ehrenamtlich tätige Organmitglieder eines Vereins eine Haftungsprivilegierung für grobe Fahrlässigkeit und Vorsatz vor; nach § 708 BGB hat der Gesellschafter einer GbR bei der Erfüllung der ihm obliegenden Verpflichtungen nur für diejenige Sorgfalt einzustehen, welche er in eigenen Angelegenheiten anzuwenden pflegt, die Haftung für grobe Fahrlässigkeit bleibt bestehen (vgl. § 277 BGB).

die Attraktivität der Eigenverwaltung zu steigern, um dadurch den Sanierungsgedanken zu verwirklichen.[669]

5. *Rechtsmittel*

Nach § 270 Abs. 4 InsO ist das zuständige Insolvenzgericht dazu verpflichtet seine Ablehnung der Eigenverwaltung schriftlich zu begründen. Das Gesetz sieht allerdings gegen die Anordnung oder die Ablehnung der Eigenverwaltung *de lege lata* auch weiterhin kein Rechtsmittel für den Schuldner oder die Gläubiger vor (vgl. § 6 InsO).[670] Dies wird vor allem von *Häsemeyer* sehr kritisch gesehen, der eine Beschwerdemöglichkeit gegen den Anordnungsbeschluss wegen einschneidender Wirkungen der Ablehnung einer Eigenverwaltung für den Schuldner *de lege ferenda* fordert.[671] Lehnt das Insolvenzgericht die Eigenverwaltung ab, so wird durch das Insolvenzgericht ein Insolvenzverwalter bestellt und der Schuldner verliert die Möglichkeit, in Eigenregie eine Sanierung des Unternehmens zu versuchen.

In der Regierungsbegründung zum ESUG wird das Fehlen eines Rechtsmittels unter anderem damit begründet, dass ansonsten die Gefahr bestünde, dass die Entscheidung des Beschwerdegerichts erst nach einer Befassung der Gläubigerversammlung ergeht und daher in Widerspruch zu der bereits getroffenen Entscheidung der Gläubigerversammlung stehen könnte.[672] Daneben könne das Gericht stets im Rahmen der nachträglichen Anordnung nach § 271 InsO oder der nachträglichen Aufhebung nach § 272 Abs. 1 Nr. 1 InsO die Eigenverwaltung überprüfen.[673] Den Beteiligten steht allerdings nach

---

669 Dies deckt sich auch mit den Ergebnissen der ESUG-Evaluierung. Über 80 % der Befragten stimmten der Aussage zu, dass die Organe des eigenverwaltenden Schuldners in der Eigenverwaltung den Gläubigern unmittelbar wie ein Insolvenzverwalter haften sollten, siehe *Jacoby/Madaus/Sack/Schmidt/Thole*, ESUG-Evaluierung, S. 33.

670 *Tetzlaff*, in: MünchKomm-InsO, § 270 Rn. 125 ff.; *Pape*, in: Kübler/Prütting/Bork, InsO, § 270 Rn. 170; *Brünkmans*, in: HK-InsO, § 270 Rn. 26; *Undritz*, in: K. Schmidt, InsO, § 270 Rn. 26; *Zipperer*, in: Uhlenbruck, InsO, § 270 Rn. 56; *Riggert*, in: Nerlich/Römermann, InsO, § 270 Rn. 25; siehe dazu auch BGH, Beschl. v. 7. 2. 2013 – IX ZB 43/12, NZI 2013, 342 m. Anm. *Vallender* und m. Anm. *Weissinger* = NZG 2013, 998; BGH, Beschl. v. 11. 1. 2007 – IX ZB 85/05, NZI 2007, 238, 239; BGH, Beschl. v. 11. 1. 2007 – IX ZB 10/05, NZI 2007, 240.

671 Siehe dazu *Häsemeyer*, Insolvenzrecht, Rn. 8.09; kritisch ebenfalls *Gravenbrucher Kreis* ZIP 2014, 1262, 1265.

672 RegE ESUG, BT-Drucks. 17/5712, S. 38 f.

673 RegE ESUG, BT-Drucks. 17/5712, S. 39.

zutreffender Ansicht zumindest die Gehörsrüge nach § 4 InsO i.V.m. § 321a ZPO zu.[674]

Ob die Gehörsrüge oder eine gerichtliche Überprüfung bei der nachträglichen Anordnung nach § 271 InsO oder der nachträglichen Aufhebung nach § 272 Abs. 1 Nr. 1 InsO dem Schuldner ausreichenden Rechtsschutz gewährt und dadurch seine berechtigten Interessen gewahrt bleiben, erscheint zweifelhaft. Sie kommt regelmäßig zu spät und kann kaum mehr zu einer erfolgreichen Eigenverwaltung beitragen. Eine direkte Beschwerdemöglichkeit des Schuldners gegen die Anordnung oder die Ablehnung der Eigenverwaltung *de lege ferenda* erscheint mithin wünschenswert.[675] Dadurch könnte die Eigenverwaltung insgesamt gestärkt werden, so dass sie häufiger zur Anwendung käme und weitere Sanierungen ermöglichen könnte.

6. *Aufhebung*

Die Aufhebung der Anordnung der Eigenverwaltung richtet sich nach § 272 InsO, durch den sich der Grundsatz der Gläubigerautonomie in der Eigenverwaltung in besonderer Weise manifestiert.[676] Gemäß § 272 Abs. 1 Nr. 1 InsO hebt das Insolvenzgericht die Eigenverwaltung auf, wenn dies von der Gläubigerversammlung beantragt wurde[677] oder nach § 272 Abs. 1 Nr. 2 InsO, wenn dies von einem absonderungsberechtigten Gläubiger oder von einem Insolvenzgläubiger beantragt wird, wenn die Voraussetzung des § 270 Abs. 2 Nr. 2 InsO weggefallen ist und dem antragstellenden Gläubiger durch die Eigenverwaltung erhebliche Nachteile drohen oder aber nach § 272 Abs. 1 Nr. 3 InsO, wenn der Schuldner selbst die Aufhebung der Eigenverwaltung beantragt.[678]

---

674 *Zipperer*, in: Uhlenbruck, InsO, § 270 Rn. 56; siehe dazu auch AG Köln, Beschl. v. 22. 8. 2005 - 71 IN 426/05, NZI 2005, 633, 634.

675 So allerdings nur *Häsemeyer*, Insolvenzrecht, Rn. 8.09.

676 *Tetzlaff*, in: MünchKomm-InsO, § 272 Rn. 1; *Pape*, in: Kübler/Prütting/Bork, § 272 Rn. 1; *Fiebig*, in: HambKomm-InsO, § 272 Rn. 1; *Undritz*, in: K. Schmidt, InsO, § 272 Rn. 1; *Zipperer*, in: Uhlenbruck, InsO, § 272 Rn. 1; *Foltis*, in: FK-InsO, § 272 Rn. 1.

677 Dabei ist eine Mehrheit nach § 76 Abs. 2 InsO nötig; erforderlich ist also, dass die Summe der Forderungsbeträge der *zustimmenden* Gläubiger mehr als die Hälfte der Summe der Forderungsbeträge der *abstimmenden* Gläubiger beträgt (Hervorhebungen durch den Verfasser).

678 Der *Gravenbrucher Kreis* will die Antragsbefugnis i.R.d. § 272 InsO *de lege ferenda* auch auf den Sachwalter und den Gläubigerausschuss ausdehnen, um dadurch eine effektive Aufsicht über den Schuldner zu gewährleisten, siehe dazu *Gravenbrucher Kreis*, ZIP 2014, 1262, 1264.

Fraglich ist, ob das Insolvenzgericht von Amts wegen zu einer Aufhebung der Eigenverwaltung befugt ist. Zum Teil wird dies in bestimmten Ausnahmefällen befürwortet. So soll das Insolvenzgericht analog § 59 Abs. 1 InsO[679] dazu befugt sein, in Fällen, in denen der Schuldner Unterschlagungen oder andere Vermögensdelikte nach der Anordnung der Eigenverwaltung begangen hat, die Eigenverwaltung wieder aufzuheben.[680] Dabei darf ein Abwarten, bis einer der Gläubiger die Aufhebung beantragt, nicht mehr hinnehmbar sein.[681] Zum Teil wird gefordert, dass im Falle einer nichtigen Eigenverwaltungsanordnung eine Aufhebung im Rahmen des § 272 Abs. 1 Nr. 2 InsO möglich sein solle.[682]

Richtigerweise kann eine Aufhebung der Eigenverwaltung durch das Insolvenzgericht von Amts wegen auf Grund der abschließenden Natur des § 272 InsO und damit der eindeutigen Entscheidung des Gesetzgebers nicht zugelassen werden.[683] Dies gilt erst recht seit des Inkrafttretens des ESUG, da sich der Gesetzgeber zum Ziel gesetzt hat, die Eigenverwaltung zu erleichtern und die Gläubigerautonomie zu stärken.[684] Beide Ziele wären gefährdet, würde man dem Insolvenzgericht zugestehen, die Eigenverwaltung von Amts wegen, ohne Antrag eines Gläubigers, wieder aufzuheben. Bei einer nichtigen Anordnung der Eigenverwaltung ist eine Aufhebung von Amts wegen schon aus praktischen Erwägungen nicht erforderlich, da die Beteiligten höchstens ein Interesse an der Feststellung der Nichtigkeit haben.[685] Vereinzelt wird *de lege ferenda* vorgeschlagen, dem Sachwalter die Möglichkeit zu geben einen Aufhebungsantrag stellen

679 Nach § 59 Abs. 1 InsO kann das Insolvenzgericht den Insolvenzverwalter im Regelinsolvenzverfahren von Amts wegen aus wichtigem Grund entlassen, dabei genügt regelmäßig der dringende Verdacht, dass der Insolvenzverwalter Vermögensdelikte, wie etwa eine Untreue nach § 266 StGB (i.d.F. der Bekanntmachung v. 13. 11. 1998, BGBl. I S. 3322), begangen hat, siehe dazu BGH, Beschl. v. 17. 3. 2011 – IX ZB 192/10, NZI 2011, 282 = WM 2011, 663; siehe dazu ferner auch *Graeber*, in: MünchKomm-InsO, § 59 Rn. 22 ff.

680 So *Fiebig*, in: HambKomm-InsO, § 272 Rn. 14; ebenfalls auf die Missbrauchsgefahr hinweisend, ohne allerdings eine analoge Anwendung von § 59 Abs. 1 InsO zu befürworten, *Smid*, WM 1998, 2489, 2515.

681 *Fiebig*, in: HambKomm-InsO, § 272 Rn. 14.

682 *Foltis*, in: FK-InsO, § 272 Rn. 6.

683 LG Potsdam, Beschl. v. 16. 5. 2001 – 5 T 239/00, ZIP 2001, 1689, 1690; *Undritz*, in: K. Schmidt, InsO, § 272 Rn. 2; *Graf-Schlicker*, in: Graf-Schlicker, § 272 Rn. 2; *Pape*, in: Kübler/Prütting/Bork, InsO, § 272 Rn. 32; *Tetzlaff*, in: MünchKomm-InsO, § 272 Rn. 44; *Henkel*, ZIP 2015, 562, 569; *Zipperer*, in: Uhlenbruck, InsO, § 272 Rn. 1.

684 So im Ergebnis auch *Tetzlaff*, in: MünchKomm-InsO, § 272 Rn. 46 f.

685 Siehe dazu *Undritz*, in: K. Schmidt, InsO, § 272 Rn. 2.

zu können und dass diesem Antrag nach Zustimmung des Gläubigerausschusses auch stattgeben werden solle.[686] Die geltende Rechtslage, also dass eine Aufhebung nur dann möglich ist, wenn die Gläubigerversammlung dies beantragt hat oder aber nach § 272 Abs. 1 Nr. 2 InsO ein absonderungsberechtigter Gläubiger oder ein Insolvenzgläubiger einen Aufhebungsantrag gestellt hat und die Voraussetzung des § 270 Abs. 2 Nr. 2 InsO weggefallen ist und dem antragstellenden Gläubiger durch die Eigenverwaltung erhebliche Nachteile drohen, erscheint den Beteiligten ausreichend Schutz zu gewähren.

Ordnet das Insolvenzgericht die Aufhebung der Eigenverwaltung im Fall von § 272 Abs. 1 Nr. 2 InsO an, so steht sowohl den Gläubigern als auch dem Schuldner gemäß § 272 Abs. 2 Satz 3 InsO das Rechtsmittel der sofortigen Beschwerde zu; in den Fällen von § 272 Abs. 1 Nr. 1 InsO und § 272 Abs. 1 Nr. 3 InsO ist der Beschluss des Insolvenzgerichts hingegen nicht beschwerdefähig und damit sofort rechtskräftig.[687]

III. Die wichtigsten Neuerungen durch das ESUG

Neben der engeren Verzahnung des Gesellschaftsrechts mit dem Insolvenzrecht und der Stärkung der Gläubigerautonomie im Rahmen des Insolvenzplanverfahrens sollte außerdem der Zugang zur Eigenverwaltung durch das ESUG vereinfacht und bestehende Hindernisse aus dem Weg geräumt werden, um Sanierungen dadurch zu erleichtern.[688] Der Gesetzgeber hatte erkannt, dass, obwohl die Eigenverwaltung bisher nur selten zur Anwendung gekommen ist, sie in den Fällen, in denen sie tatsächlich genutzt wurde, vor allem mittelständische aber auch größere Unternehmen erfolgreich und nachhaltig saniert werden konnten.[689]

Zum Teil wurde bereits auf einzelne kleinere Änderungen und Erleichterungen der Eigenverwaltung durch das ESUG eingegangen. Der Fokus einer tiefergehenden Betrachtung liegt aber auf den neu geschaffenen Regelungen von § 270a InsO und § 270b InsO, die ohne Vorbild im bisherigen Recht sind. Es soll erörtert werden, ob diese Änderungen geeignet sind die Unternehmenssanierung in Zukunft tatsächlich zu erleichtern. Fraglich ist dabei auch, ob die geltenden Neuregelungen den Sanierungsgedanken bereits hinreichend umsetzen

---

686 So der *Gravenbrucher Kreis*, ZIP 2015, 2159, 2162.

687 *Zipperer*, in: Uhlenbruck, InsO, § 272 Rn. 7; *Foltis*, in: FK-InsO, § 272 Rn. 9; *Tetzlaff*, in: MünchKomm-InsO, § 272 Rn. 55 ff.

688 RegE ESUG, BT-Drucks. 17/5712, S. 2.

689 RegE ESUG, BT-Drucks. 17/5712, S. 19.

oder ob einzelne Aspekte modifiziert und ergänzt werden sollten, um die Sanierungschancen zu erhöhen.

1. Vorläufige Eigenverwaltung

Vor Inkrafttreten des ESUG konnte die Eigenverwaltung durch den Schuldner ihre zahlreichen Vorteile oft nicht ausspielen, da nach § 21 Abs. 2 Satz 1 Nr. 1 InsO oftmals ein „starker" vorläufiger Insolvenzverwalter als vorläufige Maßnahme im Eröffnungsverfahren durch das Insolvenzgericht eingesetzt wurde und dadurch dem Schuldner die Verfügungsmacht bereits entzogen und er faktisch aus der Unternehmensleitung gedrängt wurde.[690] Um unter anderem dies zu verhindern, hat sich der Gesetzgeber zur Einführung der vorläufigen Eigenverwaltung und des vorläufigen Sachwalters in § 270a InsO entschlossen.[691]

Nach § 270a Abs. 1 Satz 1 InsO soll das Insolvenzgericht für den Fall, dass der Antrag auf Eigenverwaltung nicht offensichtlich aussichtslos erscheint, davon absehen, dem Schuldner im Eröffnungsverfahren ein allgemeines Verfügungsverbot aufzuerlegen oder anzuordnen, dass alle Verfügungen des Schuldners nur mit Zustimmung eines vorläufigen Insolvenzverwalters wirksam sind. Nach § 270a Abs. 1 Satz 2 InsO wird anstelle eines vorläufigen Insolvenzverwalters dann ein vorläufiger Sachwalter bestellt.[692]

a. Vorläufiger Sachwalter

Ebenso wie im Insolvenzplanverfahren wurde gleichzeitig der Gläubigereinfluss bei der Eigenverwaltung durch das ESUG erheblich gestärkt. Dies spiegelt sich nicht zuletzt vor allem bei der Auswahl und der Bestellung des (vorläufigen) Sachwalters wider.

aa. Allgemein

Um Reibungsverluste und Verzögerungen des Verfahrens zu vermeiden beziehungsweise zumindest zu minimieren, kommen der Auswahl und der Bestellung des vorläufigen Sachwalters regelmäßig besondere Bedeutung zu. Die Beteiligten haben oftmals ein sehr hohes Interesse daran, dass der vorläufige Sachwalter

---

690 *Vallender*, GmbHR 2012, 445, 447; *Haarmeyer/Buchalik*, Sanieren statt Liquidieren, S. 70 f.; *Klinck*, ZIP 2013, 853, 854.

691 RegE ESUG, BT-Drucks. 17/5712, S. 39.

692 Nach altem Recht war die Möglichkeit einer Einsetzung eines vorläufigen Sachwalters höchst umstritten, siehe dazu *Zipperer*, in: Uhlenbruck, InsO, § 270a Rn. 1 m.w.N., insoweit sind die gesetzlichen Neuregelungen ausdrücklich zu begrüßen.

auch im eröffneten Verfahren vom Insolvenzgericht zum Sachwalter bestellt wird.[693] Über die Verweisung von § 270a Abs. 1 Satz 2 InsO i.V.m. § 274 Abs. 1 InsO auf die §§ 56, 56a InsO wird die Gläubigerbeteiligung bei der Auswahl des Sachwalters ebenso wie schon im Insolvenzplanverfahren ermöglicht.

bb. Vergütung des vorläufigen Sachwalters

Ein Problem für erfolgreiche Sanierungen in Eigenverwaltung stellt die (bisher) nicht geregelte Höhe der Vergütung des vorläufigen Sachwalters dar.[694] Die Rechtssicherheit bezüglich der Vergütung des vorläufigen Sachwalters dient nicht zuletzt auch dazu, das Amt insgesamt attraktiver zu machen und dadurch die Zustimmung zur Eigenverwaltung bei den Beteiligten zu erhöhen. Der Sachwalter erhält im eröffneten Verfahren grundsätzlich 60 % der Vergütung eines ordentlichen Insolvenzverwalters (vgl. §§ 274, 63 ff. InsO i.V.m. § 12 InsVV).[695] Für den vorläufigen Sachwalter besteht gemäß §§ 270a Abs. 1 Satz 2, 274 Abs. 1, 63 Abs. 1 Satz 1 InsO ein Anspruch auf Vergütung für seine Geschäftsführung und auf Erstattung angemessener Auslagen, allerdings findet sich in der Insolvenzrechtlichen Vergütungsverordnung keine eigenständige Regelung über die Höhe seiner Vergütung.[696] Der Gesetzgeber hatte mit dem ESUG zwar die Vergütung des vorläufigen Gläubigerausschusses in § 17 InsVV geregelt, es aber versäumt, eine ausdrückliche Regelung für den vorläufigen Sachwalter zu treffen.[697]

Zum Teil wird vertreten, dass der vorläufige Sachwalter vergleichbar sei mit einem vorläufigen „schwachen" Insolvenzverwalter und daher analog § 63 Abs. 3 InsO i.V.m. § 11 InsVV 25 % der Vergütung eines ordentlichen Insolvenzverwalters gemäß § 2 Abs. 1 InsVV erhalten solle.[698] Andere sehen die Funktion des vorläufigen Sachwalters als äußerst passiv an und wollen diesem daher analog §§ 11, 12 InsVV nur eine Vergütung in Höhe von 25 % der Vergütung eines Sachwalters im bereits eröffneten Verfahren zubilligen, was wiederum nur 15 % der Vergütung eines Insolvenzverwalters entspräche.[699] Vereinzelt – vor allem

---

693 *Neußner*, in: HRI, § 10 Rn. 8 f.

694 Zu der interessanten Frage, ob auch die Vergütung eines vorinsolvenzlichen Sanierungsberaters geregelt werden sollte, siehe einführend *Mock*, ZIP 2014, 445; einen guten Überblick über den bisherigen Meinungsstand bezüglich der Vergütung des vorläufigen Sachwalters findet sich bei *Schur*, ZIP 2014, 757.

695 Rechtsverordnung v. 19. 8. 1998, BGBl. I S. 2205.

696 *Hofmann*, in: HRI, § 7 Rn. 93.

697 *Budnik*, NZI 2014, 247, 248.

698 So u.a. *Hofmann*, in: HRI, § 7 Rn. 94; *Undritz*, in: K. Schmidt, InsO, § 270a Rn. 4.

699 So u.a. AG Essen, Beschl. v. 17. 1. 2014 – 164 IN 135/13, NZI 2014, 271; LG Bonn, Beschl. v. 11. 10. 2013 – 6 T 184/13, NZI 2014, 123 m. zust. Anm. *Plathner* = ZIP 2014,

von der erstinstanzgerichtlichen Rechtsprechung – wurde dem vorläufigen Sachwalter die gleiche Vergütung wie dem Sachwalter im eröffneten Verfahren analog § 12 InsVV gewährt.[700]

Der Bundesgerichtshof hat sich Mitte 2016 gleich zweimal mit der Frage der Vergütung des vorläufigen Sachwalters befasst.[701] In seinem Beschluss geht das Gericht davon aus, dass über die Verweisung in § 274 InsO auf §§ 63–65 InsO § 12 InsVV auch auf den vorläufigen Sachwalter entsprechend anwendbar sein sollte.[702] Falls der vorläufige Sachwalter nicht zum ordentlichen Sachwalter bestellt werden sollte, zum Beispiel weil das Verfahren als Regelinsolvenzverfahren fortgeführt wird, solle ihm entsprechend § 26a InsO eine teilweise Vergütung zukommen.[703]

Die Vielzahl der vertretenen Ansichten zur Herleitung einer angemessenen Höhe der Vergütung des vorläufigen Sachwalters macht vor allem deutlich, dass eine gesetzliche Regelung dringend erforderlich ist. Trotz einer teilweisen Klärung durch den Bundesgerichtshof erscheint bei dieser zentralen Frage der Eigenverwaltung aus Gründen der Rechtssicherheit eine geschriebene Regelung zwingend erforderlich. Das Urteil geht insoweit fehl, als dass der Bundesgerichtshof davon ausgeht, der Gesetzgeber habe die Vergütung bewusst nicht geregelt.[704] In den Gesetzesmaterialien finden sich keinerlei Ansatzpunkte, die diese Argumentation stützen würden. Die neu geschaffene Figur des vorläufigen Sachwalters ist gerade eben ein Beteiligter *sui generis* und hat andere Aufgaben und Funktionen innerhalb des Verfahrens. Mithin kann davon ausgegangen

---

694; *Kern*, in: MünchKomm-InsO, § 270a Rn. 47; *Pape*, in: Kübler/Prütting/Bork, § 270a Rn. 26 f.; *Graf-Schlicker*, in: Graf-Schlicker, § 270a Rn. 12; *Foltis*, in: FK-InsO, § 270a Rn. 32.

700 AG Potsdam, Beschl. v. 8. 1. 2015 – 35 IN 748/12, NZI 2015, 247; AG Göttingen, Beschl. v. 28. 11. 2012 – 74 IN 160/12, ZIP 2013, 36; AG Hamburg, Beschl. v. 20. 12. 2013 – 67g IN 419/12, ZIP 2014, 237; *Budnik*, NZI 2014, 247, 250; *Riggert*, in: Braun, § 270a Rn. 3; zur Möglichkeit von Zu- bzw. Abschlägen siehe *Budnik*, NZI 2014, 247, 250 f.

701 BGH, Beschl. v. 21. 7. 2016 – IX ZB 70/14, NZI 2016, 796 m. Anm. *Keller*, NZI 2016, 753; BGH, Beschl. v. 22. 9. 2016 – IX ZB 71/14, NZI 2016, 963 m. Anm. *Kampfshoff/T. Schäfer*, NZI 2016, 941

702 BGH, Beschl. v. 21. 7. 2016 – IX ZB 70/14, NZI 2016, 796, 797 Rn. 39.

703 BGH, Beschl. v. 21. 7. 2016 – IX ZB 70/14, NZI 2016, 796, 799 Rn. 54. § 26a InsO regelt die anteilige Vergütung des vorläufigen Insolvenzverwalters, mit dem der vorläufige Sachwalter nach Ansicht des Bundesgerichtshofs in der gleichen Entscheidung an anderer Stelle (Rn. 40) aber gerade nicht vergleichbar sei.

704 BGH, Beschl. v. 21. 7. 2016 – IX ZB 70/14, NZI 2016, 796, 797 Rn. 31.

werden, dass der Gesetzgeber diesen zentralen Punkt beim Erlass des ESUG schlichtweg übersehen hat.

De lege ferenda sollte eine Regelung für die Vergütung des vorläufigen Sachwalters geschaffen werden, um die Eigenverwaltung und das Amt des Sachwalters attraktiver zu machen, und um damit letztlich Sanierungen in Eigenverwaltung zu erleichtern. Im Zweifel sollte die Vergütung des vorläufigen Sachwalters eher zu hoch als zu niedrig angesetzt werden. Eine Vergütung des vorläufigen Sachwalters, die sich der Höhe nach an dem vorläufigen Insolvenzverwalter orientiert, erscheint dabei angemessen.[705] Dadurch würde der Gesetzgeber auch die Bedeutung der Eigenverwaltung hervorheben und diese weiter aufwerten, um damit ein wesentliches Ziel des ESUG zu verwirklichen.[706]

b. Begründung von Masseverbindlichkeiten

Das Wohl und Wehe einer erfolgreichen Eigenverwaltung hängt nicht zuletzt wesentlich davon ab, ob und wie der Schuldner das Unternehmen fortführen kann.[707] Um die bestehenden Geschäftsbeziehungen aufrechterhalten zu können, ist es dabei für den Schuldner unerlässlich, dass es ihm gestattet ist, Masseverbindlichkeiten zu begründen.[708] Anderenfalls würden den Geschäftspartner nur Insolvenzforderungen nach § 38 InsO zustehen, worauf sich freilich nur die allerwenigsten von ihnen einlassen würden.[709] Ob und wie Masseverbindlichkeiten allerdings bereits im Rahmen der durch das ESUG neu eingeführten vorläufigen Eigenverwaltung nach § 270a InsO begründet werden können, ist höchst umstritten und noch nicht höchstrichterlich geklärt.[710]

Vereinzelt wird die Möglichkeit, Masseverbindlichkeiten im Eigenverwaltungseröffnungsverfahren zu begründen, generell mangels ausdrücklicher

---

705 So im Ergebnis auch *Schur*, ZIP 2014, 757, 765 f.

706 90 % der Befragten stimmten im Rahmen der ESUG-Evaluierung der Aussage zu, dass der Aufgabenbereich und die Vergütung eines (vorläufigen) Sachwalters gesetzlich klarer umrissen werden sollten, siehe *Jacoby/Madaus/Sack/Schmidt/Thole*, ESUG-Evaluierung, S. 33.

707 *Wimmer*, in: Insolvenzrecht 2.020, S. 145; *Gravenbrucher Kreis*, ZIP 2014, 1262, 1263; *Frind* spricht dementsprechend bei der Begründung von Masseverbindlichkeiten zurecht von der „Gretchenfrage" der (vorläufigen) Eigenverwaltung, siehe *Frind*, ZInsO 2012, 1099, 1100.

708 Zur Frage der Begründung von Masseverbindlichkeiten im Regelinsolvenzverfahren vgl. §§ 55, 53 InsO.

709 *Zipperer*, in: Uhlenbruck, InsO, § 270a Rn. 16.

710 *Madaus*, KTS 2015, 115, 123.

gesetzlicher Regelung abgelehnt.[711] Die Folge dessen wäre dann aber in den allermeisten Fällen, dass eine Eigenverwaltung zum Scheitern verurteilt wäre[712] und für das Eigenverwaltungseröffnungsverfahren nach § 270a InsO kein Anwendungsbereich mehr offen stehen würde.[713] Die Einführung von § 270a InsO und die damit bezweckte Stärkung der Eigenverwaltung durch das ESUG hätte sich dadurch erledigt. Richtigerweise muss es dem Schuldner daher möglich sein, auch im Eigenverwaltungseröffnungsverfahren Masseverbindlichkeiten zu begründen. Strittig ist allerdings, wie dies hergeleitet werden kann und wie das zuständige Insolvenzgericht dies ermöglichen kann.

aa. Generelle Ermächtigung zur Begründung von Masseverbindlichkeiten

Zum Teil wird eine Befugnis des Schuldners zur Begründung von Masseverbindlichkeiten aus der fortbestehenden Verfügungsmacht über sein Vermögen abgeleitet (vgl. § 270a InsO i.V.m. § 275 InsO).[714] Im Rahmen des Schutzschirmverfahrens ist in § 270b Abs. 3 InsO[715] ausdrücklich normiert, dass der Schuldner Masseverbindlichkeiten begründen kann. Daraus folge, dass der Gesetzgeber bei Erlass des ESUG „offenkundig wie selbstverständlich" davon ausgegangen war, dass der Schuldner auch in der vorläufigen Eigenverwaltung nach § 270a InsO selbst Masseverbindlichkeiten begründen könne.[716] Der Schuldner erlange durch die Verweisung von § 270a Abs. 1 Satz 2 InsO auf die §§ 274, 275 InsO mit dem Anordnungsbeschluss die Rechtsstellung eines „starken" vorläufigen Insolvenzverwalters, so dass ihm daher ebenfalls dessen Befugnis, aus § 55 Abs. 2 InsO Masseverbindlichkeiten zu begründen, zukomme sollte.[717]

---

711 So zuletzt LG Hannover, Beschl. v. 22.08.2016 – 11 T 30/16, ZIP 2016, 1790.

712 *In casu* hat das AG Hannover als Vorinstanz daher die vorläufige Insolvenzverwaltung angeordnet, so dass eine spätere, grundsätzlich noch mögliche, Eigenverwaltung erheblich erschwert wurde, siehe AG Hannover, Beschl. v. 1. 7. 2016 – 908 IN 460/16 -2-, juris Rn. 39.

713 So im Ergebnis auch *Pleister/Kunkel*, ZIP 2017, 153, 160.

714 So u.a. *Frind*, WM 2014, 590, 591 f.; *Frind*, ZInsO 2012, 1099, 1102; *Oppermann/Smid*, ZInsO 2012, 862, 864 ff.; *Foltis*, in: FK-InsO, § 270a Rn. 25.

715 Dementsprechend wird teilweise vertreten, dass es sich um ein offensichtliches Redaktionsversehen des Gesetzgebers handele, dass für § 270a InsO keine Regelung bezüglich der Begründung von Masseverbindlichkeiten geschaffen wurde, siehe *Pleister/Tholen*, ZIP 2013, 526, 526.

716 AG Montabaur, Beschl. v. 27. 12. 2012 – 14 IN 282/12, NZI 2013, 350, 350 f.

717 So *Foltis*, in: FK-InsO, § 270a Rn. 25.

bb. Einzelermächtigung durch das Insolvenzgericht

Die wohl herrschende und im Ergebnis überzeugendere Ansicht folgert aus § 270b Abs. 3 InsO[718] das genaue Gegenteil. Danach benötigt der Schuldner im Rahmen des Eigenverwaltungseröffnungsverfahrens eine Einzelermächtigung durch das Insolvenzgericht gemäß § 21 Abs. 1 Satz 1 InsO, da sich der Gesetzgeber eben gerade dazu entschieden habe, nur im Rahmen des Schutzschirmverfahrens die Begründung von Masseverbindlichkeiten durch den Schuldner zu normieren.[719] Darüber hinaus schütze die Erteilung von Einzelermächtigung auch die zukünftige Insolvenzmasse, die im Falle von § 270a InsO deutlich gefährdeter sei als bei einem Schutzschirmverfahren nach § 270b InsO.[720] Die Vertreter der Minderansicht verkennen zudem, dass es sich bei § 275 InsO lediglich um eine Norm der internen Aufgabenverteilung handele, aus der eben keine allgemeine Ermächtigung des Schuldners abgeleitet werden könne.[721]

Umstritten ist innerhalb der herrschenden Ansicht allerdings, ob das Insolvenzgericht den Schuldner,[722] den (vorläufigen)

718 Diese Regelung fand sich noch nicht im Regierungsentwurf zum ESUG, sondern wurde erst durch den Rechtsausschuss des Bundestages eingeführt, siehe RechtsA ESUG, BT-Drucks. 17/7511, S. 20, 37.

719 *Madaus*, KTS 2015, 115, 122 f.; *Undritz*, in: K. Schmidt, InsO, § 270a Rn. 6; *Buchalik*, in: Haarmeyer/Wutzke/Förster, InsO, § 270a Rn. 12; der Bundesgerichtshof hielt in einer als unzulässig verworfenen Rechtsbeschwerde, ohne sich allerdings zur Rechtsfrage in der Sache konkret zu äußern, fest: „Ein Antrag auf Ermächtigung zur Begründung von Masseverbindlichkeiten ist in § 270a InsO ebenso wenig wie eine sofortige Beschwerde gegen die Ablehnung der Ermächtigung vorgesehen.“, siehe BGH, Beschl. v. 7. 2. 2013 - IX ZB 43/12, NZI 2013, 342, 342 ff. m. Anm. *Vallender* und m. Anm. *Weissinger* = NZG 2013, 998; die Aussage des Bundesgerichtshofs war wohl nur feststellender Natur und ließ das Problem weiterhin offen, siehe dazu auch *Graf-Schlicker*, ZInsO 2013, 1765, 1766 f.; 2016 nahm der Bundesgerichtshof die Möglichkeit zur Klarstellung bzgl. der Begründung von Masseverbindlichkeiten i.R.v. § 270a InsO leider abermals nicht wahr, siehe BGH, Beschl. v. 24. 3. 2016 – IX ZR 157/14, NZI 2016, 443 m. Anm. *Schädlich* = ZIP 2016, 831; ausdrücklich ist daher die Entscheidung aus 2018 zu begrüßen, in der der Bundesgerichtshof erstmals Farbe bekennt, siehe BGH, Urt. v. 22. 11. 2018 - IX ZR 167/16, NZI 2019, 236.

720 *Ringstmeier*, in: Ahrens/Gehrlein/Ringstmeier, InsO, § 270a Rn. 8.

721 *Undritz*, in: K. Schmidt, InsO, § 270 Rn. 6.

722 So u.a. AG Köln, Beschl. v. 26. 3. 2012 – 73 IN 125/12, NZI 2012, 375 = NJW Spezial 2012, 309; LG Duisburg, Beschl. v. 29. 11. 2012 - 7 T 185/12, NZI 2013, 91, 92 f. m. zustimmender Anm. *Andres* = ZIP 2012, 2453; BGH, Urt. v. 22. 11. 2018 - IX ZR 167/16, NZI 2019, 236; *Fiebig*, in: HambKomm-InsO, § 270a Rn. 40; *Graf-Schlicker*,

Sachwalter[723] oder sogar beide in Zusammenarbeit[724] zur Begründung von Masseverbindlichkeiten ermächtigen darf und daneben, ob dies durch Einzelermächtigung oder auch als Generalermächtigung erfolgen kann.[725]

cc. Stellungnahme

Im Ergebnis erscheint es überzeugender, dass das Insolvenzgericht durch Einzelermächtigungen nur dem Schuldner die Möglichkeit geben kann, Masseverbindlichkeiten zu begründen. Dafür spricht nicht zuletzt die Systematik der §§ 270 ff. InsO und die gesetzlich vorgegebene Aufgabenverteilung zwischen dem Schuldner und dem Sachwalter im Rahmen der Eigenverwaltung.[726] Es entspricht dem Wesen der Eigenverwaltung, dass der Schuldner die Zügel in der Hand behält und das Unternehmen ohne größere Einschränkungen weiterführen kann, weshalb auch nur er von dem Insolvenzgericht dazu ermächtigt werden kann, Masseverbindlichkeiten zu begründen. Daneben spricht ebenso der Sinn und Zweck des ESUG, dessen Ziel unter anderem war, die Eigenverwaltung zu erleichtern,[727] dafür, dass nur der Schuldner ermächtigt werden kann, Masseverbindlichkeiten zu begründen.[728] Eine zwingende Zustimmung des vorläufigen Sachwalters erscheint aus Gründen der Verfahrensökonomie nicht praktikabel. Gerade deswegen ist aber, wie oben bereits erörtert, eine

---

in: Graf-Schlicker, InsO, § 270a Rn. 19; *Pape*, in: Kübler/Prütting/Bork, InsO, § 270a Rn. 21; *Hofmann*, in: HRI, § 7 Rn. 128; *Undritz*, in: K. Schmidt, InsO, § 270a Rn. 6.

723 So AG Hamburg, Beschl. v. 4. 4. 2012 – 67 g IN 74/12, NZI 2012, 566 = ZIP 2012, 787; *Ringstmeier*, in: Ahrens/Gehrlein/Ringstmeier, InsO, § 270a Rn. 8.

724 *Kern* fordert, dass der vorläufige Sachwalter in Gestalt eines besonderen Zustimmungserfordernisses zwingend beteiligt werden sollte, da der vorläufige Sachwalter, der von der Vermögenslage des Schuldners regelmäßig eine bessere Kenntnis als das Gericht habe, über § 275 hinaus in jedem Fall eingebunden sein sollte, siehe dazu *Kern*, in: MünchKomm-InsO, § 270a Rn. 44; ebenso will der *Gravenbrucher Kreis*, dass der Schuldner nur mit Zustimmung des vorläufigen Sachwalters Masseverbindlichkeiten begründen kann, siehe *Gravenbrucher Kreis*, ZIP 2015, 2159, 2163; befürwortend auch *Klinck*, ZIP 2013, 853, 861 f.

725 Das AG Fulda lehnte eine Ermächtigung sowohl des Schuldners als auch des Sachwalters zur Begründung von Masseverbindlichkeiten im Eröffnungsverfahren sogar generell ab, steht aber damit – soweit ersichtlich – in der insolvenzrechtlichen Rechtsprechung alleine da, siehe dazu AG Fulda, Beschl. v. 28. 3. 2012 – 91 IN 9/12, ZIP 2012, 1471.

726 So auch *Fiebig*, in: HambKomm-InsO, § 270a Rn. 40.

727 RegE ESUG, BT-Drucks. 17/5712, S. 17.

728 LG Duisburg, Beschl. v. 29. 11. 2012 – 7 T 185/12, NZI 2013, 91, 92.

persönliche Haftung der handelnden Organe im Rahmen der Eigenverwaltung in Zukunft vorzusehen.

Wegen der bisher sehr uneinheitlichen Rechtsprechung der Amts- und Landgerichte[729] erscheint aus Gründen der Rechtssicherheit eine Regelung bezüglich der Begründung von Masseverbindlichkeiten, wie sie in § 270b Abs. 3 InsO getroffen wurde, wünschenswert.[730] Innerhalb Deutschlands könne es auf Grund der sehr uneinheitlichen Rechtsprechung der Amtsgerichte sogar in den Fällen, in denen der Schuldner Anträge auf Eigenverwaltung an verschiedenen Gerichten stellen kann, zu einem *forum shopping* kommen.[731] Zwar ist das Ende 2018 ergangene Urteil des Bundesgerichtshofes[732] hinsichtlich seiner teilweise klarstellenden Wirkung ausdrücklich zu begrüßen. Dem Schuldner und gerade nicht dem vorläufigen Sachwalter kann auf Grundlage von § 270 Abs. 1 Satz 2 i.V.m. § 21 Absatz 1 Satz 1 InsO eine gerichtliche Einzelermächtigung zur Begründung von Masseverbindlichkeiten erteilt werden.[733] Diese Entscheidung steht im Ermessen des Gerichts und nicht im Ermessen des Schuldners.[734] Der Gesetzgeber sollte aber trotz der teilweisen Klarstellung bei der nächsten Novellierung der Insolvenzordnung dringend eine ausdrückliche Regelung treffen, um weitere Rechtsunsicherheiten zu vermeiden.[735]

c. *Aufhebung des Eigenverwaltungseröffnungsverfahren*

Die Frage, ob und wie das Eröffnungsverfahren nach § 270a InsO, noch bevor das Insolvenzgericht über die Anordnung der Eigenverwaltung überhaupt entschieden hat, aufgehoben werden und in das allgemeine Eröffnungsverfahren

---

729 Mangels einer Beschwerdemöglichkeit gegen die Ablehnung der Ermächtigung zur Begründung von Masseverbindlichkeiten kann der Bundesgerichtshof nicht zu einer Vereinheitlichung der Rechtsprechung beitragen, siehe dazu zuletzt BGH, Beschl. v. 7. 2. 2013 – IX ZB 43/12, NZI 2013, 342 m. Anm. *Vallender* und m. Anm. *Weissinger* = NZG 2013, 998.

730 Der *Gravenbrucher Kreis* will dagegen den Weg zum Bundesgerichtshof *de lege ferenda* zulassen, um dadurch zu einer Rechtsvereinheitlichung zu gelangen, siehe *Gravenbrucher Kreis*, ZIP 2015, 2159, 2165. Eine gesetzliche eindeutige ausdrückliche Regelung des Problems erscheint indes vorzugswürdig.

731 *Pleister/Kunkel*, ZIP 2017, 153, 160.

732 BGH, Urt. v. 22. 11. 2018 – IX ZR 167/16, NZI 2019, 236.

733 BGH, Urt. v. 22. 11. 2018 – IX ZR 167/16, NZI 2019, 236, 238 Rn. 14.

734 BGH, Urt. v. 22. 11. 2018 – IX ZR 167/16, NZI 2019, 236, 238 Rn. 16.

735 Im Rahmen der ESUG-Evaluierung kommen die Autoren zum gleichen Ergebnis und empfehlen ebenfalls eine ausdrückliche gesetzliche Regelung, siehe *Jacoby/Madaus/Sack/Schmidt/Thole*, ESUG-Evaluierung, S. 129.

übergegangen werden kann, wurde vom Gesetzgeber durch das ESUG nicht ausdrücklich geregelt. Zum Teil wird gefordert, dass die vorläufige Eigenverwaltung nur dann aufhebbar sei, wenn in einer Analogie zu § 274 Abs. 3 InsO der vorläufige Sachwalter bei dem Insolvenzgericht anzeigt, dass bei Fortsetzung der (vorläufigen) Eigenverwaltung Nachteile für die Gläubiger drohen.[736]

Richtigerweise folge aus dem Sinn und Zweck des § 270a InsO die spätere mögliche Eigenverwaltung vorzubereiten, dass das Insolvenzgericht dazu verpflichtet sei, das Eigenverwaltungsvorverfahren aufzuheben, wenn ihm Umstände bekannt werden, die Nachteile für die Gläubiger befürchten lassen.[737] Wie das Insolvenzgericht Kenntnis von den möglichen Nachteilen erlangt hat, sollte, um den Gläubigerschutz zu gewährleisten, im Ergebnis keine Rolle spielen.

d. Fazit

Die vielen Neuerungen der Eigenverwaltung durch das ESUG, insbesondere durch die gesetzliche Normierung der vorläufigen Eigenverwaltung, werden dazu beitragen, die Akzeptanz der Eigenverwaltung weiter zu erhöhen. Der Sanierungsgedanke tritt in § 270a InsO offen hervor. Durch ihn wird eine spätere Eigenverwaltung deutlich erleichtert und somit werden auch Sanierungschancen für Unternehmen erhöht.

Die Eigenverwaltung und deren zahlreiche Modifikationen waren ebenfalls Teil der bereits erwähnten ESUG-Studie 2014/2015. So konnten bereits 86 % der Befragten Erfahrungen mit der vorläufigen Eigenverwaltung sammeln, 2012 waren dies nur 68 %.[738] 69 % sahen das Ziel des Gesetzgebers, die Eigenverwaltung zu erleichtern, als erfüllt an, im Vorjahr waren es allerdings noch 74 %.[739] 42 %, und damit immerhin 10 % mehr als im Vorjahr, halten die Regelungen zur vorläufigen Eigenverwaltung für gelungen.[740] Hervorzuheben ist nicht zuletzt auch, dass 51 % davon ausgehen, dass durch die Eigenverwaltung die Bereitschaft

736 *Schelo*, ZIP 2012, 712, 715.

737 *Foltis*, in: FK-InsO, § 270a Rn. 33.

738 *Haghani/Bizenberger/Blatz/Seagon*, in: Unternehmensrestrukturierung und Unternehmensinsolvenz, S. 78.

739 *Haghani/Bizenberger/Blatz/Seagon*, in: Unternehmensrestrukturierung und Unternehmensinsolvenz, S. 81.

740 *Haghani/Bizenberger/Blatz/Seagon*, in: Unternehmensrestrukturierung und Unternehmensinsolvenz, S. 81.

der *stakeholder* zur Unterstützung der Unternehmenssanierung steige, und nur 18 % vom Gegenteil ausgehen.[741]

Eine ausdrückliche Normierung der Vergütung des vorläufigen Sachwalters in der Insolvenzrechtlichen Vergütungsverordnung erscheint angebracht und sollte alsbald vom Gesetzgeber aufgegriffen werden. Eine Orientierung an der Vergütung des vorläufigen Insolvenzverwalters dient dazu, das Amt des Sachwalters und die Eigenverwaltung insgesamt attraktiver zu machen.

Ob die Neufassung des § 270 Abs. 2 Nr. 2 InsO durch das ESUG geglückt ist, erscheint zweifelhaft. Dass nun Zweifel hinsichtlich des Erfolges einer Eigenverwaltung in aller Regel zu Lasten der Gläubiger gehen, wird deren Bereitschaft, den Schuldner bei seiner Eigenverwaltung und einer zu erfolgenden Sanierung zu unterstützen, wohl eher schmälern.[742]

Ausdrücklich abzulehnen ist der Vorschlag des *Gravenbrucher Kreises* ähnlich wie zu Zeiten der Vergleichsordnung Redlichkeitsanforderungen, wie etwa die Erfüllung von Buchführungs- und Bilanzierungspflichten vor und nach der Antragsstellung, an den Schuldner in Eigenverwaltung zu stellen.[743] Dies würde die Eigenverwaltung, die nach dem Willen des Gesetzgebers durch das ESUG erleichtert werden sollte, zu sehr einschränken und die Zahlen der Eigenverwaltungen in Deutschland wohl wieder auf das Niveau von vor Inkrafttreten des ESUG drücken.

Daneben lässt das weiterhin ungelöste Problem, ob, wie und durch wen Masseverbindlichkeiten in der vorläufigen Eigenverwaltung begründet werden können, die durch das ESUG eingeführten Neuregelungen in keinem guten Licht erscheinen. Die höchst strittige Frage, bedarf dringend einer höchstrichterlichen Klärung, oder aus Gründen der Rechtssicherheit idealerweise sogar einer gesetzlichen Normierung, wie sie in § 270b Abs. 3 InsO bereits getroffen wurde. Nur

---

741 *Haghani/Bizenberger/Blatz/Seagon*, in: Unternehmensrestrukturierung und Unternehmensinsolvenz, S. 83. Dieser Trend setzte sich auch in der Studie im Folgejahr 2016 fort, siehe dazu *Bizenberger/Eschmann/Blatz/Seagon*, in: Praxis der Unternehmensrestrukturierung, S. 61.

742 So auch *Madaus*, KTS 2015, 115, 136; er schlägt daher vor, den Nachteilsbegriff des § 270 Abs. 2 InsO an den gesetzgeberischen Zwecken, namentlich der Kosteneffizienz und der frühzeitigen und freiwilligen Antragstellung, zu orientieren und eine Eigenverwaltung nur für die Fälle zuzulassen, in denen die Eigenverwaltung einen konkreten Vorteil für das Verfahrensergebnis erwarten lasse und der Schuldner bereits bei Antragstellung einen Insolvenzplan vorlegt, siehe dazu ausführlich *Madaus*, KTS 2015, 115, 136 ff.

743 *Gravenbrucher Kreis*, ZIP 2014, 1262, 1263.

durch verlässliche Regeln können sich die Beteiligten auf die Verfahren vorbereiten und nur so kann der Sanierungsgedanke tatsächlich umgesetzt werden.

2. *Schutzschirmverfahren*

Die wohl grundlegendste und gleichzeitig innovativste Neuerung, die das ESUG hervorgebracht hat, ist die Einführung des Schutzschirmverfahrens nach § 270b InsO. Durch die Einführung von § 270b InsO i.V.m. § 270a InsO soll es Unternehmen nun erstmals ermöglicht werden, unter einem bis zu drei Monate bestehenden Schutzschirm selbstständig und eigenverantwortlich, allerdings unter Kontrolle eines Gerichts und eines vorläufigen Sachwalters, einen Insolvenzplan im Sinne eines *pre-packaged plan* auszuarbeiten.[744] Der Gesetzgeber begründete seinen Entschluss damit, dass durch das Schutzschirmverfahren nach § 270b InsO dem Schuldner ein weiterer Anreiz zu einer frühzeitigen Sanierung geboten werden solle, um dadurch rechtzeitig die Weichen für die Sanierung des Unternehmens zu stellen.[745] Daneben sollte das Vertrauen des Schuldners in das Insolvenzverfahren weiter gestärkt werden.[746] Vorbild für § 270b InsO waren dabei abermals zahlreiche Verfahren aus dem europäischen Ausland, die allgemein als sanierungsfreundlicher eingestuft wurden.[747]

Der Begriff des Schutzschirmverfahrens kann dabei durchaus missverstanden werden. Denn ebenso wie bei dem Insolvenzplanverfahren nach den §§ 217 ff. InsO und dem ordentlichen Eigenverwaltungsverfahren nach den §§ 270 ff. InsO handelt es sich streng genommen nicht um ein Verfahren *sui generis*, sondern richtigerweise lediglich um eine mögliche Variante des ebenfalls durch § 270a InsO neu eingeführten Eröffnungsverfahrens in vorläufiger Eigenverwaltung.[748]

---

744 RegE ESUG, BT-Drucks. 17/5712, S. 40 f.

745 RegE ESUG, BT-Drucks. 17/5712, S. 40.

746 RegE ESUG, BT-Drucks. 17/5712, S. 40.

747 So dienten vor allem die britischen *company voluntary arrangements* (siehe dazu ausführlich unter Dritter Teil, A. II. 2. b.) und das französische *conciliation* bzw. *procedure de sauvegarde* als Vorbilder, siehe *Zipperer*, in: Uhlenbruck, InsO, § 270b Rn. 1; *Graf-Schlicker*, in: Graf-Schlicker, InsO, § 270b Rn. 1; *Kern*, in: MünchKomm-InsO, § 270b Rn. 15 m.w.N.; *Piekenbrock*, NZI 2012, 905, 905 f.; grundlegend zur Rechtsvergleichung des Schutzschirmverfahrens mit anderen Rechtsordnungen, u.a. auch mit *Chapter 11*, siehe *Camek*, Schutzschirmverfahren, S. 27 ff.

748 *Madaus*, KTS 2015, 115, 121 f.; zum Teil wird § 270b InsO auch als „Sanierungsvorbereitungsverfahren" bezeichnet, so u.a. *Hofmann*, NZI 2010, 798, 801; *Undritz*, in: K. Schmidt, InsO, § 270b Rn. 1; fälschlicherweise wird teilweise von einem „vorinsolvenzlichen Sanierungsverfahren" gesprochen, so etwa *Willemsen/Rechel*, ESUG, § 270b Rn. 1, ein solches Verfahren ist § 270b InsO, anders als die Vorbilder nach

Im Regierungsentwurf wird zwar von einem „eigenständigen Sanierungsverfahren" gesprochen,[749] was aber missverständlich ist und letztlich nicht mit der Systematik der §§ 270 ff. InsO in Einklang zu bringen ist.[750]

Das Schutzschirmverfahren bekam nicht zuletzt durch den sehr prominenten Fall der Sanierung der *Suhrkamp Verlag GmbH & Co. KG*, die mittlerweile als *Suhrkamp Verlag AG* firmiert, auch außerhalb der insolvenzrechtlichen Fachwelt eine breitere Aufmerksamkeit. Nicht nur weil der Fall zahlreiche gesellschaftsrechtliche Probleme aufwies und damit das Verhältnis des Insolvenzrechts zum Gesellschaftsrecht neu auslotete, sondern vor allem, weil es der erste größere Fall nach Inkrafttreten des ESUG war, bei dem das Schutzschirmverfahren nach § 270b InsO zur Anwendung kam, verdient die Causa *Suhrkamp* eine nähere Betrachtung. Vorab werden aber zunächst die Voraussetzungen für ein erfolgreiches Schutzschirmverfahren, der regelmäßige Ablauf und einige noch ungeklärte (Rechts-)Fragen der Neuregelung näher erörtert.

a. Allgemein

Die Voraussetzungen einer erfolgreichen Anordnung des Schutzschirmverfahrens durch das zuständige Insolvenzgericht ergeben sich aus § 270b Abs. 1 InsO. Nach § 270b Abs. 1 Satz 1 InsO kann das Insolvenzgericht auf Antrag des Schuldners, wenn er bei Überschuldung oder drohender Zahlungsunfähigkeit den Eröffnungsantrag gestellt hat und er die Eigenverwaltung beantragt hat, ihm eine Frist zur Vorlage eines Insolvenzplans gewähren. Damit ist der Schuldner verpflichtet, drei Anträge parallel zu stellen, um unter den Schutzschirm fallen zu können.[751]

---

britischem bzw. französischem Recht aber gerade nicht, da die Insolvenzgründe der §§ 18, 19 InsO vorliegen müssen; *Schelo* weist zurecht darauf hin, dass zumindest die gesetzliche Überschrift „Vorbereitung einer Sanierung" wesentlich besser klinge als „Insolvenzeröffnungsverfahren in vorläufiger Eigenverwaltung" und dadurch die Zustimmung durch die Beteiligten stiege, siehe *Schelo*, ZIP 2012, 712, 715; aus Gründen der Vereinfachung wird im Folgenden allerdings weiterhin bei § 270b InsO von dem Schutzschirmverfahren gesprochen.

749 RegE ESUG, BT-Drucks. 17/5712, S. 40.

750 Vielmehr bedeute Eigenständigkeit richtigerweise, dass die besonderen materiellen Anordnungsvoraussetzungen unabhängig und zusätzlich zu der vorläufigen Eigenverwaltung i.S.d. § 270a InsO vorliegen müssen, siehe *Zipperer*, in: Uhlenbruck, InsO, § 270b Rn. 6.

751 *Kern*, in: MünchKomm-InsO, § 270b Rn. 17 ff.; *Vallender*, GmbHR 2012, 450, 451; *Riggert*, in: Nerlich/Römermann, InsO, § 270b Rn. 3; *Graf-Schlicker*, in: Graf-Schlicker, InsO, § 270b Rn. 3; *Zipperer*, in: Uhlenbruck, InsO, § 270b Rn. 7.

Das Schutzschirmverfahren ist anders als das Eigenverwaltungseröffnungsverfahren nach § 270a InsO oder das sich daran anschließende eröffnete Eigenverwaltungsverfahren nach § 270 InsO dem Wortlaut nach ausdrücklich auf eine Sanierung mittels eines Insolvenzplans ausgelegt.[752] Fraglich ist daher, ob das Schutzschirmverfahren neben einer Sanierung mittels eines *pre-packaged plan*,[753] also eines vorab erstellten Insolvenzplans, dennoch eine übertragende Sanierung zulässt. Zum Teil wird dies bejaht und vor allem mit dem offenen Ansatz der Insolvenzordnung begründet.[754] Dem ist im Ergebnis allerdings zu widersprechen. Der Wortlaut des § 270b InsO ist insoweit eindeutig und sieht dementsprechend vor, dass dem Schuldner eine dreimonatige Frist zur Vorlage eines Insolvenzplans gewährt wird, so dass allenfalls eine – in der Praxis kaum relevante[755] – übertragende Sanierung mittels eines Insolvenzplans in Betracht käme.[756]

Die von dem Schuldner angestrebte Sanierung darf dabei jedoch nicht offensichtlich aussichtslos und die Frist zur Vorlage eines Insolvenzplans auf maximal drei Monate begrenzt sein, vgl. § 270b Abs. 1 Satz 2 InsO. § 270b Abs. 1 Satz 3 InsO sieht vor, dass der Schuldner für ein erfolgreiches Schutzschirmverfahren mit der Antragsstellung dem Insolvenzgericht eine Bescheinigung eines in Insolvenzsachen erfahrenen Steuerberaters, Wirtschaftsprüfers oder Rechtsanwalts

---

752 RegE ESUG, BT-Drucks. 17/5712, S. 19.

753 Zur Unternehmenssanierung mittels eines *pre-packaged plan* siehe einführend *Heßel*, Vorinsolvenzliches Sanierungsverfahren, S. 69 f.; ausführlich und grundlegend dazu zuletzt *Doliwa*, Geplante Insolvenz.

754 So u.a. *Brünkmans*, in: HK-InsO, § 270b Rn. 17; *Zipperer*, in: Uhlenbruck, InsO, § 270b Rn. 13; *Zipperer/Vallender*, NZI 2012, 729, 732; *Schelo* hält die Formulierung des Gesetzes zumindest für „merkwürdig", weil sich die übertragende Sanierung in der Praxis bewährt habe, siehe *Schelo*, ZIP 2012, 712, 713.

755 So u.a. *Jaffé*, in: FK-InsO, § 217 Rn. 77; *Brinkmann*, WM 2011, 97, 98; *Undritz*, in: HRI, § 2 Rn. 30 f.; *Spahlinger*, in: Kübler/Prütting/Bork, InsO, § 217 Rn. 24; *Silcher*, in: Ahrens/Gehrlein/Ringstmeier, InsO, § 217 Rn. 49 ff.

756 So auch im Ergebnis *Riggert*, in: Nerlich/Römermann, InsO, § 270b Rn. 14, wobei dieser § 270b InsO enger auslegt und sogar eine übertragende Sanierung in einem Insolvenzplan oder lediglich verfahrensleitende Insolvenzpläne als nicht vom Wortlaut des § 270b InsO erfasst ansieht und der Insolvenzplan i.S.d. § 270b InsO daher nur die Sanierung des Rechtsträgers erfassen könne; zu dem bisher wenig diskutierten Problem, ob der vorläufige Sachwalter ein Initiativrecht bezüglich eines Insolvenzplans hat, siehe *Hölzle*, ZIP 2012, 855, 858 ff.

oder einer Person mit vergleichbarer Qualifikation vorzulegen habe aus der sich ergibt, dass die Voraussetzungen von § 270 Abs. 1 Satz 1 InsO vorliegen.[757]

b. Überschuldung oder drohende Zahlungsunfähigkeit

Das Schutzschirmverfahren setzt voraus, dass dem Unternehmen die Zahlungsunfähigkeit i.S.d. § 18 InsO droht oder die Überschuldung i.S.d. § 19 InsO vorliegt.[758] Aus einem Umkehrschluss folge daher, dass dagegen die Zahlungsunfähigkeit des Unternehmens i.S.d. § 17 InsO die Anordnung des Schutzschirmverfahrens ausschließe.[759] Dadurch soll ein Anreiz geschaffen werden, dass der Schuldner den Eröffnungsantrag möglichst früh stellt und damit die Chancen einer Sanierung deutlich erhöht werden können.[760]

Zum Teil wird als maßgeblicher Zeitpunkt, ob eine Überschuldung oder drohende Zahlungsunfähigkeit vorliegt, der Moment der Entscheidung des Insolvenzgerichts angesehen.[761] Begründet wird dies zum einen damit, dass sich aus der Bescheinigung nach § 270b Abs. 1 Satz 3 InsO ergeben soll, dass ein Insolvenzgrund vorliegt und eben nicht.[762] Zum anderen spreche für die gerichtliche Entscheidung als den maßgeblichen Zeitpunkt, dass das Insolvenzgericht ansonsten zu einer äußerst schwierigen, wenn nicht sogar oft unmöglichen Rekonstruktion der Vermögensverhältnisse bei der Antragsstellung des Schuldners gezwungen sei.[763]

---

757 Zur Erstellung der Bescheinigung als neues Tätigkeitsfeld für die einschlägigen Berufe, siehe *Kerz*, DStR 2012, 204.

758 *Undritz*, in: K. Schmidt, InsO, § 270b Rn. 3; die Insolvenzgründe können dabei ebenso kumulativ vorliegen, siehe *Kern*, in: MünchKomm-InsO, § 270b Rn. 26; zur drohenden Zahlungsunfähigkeit i.R.d. § 270b InsO siehe ausführlich *Ganter*, NZI 2012, 985; *Madaus* merkt zurecht an, dass das Insolvenzgericht bei einer gutachterlichen Feststellung des Eröffnungsgrundes nicht den von dem Schuldner nach § 270b Abs. 2 Satz 2 InsO mitgebrachten vorläufigen Sachwalter beauftragen solle, da andernfalls einem etwaigen Minderheitsgesellschafter nach §§ 406, 42 Abs. 1 ZPO i.V.m. § 4 InsO ein Ablehnungsrecht zustünde, siehe dazu *Madaus*, ZIP 2014, 500, 502 f.; zu den Insolvenzgründen allgemein aus wirtschaftsforensischer Sicht siehe *Harz/Bornmann/Conrad/Ecker*, NZI 2015, 737.

759 *Undritz*, in: K. Schmidt, InsO, § 270b Rn. 3; *Graf-Schlicker*, in: Graf-Schlicker, InsO, § 270b Rn. 5; AG Erfurt, Beschl. v. 11. 4. 2012 – 172 IN 190/12, BeckRS 2012, 09659.

760 RegE ESUG, BT-Drucks. 17/5712, S. 19, 40.

761 *Kern*, in: MünchKomm-InsO, § 270b Rn. 27 ff.; AG Ludwigshafen, Beschl. v. 4. 7. 2014 – 3 f IN 260/14 Ft, ZIP 2014, 1746.

762 *Kern*, in: MünchKomm-InsO, § 270b Rn. 28.

763 *Kern*, in: MünchKomm-InsO, § 270b Rn. 29.

Nach der überzeugenderen und mittlerweile wohl herrschenden Meinung ist auf den Zeitpunkt der Antragstellung abzustellen; ein nachträgliches Wegfallen des Insolvenzgrundes schadet daher grundsätzlich nicht.[764] Dafür spricht sowohl der Wortlaut des § 270b Abs. 1 Satz 1 Halbs. 1 InsO („*Hat* der Schuldner den Eröffnungsantrag bei drohender Zahlungsunfähigkeit oder Überschuldung gestellt […]") als außerdem die Entstehungsgeschichte der Norm.[765] So sah der Regierungsentwurf zum ESUG in § 270b Abs. 3 Nr. 1 RegE noch ausdrücklich vor, dass bei Eintritt der Zahlungsunfähigkeit das Insolvenzgericht die Anordnung des Schutzschirmverfahrens aufhebt.[766]

c. *Bescheinigung nach § 270b Abs. 1 Satz 3 InsO*

Aus der Bescheinigung i.S.d. § 270b Abs. 1 Satz 3 InsO muss hervorgehen, dass entweder eine Überschuldung oder die drohende Zahlungsunfähigkeit vorliegt und daneben eine Sanierung des Schuldners nicht offensichtlich aussichtlos ist. Der Wortlaut des § 270b Abs. 1 Satz 3 InsO („[…] oder einer Person mit vergleichbarer Qualifikation […]") legt fest, dass richtigerweise nur eine natürliche Person eine solche Bescheinigung ausstellen kann.[767] Die qualifizierte

---

764 So u.a. *Pape*, in: Kübler/Prütting/Bork, InsO §270b Rn. 30 f.; *Ganter*, NZI 2012, 985, 987; *Zipperer*, in: Uhlenbruck, InsO, § 270b Rn. 12; *Ringstmeier*, in: Ahrens/Gehrlein/Ringstmeier, InsO, § 270b Rn. 8 f.; *Vallender*, GmbHR 2012, 450, 451.

765 *Ringstmeier*, in: Ahrens/Gehrlein/Ringstmeier, InsO, § 270b Rn. 8; *Zipperer*, in: Uhlenbruck, InsO, § 270b Rn. 12 (Hervorhebung durch den Verfasser).

766 Siehe RegE ESUG, BT-Drucks. 17/5712, S. 12; erst der Rechtsausschuss des Bundestages schlug, nach zahlreicher und überzeugender Kritik in der Literatur, die heute geltende Fassung vor, da nach dessen Auffassung ansonsten einzelne Gläubiger die Möglichkeit gehabt hätten, das Verfahren zu torpedieren, wenn diese ihre Forderungen wegen des Eröffnungsantrag fällig stellen und damit sofort die Zahlungsunfähigkeit des Schuldners eintritt, siehe RegE ESUG, BT-Drucks. 17/7511, S. 20, 37; zu der damaligen umfassenden Kritik an § 270b Abs. 3 Nr. 1 DiskE ESUG siehe u.a. *Hofmann*, NZI 2010, 798, 802; *Kammel/Staps*, NZI 2010, 791, 796 f.

767 *Zipperer/Vallender*, NZI 2012, 729, 730; *Kern*, in: MünchKomm-InsO, § 270b Rn. 43; in der Praxis würden allerdings regelmäßig juristische Personen zur Erstellung beauftragt, allerdings schaue das Insolvenzgericht bei der Beurteilung der Eignung auf die handelnden natürlichen Personen, siehe *Loeffelholz/Sanne*, NZI 2015, 583, 585; zu den weiteren Voraussetzungen an die Person des Austellers siehe instruktiv und ausführlich *Kern*, in: MünchKomm-InsO, § 270b Rn. 44 ff.; zu der jüngst ergangenen Entscheidung des Bundesverfassungsgerichts bezüglich der Vereinbarkeit von § 56 InsO mit Art. 3 Abs. 1 GG und Art. 12 Abs. 1 GG, siehe BVerfG, Beschl. v. 12. 1. 2016 – 1 BvR 3102/13 = ZIP 2016, 321 m. Anm. *Römermann*; ob diese Entscheidung auch auf

Bescheinigung hat höchste praktische Relevanz. Sie trägt wesentlich dazu bei, ob das Schutzschirmverfahren durch das Insolvenzgericht angeordnet wird und damit eine Sanierung gelingen kann. Deshalb ist nach Inkrafttreten des ESUG erheblicher Streit über die Auslegung von § 270b Abs. 1 Satz 3 InsO ausgebrochen.

aa. Einheitlicher Standard

Bis heute besteht kein einheitlicher Standard, wie eine Bescheinigung nach § 270b Abs. 1 Satz 3 InsO auszusehen hat. Dies ist sogar vom Gesetzgeber ausdrücklich gewünscht, da ansonsten kleinere und mittlere Unternehmen mit erheblichen Kosten, die eine Erstellung der Bescheinigung regelmäßig mit sich bringt, belastet werden würden und dadurch der Zugang zum Schutzschirmverfahren für diese Unternehmen deutlich erschwert werden würde.[768] Dennoch hat das Institut der Deutschen Wirtschaftsprüfer mit seinem Standard 9 im Jahr 2014 einen wesentlichen Beitrag geleistet, um zu einheitlichen Kriterien bei der Erstellung der Bescheinigung zu gelangen.[769] Der IDW S 9 ist allerdings für die Beteiligten ebenfalls weiterhin nicht bindend.[770] Von zahlreichen Stimmen werden einheitliche (Mindest-)Standards bezüglich der Bescheinigung, unabhängig von den hohen Kosten, weiterhin abgelehnt.[771] Begründet wird dies vor allem damit, dass jeder Sanierungsfall auch immer eine Einzelfallentscheidung erfordere und daher je nach Größe des Unternehmens unterschiedliche Maßstäbe bei der Erstellung der Bescheinigung angewendet werden müssten, weswegen sich einheitliche Standards verbieten.[772] Im Rahmen der ESUG-Evaluierung gaben

---

den (vorläufigen) Sachwalter und sogar den Aussteller der Bescheinigung übertragbar ist, bleibt offen.

768 RegE ESUG, BT-Drucks. 17/5712, S. 40.

769 Abgedruckt in ZIP 2014, 2275; einführend dazu siehe *Steffan/Solmecke*, ZIP 2014, 2271; ergänzend dazu *Loeffelholz/Sanne*, NZI 2015, 583.

770 *Kern*, in: MünchKomm-InsO, § 270b Rn. 41; 33 % der befragten Richter der ESUG-Studie 2014/2015 befürworten allerdings, dass der IDW S 9 für die Bescheinigung nach § 270b InsO zumindest maßgeblich sein sollte; für das BDU Grobkonzept als maßgeblichen Standard sprachen sich 2015 immerhin noch 20 % der befragten Richter aus, siehe *Haghani/Bizenberger/Blatz/Seagon*, in: Unternehmensrestrukturierung und Unternehmensinsolvenz, S. 84 f.; dies macht deutlich, dass zumindest in der insolvenzgerichtlichen Praxis ein Bedürfnis nach klareren und vor allem einheitlichen Kriterien bezüglich des § 270b Abs. 1 Satz 3 InsO besteht.

771 So u.a. *Zipperer/Vallender*, NZI 2012, 729, 733; *Piekenbrock*, in: Solvenz – Insolvenz – Resolvenz, S. 93.

772 *Zipperer/Vallender*, NZI 2012, 729, 733; *Zipperer*, in: Uhlenbruck, InsO, § 270b Rn. 21.

über 50 % der Befragten an, dass sie die Bescheinigung nach § 270b Abs. 1 InsO nicht für eine taugliche Verfahrensgrundlage halten.[773]

bb. Haftung des Ausstellers

In der Praxis kommt es im Nachgang eines Insolvenzverfahrens oftmals zu Haftungsfragen. Problematisch ist daher, ob und gegenüber wem der Aussteller für eine fehlerhafte Ausstellung der Bescheinigung haftet. Ausdrückliche Haftungsnormen für den Aussteller hat der Gesetzgeber mit der Einführung des ESUG nicht geschaffen. Bei der Haftung des Ausstellers ist zwischen der Haftung gegenüber dem Schuldner und der Haftung gegenüber Dritten, also regelmäßig den Gläubigern des Schuldners, zu differenzieren. Gegenüber dem Schuldner haftet der Aussteller grundsätzlich sowohl aus Vertrag[774] als auch deliktsrechtlich.[775] Dabei stellen sich regelmäßig die allgemeinen zivilrechtlichen (Beweis-) Probleme.

Problematischer und außerdem deutlich praxisrelevanter erscheint indes die Haftung gegenüber Dritten, die in keiner vertraglichen Beziehung zum Aussteller der Bescheinigung stehen.[776] Dritte sind dabei nicht nur die bisherigen Gläubiger des Schuldners, sondern ebenso die Neugläubiger, die während des Verfahrens einen Beitrag zu der Sanierung des Unternehmens leisten.[777] Man könnte eine Haftung des Ausstellers zum einen aus den Grundsätzen des Vertrages mit Schutzwirkung für Dritte herleiten.[778] Diese Grundsätze wurden von

773 *Jacoby/Madaus/Sack/Schmidt/Thole*, ESUG-Evaluierung, S. 32.

774 Etwa wegen der Verletzung einer Pflicht aus dem Werkvertrag nach §§ 280 Abs. 1, 631 BGB, siehe *Zipperer*, in: Uhlenbruck, InsO, § 270b Rn. 30; *Kern* sieht dagegen im Vertragsverhältnis zwischen Schuldner und Aussteller eine entgeltliche Geschäftsbesorgung i.S.d. § 675 BGB, siehe *Kern*, in: MünchKomm-InsO, § 270b Rn. 72. Da der Schuldner sich auf die Richtigkeit der Bescheinigung verlässt und der Erfolg damit wesentlich ist, erscheint ein Werkvertrag näher zu liegen.

775 In erster Linie wohl aus § 826 BGB, wenn der Aussteller in seiner Bescheinigung Aussagen „ins Blaue hinein" macht, siehe dazu *Zipperer*, in: Uhlenbruck, InsO, § 270b Rn. 32 ff.; *Zipperer/Vallender*, NZI 2012, 729, 734.

776 Grundlegend und einführend zu den Haftungsfragen des Ausstellers der Bescheinigung siehe *Brinkmann*, DB 2012, 1313.

777 *Zipperer*, in: Uhlenbruck, InsO, § 270b Rn. 36, also etwa Investoren, die den Schuldner bei der Restrukturierung unterstützen.

778 *Kern*, in: MünchKomm-InsO, § 270b Rn. 66; *Graf-Schlicker*, in: Graf-Schlicker, InsO, § 270b Rn. 16; *Römermann/Praß*, GmbHR 2012, 425, 431; *Römermann*, NJW 2012, 645, 650; *Zipperer*, in: Uhlenbruck, InsO, § 270b Rn. 37; zur Dritthaftung eines Wirtschaftsprüfers siehe grundlegend *Ebke*, Dritthaftung.

der Rechtsprechung entwickelt und basieren nach deren Konzeption auf einer ergänzenden Vertragsauslegung.[779] Zum anderen wird von Teilen der Literatur zumindest gegenüber den Neugläubigern des Schuldners, wenn diese ihre Gläubigerstellung auf der Grundlage des Inhalts der Bescheinigung eingegangen sind, eine Haftung aus *culpa in contrahendo*, (vgl. §§ 280 Abs. 1, 311 Abs. 3 Satz 1 BGB) angenommen.[780]

Unabhängig von der äußerst umstrittenen Frage, ob eine Dritthaftung von Gutachtern aus §§ 280 Abs. 1, 311 Abs. 3 Satz 1 BGB generell abzulehnen ist, ist eine Haftung wegen c.i.c. gegenüber den Altgläubigern in jedem Fall ausgeschlossen, da die Folge der Bescheinigung die Bestimmung einer Frist zur Vorlage eines Insolvenzplans ist, und damit ein Hoheitsakt und gerade kein privatautonomer Vertragsschluss.[781] Gegenüber den Altgläubigern kommt daher richtigerweise nur eine Haftung nach den Grundsätzen des Vertrages mit Schutzwirkung für Dritte in Betracht.[782]

Mangels höchstrichterlicher Entscheidungen ist bisher offen, ob die Gerichte eine Dritthaftung des Ausstellers nach den Grundsätzen des Vertrages mit Schutzwirkung für Dritte annehmen werden. Eine Übertragung der mittlerweile gefestigten Rechtsprechung zur Dritthaftung legt nahe, dass diese im Falle des Ausstellers der Bescheinigung nach § 270b Abs. 1 Satz 3 InsO ebenfalls Anwendung finden könnten. Eine Haftung wegen eines Vertrages mit Schutzwirkung für Dritte würde auch die Sanierungschancen erhöhen, da dadurch der Aussteller dazu bewegt werden könnte, sorgfältiger zu arbeiten. Die Bescheinigung ist eine wesentliche Grundlage für das Gelingen des Schutzschirmverfahrens und damit einer Sanierung des Unternehmens.

---

779 Siehe dazu u.a. BGH, Urt. v. 6. 7. 1965 – VI ZR 47/64, NJW 1965, 1955, 1956 f.; BGH, Urt. v. 11. 1. 1977 – VI ZR 261/75, NJW 1977, 2073, 2074; BGH, Urt. v. 13. 7. 1994 – IV ZR 294/93, NJW 1995, 51, 52 f.; BGH, Urt. v. 26. 9. 2000 – X ZR 94/98, BGHZ 145, 187.

780 *Römermann/Praß*, GmbHR 2012, 425, 431; *Kern*, in: MünchKomm-InsO, § 270b Rn. 66; allgemein zur Berufshaftung aus § 311 Abs. 3 Satz 2 BGB siehe *Emmerich*, in: MünchKomm-BGB, § 311 Rn. 197 ff.; einen dritten Weg, um eine Haftung des Ausstellers zu begründen, geht *Pape*, der eine analoge Anwendung von § 60 Abs. 1 InsO vorschlägt, auf den eine Haftung seiner Ansicht nach beruhen sollte, siehe dazu *Pape*, in: Kübler/Prütting/Bork, InsO, § 270b Rn. 53 ff.

781 *Brinkmann*, DB 2012, 1313, 1314.

782 So auch u.a. *Kern*, in: MünchKomm-InsO, § 270b Rn. 66; *Graf-Schlicker*, in: Graf-Schlicker, InsO, § 270b Rn. 16; *Römermann/Praß*, GmbHR 2012, 425, 431; *Zipperer*, in: Uhlenbruck, InsO, § 270b Rn. 37.

Um eine mögliche Haftung des Ausstellers der Bescheinigung zu begrenzen, wird zum Teil eine summenmäßige Haftungsobergrenze vorgeschlagen, damit die drohende Haftung nicht dazu führt, dass die in Betracht kommenden Berufsträger nicht mehr bereit sind, solche Bescheinigungen zu erstellen.[783] Da feste Haftungsobergrenzen in der Berufshaftung aber die große Ausnahem darstellen, erscheint dieser Vorschlag nur wenig praktikabel und letztlich kaum umsetzbar.

Neben einer möglichen vertraglichen Haftung haftet der Aussteller Dritten gegenüber bei Vorliegen der entsprechenden Anspruchsvoraussetzungen stets auch aus unerlaubter Handlung.[784]

Zum Teil wird eine rein zivilrechtliche Haftung des Ausstellers gegenüber Dritten wegen der erforderlichen Betrachtung des Gerichts von Alternativszenarien als wirkungslos angesehen. Es wird behauptet, dass diese Ansprüche gerichtlich oft nicht durchsetzbar und damit Dritte nur wenig geschützt seien.[785] Daher wird gefordert, dass ein grob fahrlässiges oder vorsätzliches Fehlverhalten des Ausstellers strafrechtlich oder zumindest mit Bußgeldern geahndet werden sollte.[786] Ohne dabei ein konkretes Straßmaß oder gar eine neue Strafnorm zu nennen, verkennen diese Stimmen, dass das Strafrecht nach der Konzeption unserer Rechtsordnung zu Recht nur die *ultima ratio* ist. Eine Steuerung des Verhaltens mit den Mitteln des Zivilrechts erscheint daher zweckmäßiger und effektiver.

d. Ablauf des Schutzschirmverfahrens

Kommt das Insolvenzgericht zu dem Ergebnis, dass die Anordnungsvoraussetzungen des § 270b Abs. 1 InsO vorliegen, setzt es dem Schuldner eine maximal dreimonatige Frist zur Vorlage eines Insolvenzplans und bestellt einen vorläufigen Sachwalter, der personenverschieden von dem Aussteller der Bescheinigung sein muss (vgl. § 270b Abs. 2 Satz 1 InsO).[787] Der Schuldner kann einen

783 *Brinkmann*, DB 2012, 1313, 1319.

784 *Zipperer*, in: Uhlenbruck, InsO, § 270b Rn. 39; *Kern*, in: MünchKomm-InsO, § 270b Rn. 66 ff.

785 *Gravenbrucher Kreis*, ZIP 2014, 1262, 1264.

786 *Gravenbrucher Kreis*, ZIP 2014, 1262, 1264; *Jaffé*, in: FS Vallender, S. 289.

787 Zu der umstrittenen Frage, ob der Aussteller der Bescheinigung auch unabhängig i.S.d. § 56 Abs. 1 Satz 1 InsO von dem Schuldner sein muss, siehe statt vieler *Kern*, in: MünchKomm-InsO, § 270b Rn. 54 ff. m.w.N.; das AG München hielt fest, dass an die Unabhängigkeit des Ausstellers ähnlich strenge Anforderungen zu stellen seien, wie bei der Auswahl eines vorläufigen Insolvenzverwalters nach § 21 Abs. 2 Satz 1 Nr. 1 und § 56 Abs. 1 InsO, siehe AG München, Beschl. v. 29. 3. 2012 – 1507

vorläufigen Sachwalter vorschlagen und das Insolvenzgericht von diesem Vorschlag nur dann abweichen, wenn gemäß § 270 Abs. 2 Satz 2 InsO die Person für das Amt offensichtlich nicht geeignet ist. Damit hat der Schuldner im Vergleich zur vorläufigen Eigenverwaltung nach §§ 270a, 274 Abs. 1 i.V.m. §§ 56, 56a InsO einen deutlich größeren Einfluss auf die Wahl des Sachwalters.[788] Dadurch werde nicht zuletzt auch die Berechenbarkeit des Verfahrens für den Schuldner weiter erhöht.[789]

Nach § 270b Abs. 2 Satz 3 Halbs. 2 InsO ist das Insolvenzgericht dazu verpflichtet, dem Schuldner - auf dessen Antrag hin - Vollstreckungsschutz durch Maßnahmen nach § 21 Abs. 2 Nr. 3 InsO, also die Untersagung oder die einstweilige Einstellung der Zwangsvollstreckung zu gewähren, sofern nicht unbewegliche Gegenstände betroffen sind. Der Wortlaut ist eindeutig und lässt dem Insolvenzgericht bei seiner Entscheidung keinerlei Ermessensspielraum.[790] Dies stelle letztlich den sog. Schutzschirm im eigentlichen Sinne dar.[791] Nicht umfasst von dem Schutzschirm ist allerdings ein zwangsweiser Aufschub fälliger Zahlungen.[792] Da das Nichtbezahlen der Altverbindlichkeiten für den Schuldner allerdings keine unmittelbaren Konsequenzen habe, könne man zumindest von einem „faktischen Moratorium" sprechen.[793] Im Rahmen der vorläufigen Eigenverwaltung nach § 270a InsO ist bisher höchstrichterlich nicht geklärt, ob der Schuldner Masseverbindlichkeiten begründen kann und daher in der Literatur und der Rechtsprechung weiterhin höchst umstritten.[794] Im Unterschied dazu ist dies in § 270b Abs. 3 Satz 1 InsO ausdrücklich normiert, wonach das

---

IN 1125/12, EWiR 2012, 465; aus Gründen der Rechtssicherheit wäre eine ausdrückliche Regelung bezüglich der Unabhängigkeit des Ausstellers wünschenswert gewesen.

788 *Foltis*, in: FK-InsO, § 270b Rn. 6; *Flöther* meint, dass die Attraktivität von § 270b InsO, vor allem auch im Vergleich zu § 270a InsO, zum einen auf seiner Bezeichnung als sog. Schutzschirmverfahren und zum anderen auf der Möglichkeit, den vorläufigen Sachwalter vorzuschlagen, basiere, siehe *Flöther*, ZIP 2012, 1833, 1841.

789 *Loeffelholz/Sanne*, NZI 2015, 583, 583.

790 *Graf-Schlicker*, in: Graf-Schlicker, InsO, § 270b Rn. 22; *Kern*, in: MünchKomm-InsO, § 270b Rn. 101; *Fiebig*, in: HambKomm-InsO, § 270b Rn. 26.

791 RegE ESUG, BT-Drucks. 17/5712, S. 40; *Kern*, in: MünchKomm-InsO, § 270b Rn. 7, 101.

792 *Fiebig*, in: HambKomm-InsO, § 270b Rn. 27; *Thole*, ZIP 2017, 101, 105.

793 So *Schelo*, ZIP 2012, 712, 713.

794 Zu diesem Problem siehe ausführlich unter Zweiter Teil, B. III. 1. b.

Insolvenzgericht den Schuldner auf dessen Antrag hin ermächtigen kann, Masseverbindlichkeiten zu begründen.[795]

Stellt der Schuldner einen uneingeschränkten Antrag nach § 270b Abs. 3 Satz 1 InsO, so umfasst dieser grundsätzlich alle von dem Schuldner begründeten Verbindlichkeiten,[796] so dass es sich dabei um eine Globalermächtigung handelt.[797] Dem Insolvenzgericht steht bei seiner Entscheidung, wie schon bei § 270b Abs. 2 Satz 3 Halbs. 2 InsO i.V.m. § 21 Abs. 2 Nr. 3 InsO, keinerlei Ermessen zu.[798]

Fraglich ist allerdings, ob der Schuldner außerdem einen Antrag auf Ermächtigung zur Begründung einzelner Masseverbindlichkeiten stellen kann, um etwa eine Abstufung zwischen seinen Gläubigern vornehmen zu können und dadurch etwaige Haftungsrisiken minimiert.[799] Zum Teil wird ein solcher Antrag für zulässig erachtet. Er soll allerdings nicht mehr als ein Antrag nach § 270b Abs. 3 InsO gesehen werden, sondern vielmehr als ein Antrag auf Erlass weiterer Sicherungsmaßnahmen in Form von Einzelermächtigungen nach § 21 Abs. 1 Satz 1 InsO.[800] Dies erscheint nicht überzeugend, da aus einem „Erstrecht"-Schluss aus § 270b Abs. 3 InsO abgeleitet werden kann, dass das Insolvenzgericht den

---

795 Diese Regelung fand sich noch nicht im Regierungsentwurf zum ESUG, sondern wurde erst durch den Rechtsausschuss des Bundestages eingeführt, siehe RechtsA ESUG, BT-Drucks. 17/7511, S. 20, 37.

796 Von den Masseverbindlichkeiten werden sowohl rechtsgeschäftlich begründete, als auch gesetzlich begründete Verbindlichkeiten, wie etwa die Umsatzsteuer, umfasst, siehe dazu *Hobelsberger*, DStR 2013, 2545, 2547.

797 *Fiebig*, in: HambKomm-InsO, § 270b Rn. 33; *Zipperer* hält – wenig überzeugend – das Insolvenzgericht dazu befugt, die Globalermächtigung von Amts wegen auf einzelne Verbindlichkeiten zu beschränken, was allerdings weder mit Wortlaut noch Sinn und Zweck des § 270b Abs. 3 InsO zu vereinbaren ist, siehe dazu *Zipperer*, in: Uhlenbruck, InsO, § 270b Rn. 69.

798 So die h.M. in Rechtsprechung und Literatur, *Kern*, in: MünchKomm-InsO, § 270b Rn. 107; *Zipperer*, in: Uhlenbruck, InsO, § 270b Rn. 68; *Riggert*, in: Nerlich/Römermann, InsO, § 270b Rn. 20; *Pape*, in: Kübler/Prütting/Bork, InsO, § 270b Rn. 74; *Klinck*, ZIP 2013, 853, 855; *Undritz*, in: K. Schmidt, InsO, § 270b Rn. 13; AG Ludwigshafen, Beschl. v. 10. 4. 2014 – 3 f IN 27/14, ZIP 2014, 1134, 1135; a.A. dagegen *Foltis*, der aus der Entstehungsgeschichte des § 270b InsO ableitet, dass dem Insolvenzgericht immer ein Ermessen zustehe, da der Schuldner i.R.d. § 270b InsO nur so zu stellen sei, wie in der Eigenverwaltung nach § 270 InsO, siehe *Foltis*, in: FK-InsO, 8. Aufl., § 270b Rn. 39, was allerdings weder mit dem Wortlaut noch der Entstehungsgeschichte der Norm in Einklang zu bringen ist und daher abgelehnt werden muss.

799 So *Kern*, in: MünchKomm-InsO, § 270b Rn. 111.

800 *Fiebig*, in: HambKomm-InsO, § 270b Rn. 34.

Schuldner auch dazu ermächtigen ist, nur für einen bestimmten Forderungskreis Masseverbindlichkeiten zu begründen.[801] Dafür sprechen ebenfalls der offene Wortlaut der Norm und der systematische Vergleich mit dem vorläufigen Insolvenzverwalter.[802] Darüber hinaus seien Sinn und Zweck der Einführung von § 270b InsO gewesen, die Sanierungschance zu erhöhen, weswegen es dem Insolvenzgericht möglich sein sollte, für einzelne Fälle die Begründung von Masseverbindlichkeiten zu erlauben.[803] Mithin ist es zulässig, dass der Schuldner im Rahmen des Schutzschirmverfahrens seinen Antrag auf bestimmte Verbindlichkeiten beschränken kann.

e. Aufhebung

Die Aufhebung der Anordnung des Schutzschirmverfahrens gemäß § 270b Abs. 4 InsO hat ähnliche Voraussetzungen wie die Aufhebung der Anordnung der Eigenverwaltung gemäß § 272 InsO. Das zuständige Insolvenzgericht kann nach § 270b Abs. 4 Satz 1 InsO die Anordnung vor Ablauf der dreimonatigen Frist aufheben, wenn die angestrebte Sanierung aussichtslos geworden ist (Nr. 1) oder wenn der vorläufige Gläubigerausschuss die Aufhebung beantragt hat (Nr. 2) oder aber für den Fall, dass kein vorläufiger Gläubigerausschuss bestellt wurde, wenn ein absonderungsberechtigter Gläubiger oder ein Insolvenzgläubiger die Aufhebung beantragt hat und Umstände vorliegen, die erwarten lassen, dass eine Anordnung des Schutzschirmverfahrens zu Nachteilen für die Gläubiger führen wird (Nr. 3). Dem Insolvenzgericht steht bei seiner Entscheidung über die Aufhebung wiederum kein Ermessen zu.[804]

---

801 *Ganter*, NZI 2012, 443, 439; Köln, Beschl. v. 26. 3 .2012 – 73 IN 125/12, NZI 2012, 375; AG Ludwigshafen, Beschl. v. 10. 4. 2014 - 3 f IN 27/14, ZIP 2014, 1134, 1135, die Einzelermächtigung ist nach Ansicht des Gerichts als Minus in der Globalermächtigung des § 270b Abs. 3 InsO enthalten, so dass ebenfalls keine materielle Prüfung durch das Gerichts erfolge; der Bundesgerichtshof behauptete unlängst, dass es gar keinen Streit gebe und dass das Insolvenzgericht nach allen in der Rechtsprechung und im Schrifttum vertretenen Auffassungen eine Einzel- oder Globalermächtigung erteilen könne, siehe BGH, Beschl. v. 24. 3. 2016 - IX ZR 157/14, BeckRS 2016, 07308.

802 Für den vorläufigen (schwachen) Insolvenzverwalter ist es anerkannt, dass dieser einzelne, im Voraus genau festgelegte Masseverbindlichkeiten eingehen kann, sofern dies für eine erfolgreiche Verwaltung nötig ist, siehe statt vieler nur *Hefermehl*, in: MünchKomm-InsO, § 55 Rn. 226 m.w.N.

803 *Klinck*, ZIP 2013, 853, 858.

804 *Pape*, in: Kübler/Prütting/Bork, InsO, § 270b Rn. 84, 87; *Kern*, in: MünchKomm-InsO, § 270b Rn. 130.

Im Unterschied zu der vorläufigen Eigenverwaltung nach § 270a InsO ist eine Aufhebung nur unter den in § 270b Abs. 4 InsO ausdrücklich genannten Voraussetzungen möglich und damit wohl schwieriger durchzusetzen.[805] Wegen der zahlreichen Aufhebungsgründe erscheine das Schutzschirmverfahren dennoch fragil, so dass sich der Schuldner vorab in jedem Falle mit den Gläubigern abstimmen sollte, um eine Aufhebung wegen eines Antrags des vorläufigen Gläubigerausschusses oder einzelner Gläubiger während der drei Monate zu verhindern.[806]

Nach der Aufhebung der Anordnung oder nach dem Ablauf der dreimonatigen Frist entscheidet das Insolvenzgericht gemäß § 270b Abs. 4 Satz 3 InsO über die Eröffnung des Regelinsolvenzverfahrens. Da der Schuldner mit dem Antrag des Schutzschirmverfahrens parallel das Eröffnungsverfahren und die Eigenverwaltung beantragt hat, prüft das Insolvenzgericht nun, ob die Voraussetzungen von § 270a InsO beziehungsweise später von § 270 InsO vorliegen.[807] Das Insolvenzgericht kann den vorläufigen Sachwalter damit beauftragen, als Sachverständiger zu prüfen, ob die Voraussetzungen einer Eigenverwaltung vorliegen und kann ihn dann anschließend auch zum Sachwalter bestellen.[808] Dass das Insolvenzgericht die Eigenverwaltung im Falle einer Aufhebung nach § 270b Abs. 4 Nr. 2 InsO bzw. § 270b Abs. 4 Nr. 3 InsO anordnet, erscheint sehr zweifelhaft, da eine Ablehnung der Gläubiger gegenüber dem Verfahren ein solches wohl zum Scheitern verurteile.[809]

f. Rechtsmittel

§ 270b InsO normiert keinerlei Beschwerdemöglichkeit gegen die Versagung beziehungsweise die Aufhebung der Anordnung des Schutzschirmverfahrens oder die nicht erfolgte Ermächtigung zur Begründung von Masseverbindlichkeiten. Aus einem Umkehrschluss aus § 6 Abs. 1 InsO scheint daher *de lege lata* dem Schuldner nicht das Rechtsmittel der sofortigen Beschwerde zuzustehen.[810]

---

805 *Foltis*, in: FK-InsO, § 270b Rn. 6.

806 *Schelo*, ZIP 2012, 712, 714.

807 *Kern*, in: MünchKomm-InsO, § 270b Rn. 138 ff.; *Pape*, in: Kübler/Prütting/Bork, InsO, § 270b Rn. 93 f.

808 So *A. Schmidt/Linker*, ZIP 2012, 963, 964 f.

809 *Schelo*, ZIP 2012, 712, 714; *Schelo* hält im Ergebnis die vorläufige Eigenverwaltung nach § 270a InsO aber für stabiler und daher oftmals auch als vorteilhafter für den Schuldner, siehe *Schelo*, ZIP 2012, 712, 714 f.

810 Bezüglich eines Rechtsmittels gegen die Aufhebung der Anordnung siehe u.a. *Kern*, in: MünchKomm-InsO, § 270b Rn. 130; *Pape*, in: Kübler/Prütting/Bork, InsO, § 270b Rn. 91.

In einer Entscheidung zu § 270a InsO hielt der Bundesgerichtshof dementsprechend fest, dass die Vorschriften der §§ 270a, 270b InsO keine Rechtsmittel gegen die im Rahmen des Eröffnungs- oder des Schutzschirmverfahrens getroffenen Entscheidungen des Insolvenzgerichts vorsehen, da es sich um eilbedürftige, zügig durchzuführende Verfahren handele.[811]

Im Hinblick auf Art. 19 Abs. 4 Satz 1 GG erscheint das Fehlen einer Beschwerdemöglichkeit im Rahmen des § 270b InsO allerdings problematisch. Daneben hindert die fehlende Beschwerdemöglichkeit auch eine Rechtsangleichung, da der Bundesgerichtshof oft gar nicht die Möglichkeit hat, eine Sachentscheidung zu treffen.[812] Gewiss spricht die Verfahrensökonomie für ein möglichst geringes Schutzniveau bezüglich des Rechtsschutzes des Schuldners. Dennoch kann es nicht im Sinne einer Erleichterung der Unternehmenssanierungen sein, wenn das Schicksal des Schuldners in Eigenverwaltung allein in der Hand des zuständigen Insolvenzrichters ist, ohne dass dessen ablehnende Entscheidung überprüft werden kann. Daher sollte zumindest gegen die vorzeitige Aufhebung der Anordnung *de lege ferenda* die sofortige Beschwerde statthaft sein.

g. Exkurs: Sanierung des Suhrkampverlages

Die Sanierung des Suhrkampverlages hielt die Gerichte bis hin zum Bundesverfassungsgericht und die insolvenzrechtliche Literatur über mehrere Jahre in Atem.[813] Dabei spielten einige Problemkreise – zum Teil auch außerhalb des insolvenzrechtlichen Kosmos – eine entscheidende Rolle.[814] Die wichtigsten

811 BGH, Beschl. v. 7. 2. 2013 – IX ZB 43/12, NZI 2013, 342 m. Anm. *Vallender* und m. Anm. *Weissinger* = NZG 2013, 998.

812 So ist etwa die bisher ungeklärte und höchst umstrittenen Frage, ob der Schuldner i.R.d. § 270a InsO ermächtigt ist, Masseverbindlichkeiten zu begründen, mangels einer Entscheidung des Bundesgerichtshofs im Grundsatz weiterhin offen, siehe dazu ausführlich oben unter Zweiter Teil, B. III. 1. b.

813 Der Fall wird erst an dieser Stelle als Exkurs aufgegriffen, obwohl er in erster Linie – neben den zahlreichen aufgeworfenen gesellschaftsrechtlichen Fragen – Probleme des Insolvenzplanverfahrens offenbarte. Da aber bei der Sanierung des Suhrkampverlages zunächst das damals noch junge Schutzschirmverfahren nach § 270b InsO zur Anwendung kam, werden die Probleme erst an dieser Stelle näher beleuchtet. Ein Überblick über den Ablauf des Verfahrens und die Hintergründe finden sich bei *Schäfer*, ZIP 2015, 1208.

814 *Thole* meint, dass man den „Streithähnen“ sogar dankbar sein müsse, da durch die Verfahren das durch das ESUG neu geordnete Verhältnis zwischen Insolvenzrecht und Gesellschaftsrecht mit Anschauungsmaterial versorgt worden sei, siehe *Thole*, ZIP 2013, 1937, 1937.

Probleme sollen im Folgenden nochmals aufgegriffen werden, um dadurch eventuelle Schwachstellen in Bezug auf die generelle Sanierungsfreundlichkeit der Insolvenzordnung im Allgemeinen und des ESUG im Besonderen aufzudecken. Der Fall zeigt zudem, dass bei einer Sanierung oft zahlreiche Stolpersteine in rechtlicher, aber vor allem auch in tatsächlicher Hinsicht überwunden werden müssen, damit das Unternehmen letzten Endes saniert werden kann.

aa. Rechtsmissbräuchlichkeit des Eigenantrags

Im Vordergrund des Verfahrens stand zunächst, ob bereits der Antrag der Mehrheitsgesellschafter auf Eröffnung des Schutzschirmverfahrens unzulässig, da rechtsmissbräuchlich war.[815] Wäre der Antrag rechtsmissbräuchlich und unzulässig gewesen, hätte eine Sanierung des Verlages mithilfe der Instrumente der Insolvenzordnung nicht gelingen können. Grundsätzlich gilt, dass man nur dann das Recht für eigene oder aber fremde Zwecke missbrauchen kann, wenn die Tatbestandsvoraussetzungen des fraglichen Rechts, auf das man sich beruft, vorliegen; dagegen liegt ein (Prozess-)Betrug nur dann vor, wenn über Tatsachen bewusst getäuscht wird.[816] Rechtsmissbrauch ist somit nur die treuwidrige Ausnutzung eines Rechts, dessen tatsächliche Voraussetzungen vorliegen.[817]

Für Insolvenzanträge im Speziellen hat sich für Anträge von Gläubigern auf Eröffnung des Insolvenzverfahrens nach §§ 13 Abs. 1 Satz 2, 14 Abs. 1 InsO mittlerweile eine herrschende Meinung in der Literatur[818] und wohl eine (gefestigte)

---

815 Siehe einführend und umfassend zu dem Problem des strategischen Eigenantrags *Brinkmann*, ZIP 2014, 197; aus rechtsvergleichender und rechtsökonomischer Sicht siehe dazu *Eidenmüller*, ZIP 2014, 1197. *Eidenmüller* betont in seinem Aufsatz, dass strategische Insolvenzen im Allgemeinen positiv zu bewerten seien, da sie regelmäßig erfolgreicher verlaufen als Insolvenzen, bei denen der Antrag nicht freiwillig gestellt wurde, siehe *Eidenmüller*, ZIP 2014, 1197, 1198, 1201.

816 So *Fleischer*, JZ 2003, 865, 870 m.w.N.; wer lediglich behauptet, sein COMI verlegt zu haben, ohne dies getan zu haben, handelt betrügerisch, siehe dazu BGH, Beschl. v. 13. 12. 2007 – IX ZB 238/06, EWiR 2008, 181 m. Anm. *Webel*; wer zur Umgehung deutschen Insolvenzrechts seinen Verwaltungssitz tatsächlich nach England verlegt, handelt nach h.M. nicht rechtsmissbräuchlich, siehe dazu *Weller*, ZGR 2008, 835, 849 ff. m.w.N.

817 *Brinkmann*, ZIP 2014, 197, 198.

818 So u.a. *Häsemeyer*, Insolvenzrecht, Rn. 7.08; *Wegener*, in: Uhlenbruck, InsO, § 14 Rn. 71; *Vuia*, in: MünchKomm-InsO, § 14 Rn. 29; *Sternal*, in: HK-InsO, § 14 Rn. 33 ff. mit zahlreichen Beispielsfällen; da das Insolvenzverfahren gem. § 1 Satz 1 InsO nach h.M. in erster Linie der gleichmäßigen Gläubigerbefriedigung dient (siehe dazu unter Zweiter Teil, A. I.), meint „verfahrensfremd“ ein Handeln eines Gläubigers, durch das er sich der gleichmäßigen Befriedigung der anderen Gläubiger zu entziehen versucht,

Rechtsprechung[819] herausgebildet; Gläubigeranträge auf Eröffnung des Insolvenzverfahrens sind danach immer dann rechtsmissbräuchlich, wenn mit dem Antrag verfahrensfremde Zwecke verbunden werden und damit das Rechtsschutzbedürfnis entfällt.

Fraglich ist, ob dies auf den Eigenantrag des Schuldners übertragbar ist.

Ein Eigenantrag nach §§ 13 Abs. 1 Satz 2, 15 InsO ist richtigerweise jedenfalls dann nicht rechtsmissbräuchlich, wenn eine gesetzliche Pflicht besteht, einen solchen Antrag zu stellen (vgl. § 15a Abs. 1 Satz 1 InsO).[820] Damit ist ein Eigenantrag bei tatsächlichem Vorliegen einer Überschuldung i.S.d. § 19 InsO und/oder bei eingetretener Zahlungsunfähigkeit i.S.d. § 17 InsO nicht rechtsmissbräuchlich, da in diesen Fällen für die Vertretungsorgane eine strafbewehrte Pflicht (vgl. § 15a Abs. 4, 5 InsO) zur Beantragung der Eröffnung des Insolvenzverfahrens bestanden hätte.[821]

Im Falle der nur drohenden Zahlungsunfähigkeit[822] bestehe allerdings grundsätzlich keine Pflicht, die Eröffnung eines Insolvenzverfahrens zu beantragen.[823] Ein Rechtsmissbrauch liegt daher bei einem Eigenantrag wegen drohender

---

siehe *Kirchhof*, in: HK-InsO, 7. Aufl., § 14 Rn. 33; dazu ebenso *Brinkmann*, ZIP 2014, 197, 199 f.

819 BGH, Beschl. v. 19. 5. 2011 – IX ZB 214/10, NZI 2011, 540, *in casu* lehnte der Bundesgerichtshof einen Rechtsmissbrauch allerdings ab, da der Gläubiger mit seinem Insolvenzantrag nicht ausschließlich das Ziel der Verdrängung eines Wettbewerbers verfolgte, sondern auch die gleichmäßige Befriedigung aus der Masse begehrte.

820 *Brinkmann*, ZIP 2014, 197, 199; *Lang/Muschalle*, NZI 2013, 953, 955; *Brünkmans/Uebele*, ZInsO 2014, 265, 268.

821 *Lang/Muschalle*, NZI 2013, 953, 955; § 15a Abs. 4 InsO sieht bei vorsätzlichem Handeln einen Strafrahmen von Geldstrafe bis zu immerhin drei Jahren Freiheitsstrafe vor.

822 Zu den gesellschaftsrechtlichen Rechtmäßigkeitsvoraussetzungen bei einer GmbH und bei einer AG bezüglich eines Insolvenzantrags bei nur drohender Zahlungsunfähigkeit siehe instruktiv *Brinkmann*, ZIP 2014, 197, 204 f. m.w.N.

823 *Lang/Muschalle*, NZI 2013, 953, 955; streitig ist allerdings, ob im Innenverhältnis der Gesellschaft ein Beschluss bezüglich des Eigenantrags notwendig ist und wenn ja, wie es sich im Außenverhältnis auswirkt, wenn das Vertretungsorgan ohne einen wirksamen Gesellschafterbeschluss handelt, siehe dazu u.a. *Lang/Muschalle*, NZI 2013, 953, 955 f. m.w.N.; *Schäfer*, in: FS Müller-Graff, S. 247 ff.; nach wohl h.M. macht sich der Geschäftsleiter, der ohne Gesellschafterbeschluss einen Antrag stellt, jedenfalls nach § 823 bzw. § 826 BGB schadensersatzpflichtig, siehe dazu *Brinkmann*, ZIP 2014, 197, 204; *Thole*, ZIP 2014, 1937, 1944; entgegen der h.M. nehmen *Brünkmans/Uebele* eine Außenwirkung dann an, wenn für das Insolvenzgericht offenkundig sei, dass die Geschäftsleitung keinen wirksamen Gesellschafterbeschluss erwirkt hatte, siehe *Brünkmans/Uebele*, ZInsO 2014, 265, 268; zu beachten sei ferner, dass für den Fall, dass nicht alle Gesellschafter den Antrag gestellt haben, dieser nach § 15 Abs. 2 Satz 1

Zahlungsunfähigkeit richtigerweise dann vor, wenn etwa Finanzpläne manipuliert wurden, beziehungsweise die drohende Zahlungsunfähigkeit vorgespiegelt wurde, nicht aber, wenn die objektiven Voraussetzungen von § 18 InsO tatsächlich gegeben sind.[824] Die Verfolgung verfahrensfremder Zwecke genügt im Rahmen des Eigenantrags des Schuldners bei drohender Zahlungsunfähigkeit im Ergebnis nicht, um einen Rechtsmissbrauch zu bejahen.[825]

Problematisch in der Causa *Suhrkamp* war allerdings zunächst, dass in tatsächlicher Hinsicht zweifelhaft war, ob die Gesellschaft im maßgeblichen Zeitpunkt der Antragsstellung[826] bereits überschuldet war oder dem Unternehmen lediglich die Zahlungsunfähigkeit i.S.d. § 18 InsO drohte. Zu beachten sei, dass Gesellschafter unter Umständen wegen gesellschaftsrechtlicher Treuepflichten verpflichtet sind, Maßnahmen wie etwa die Erklärung von Rangrücktritten, zu ergreifen, um dadurch eine Krisensituation oder letztlich sogar die bestehenden Insolvenzantragspflicht zu verhindern; dies spiele aber aus insolvenzrechtlicher Perspektive keine Rolle, da entsprechend § 19 Abs. 2 InsO nach dem ausdrücklichen Willen des Gesetzgebers auch nachrangige Forderungen bis zu der etwaigen Erklärung eines Rangrücktritts im insolvenzrechtlichen Überschuldungsstatus zu passivieren sind.[827]

InsO glaubhaft gemacht werden müsse, siehe *Madaus*, ZIP 2014, 500, 500; *Brünkmans/Uebele*, ZInsO 2014, 265, 270.

824 *Wegener*, in: Uhlenbruck, InsO, § 13 Rn. 52; weiter dagegen *Brinkmann*, der auch bei einem Eigenantrag des Schuldners einen Rechtsmissbrauch annehmen will, wenn der Antragssteller damit *ausschließlich* verfahrensfremde Zwecke verfolgt, siehe *Brinkmann*, ZIP 2014, 197, 200; ähnlich wohl auch *Madaus*, ZIP 2014, 500, 501 (Hervorhebung durch den Verfasser).

825 So aber *Brinkmann*, ZIP 2014, 197, 200.

826 *Brinkmann*, ZIP 2014, 197, 199, *Brinkmann* weist zurecht darauf hin, dass in den allermeisten Fällen bei nur drohender Zahlungsunfähigkeit im entscheidungserheblichen Zeitpunkt der Antragstellung wegen der Dauer des Verfahrens und der damit in der Regel einhergehenden Wertevernichtung bei dem Schuldner die Zahlungsunfähigkeit zumindest im Laufe des Verfahrens eintrete, siehe *Brinkmann*, ZIP 2014, 197, 199 ff.

827 So *Lang/Muschalle*, NZI 2013, 953, 956; das Landgericht Frankfurt a.M. nahm eine Treuepflicht der Gesellschafter *in casu* analog § 1004 BGB i.V.m. dem Gesellschaftsvertrag an, siehe LG Frankfurt a.M., Urt. v. 10. 9. 2013 – 3-09 O 96/13, NZI 2013, 986 = ZIP 2013, 1831, dem widersprach allerdings das Oberlandesgericht Frankfurt a.M. und hob die einstweilige Verfügung für ein bestimmtes Stimmverhalten im Insolvenzverfahren mangels Rechtsschutzbedürfnis wieder auf, siehe OLG Frankfurt a.M., Beschl. v. 1. 10. 2013 – 5 U 145/13, ZIP 2013, 2018 = NZI 2013, 978.

Im Ergebnis bleibt festzuhalten, dass der Eigenantrag der Mehrheitsgesellschafter *in casu* nicht rechtsmissbräuchlich und daher zulässig war, und allgemein ein Rechtsmissbrauch nur in sehr begrenzten Einzelfällen überhaupt in Betracht gezogen werden kann. Die anfängliche Aufregung, dass das Insolvenzverfahren auch dazu genutzt wurde, den Streit zwischen den Gesellschaftern zu lösen, hat sich mittlerweile gelegt.[828]

Liegt ein rechtsmissbräuchlicher Eigenantrag vor, so wird teilweise vertreten, dass sowohl den Gläubigern als auch den Gesellschaftern analog § 34 Abs. 2 InsO das Rechtsmittel der sofortigen Beschwerde zugestanden werden sollte, damit diese sich dadurch effektiv gegen die Eröffnung des Verfahrens wehren können.[829] Anderenfalls stünde den Gesellschaftern bei einem Planverfahren erst am Ende des Verfahrens eine Beschwerdemöglichkeit gegen den Bestätigungsbeschluss des Insolvenzgerichts gemäß § 253 Abs. 1 InsO zu.[830] Dem ist mit der noch herrschenden Meinung zu widersprechen. Der nach Ansicht der Rechtsprechung sehr eng auszulegende § 6 InsO[831] lässt eine Analogie bezüglich § 34 Abs. 2 InsO richtigerweise nicht zu.[832] Der Wortlaut der Norm ist eindeutig. Der Gesetzgeber hatte sich bei Erlass des ESUG bewusst dafür entschieden, Gläubigern und Anteilsinhabern keinen Rechtsbehelf zuzugestehen. Es besteht gewiss ein praktisches Bedürfnis an einer Beschwerdemöglichkeit, allerdings kann dies nicht die Planwidrigkeit als wesentliche Voraussetzung einer analogen Anwendung überwinden.

Mithin ist § 34 Abs. 2 InsO *de lege ferenda* zu erweitern, so dass auch Gläubiger und Gesellschafter sofortige Beschwerde einlegen können.[833] Eine

---

828 Dies liegt wohl zum einen am erfolgreichen Weiterbestand des Verlages, zum anderen daran, dass es keine weiteren Rechtsstreitigkeiten mit den Erben des Minderheitsgesellschafters *Barlach* gab. *Barlach* verstarb im Juli 2015, siehe http://www.sueddeutsche.de/kultur/suhrkamp-aktionaer-hans-barlach-ist-tot-1.2567233 [zuletzt aufgerufen am 31. 5. 2019].

829 *Brinkmann*, ZIP 2014, 197, 203.

830 *Thole*, ZIP 2013, 1937, 1945.

831 So etwa BGH, Beschl. v. 7. 2. 2013 – IX ZB 43/12, NZI 2013, 342 m. Anm. *Vallender* und m. Anm. *Weissinger* = NZG 2013, 998.

832 Zweifelnd *Madaus*, der im Ergebnis aber zurecht die Voraussetzungen einer Analogie ablehnt, siehe *Madaus*, ZIP 2014, 500, 503.

833 So im Ergebnis auch *Schäfer*, ZIP 2013, 2237, 2241; *Brünkmans/Uebele*, ZInsO 2014, 265; *Thole*, ZIP 2013, 1937, 1945, *Thole* weist auf den Kommissionsvorschlag bezüglich der Neufassung der EuInsVO hin, wonach nach Art. 3b Abs. 3 Satz 1 des Entwurfs (nunmehr Art. 5 Abs. 1 EuInsVO) Gläubiger die Entscheidung zur Eröffnung des Hauptinsolvenzverfahrens vor Gericht aus Gründen der internationalen Zuständigkeit anfechten können, was als Anlass zu einer Änderung des § 34 Abs. 2 InsO

Beschwerdemöglichkeit gegen den gerichtlichen Eröffnungsbeschluss erscheint vor allem für die Gesellschafter von besonderer Wichtigkeit, da es sobald das Verfahren einmal durch Beschluss des Insolvenzgerichts eröffnet wurde, auf Grund der Neuerungen durch §§ 217 Satz 2, 225a InsO im Rahmen des Insolvenzplanverfahrens zu zwangsweisen Eingriffen in die Mitgliedschaft einzelner (Minderheits-)Gesellschafter kommen kann.[834]

bb. Gerichtliche Zuständigkeiten

Das Schutzschirmverfahren nach § 270b InsO wurde am 27. Mai 2013 bei dem Amtsgericht Berlin-Charlottenburg von der Geschäftsleitung des Suhrkampverlages beantragt.[835] Danach versuchte der Minderheitsgesellschafter, das Insolvenzverfahren im Wege des einstweiligen Rechtsschutzes vor dem Landgericht Frankfurt a.M. zu torpedieren.[836] Daher stellt sich für die Zukunft die Frage, ob und wie die gerichtlichen Zuständigkeiten im Spannungsverhältnis zwischen Insolvenzrecht und Gesellschaftsrecht auszugestalten sind, um Sanierungen im Rahmen des Insolvenzverfahrens möglichst nicht zu gefährden.[837]

---

genommen werden könnte, siehe zum Kommissionsvorschlag auch *Thole/Swierzok*, ZIP 2013, 550, 552.

834 *Brinkmann*, ZIP 2014, 197, 203 f. mit Nachweisen zur Entstehungsgeschichte des § 34 InsO und dessen Vorgängernorm § 109 KO.

835 Siehe http://www.zeit.de/kultur/literatur/2013-05/suhrkamp-schutzschirm [zuletzt aufgerufen am 31. 5. 2019]. Der Verlag hat seinen Sitz mittlerweile in Berlin, war aber bis 2010 in Frankfurt a.M. beheimatet, siehe http://www.suhrkamp.de/suhrkamp-verlag/verlagsgeschichte_66.html [zuletzt aufgerufen am 31. 5. 2019].

836 Siehe dazu vor allem LG Frankfurt a.M., Urt. v. 10. 9. 2013 – 3-09 O 96/13, NZI 2013, 986 = ZIP 2013, 1831; OLG Frankfurt a.M., Beschl. v. 1. 10. 2013 – 5 U 145/13, ZIP 2013, 2018 = NZI 2013, 978; zu den Verfahren in Berlin, durch die der Insolvenzplan direkt angegriffen wurde (§ 253 Abs. 4 Satz 1 InsO) siehe LG Berlin, Beschl. v. 14. 4. 2014 – 51 T 107/14, ZInsO 2014, 963; BGH, Beschl. v. 17. 7. 2014 – IX ZB 13/14, NZI 2014, 751; LG Berlin, Beschl. v. 20. 10. 2014 – 51 T 696/14, NZI 2015, 66; wobei auch das Bundesverfassungsgericht dem Minderheitsgesellschafter den einstweiligen Rechtsschutz nach § 32 Abs. 1 BVerfGG (I.d.F. der Bekanntmachung v. 11. 8. 1993, BGBl. I S. 1473) versagte, siehe BVerfG, Beschl. v. 18. 12. 2014 – 2 BvR 1978/13, NJW 2015, 465.

837 Diese Frage wurde hier nur kurz aufgeworfen und würde den Umfang der vorliegenden Arbeit sprengen. Der Fall *Suhrkamp* bietet jedoch gewiss Anlass, sich über diesen sehr breiten und vielschichtigen Themenkomplex weiterführende Gedanken zu machen.

In casu ging es um ein Stimmrechtsverbot, das das Landgericht Frankfurt a.M. der Mehrheitsgesellschafterin wegen gesellschaftsrechtlicher Treuepflichten auferlegt hatte.[838] Der Mehrheitsgesellschafterin wurde es dabei gerichtlich untersagt, dem Insolvenzplan, der die Umwandlung der GmbH & Co. KG in eine AG vorsah, zuzustimmen. Unabhängig davon, ob man annimmt, dass eine Treuepflicht der Gesellschafter auch mit Eröffnung des Insolvenzverfahrens bestehen bleibt,[839] solle es grundsätzlich aus Gründen der Verfahrensökonomie einem anderen Gericht (Landgericht Frankfurt a.M.) nicht möglich sein, auf den Gang des Verfahrens vor dem zuständigen Insolvenzgericht (Amtsgericht Berlin-Charlottenburg) Einfluss zu nehmen.[840] Andernfalls könne es zu Verfahrensverzögerungen kommen, die wiederum eine Sanierung gefährden würden.[841] Darüber hinaus sei das Rechtsschutzsystem der Insolvenzordnung abschließend und lasse daher keinen Raum für eine Überprüfung außerhalb des Insolvenzplanverfahrens.[842] Dementsprechend hatte das Oberlandesgericht Frankfurt a.M. die Entscheidung des Landgerichts verworfen und ein Stimmrechtsverbot der Mehrheitsgesellschafterin im Ergebnis zurecht abgelehnt.[843]

Um diese Friktionen in Zukunft vermeiden zu können, erscheint es sinnvoll, den insolvenzrechtlichen Rechtsschutz vor allem im Vorfeld der Insolvenzeröffnung zu stärken.[844] Dadurch wären die Anteilsinhaber nicht mehr gezwungen,

---

838 LG Frankfurt a.M., Urt. v. 10. 9. 2013 – 3-09 O 96/13, NZI 2013, 986 = ZIP 2013, 1831, siehe dazu auch die Besprechung von *Thole*, ZIP 2013, 1937.

839 So *Schäfer*, ZIP 2013, 2237, 2242 f.; *Brünkmans/Uebele*, ZInsO 2014, 265, 271 f.; siehe dagegen die wohl h.M., die eine Suspendierung der Treuepflichten der Gesellschafter mit Eröffnung des Insolvenzverfahrens annimmt, u.a. *Eidenmüller*, NJW 2014, 17, 18; *Thole*, ZIP 2013, 1937, 1944 f.

840 *Brünkmans/Uebele*, ZInsO 2014, 265, 272; *Thole* warnt dementsprechend vor der Entstehung eines „Nebenkriegsschauplatzes“ und spricht von einem „Treuepflicht-Torpedo“, der auf Beeinflussung der Abstimmung über den Insolvenzplan abziele, siehe *Thole*, ZIP 2013, 1937, 1940 f.

841 *Thole*, ZIP 2013, 1937, 1941.

842 *Brünkmans/Uebele*, ZInsO 2014, 265, 272.

843 Siehe OLG Frankfurt a.M., Beschl. v. 1. 10. 2013 – 5 U 145/13, ZIP 2013, 2018 = NZI 2013, 978.

844 Etwa durch die oben bereits erwähnte Erweiterung des § 34 Abs. 2 InsO *de lege ferenda* auf Gesellschafter und Gläubiger oder Gläubigergruppen (siehe dazu unter Zweiter Teil, B. III. 2. g. aa.). Ein Rechtsschutz muss eben bereits gegen den Eröffnungsbeschluss des Insolvenzgerichts möglich sein, da eine Beschwerde während des bereits eröffneten Verfahrens dieses regelmäßig wider der Interessen aller Beteiligten lähmen würde.

die Streitigkeiten vor den zuständigen Kammern der Landgerichte zu lösen, wodurch letztlich sich widersprechende gerichtliche Entscheidungen in der gleichen Frage nicht mehr entstehen könnten.

cc. § 225a Abs. 3 InsO

Der durch das ESUG neu eingeführte § 225a InsO wurde bereits an anderer Stelle[845] als eine der wesentlichen Neuerungen, die die Insolvenzordnung durch das ESUG erfahren hat, vorgestellt. Nach seinem sehr weiten Wortlaut lässt § 225a Abs. 3 InsO es zu, dass im Insolvenzplan grundsätzlich jede Regelung getroffen werden kann, die gesellschaftsrechtlich zulässig ist. Einschränkend können dies aber nur solche Maßnahmen sein, welche die zwingenden gesellschaftsrechtlichen Instrumente zum Schutze der Mitgliedschaft berücksichtigen, sofern die Mitgliedschaft noch werthaltig ist.[846]

Im Fall der Sanierung des Suhrkampverlages kam der neue § 225a Abs. 3 InsO bereits zur Anwendung. So wurde der Minderheitsgesellschafter durch eine im Insolvenzplan angelegte Umwandlung des Verlages von einer GmbH & Co. KG in eine AG nach den §§ 190 ff. UmwG[847] letztlich erfolgreich herausgedrängt,[848] so dass eine Sanierung des Verlages gelingen konnte. Früher wurde vertreten, dass sich ein im Insolvenzverfahren befindlicher Rechtsträger weder als übertragender noch als übernehmender Rechtsträger an einer Umwandlung nach dem UmwG beteiligen könne.[849] Dies gelte allerdings spätestens mit Inkrafttreten des ESUG und der Einführung des § 225a InsO als überholt.[850] Für eine Umwandlung der GmbH & Co. KG in eine AG außerhalb des Insolvenzplanverfahrens wäre nach § 217 Abs. 1 UmwG die Zustimmung des Minderheitsgesellschafters erforderlich gewesen.[851] Daher stellt sich die Frage, ob die Umgehung der Umwandlungsvorschriften durch die Vorschriften des Planverfahrens hinzunehmen ist,

---

845 Siehe unter Zweiter Teil, A. III., wobei der Fokus der dortigen Erörterungen auf dem *debt-equity swap* gemäß § 225a Abs. 2 InsO als Spezialfall des § 225a Abs. 3 InsO lag, weswegen letzterer an dieser Stelle auch nochmals kurz aufgegriffen wird.

846 So *Schäfer*, ZIP 2016, 1911, 1914.

847 Gesetz v. 28. 10. 1994, BGBl. I S. 3210, 1995 I S. 428.

848 Zu dem Problem der Ausgliederung von Betriebsteilen mithilfe eines Insolvenzplans und dem Spannungsverhältnis zwischen Umwandlungsrecht und der insolvenzrechtlichen Gläubigerautonomie siehe instruktiv *Simon/Brünkmans*, ZIP 2014, 657; allgemeiner dazu siehe *Kahlert/Gehrke*, DStR 2013, 975.

849 *Simon/Brünkmans*, ZIP 2014, 657, 659 f. m.w.N. zur bisher h.M.

850 *Simon/Brünkmans*, ZIP 2014, 657, 659.

851 *Brünkmans/Uebele*, ZInsO 2014, 265, 272.

oder ob Schutzmechanismen notwendig sind. *In casu* hätte eine Zurückweisung des vorgelegten Insolvenzplans im Rahmen der Vorprüfung durch das Insolvenzgericht gemäß § 231 Abs. 1 Nr. 1 InsO beziehungsweise spätestens mit dem Bestätigungsbeschluss nach § 250 InsO von Amts wegen erfolgen müssen, wenn es zum Ergebnis gekommen wäre, dass der Plan nicht den Insolvenzzweck gefördert hätte.[852] Das zuständige Gericht hielt die in dem Insolvenzplan vorgesehene Umwandlung der GmbH & Co. KG in eine AG im Ergebnis noch im gesetzlichen Rahmen und damit für zulässig.[853]

h. Fazit

Die Einführung des Schutzschirmverfahrens nach § 270b InsO ist ausdrücklich zu begrüßen. Ebenso wie das Eigenverwaltungseröffnungsverfahren nach § 270a InsO, sorgt es doch für eine frühere Antragsstellung und damit letztlich für eine Erhöhung der Sanierungschancen.[854] Als eine mögliche Variante des Eröffnungsverfahrens in vorläufiger Eigenverwaltung wird § 270b InsO in Zukunft für mehr Akzeptanz der Eigenverwaltung unter den Beteiligten insgesamt, und damit auch für höhere Fallzahlen erfolgreicher Sanierungen sorgen.[855]

Zum Teil wird allerdings die starre Höchstfrist von lediglich drei Monaten als hinderlich für Sanierungen angesehen, weswegen es in das freie Ermessen des Insolvenzgerichtes zu stellen sei, wie lange die Frist zur Vorlage eines Insolvenzplans sein soll.[856] Dieser Vorschlag sollte meines Erachtens wieder aufgegriffen

---

852 *Brünkmans/Uebele*, ZInsO 2014, 265, 273 f. m.w.N.

853 Siehe dazu LG Berlin, Beschl. v. 20. 10. 2014 – 51 T 696/14, NZI 2015, 66 m. Anm. *Lehmann/Rühle*.

854 Dagegen empfehlen die Autoren der ESUG-Evaluierung, die beiden Verfahren zu verschmelzen, da das Schutzschirmverfahren die Erwartungen nicht erfüllt habe, siehe *Jacoby/Madaus/Sack/Schmidt/Thole*, ESUG-Evaluierung, S. 107.

855 *Schelo* weist zurecht darauf hin, dass die gesetzliche Überschrift von § 270b InsO „Vorbereitung einer Sanierung" wesentlich besser klinge als „Insolvenzeröffnungsverfahren in vorläufiger Eigenverwaltung", und dadurch die Zustimmung durch die Beteiligten erhöht werde, siehe *Schelo*, ZIP 2012, 712, 715; selbst wenn nur die Bezeichnung dazu beiträgt, das Stigma der Insolvenz abzumildern, so ist dies in jedem Falle ein Fortschritt hin zu einer neuen Insolvenzkultur, siehe dazu auch unter Einleitung, B.

856 *Hirte*, ZInsO 2011, 401, 402 f., *Hirte* verweist auf die Möglichkeit der BaFin, nach ihrem Ermessen gemäß § 46a Abs. 1 KWG (i.d.F. der Bekanntmachung v. 9. 9. 1998, BGBl. I S. 2776) Kreditinstituten vorübergehend bestimmte einstweilige Maßnahmen alternativ oder kumulativ ohne zeitliche Grenzziehung aufzuerlegen, um dadurch ein Insolvenzverfahren zu vermeiden, und schlägt im Ergebnis eine sechsmonatige

werden. Das geltende Recht ist nicht immer flexibel genug, um auf komplexe (Groß-)Verfahren angemessen reagieren zu können. Eine dreimonatige Frist ist in aller Regel ausreichend, allerdings sollte es den Insolvenzgerichten *de lege ferenda* in Einzelfällen möglich sein, diese ausnahmsweise zu verlängern, wenn die begründete Aussicht besteht, dass der Schutzschirm zu einer erfolgreichen Sanierung des Unternehmens beiträgt.

Bei der ESUG-Studie 2014/2015 hielten 34 % der Befragten das Schutzschirmverfahren allgemein für gelungen, 26 % dagegen meinten, dass es nicht gelungen sei.[857] 24 % bewerten die Rechtssicherheit von § 270b InsO als niedrig oder sogar sehr niedrig.[858] 28 % stimmten zu, dass die Wahrscheinlichkeit einer Liquidation durch das Schutzschirmverfahren sinke, allerdings stimmten bei der Eigenverwaltung nach § 270 InsO 34 % zu, was verwunderlich ist, da das Schutzschirmverfahren doch noch mehr auf eine Sanierung und deren Gelingen ausgerichtet ist als das allgemeine Eigenverwaltungsverfahren.[859]

Die Forderung nach einer strafrechtlichen Sanktionierung eines fehlerhaften Verhaltens des Austellers der Bescheinigung nach § 270b Abs. 1 Satz 3 InsO, wie sie der *Gravenbrucher Kreis* vorgeschlagen hat,[860] ist überzogen. Das Strafrecht ist *ultima ratio* und erscheint in diesem Fall als ein (viel) zu scharfes Schwert.[861] Die drohende zivilrechtliche Haftung ist angesichts des enormen Haftungsrisikos für den Aussteller ausreichend.

Dass zwei der zentralen Regelungen des Schutzschirmverfahrens nach § 270b InsO, nämlich die Möglichkeit der Begründung von Masseverbindlichkeiten in § 270b Abs. 3 InsO und die Streichung der Zahlungsunfähigkeit als Aufhebungsgrund, erst sehr spät während des Gesetzgebungsverfahrens durch den

---

Frist zur Vorlage eines Insolvenzplans vor, siehe dazu *Hirte*, ZInsO 2011, 401, 403 f.; ebenfalls kritisch zu der starren Frist *Flöther*, ZIP 2012, 1833, 1841.

857 *Haghani/Bizenberger/Blatz/Seagon*, in: Unternehmensrestrukturierung und Unternehmensinsolvenz, S. 81.

858 *Haghani/Bizenberger/Blatz/Seagon*, in: Unternehmensrestrukturierung und Unternehmensinsolvenz, S. 82.

859 *Haghani/Bizenberger/Blatz/Seagon*, in: Unternehmensrestrukturierung und Unternehmensinsolvenz, S. 83.

860 Siehe dazu *Gravenbrucher Kreis*, ZIP 2014, 1262, 1264.

861 So käme bei bewusst falschen Angaben durch den Aussteller der Bescheinigung für diesen allenfalls eine Strafbarkeit wegen eines Betruges gemäß § 263 Abs. 1 StGB in Betracht, siehe dazu *Willemsen/Rechel*, ESUG, § 270b Rn. 37. Die Autoren lassen aber leider offen, worin genau der Vermögensschaden bestehen soll und vor allem ob dieser noch hinreichend konkret bezifferbar ist. Insbesondere Letzteres erscheint sehr zweifelhaft.

Rechtsausschuss des Bundestages eingeführt wurden, zeigt außerdem, dass die Vorschrift in letzter Minute ihre endgültige Gestalt erhielt. Einzelne Aspekte des Schutzschirmverfahrens sollten daher auch nach Inkrafttreten des ESUG überprüft werden. So fehlen zum Beispiel Regeln zur Haftung des Ausstellers der Bescheinigung gänzlich.[862] Darüber hinaus sollte die fehlende Beschwerdemöglichkeit wegen des sehr starren § 6 InsO, die bereits an anderen Stellen moniert wurde, ebenfalls erörtert werden.

862 Ob die allgemeinen zivilrechtlichen Haftungstatbestände für diesen doch sehr speziellen Anwendungsfall ausreichend sind, wird die Praxis erst zeigen.

Dritter Teil: Weiterer Reformbedarf des Insolvenzrechts

Im dritten Teil der vorliegenden Arbeit wird der – auch nach Inkrafttreten des ESUG leider immer noch bestehende – weitere Reformbedarf des Sanierungs- und Restrukturierungsrechts als Teil des deutschen Insolvenzrechts aufgedeckt. Einzelne Änderungsvorschläge des bestehenden Rechts, insbesondere im Bereich des mangelnden Rechtsschutzes der Verfahrensbeteiligten, wurden bereits im Zweiten Teil der Arbeit an entsprechender Stelle angebracht. Ausgehend von dem Hinweis der ehemaligen Bundesjustizministerin, dass andere Länder schon längst die von ihr auch für Deutschland eingeforderte Insolvenzkultur besäßen,[863] werden ausgewählte europäische Rechtsordnungen[864] und aktuelle Vorhaben auf europäischer Ebene umfassend daraufhin untersucht, ob und inwieweit sie eine Vorbildfunktion für eine Fortentwicklung des deutschen Sanierungs- und Restrukturierungsrechts haben und dieses befruchten können.

Daneben wird die, leider auch noch nach Inkrafttreten des ESUG und der damit verbundenen Einführung des Schutzschirmverfahrens nach § 270b InsO weiterhin relevante Frage beantwortet, ob Deutschland, wie mittlerweile viele seiner Nachbarn, ein eigenständiges vorinsolvenzliches Sanierungsgesetz neben

863 *Leutheusser-Schnarrenberger*, BB 2010, Heft 17, Die erste Seite.

864 Der Verfasser beschränkt sich auf Grund seiner sprachlichen Vorkenntnisse auf einen Blick nach Österreich und in das Vereinigte Königreich; die USA und insbesondere das Verfahren nach *Chapter 11* werden nicht nochmals einer Untersuchung unterzogen, da es zum einen im Rahmen des Entwicklungsprozesses der Insolvenzordnung bereits vielfach zu Zwecken des Vergleichs herangezogen wurde und damals als ein wichtiges Vorbild fungierte, und zum anderen, weil die europäische Rechtsentwicklung und vor allem die voranschreitende Vereinheitlichung auf zahlreichen Gebieten des Wirtschaftsrechts innerhalb der Union einen Vergleich mit den USA immer schwieriger erscheinen lässt und dieser an seiner ursprünglichen Aussagekraft zumindest im Bereich des Insolvenzrechts verliert. Zum Zeitpunkt der Bearbeitung waren die Folgen des sog. Brexits noch nicht in vollem Umfang absehbar. Ob und wie Großbritannien in Zukunft in dem Normengeflecht der EU verbleibt, ist offen; zu den möglichen Folgen für Gesellschaften aus dem Vereinigten Königreich und für dort durchgeführte Sanierungs- und Insolvenzverfahren siehe einführend *Weller/Thomale/Binz*, NJW 2016, 2378; allgemein zu den Auswirkungen des Brexits auf das Privat- und Wirtschaftsrecht, siehe *Basedow*, ZEuP 2016, 567.

der Insolvenzordnung benötigt. In jüngster Vergangenheit hat diese Frage vor allem durch Impulse aus Brüssel wieder an zusätzlichem Gewicht gewonnen.

Abschließend werden in einem vierten Teil die Ergebnisse der vorliegenden Arbeit als Thesen festgehalten. Dafür werden die zentralen Erkenntnisse vor allem aus dem zweiten und dritten Teil, aber auch aus dem ersten Teil der vorliegenden Arbeit nochmals zusammengefasst, um einen Ausblick zu geben, wie das deutsche Insolvenzrecht im Einzelnen weiterzuentwickeln ist.

A. Rechtsvergleichung

Sinn und Unsinn des Vergleichs des nationalen Rechts mit ausländischen Rechtsordnungen ist seit jeher Gegenstand heftiger Diskussionen.[865] Wie bereits an zahlreichen Stellen dieser Arbeit gezeigt wurde, richtete sich der Blick der Wissenschaft, aber vor allem auch der Gesetzgebung wie selbstverständlich stets auf zahlreiche ausländische Insolvenzrechtsordnungen, wenn es darum ging, das Recht neu zu entwickeln oder fortzubilden. Das bestehende Insolvenzrecht allein aus sich heraus zu reformieren, ist grob fahrlässig. Daher erscheint eine Rechtsvergleichung auch heute noch als ein unverzichtbarer Baustein auf dem Weg, das eigene Recht, dessen Funktionsweise, vor allem aber dessen Vor- und Nachteile im Einzelnen besser zu verstehen.[866]

Die erste Aufgabe, die für eine gewinnbringende Rechtsvergleichung vonnöten sei, besteht darin, das Fremde zu erkennen und das Unbekannte in das Vertraute zu übertragen.[867] Daher kann eine Rechtsvergleichung sinnvoller Weise erst dann stattfinden, wenn das nationale Recht und dessen Entwicklungen und etwaige Mängel aufgezeigt worden sind (Erster und Zweiter Teil der vorliegenden Arbeit). Das Fremde kann mithin nur erkannt werden, wenn das Vertraute bereits durchdrungen wurde. Die Rechtsvergleichung sorgt im Idealfall dafür, dass Lücken des eigenen Rechts durch den Blick nach außen – soweit übertragbar – gefüllt werden können. Unterbleibt der Blick nach außen, so besteht stets die Gefahr, dass mögliche – dem eigenen Recht aber fremde – Lösungswege schlichtweg übersehen werden. Die Rechtsvergleichung als ein Instrument der

865 Zu Sinn und Methode der Rechtsvergleichung siehe einführend statt vieler *Großfeld*, in: FS Sandrock, S. 329 ff.; grundlegend zu den Zielen und den Methoden einer modernen Rechtsvergleichung siehe u.a. *Kischel*, Rechtsvergleichung, § 2, § 3; *Koch/Magnus/Winkler von Mohrenfels*, IPR und Rechtsvergleichung, § 13.

866 Zur Rechtvergleichung als Teil des „magischen Dreiecks", siehe *Ebke*, in: FS Müller-Graff, S. 1455 f.

867 *Großfeld*, in: FS Sandrock, S. 339.

Horizonterweiterung ist somit unverzichtbarer Bestandteil, um den weiteren Reformbedarf des deutschen Insolvenzrechts aufzudecken.

Eine Rechtsvergleichung im Bereich des Insolvenzrechts erscheint schon deswegen lohnend, da das Recht unserer Nachbarn oftmals von anderen Leitgedanken als das deutsche Recht mit dessen Zielbestimmung in § 1 InsO geprägt ist.[868] Dementsprechend sei aus britischer Perspektive das Ziel einer Rechtsvergleichung verschiedener Insolvenzrechtsordnungen nicht, dass man anderes Recht lediglich kopiert, sondern dass man vielmehr erkenne, dass es verschiedene Wege gibt, ein Ziel zu erreichen.[869]

In den letzten Jahren versuchten vermehrt zahlreiche Länder, Mechanismen zu entwickeln, die zeitlich vor dem Eintreten der Insolvenz ansetzen, und diese damit erfolgreich zu vermeiden versuchen. Diese Sanierungsinstrumente wurden in Deutschland bisher zwar ausgiebig diskutiert, aber auch zuletzt im Zuge des ESUG nicht in das Insolvenzrechtssystem integriert. Eine Einführung vorinsolvenzlicher Ansätze kann sinnvoller Weise nur dann geschehen, wenn zuvor auf den reichen und wachsenden Erfahrungsschatz unserer Nachbarn bei deren vorinsolvenzlichen Sanierungsverfahren zurückgegriffen wird.

Mithin gilt es, voneinander zu lernen und die eigenen Vorstellungen über das Recht zu hinterfragen, um dadurch – vielleicht sogar gemeinsam – zu neuen Ufern aufzubrechen.

I. Österreich

> „In Österreich hat man schlechte Gesetze, aber man wendet sie lau an. Bei uns sind sie besser, aber man wendet sie so an, dass sie schlechter werden als die schlechtesten in Österreich. Uns fehlt eben die österreichische Schlamperei."[870]

Die rechtsvergleichende Untersuchung beginnt mit einem Blick auf das aktuelle Insolvenzrecht unseres Nachbarn Österreich. Seit der ersten gesamtdeutschen Kodifikation des Insolvenzrechts durch die Konkursordnung im Jahre 1877 beeinflussten sich die beiden Rechtsordnungen immer wieder gegenseitig. So war es die österreichische Ausgleichsordnung von 1914, die den außergerichtlichen Zwangsvergleich erstmals gesetzlich regelte und als Vorbild für die späteren deutschen Vergleichsordnungen von 1927 und 1935 diente, die beide damals in

---

868 *Ebke*, in: FS Kirchhof II, S. 1248 Rn. 2 m.w.N.; zu § 1 InsO und dessen Bedeutung im deutschen Insolvenzrechtssystem siehe ausführlich unter Zweiter Teil, A. I.

869 *Finch*, Corporate Insolvency Law, S. 276, „[...] *there may be a wide variety of ways to achieve rescue objectives.*"

870 *Bebel*, zitiert nach *Uhlenbruck*, DZWiR 2007, 1, 5.

sehr enger Zusammenarbeit der Justizministerien entstanden.[871] Österreich ist damit im Bereich des Insolvenzrechts Deutschland immer am nächsten gewesen.

Als Teil des deutschen Rechtskreises haben Deutschland und Österreich unter anderem in Sprache, Form und Inhalt unter einander viele Gemeinsamkeiten. Daneben sind sich auch die Rechtsquellen, die Juristenausbildung, der Justizaufbau, die Rechtsprechung und der juristische Stil in Anwendung und Auslegung der Gesetze sehr ähnlich.[872] Dies minimiert auf der einen Seite die Unterschiede, kann aber auf der anderen Seite bei Feinheiten innerhalb des Insolvenzsystems und der praktischen Anwendung des Rechts durchaus zu fruchtbaren Ergebnissen führen.

Das eingangs angeführte Zitat von *August Bebel* aus dem Jahre 1895 bezog sich zwar allgemein auf die Gesetze und deren Anwendung vor der Jahrhundertwende, traf aber wohl auch auf die damals noch sehr jungen Insolvenzgesetze im Besonderen zu. Inwiefern diese Aussage heute noch Geltung beanspruchen kann und wir von den Österreichern lernen könnten, oder ob nicht nur deren Rechtsanwendung und mittlerweile sogar deren Rechtsetzung als Vorbilder dienen könnten, wird im Folgenden näher ausgeführt.

1. Gesetzlicher Rahmen

Ebenso wie Deutschland verfügt Österreich seit 2010 über ein zentrales Gesetz, das das Insolvenzrecht beinhaltet.[873] Die österreichische Insolvenzordnung regelt sowohl das formelle als auch das materielle Insolvenzrecht in umfassender Art und Weise, daneben spielen aber noch weiterhin einige Nebengesetze eine Rolle.[874] Österreich gab die – auch in Deutschland bis zum 1. Januar 1999

---

871 Siehe dazu ausführlich bereits unter Erster Teil, A II. 1. und einführend *Mayer*, DJZ 1915, 139; die Österreichische Konkursordnung von 1868 trat fast zehn Jahre vor der gesamtdeutschen Konkursordnung in Kraft, siehe *Duursma-Kepplinger*, in: Kindler/Nachmann, Länderbericht Österreich, Rn. 1.

872 Siehe dazu *Koch/Magnus/Winkler von Mohrenfels*, IPR und Rechtsvergleichung, § 14 Rn. 1.

873 In Deutschland ist vor allem die in der Praxis wichtige Insolvenzverwaltervergütungsverordnung nicht Teil der Insolvenzordnung. Die Vergütung der Verwalter wird in Österreich als Teil der österreichischen Insolvenzordnung in den §§ 82-82d öIO umfassend geregelt.

874 Siehe dazu u.a. *Linder*, in: Refinanzieren statt Sanieren?, S. 167 f. m.w.N.; einen guten Überblick über die zahlreichen Nebengesetze und deren Einfluss auf das heutige Recht findet sich bei *Buchegger*, Insolvenzrecht, S. 245 ff.

bestandene – Zweiteilung aus Konkursordnung und Vergleichsordnung[875] mit dem 2010 in Kraft getretenen Insolvenzrechtsänderungsgesetz[876] somit erst sehr spät auf.[877] Mit dem am 1. August 2017 in Kraft getretenen neuesten Insolvenzrechtsänderungsgesetz wurden das österreichische Insolvenzrecht an die Neufassung der EuInsVO angepasst sowie das Verbraucherinsolvenzrecht umfassend reformiert.[878]

2. Überblick über zentralen Normen der österreichischen Insolvenzordnung

Für die vorliegende Betrachtung sind vor allem die Normen der österreichischen Insolvenzordnung, die zumindest auf den ersten Blick eine Entsprechung im deutschen Recht haben, von besonderem Interesse. Der Fokus liegt daher auf den Verfahrensvarianten, die mit den Instrumenten, die im Zweiten Teil der vorliegenden Arbeit näher betrachtet wurden,[879] vergleichbar sind.[880]

In den §§ 140–165 öIO finden sich die allgemeinen Vorschriften über den sog. Sanierungsplan, vor allem über dessen inhaltliche Ausgestaltung. Bereits die Bezeichnung betont, dass der Sanierungsplan in Österreich ausdrücklich auf die Sanierung eines Unternehmens ausgerichtet ist. In den §§ 166–179 öIO ist dann das an den Sanierungsplan anknüpfende, sog. Sanierungsverfahren geregelt.[881] Um einen drohenden Konkurs abzuwenden (vgl. § 180 öIO), muss der

---

875 In Österreich war der außergerichtliche Zwangsvergleich in der sog. Ausgleichsordnung geregelt, die im Wesentlichen mit der deutschen Vergleichsordnung vergleichbar war, siehe dazu ausführlich aus rechtshistorischer Sicht *Eisenhardt*, Sanierung statt Liquidation, S. 139 ff.

876 BGBl. I Nr. 29/2010.

877 *Buchegger*, Insolvenzrecht, S. 5; *Konecny*, in: *Konecny/Reisch*, Österreichische Insolvenzordnung, S. 16.

878 BGBl. I Nr. 122/2017; zu den Änderungen des Verbraucherinsolvenzrechts durch das IRÄG 2017 siehe einführend *Stephan*, VIA 2017, 41.

879 Also das Insolvenzplanverfahren nach den §§ 217 ff. InsO und der Eigenverwaltung nach den §§ 270 ff. InsO.

880 Da im zweiten Teil der vorliegenden Arbeit die Vorschriften über die Anfechtung (§§ 129–147 InsO) ausgespart wurden, wird das österreichische Recht der §§ 27–43 öIO ebenfalls nicht näher ausgeführt, siehe dazu einführend statt vieler nur *Linder*, in: Refinanzieren statt Sanieren?, S. 184 ff., zu dem sehr interessanten Vergleich, ob das österreichische Recht Impulse für eine mögliche Anfechtungsrechtsreform geben könnte, siehe aber *Ganter*, NZI 2016, 153.

881 Nach § 166 Abs. 1 öIO steht das Sanierungsverfahren nur natürlichen Personen, die ein Unternehmen betreiben, juristischen Personen, Personengesellschaften oder sog. Verlassenschaften offen; wie auch in Deutschland handelt es sich dabei allerdings

Schuldner bei Gericht die Eröffnung eines Sanierungsverfahrens bei gleichzeitiger Vorlage eines Sanierungsplans beantragen.[882] Legt der Schuldner keinen Sanierungsplan vor, so wird das Verfahren als Konkursverfahren weitergeführt (vgl. § 180 Abs. 1 öIO).

Anders als im deutschen Insolvenzrecht findet sich in Österreich keine mit § 1 InsO vergleichbare Zielvorgabe. Der österreichische Gesetzgeber hat sich bei seinen Novellierungen des Insolvenzrechts jedoch stets dafür ausgesprochen, dass ein Sanierungsplan zustande kommen sollte und die damit verbundene Schuldenregelung vorrangig der Sanierung des Schuldners als Unternehmensträger dienen soll.[883] Das plakative Motto der Bundesministerin für Justiz im Rahmen der Reform des österreichischen Insolvenzrechts durch das IRÄG 2010 lautete dementsprechend: „retten statt ruinieren".[884] Fraglich ist, ob das österreichische Recht den Sanierungsgedanken durch sein heutiges Recht voll verwirklicht.[885]

a. Inhalt eines Sanierungsplans

§ 140 Abs. 1 öIO hält fest, dass der Schuldner bereits mit dem Eröffnungsantrag den Abschluss eines Sanierungsplans beantragen kann. Das Planvorlagerecht liegt daher allein beim Schuldner.[886] § 141 Abs. 1 öIO legt fest, dass der Schuldner den Insolvenzgläubigern eine Mindestquote von 20 % anbieten muss. Diese Quote hat er innerhalb von zwei Jahren zu erfüllen. Damit enthält das heutige österreichische Recht, anders als in Deutschland mit dem Insolvenzplanverfahren, wie auch schon im Rahmen des außergerichtlichen Vergleichs

---

ebenfalls nur um eine mögliche Variante des einheitlichen Insolvenzverfahrens, siehe *Konecny*, in: *Konecny/Reisch*, Österreichische Insolvenzordnung, S. 18 f.

882 *Buchegger*, Insolvenzrecht, S. 10; § 180 Abs. 1 öIO lautet wie folgt: „Liegen die Voraussetzungen des § 167 Abs. 1 nicht vor, so heißt das Insolvenzverfahren Konkursverfahren."

883 Siehe dazu 734 der Beilagen (XX. GP), Erläuterungen, S. 32, 34; 612 der Beilagen (XXIV. GP), Vorblatt und Erläuterungen, S. 1 ff. Die Beilagen entsprechen den Bundestagsdrucksachen der jeweiligen Legislaturperiode, die in Österreich Gesetzgebungsperiode genannt wird.

884 Siehe dazu *Bandion-Ortner* in der 784. Sitzung des Bundesrates der Republik Österreich, https://www.parlament.gv.at/PAKT/VHG/BR/BRSITZ/BRSITZ_00784/fnameorig_189971.html [zuletzt aufgerufen am 31. 5. 2019].

885 Zu historischen und rechtspolitischen Aspekten des Sanierungsgedankens in Österreich siehe einführend *Konecny*, DZWiR 1994, 227, 228 ff.

886 Damit fehlt ein Planvorlagerecht des Insolvenzverwalters, wie es in § 218 Abs. 1 Satz 1 InsO ausdrücklich geregelt ist, was letztlich zu einer deutlich schwächeren Stellung des Insolvenzverwalters innerhalb des österreichischen Insolvenzverfahrens führt.

nach der Ausgleichsordnung und dem gerichtlichen Zwangsvergleich im Rahmen des Konkursverfahrens der österreichischen Konkursordnung, immer noch eine feste Mindestquote.[887] Mithin setzt Österreich weiterhin auf den Zwangsvergleich als zentrales Sanierungsinstrument.[888]

Der Sanierungsplan als ein universelles Werkzeug des reformierten Rechts kann sowohl im Konkursverfahren als ein Mittel der gerichtlichen Insolvenzbereinigung zwischen dem Schuldner und den Gläubigern geschlossen werden, als auch Gegenstand eines Sanierungsverfahrens sein.[889] Neben der Quote hält § 149 Abs. 1 öIO fest, dass Aus- und Absonderungsansprüche nicht durch den Sanierungsplan berührt werden dürfen. Nach § 150 Abs. 1 öIO müssen darüber hinaus die Massegläubiger voll befriedigt werden.

Ist der Antrag des Schuldners zulässig, so beraumt das zuständige Insolvenzgericht eine sog. Sanierungsplantagsatzung an (vgl. § 114c Abs. 1 öIO i.V.m. § 145 öIO). Der Insolvenzverwalter ist nach § 146 öIO aufgefordert, über die wirtschaftliche Lage und die bisherige Geschäftsleitung des Schuldnerunternehmens, sowie über die Ursachen des Vermögensverfalls und über die voraussichtlichen Ergebnisse einer Durchführung des Insolvenzverfahrens zu berichten. Danach wird über den Sanierungsplan abgestimmt. § 147 Abs. 1 öIO sieht dafür eine doppelte Mehrheit vor. Die Mehrheit der anwesenden stimmberechtigten Gläubiger (Kopfmehrheit) und die Gesamtsumme der zustimmenden Gläubiger müssen mehr als die Hälfte der Gesamtsumme der Forderungen der bei der Tagsatzung anwesenden stimmberechtigten Insolvenzgläubiger betragen (Kapitalmehrheit).[890]

Nach § 152 Abs. 1 öIO bedarf der Sanierungsplan der Bestätigung durch das Insolvenzgericht. § 152 Abs. 3 öIO legt ausdrücklich fest, dass gegen den Bestätigungsbeschluss des Gerichts weder eine Nichtigkeitsklage noch eine

887 Die Mindestquote für einen Vergleich im Rahmen der Ausgleichsordnung betrug gem. § 3 Abs. 1 Nr. 3 öAO 40 % und kam ebenso wie der außergerichtliche Vergleich nach der Vergleichsordnung in Deutschland nur sehr selten zustande, siehe *Duursma-Kepplinger*, in: Kindler/Nachmann, Länderbericht Österreich, Rn. 3. Im Jahr 2009 gab es nur noch 39 Ausgleichsverfahren bei insgesamt 6 902 Unternehmensinsolvenzen, siehe dazu *Zotter*, ZIK 2010/8, 18, 18 f. Ein guter Überblick über die Insolvenzrechtsordnungen, die bis zumindest 2005 noch feste Mindestquoten hatten, findet sich bei *Hochegger*, ZIK 2005/33, 49.

888 *Buchegger*, Insolvenzrecht, S. 9.

889 *Buchegger*, Insolvenzrecht, S. 164.

890 *Linder*, in: Refinanzieren statt Sanieren?, S. 197.

sog. Wiederaufnahmsklage zulässig ist.[891] Gemäß § 152b öIO ist das Insolvenzverfahren mit Eintritt der Rechtskraft der Bestätigung aufgehoben. § 156 öIO legt die Rechtswirkungen des Sanierungsplanes fest. § 156 Abs. 1 öIO sieht vor, dass der Schuldner durch den rechtskräftig bestätigten Sanierungsplan von der Verbindlichkeit befreit wird, seinen Gläubigern den Ausfall, den sie erleiden, nachträglich zu ersetzen oder für die sonst gewährte Begünstigung nachträglich aufzukommen hat, unabhängig davon, ob sie am Insolvenzverfahren oder an der Abstimmung über den Sanierungsplan teilgenommen oder gegen den Sanierungsplan gestimmt haben, oder ob ihnen ein Stimmrecht überhaupt nicht gewährt worden ist. Der Sanierungsplan entfaltet mithin seine Wirkungen *erga omnes*, mit Ausnahme der aus- und absonderungsberechtigten Gläubiger.

b. Sanierungsverfahren

Um den drohenden Konkurs abzuwenden muss der Schuldner, wie bereits einführend erörtert, bei Gericht die Eröffnung eines Sanierungsverfahrens bei gleichzeitiger Vorlage eines Sanierungsplans beantragen. Dabei wird zwischen dem Sanierungsverfahren *ohne* Eigenverwaltung (§§ 166–168 öIO) und einem Sanierungsverfahren *mit* Eigenverwaltung (§§ 169–179 öIO) unterschieden.[892]

aa. Sanierungsverfahren ohne Eigenverwaltung

Das Sanierungsverfahren ohne Eigenverwaltung wird grundsätzlich in den Fällen angeordnet, in denen die Voraussetzungen des § 167 Abs. 1 öIO erfüllt sind, aber die Voraussetzungen des § 169 Abs. 1–4 öIO nicht vorliegen.[893] Wie auch im Konkursverfahren wird im Sanierungsverfahren ohne Eigenverwaltung ein Insolvenzverwalter bestellt (vgl. §§ 80 ff. öIO).[894] Der Insolvenzverwalter unterliegt allerdings solange einer Verwertungs- und Verteilungssperre über das schuldnerische Vermögen, bis das Sanierungsverfahren wegen einer der Fälle des § 167 Abs. 3 Nr. 1–4 öIO gescheitert ist und er damit zum Masseverwalter wird.[895] Letztlich handele es sich streng genommen bei dem Sanierungsverfahren ohne Eigenverwaltung um ein schnell abgewickeltes Konkursverfahren mit

891 Zu diesen beiden Klagearten und deren Unterschiede siehe einführend *Rechberger*, in: Buchegger, ZPO, Vor § 529.

892 Hervorhebungen durch den Verfasser.

893 *Buchegger*, Insolvenzrecht, S. 209.

894 Die Vergütung der Insolvenzverwalter ist ähnlich geregelt, wobei in den meisten Fällen der deutsche Insolvenzverwalter einen höheren Anteil erhalten wird, vgl. dazu § 2 InsVV bzw. § 82 f. öIO.

895 Siehe dazu ausführlich *Buchegger*, Insolvenzrecht, S. 209.

einigen wenigen Besonderheiten.[896] § 168 Abs. 2 öIO normiert ein absolutes Verwertungsverbot während des Sanierungsverfahrens.[897] Danach darf das Unternehmen erst dann verwertet werden, wenn der von dem Schuldner unterbreitete Sanierungsplanvorschlag nicht innerhalb von 90 Tagen nach Eröffnung des Verfahrens von den Gläubigern angenommen wurde.

bb. Sanierungsverfahren mit Eigenverwaltung

Das Insolvenzgericht kann das Sanierungsverfahren mit Eigenverwaltung nur dann anordnen, wenn der Schuldner die strengen Voraussetzungen des § 169 Abs. 1 öIO vor Eröffnung des Sanierungsverfahrens erfüllt hat. Im Unterschied zum Sanierungsverfahren ohne Eigenverwaltung muss den Gläubigern von dem Schuldner eine deutlich höhere Mindestquote (30 %) gemäß § 169 Abs. 1 Nr. 1a öIO angeboten werden. Daneben ergeben sich aus § 169 Abs. 1 öIO zahlreiche weitere Anforderungen, die der Schuldner mit seinem Antrag erfüllen muss. So ist er verpflichtet, ein genaues Vermögensverzeichnis, eine aktuelle und vollständige Übersicht über den Vermögens- und Schuldenstand, in der die Bestandteile des Vermögens ausgewiesen und bewertet sind und die bestehenden Verbindlichkeiten mit dem Rückzahlungsbetrag angesetzt und aufgegliedert sind, zu erstellen. Darüber hinaus muss er eine Gegenüberstellung der voraussichtlichen Einnahmen und Ausgaben für die folgenden 90 Tage aufstellen, aus der sich ergibt, wie die für die Fortführung des Unternehmens und die Bezahlung der Masseforderungen notwendigen Mittel aufgebracht und verwendet werden sollen. Die Vorbereitung der Eigenverwaltung ist daher in aller Regel deutlich aufwändiger als das bloße Aufstellen eines zulässigen Zahlungsplans im Rahmen des Sanierungsverfahrens ohne Eigenverwaltung.[898]

Im Gegensatz zum Sanierungsverfahren ohne Eigenverwaltung steht dem Schuldner im Rahmen der Eigenverwaltung die Verwaltung über die Insolvenzmasse unter der Aufsicht eines sog. Sanierungsverwalters zu (vgl. § 169 Abs. 1 öIO). Der Sanierungsverwalter haftet über den Verweis in § 177 Abs. 2 öIO auf § 1299 ABGB[899] wie ein Sachverständiger. Rechtshandlungen, die

896 *Konecny*, ZZP 125 (2012), 285, 294.

897 *Konecny*, ZZP 125 (2012), 285, 295.

898 *Buchegger*, Insolvenzrecht, S. 213, dies wird letztlich auch schon durch die ausführlicheren und umfangreichen Regelungen der §§ 169–179 öIO im Vergleich zu den eher rudimentär wirkenden §§ 166–168 öIO deutlich. Im Unterschied zur Eigenverwaltung nach den §§ 270 ff. InsO sei die Eigenverwaltung nach den §§ 169 ff. öIO ausdrücklich auf eine Sanierung ausgelegt, siehe *Madaus*, KTS 2015, 115, 137 f.

899 Allgemeines bürgerliches Gesetzbuch für die gesammten deutschen Erbländer der Oesterreichischen Monarchie, JGS Nr. 946/1811.

zum gewöhnlichen Unternehmensbetrieb gehören, darf der Schuldner grundsätzlich ohne vorige Genehmigung des Sanierungsverwalters vornehmen (vgl. § 171 Abs. 1 öIO). Die von dem Schuldner eingegangenen Verpflichtungen sind nach § 174 öIO stets als Masseforderungen zu behandeln ohne, dass dies gerichtlich vorab angeordnet werden müsste.

c. *Insolvenzstatistik*

Bemerkenswert erscheinen die jüngsten Fallzahlen aus Österreich. Von den 5 150 Unternehmensinsolvenzen im Jahr 2015 wurden in immerhin mehr als 10 % der Fälle Sanierungsverfahren eröffnet.[900] Davon waren 100 Fälle Sanierungsverfahren mit Eigenverwaltung und 450 Fälle Sanierungsverfahren ohne Eigenverwaltung.[901] Auf Grund der strengen Voraussetzungen des § 169 Abs. 1 öIO wurde die Eigenverwaltung deutlich seltener angeordnet als das Sanierungsverfahren ohne Eigenverwaltung.

Festzuhalten bleibt, dass das Sanierungsverfahren aus deutscher Sicht trotz oder aus österreichischer Sicht sogar wegen[902] seiner festen zwingenden Mindestquote von 20 % beziehungsweise 30 % eine deutlich größere Rolle bei der Bewältigung von Unternehmensinsolvenzen spielt als das Insolvenzplanverfahren und die Eigenverwaltung seit deren Einführung 1999 in Deutschland.[903]

d. *Stellung der Insolvenzgerichte*

In Österreich ist nach § 63 Abs. 1 öIO der Gerichtshof erster Instanz (das sog. Landesgericht)[904] für Insolvenzsachen zuständig, „in dessen Sprengel der Schuldner

---

900 *Zotter*, ZIK 2016/8, 17, 18; ausführlicher zu den Zahlen aus dem Jahre 2015 siehe https://www.ksv.at/sites/default/files/assets/documents/ksv1870-pa_insolvenzstatistikunternehmen_2015.pdf [zuletzt aufgerufen am 31. 5. 2019].

901 *Zotter*, ZIK 2016/8, 17, 18.

902 So erklärt sich *Konecny* den Erfolg des österreichischen Sanierungsplans vor allem mit der festen Mindestquote, da die Gläubiger dadurch stets vorab wüssten, was sie erwarte und sie daher eher bereit seien, am Verfahren mitzuwirken, siehe *Konecny*, ZZP 125 (2012), 285, 310.

903 Mit knapp 2 % an den eröffneten Insolvenzverfahren von Unternehmen spielt das Insolvenzplanverfahren in Deutschland bisher keine gewichtige Rolle, siehe dazu Jahrbuch 2014, S. 44, https://www.schultze-braun.de/fileadmin/de/Fachbuecher/Insolvenzjahrbuecher/Insolvenzjahrbuch-2014/InsoJahrbuch_2014_D.pdf?_=1516114517 [zuletzt aufgerufen am 31. 5. 2019]; zu einem Vergleich der Fallzahlen siehe auch *Buchegger*, Insolvenzrecht, S. 12.

904 Entspricht einem deutschen Landgericht; zum Aufbau der Gerichte und Staatsanwaltschaften in Österreich siehe https://www.justiz.gv.at/web2013/html/

sein Unternehmen betreibt oder mangels eines solchen seinen gewöhnlichen Aufenthalt hat."[905] Für natürliche Personen, die kein Unternehmen betreiben, ist dagegen gemäß § 182 öIO das Bezirksgericht zuständig.[906] Historisch bedingt hat der Richter in Österreich im Vergleich zu Deutschland eine deutlich stärkere Stellung.[907] Darin liegt einer der wesentlichen Unterschiede in der Insolvenzkultur der beiden Nachbarländer.[908] Die Bestellung und Überwachung des Insolvenzverwalters ist weiterhin allein den Gerichten vorbehalten (vgl. §§ 80 ff. öIO).[909] § 84 Abs. 1 öIO erlaubt es dem zuständigen Insolvenzgericht, dem Insolvenzverwalter schriftlich oder mündlich Weisungen zu erteilen, Berichte und Aufklärungen einzuholen, Rechnungen oder sonstige Schriftstücke einzusehen und die erforderlichen Erhebungen vorzunehmen. Dem zu bestellenden Gläubigerausschuss steht kein Vorschlagsrecht bezüglich des Insolvenzverwalters zu.[910] Die Mitglieder des Ausschusses können allenfalls nach § 87 Abs. 2 öIO einen sog. Enthebungsantrag stellen. Bei der Aufhebung der Eigenverwaltung hat das Insolvenzgericht ebenfalls sehr weitgehende Befugnisse. So ist es nach § 170 Abs. 1 öIO verpflichtet, diese aufzuheben, wenn zum Beispiel der Sanierungsplan nicht binnen 90 Tagen von den Gläubigern angenommen wurde (Nr. 3) oder wenn Umstände bekannt sind, die erwarten lassen, dass die Eigenverwaltung zu Nachteilen für die Gläubiger führen wird (Nr. 1).[911] Die starke Stellung der Insolvenzgerichte wird nicht zuletzt durch § 90 öIO i.V.m. § 91a öIO deutlich. Danach

---

default/8ab4a8a422985de30122a91f9c3962d0.de.html [zuletzt aufgerufen am 31. 5. 2019].

905 *Riel* weist daraufhin, dass die Richter an den österreichischen Landesgerichten in der Regel sehr erfahren seien und sich ausschließlich mit Insolvenzsachen beschäftigen, siehe *Riel*, NZI 2017, 832, 833.

906 Entspricht einem deutschen Amtsgericht; zu den jüngsten Änderungen des Verbraucherinsolvenzrechts durch das IRÄG 2017 siehe einführend *Stephan*, VIA 2017, 41.

907 *Konecny*, in: *Konecny/Reisch*, Österreichische Insolvenzordnung, S. 22.

908 *Konecny*, NZI 2008, 416, 416, dagegen sei der deutlich stärkere Einfluss der Gläubiger auf das Insolvenzverfahren ein wesentliches Merkmal der deutschen Insolvenzkultur.

909 Nach § 80 Abs. 5 öIO können auch juristische Personen zum Insolvenzverwalter bestellt werden; dies lässt § 56 Abs. 1 Satz 1 InsO (bisher) nicht zu, siehe dazu zuletzt auch BVerfG, Beschl. v. 12. 1. 2016 – 1 BvR 3102/13, ZIP 2016, 321 m. Anm. *Römermann*; zu der Verwalterauswahl nach den §§ 80 ff. öIO siehe ausführlich zuletzt *Riel*, NZI 2017, 832.

910 Zu dem durch das ESUG eingeführte Vorschlagsrecht des vorläufigen Gläubigerausschusses nach § 56a InsO, siehe ausführlich unter Zweiter Teil, A. III. 2. b.

911 Vergleichbar mit der Regelung in § 270 Abs. 2 Nr. 2 InsO a.F. vor Inkrafttreten des ESUG.

entscheidet für den Fall, dass noch keine Gläubigerversammlung bestellt worden ist, allein das zuständige Insolvenzgericht, ob das Unternehmen fortgeführt oder aber geschlossen werden sollte.

e. Allgemeine Besonderheiten des österreichischen Insolvenzrechts

Das österreichische Insolvenzrecht beinhaltet einige Sonderregelungen, zu denen sich keine Entsprechung im deutschen Insolvenzrecht finden lässt, weswegen diese besonders hervorzuheben sind. Daneben verdient eines der insolvenzlichen Nebengesetze, dessen Anwendungsbereich im Vorfeld der Insolvenz liegt, eine nähere Betrachtung.

aa. §§ 72 ff. öIO

Nach § 72a Abs. 1 öIO[912] sind die organschaftlichen Vertreter juristischer Personen verpflichtet, bis zu EUR 4 000 vorzuschießen, wenn es den juristischen Personen an Vermögen mangelt, um das Insolvenzverfahren zu eröffnen.[913] Dies gilt nach § 72a Abs. 2 öIO sogar für Personen, die in den letzten drei Monaten vor dem Stellen des Antrags auf Eröffnung des Insolvenzverfahrens noch organschaftliche Vertreter des Schuldners waren. Dadurch kann im Einzelfall – wohl vor allem bei kleineren Unternehmen – vermieden werden, dass das Verfahren bereits mangels Masse von dem Insolvenzgericht eingestellt wird.[914] § 72a öIO knüpft nicht an ein etwaiges Verschulden der Vertreter wegen verspäteter Insolvenzantragstellung an, sondern ist ein reiner Gefährdungshaftungstatbestand und hebt das Trennungsprinzip des Gesellschaftsrechts auf. Den Organvertretern bleibt lediglich eine Rückforderungsmöglichkeit nach § 72c öIO. Danach ist der geleistete Kostenvorschuss als Masseforderung zu behandeln. Leistet ein Gläubiger einen Kostenvorschuss, kann dieser die Kosten von den Organvertretern

912 Die Norm wurde bereits durch das IRÄG 1997 in die damalige öKO eingeführt, siehe BGBl. I Nr. 114/1997.

913 Ein anderes Modell, wie der Kostenvorschuss erlangt werden kann, findet sich in Polen. Dort kann von demjenigen, der einen Antrag auf Eröffnung des Konkursverfahrens stellt, also auch von einem der Gläubiger, bereits i.R.d. Konkurseröffnungsverfahrens ein Kostenvorschuss eingefordert werden, um dadurch die Eröffnung des Verfahrens zu ermöglichen, siehe dazu *Porzycki*, in: Aktuelle Entwicklungen im polnischen, deutschen und österreichischen Privatrecht, S. 162 f.

914 *Konecny*, in: *Konecny/Reisch*, Österreichische Insolvenzordnung, S. 30.

gemäß § 71d Abs. 2 öIO zurückfordern, unabhängig davon, ob diese ihrer Pflicht zur Antragstellung auf Eröffnung des Verfahrens nachgekommen sind.[915]

Hält ein Gesellschafter mehr als 50 % an einer juristischen Person, so sind nach § 72d öIO[916] die §§ 72–72c öIO entsprechend anwendbar. Ergänzt wird dies durch den § 69 Abs. 3 a öIO, wonach die Mehrheitsgesellschafter einer Kapitalgesellschaft ebenfalls zur Stellung eines Insolvenzantrags verpflichtet sind für den Fall, dass die Gesellschaft keinen organschaftlichen Vertreter mehr hat.[917]

Der österreichische Gesetzgeber versprach sich von der Einführung der §§ 72 ff. öIO durch das IRÄG 1997 unter anderem, dass das Interesse der organschaftlichen Vertreter an einer Verschleppung des Konkurses verringert werde und damit einhergehend, dass die zuständigen Vertreter der Schuldner die Konkursanträge rechtzeitig oder zumindest früher stellen werden würden.[918] Der Gesetzgeber rechtfertigte seinen gravierenden Eingriff in die Rechte der organschaftlichen Vertreter damit, dass anzunehmen sei, dass bei einem Konkursantrag, der unmittelbar nach Eintritt der Zahlungsunfähigkeit oder Überschuldung gestellt wurde, regelmäßig noch kostendeckendes Vermögen vorhanden ist.[919] Er behauptete weiterhin, dass bei Konkursabweisungen mangels kostendeckenden Vermögens erfahrungsgemäß in nahezu allen Fällen die organschaftlichen Vertreter gegen die Konkursantragspflicht nach § 69 öKO verstoßen hätten.[920] Eine Exkulpationsmöglichkeit für die Organvertreter, um der Haftung zu entkommen, sieht das Gesetz freilich nicht vor. Die §§ 72 ff. öIO stellen mithin einen gesetzlich normierten Fall der Durchgriffhaftung dar.

---

915 *Duursma-Kepplinger*, in: Kindler/Nachmann, Länderbericht Österreich, Rn. 18 f.; siehe dazu zuletzt auch OLG Graz, Urt. v. 27. 3. 2014 – 3 R 45/14h, ZIK 2015/38, 32.

916 Neu eingeführt durch das IRÄG 2010; der Gesellschafter muss, um sich der Verpflichtung zu entziehen, nachweisen können, dass er tatsächlich keine 50 % an der Gesellschaft hält, siehe OLG Graz, Urt. v. 2. 6. 2015 – 3 R 84/15w, ZIK 2015/253, S. 189; siehe dazu auch die Gesetzesbegründung, 612 der Beilagen (XXIV. GP), Erläuterungen, S. 17.

917 *Linder*, in: Refinanzieren statt Sanieren?, S. 192; siehe zu dieser Durchbrechung des gesellschaftsrechtlichen Trennungsprinzips ausführlich *Fruhstorfer*, ZIK 2013/301, 212; seit dem MoMiG gilt dies auch in Deutschland, vgl. § 15 Abs. 1 Satz 2 InsO.

918 734 der Beilagen (XX. GP), Erläuterungen, S. 43.

919 734 der Beilagen (XX. GP), Erläuterungen, S. 43.

920 734 der Beilagen (XX. GP), Erläuterungen, S. 43.

bb. Unternehmensreorganisationsgesetz

Durch das IRÄG 1997 wurden nicht nur die österreichische Konkursordnung und die Ausgleichsordnung modernisiert, sondern mit dem sog. Unternehmensreorganisationsgesetz wurde gleichzeitig auch ein neues Gesetz geschaffen.[921] Das Unternehmensreorganisationsgesetz setzt zeitlich vor dem Anwendungsbereich der österreichischen Insolvenzordnung[922] an, da nach § 1 Abs. 1 URG ein Unternehmen die Einleitung des Reorganisationsverfahrens nur dann beantragen kann, sofern es noch nicht insolvent ist. Damit sei das Reorganisationsverfahren ein gerichtliches Insolvenzvorbeugungsverfahren und kein Insolvenzverfahren im engeren Sinne.[923] Der damalige Gesetzgeber versprach sich von dem Unternehmensreorganisationsgesetz unter anderem, dass Unternehmer auf betriebswirtschaftliche Probleme ihrer Betriebe rechtzeitig reagieren würden, so dass es gar nicht erst zu Insolvenzen käme.[924]

§ 1 Abs. 2 URG definiert eine Reorganisation als „eine nach betriebswirtschaftlichen Grundsätzen durchgeführte Maßnahme zur Verbesserung der Vermögens-, Finanz- und Ertragslage eines im Bestand gefährdeten Unternehmens, die dessen nachhaltige Weiterführung ermöglicht." Ein Reorganisationsbedarf ist gemäß § 1 Abs. 3 URG insbesondere bei einer vorausschauend feststellbaren wesentlichen und nachhaltigen Verschlechterung der Eigenmittelquote anzunehmen. Der Unternehmer ist nach § 4 Abs. 1 URG verpflichtet, mit dem Antrag auf Eröffnung des Reorganisationsverfahrens zu erklären, dass er nicht insolvent ist und er dies gemäß § 4 Abs. 2 URG glaubhaft machen kann, etwa durch die Vorlage der Jahresabschlüsse der letzten drei Jahre.

Liegen die Voraussetzungen der §§ 1, 4 URG vor, so ist das zuständige Gericht (vgl. § 3 URG) gemäß § 5 Abs. 1 URG dazu verpflichtet, das Reorganisationsverfahren durch Beschluss einzuleiten und einen sog. Reorganisationsprüfer zu bestellen. Bezüglich des Reorganisationsprüfers hat das Gericht den Unternehmer unverbindlich anzuhören, ohne dass dies das Gericht in seiner Entscheidung bindet. Der Unternehmer kann entweder bereits mit Antrag auf Einleitung des Verfahrens einen Reorganisationsplan vorlegen oder gemäß § 5 Abs. 2 URG i.V.m. § 7 URG innerhalb von 60 Tagen nach Eröffnung des Verfahrens diesen nachreichen. § 6 URG normiert die inhaltlichen Anforderungen an den

---

921 Grundlegend dazu *Jenatschek*, in: Buchegger, Österreichisches Insolvenzrecht, URG.

922 Beim Inkrafttreten des Unternehmensreorganisationsgesetzes 1997 galten noch die österreichische Konkursordnung und die Ausgleichsordnung.

923 So *Buchegger*, Insolvenzrecht, S. 246.

924 734 der Beilagen (XX. GP), Erläuterungen, S. 34.

Reorganisationsplan (u.a. Ursachen der wirtschaftlichen Schieflage, geplante Maßnahmen, Reorganisationszeitraum). Da das Reorganisationsverfahren in seiner jetzigen Form aber keinerlei Zwangsmechanismen kenne, ist es von dem Konsens aller Beteiligten abhängig.[925] Einzelne Gläubiger können somit nicht überstimmt und durch den Reorganisationsplan gebunden werden.

Der Reorganisationsprüfer hat umfassende Rechte und Pflichten im Rahmen seiner vom Gesetz vorgesehenen Aufgaben. So ist er verpflichtet, nach § 10 Abs. 1 URG die Vermögensverhältnisse des Unternehmens zu überprüfen und dem Gericht binnen 30 Tagen mitzuteilen, ob das Unternehmen bereits insolvent ist. Nach § 10 Abs. 3 URG muss der Prüfer innerhalb von 30 Tagen nach Erhalt des Plans dem Gericht ein Gutachten über die Zweckmäßigkeit der geplanten Reorganisationsmaßnahmen und deren Erfolgsaussichten vorlegen. Nach § 15 URG hat der Reorganisationsprüfer einen Anspruch auf Ersatz seiner Auslagen und auf „Entlohnung für seine Müheverwaltung".

Grundsätzlich habe das Reorganisationsverfahren keine materiellrechtlichen Wirkungen.[926] Ausnahmen finden sich allerdings in den §§ 18–21 URG, die vor allem die Anfechtungsfristen modifizieren und die subjektiven Tatbestandsvoraussetzungen der §§ 28, 30 f. öIO bei Überbrückungs- und Reorganisationsmaßnahmen entschärfen.[927] Um Gesellschafterdarlehen zu begünstigen, nimmt § 21 URG solche aus dem Anwendungsbereich des Eigenkapitalersatzrechts ausdrücklich heraus.[928]

Das Unternehmensreorganisationsgesetz kam seit seinem Inkrafttreten bisher nur ein einziges Mal zur Anwendung und hat damit den gesetzgeberischen Zweck nie erfüllen können.[929] Dies liegt wohl vor allem daran, dass das Verfahren keine Bindung dissentierender Gläubiger erlaubt und damit kaum Vorteile gegenüber einer außergerichtlichen Sanierung bietet. Österreich verfügt mithin

---

925 *Piekenbrock*, ZVglRWiss 108 (2009), 242, 262.

926 *Buchegger*, Insolvenzrecht, S. 252.

927 Ausführlicher dazu *Buchegger*, Insolvenzrecht, S. 252 f., der Überbrückungsmaßnahmen i.S.d. §§ 28, 30 f. URG als Rechtshandlungen während des Verfahrens zur Aufrechterhaltung des gewöhnlichen Geschäftsbetriebs definiert.

928 *Buchegger*, Insolvenzrecht, S. 253.

929 *Linder*, in: Refinanzieren statt Sanieren?, S. 173; *Konecny*, ZZP 125 (2012), 285, 292, der dementsprechend zurecht von einem „Flopp" spricht; zu dem bisher ersten und wohl auch einzigen Anwendungsfall des Unternehmensreorganisationsgesetzes seit dessen Inkrafttreten im Jahre 1997 – ein Reorganisationsverfahren vor dem Landesgericht Graz – siehe ausführlich *Reckenzaun/Hadl*, ZIK 2001/130, 90.

ebenso wie Deutschland bis heute über kein funktionsfähiges vorinsolvenzliches Sanierungsverfahren.

3. *Schlussfolgerungen für das nationale Recht*

Fraglich ist, ob und inwiefern das österreichische Insolvenzrecht heute noch Vorbild für das deutsche Insolvenzrecht sein kann. Die Aufhebung der Zweiteilung aus Konkurs- und Vergleichs- bzw. Ausgleichsverfahren und die Integrierung beider Verfahrensvarianten in ein einheitliches Insolvenzgesetz scheinen dem deutschen Recht nur auf den ersten Blick sehr ähnlich zu sein. Auf den zweiten Blick wird deutlich, dass sich im aktuellen österreichischen Recht immer noch erstaunlich viel „Althergebrachtes" aus der österreichischen Konkursordnung und der Ausgleichsordnung findet. Die deutsche Insolvenzordnung wirkt dagegen als ein weitaus moderneres Insolvenzgesetz im 21. Jahrhundert. Ein Vergleich der beiden Insolvenzrechtsordnungen vor dem 1. Januar 1999 wäre daher wohl ertragreicher ausgefallen. Österreich hätte selbstverständlich bei der Entwicklung des Insolvenzrechtsänderungsgesetzes 2010 stärker auf die mehr als zehnjährige Erfahrung der Deutschen mit ihrer Insolvenzordnung zurückgreifen können. Es scheint aber vielmehr so, dass die Österreicher von Deutschlands Erfahrungen mit der Insolvenzordnung sogar eher abschreckt wurden, so dass die Änderungen des österreichischen Insolvenzrechts letztlich nur minimalinvasiv ausfielen.[930]

Selbst wenn im Ergebnis der Aussagegehalt und der Ertrag einer Rechtsvergleichung oft begrenzt sind, sollte die Beobachtung des österreichischen Insolvenzrechts dennoch nicht mehr so stark vernachlässigt werden wie dies in der Vergangenheit geschehen ist.[931] Die Rechtsvergleichung darf keine Einbahnstraße dahingehend sein, dass auf der einen Seite der „kleine" Nachbar seinen Blick oftmals nach Deutschland richtet, aber auf der anderen Seite die

---

930 In der Begründung des Regierungsentwurfs der österreichischen Insolvenzordnung findet sich allerdings kein einziger Hinweis auf Entwicklungen im deutschen Insolvenzrecht, so dass dies nur Mutmaßungen sind. Umgekehrt hat der deutsche Gesetzgeber bei Novellierungen des Rechts oftmals auf Entwicklungen im Ausland, wie etwa i.R.d. ESUG die Flucht nach Großbritannien, verwiesen, siehe RegE ESUG, BT-Drucks. 17/5712, S. 17.

931 So auch *Ganter*, NZI 2016, 153, 154, der seine Kritik vor allem auf die Obergerichte und deren mangelnde Bereitschaft zur Rechtsbeobachtung bzw. zur Rechtsvergleichung beschränkt.

Erfahrungen der Österreicher bei der Rechtsanwendung von den Deutschen (fast) gar keine Beachtung finden.[932]

Obwohl die Österreicher in jüngster Zeit erstaunlich gute Ergebnisse mit einer festen gesetzlichen Mindestquote als Voraussetzung für einen Sanierungsplan erzielen konnten,[933] erscheint dies für Deutschland als ein sehr antiquiertes Modell. Es ist gerade das Wesensmerkmal eines Insolvenzplans, es den Beteiligten zu ermöglichen, die Insolvenz durch ergebnisoffene Verhandlungen und Austauschprozesse einvernehmlich bewältigen zu können.[934] Durch eine im Voraus festgelegte zwingende Quote scheint dieses Ziel nur sehr schwierig erreichbar zu sein. Das Wesen des zu analysierenden Sanierungsgedankens ist die Förderung von erfolgreichen Unternehmenssanierungen. Dies mag in Österreich in der Praxis zwar oft gelingen, spiegelt sich aber nicht im geltenden Recht wider.

Genauso wenig wie feste Mindestquoten sind die zahlreichen starren und sehr knapp bemessenen Ausschlussfristen der österreichischen Insolvenzordnung, die den Gerichten keinerlei Ermessensspielraum lassen,[935] ein Ausdruck des Sanierungsgedankens in Österreich und daher auch kein Vorbild für das deutsche Insolvenzrecht. Selbst wenn diese starren Fristen imstande sein sollten, in Einzelfällen tatsächlich zu einer Verfahrensbeschleunigung beitragen zu können, ist eine Anpassung des deutschen Rechts dahingehend abzulehnen.

Der deutlich stärkere Einfluss des Schuldners auf den Verlauf des Insolvenzverfahrens ist ebenfalls nicht nachahmenswert. Die Balance zwischen Schuldner, Gläubiger, Verwalter und Insolvenzgericht als wesentliche Beteiligte des

---

932 In Österreich werden das deutsche Insolvenzrecht und dessen Fortentwicklung seit jeher sehr genau beobachtet, siehe dazu aus jüngster Zeit u.a. *Zenker*, in: Jahrbuch Insolvenz- und Sanierungsrecht 13, S. 113 ff.; *Zenker*, in: Jahrbuch Insolvenz- und Sanierungsrecht 14, S. 51 ff.; *Hänel*, in: Jahrbuch Insolvenz- und Sanierungsrecht 14, S. 65 ff.; *Stephan*, in: Jahrbuch Insolvenz- und Sanierungsrecht 16, S. 41 ff.; umgekehrt merkt *Ganter* zurecht an, dass das österreichische Recht leider nur wenig Aufmerksamkeit im deutschen Insolvenzrechtsdiskurs erfahre, vor allem die Rechtsprechung der österreichischen Obergerichte finde bei den deutschen Gerichten kaum Beachtung, siehe *Ganter*, NZI 2016, 153, 154. Ein positives Gegenbeispiel in der Literatur ist aber *Piekenbrock*, der seinen Blick immer wieder auch nach Österreich richtet, siehe *Piekenbrock*, ZVglRWiss 108 (2009), 242; 262 f.; *Piekenbrock*, in: Solvenz – Insolvenz – Resolvenz, S. 96 ff.

933 So *Buchegger*, Insolvenzrecht, S. 9 f. m.w.N.

934 RegE InsO, BT-Drucks. 12/2443, S. 90.

935 Wie z.B. in § 170 Abs. 1 Nr. 3 öIO, wonach für den Fall, dass nach spätestens 90 Tagen nach Eröffnung des Verfahrens der Sanierungsplan von den Gläubigern nicht angenommen wurde, die Eigenverwaltung vom Insolvenzgericht entzogen werden muss.

Insolvenzverfahrens macht in Deutschland einen deutlich ausgewogeneren Eindruck. Die Stärkung der Gläubigerautonomie durch das ESUG[936] sollte in keinem Fall zurückgenommen werden, sondern viel mehr umgekehrt von Österreich als Anstoß für eine Weiterentwicklung des eigenen Insolvenzrechts aufgenommen werden.

Eine Konzentration an den achtzehn Landesgerichten in Österreich erscheint hilfreich auf dem Weg zu einer weiteren Professionalisierung der Insolvenzgerichte und sollte auch für Deutschland angedacht werden.[937] Ob eine Konzentration bei den Amtsgerichten oder den Landgerichten stattfindet, ist dabei eher zweitrangig.[938] Wichtig ist aber, dass in jedem Landgerichtsbezirk nur ein Gericht für Insolvenzsachen zuständig ist, um dadurch einer Zersplitterung in der Rechtsanwendung entgegenzutreten und um die Professionalisierung durch größere, hochspezialisierte Insolvenzrechtsabteilungen an den Gerichten weiter voranzutreiben.

Eine Norm wie § 72a öIO und damit eine persönliche Gefährdungshaftung der Organvertreter für die Kostendeckung des Verfahrens erscheint für Deutschland als eine Art Fremdkörper im Insolvenzrecht, aber vor allem im Gesellschaftsrecht, und ist daher bisher kaum vorstellbar. Dennoch sollte überlegt werden, ob dies nicht ebenfalls ein Baustein, wenn auch in anderer Art und Weise, sein könnte, um die Einstellung mangels Masse in Einzelfällen zu vermeiden. Darüber hinaus hätte eine solche Haftungsnorm wohl den positiven Nebeneffekt, dass die handelnden Vertreter der Schuldner noch früher einen Antrag auf Verfahrenseröffnung stellen würden.[939] Manchmal sind es die unorthodoxen Regeln, die zwar auf den ersten Blick nicht ins System passen, die aber auf den zweiten Blick zum Gelingen in der Praxis einen wesentlichen Beitrag leisten können.

Das Unternehmensreorganisationsgesetz taugt nicht als Vorbild für die Einführung eines vorinsolvenzlichen Sanierungsverfahrens in Deutschland. Um das eingangs erwähnte Zitat von *August Bebel* nochmals aufzugreifen, zeigt sich für das Unternehmensreorganisationsgesetz, dass die um die Jahrhundertwende getroffene Aussage nicht mehr zutrifft. Österreich hat ein schlechtes Gesetz

---

936 Siehe dazu ausführlich unter Zweiter Teil, A. III. 2.

937 So auch schon ausführlich unter Zweiter Teil, A. III. 3.

938 *Leithaus* schlägt vor, für Unternehmensinsolvenzen ein zentrales Insolvenzgericht je OLG-Bezirk einzurichten, siehe *Leithaus*, NZI 2019, 1, 4; zum Aspekt einer angemessenen Besoldung siehe ebenfalls bereits unter Zweiter Teil, A. III. 3.

939 Der Anteil der mangels Masse nicht eröffneten Insolvenzverfahren bei Unternehmensinsolvenzen ist in Österreich leider dennoch vergleichsweise hoch und betrug 2015 rund 40 %, siehe *Zotter*, ZIK 2016/8, 17, 18.

geschaffen, wendet es aber nicht lau, sondern überhaupt nicht an. Das Unternehmensreorganisationsgesetz ist als ein zahnloser Tiger nutzlos geblieben. Das Gesetz bietet keine Zwangsmechanismen, durch die etwa bestimmte Gläubiger oder Gesellschafter dem Reorganisationsplan unterworfen werden könnten. Ein Verfahren, das allein auf die Zustimmung aller Parteien angewiesen ist, kann in einer Krisensituation keinen Erfolg bringen.

Die österreichische Insolvenzordnung – als zentrales Insolvenzgesetz – erscheint zwar, trotz ihres noch jungen Alters, aus deutscher Sicht wegen der zahlreichen Bestandteile der Konkursordnung und der Ausgleichsordnung etwas veraltet, der Erfolg gibt der österreichischen Gesetzgebung und den österreichischen (Insolvenz-)Gerichten aber in Teilen Recht. Da sich Österreich bei der Reform seines Insolvenzrechts im Jahre 2010 aber wohl auch an der deutschen Insolvenzordnung orientiert hat, fällt der Ertrag der Rechtsvergleichung im Ergebnis eher gering aus.[940] Dies gilt umso mehr, als dass Österreich einige zentrale Bausteine des deutschen Insolvenzrechts (noch) gar nicht übernommen hat. So fehlt in der österreichischen Insolvenzordnung unter anderem das Obstruktionsverbot des § 245 InsO. Daneben ist die Einbeziehung von Gesellschaftern in den Sanierungsplan, wie sie in § 225a InsO vorgesehen ist, bisher ebenfalls noch nicht gegen deren Willen möglich.[941] Genauso wenig kennt das österreichische Insolvenzrecht bisher ein Eigenverwaltungseröffnungsverfahren wie es § 270a InsO vorsieht, geschweige denn ein Schutzschirmverfahren wie in § 270b InsO.[942] Damit fehlen dem österreichischen Insolvenzrecht einige, den Sanierungsgedanken verwirklichende Instrumente noch gänzlich.

Deutschland hat auf dem langen und oft sehr steinigen Weg hin zu einem modernen Sanierungs- und Restrukturierungsrecht mit dem ESUG einen großen Schritt voran gewagt. Österreich kann nun – als unmittelbarer europäischer Nachbarstaat und enger wirtschaftlicher Partner[943] – diesem Beispiel mutig

---

940 *Buchegger*, Insolvenzrecht, S. 5; *Duursma-Kepplinger*, in: Kindler/Nachmann, Länderbericht Österreich, Rn. 3a ff.

941 *Piekenbrock*, NZI 2012, 905, 907; allerdings wurden sowohl die Einbeziehung der Gesellschafter in den Sanierungsplan als auch ein Obstruktionsverbot im Rahmen des IRÄG 2010 diskutiert, aber ein Bedarf für die Praxis im Ergebnis jeweils verneint, siehe dazu 612 der Beilagen (XXIV. GP), Erläuterungen, S. 3 f.; *Linder*, in: Refinanzieren statt Sanieren?, S. 202 f.

942 *Konecny*, ZZP 125 (2012), 285, 297, 310, der darauf hinweist, dass ein solches Verfahren fehle, weil das österreichische Insolvenzverfahren möglichst früh eröffnet werden solle.

943 Österreich ist Deutschlands siebtgrößter Handelspartner (2018 betrug das deutsche Exportvolumen fast EUR 65 Mrd.), siehe https://www.destatis.de/DE/Themen/

folgen. Dadurch könnte die historisch bedingte sehr enge Verbindung der beiden Staaten im Bereich des Insolvenzrechts wieder vertieft werden.[944]

II. Großbritannien

Das Vereinigte Königreich[945] als eine traditionelle Rechtsordnung des *Common Law*[946] ist trotz seiner zahlreichen Unterschiede zum deutschen Insolvenzrecht für eine fruchtbare Rechtsvergleichung nach wie vor von besonderem Interesse. Gewiss ist die Schnittmenge, die vor allem die kontinentaleuropäischen Rechtsordnungen auf Grund gemeinsamer Wurzeln (vgl. zuvor Österreich) untereinander haben, bedeutend größer. Gleichwohl sollte auch Großbritannien als eine traditionell sehr starke Wirtschaftsmacht[947] nicht außer Acht gelassen werden.

Wirtschaft/Aussenhandel/Tabellen/rangfolge-handelspartner.pdf?__blob=publicationFile&v=6 [zuletzt aufgerufen am 31. 5. 2019].

944 Als ein weiteres interessantes Beispiel der sehr engen Verbindung zwischen Deutschland und Österreich kann das Deutsch-österreichische Insolvenzabkommen von 1979, als die für Deutschland erste staatsvertragliche Regelung auf dem Gebiet des Konkurs- und Vergleichsrechts, gelten, abgedruckt in ZIP 1980, 483, das erst mit Inkrafttreten der EuInsVO im Jahr 2002 ersetzt wurde (Art. 44 Abs. 1 lit. d EuInsVO a.F.), vgl. dazu auch ergänzend das Ausführungsgesetz zum deutsch-österreichischen Konkursvertrag von 1985 (BGBl. I S. 535); siehe dazu weiterhin u.a. *Arnold*, Der deutsch-österreichische Konkursvertrag; *Langenbach*, Vertragliche Mobiliarsicherheiten, S. 235 ff.; *Lieder*, Unternehmenssanierung im Lichte der EuInsVO, S. 172 ff. Der Konkursvertrag ist zwischen den beiden Staaten 100 Jahre lang verhandelt worden, siehe *Flessner*, in: FS Heinsius, S. 126.

945 Aus Gründen der Vereinfachung und für eine bessere Übersichtlichkeit wird im Folgenden zwar von Großbritannien und britischem Recht gesprochen, aber nur das Recht von England und Wales näher beleuchtet, ohne dabei *en detail* auf die Besonderheiten für Nordirland und Schottland einzugehen, da diese zum Teil eigene insolvenzrechtliche Regeln geschaffen haben, siehe dazu auch *Schillig*, in: Kindler/Nachmann, Länderbericht Großbritannien, Rn. 1; *Schlegel*, in: MünchKomm-InsO, Länderberichte England und Wales, Rn. 7.

946 Zu der weit zurückreichenden historischen Entwicklung des Insolvenzrechts in Großbritannien siehe einführend *Schillig*, in: Kindler/Nachmann, Länderbericht Großbritannien, Rn. 3 ff.; einen interessanten Vergleich zwischen britischem und amerikanischem Sanierungsverfahren findet sich bei *McCormack*, Corporate Rescue Law; allgemeiner zur unterschiedlichen „*rescue culture*" in Großbritannien und den USA, siehe *Finch*, Corporate Insolvency Law, S. 278 ff.

947 Mit einem BIP von rund EUR 2,4 Bio. ist Großbritannien hinter Deutschland die zweitgrößte Volkswirtschaft in Europa, siehe https://de.statista.com/statistik/daten/studie/188776/umfrage/bruttoinlandsprodukt-bip-in-den-eu-laendern/ [zuletzt aufgerufen am 31. 5. 2019].

Dies gilt nicht zuletzt auch deswegen, weil zumindest im Kapitalgesellschaftsrecht sich der deutsche Gesetzgeber immer wieder auch an Großbritannien orientiert hat, da sich britische Gesellschaftsformen wegen der umfassend gewährleisteten Niederlassungsfreiheit nicht nur auf dem nationalen Markt ausgebreitet haben, sondern ebenso im europäischen Ausland als Wettbewerber auftraten.[948] Da das britische Insolvenzrecht der Unternehmen eng mit dem Kapitalgesellschaftsrecht verknüpft ist, sollte auch letzteres nicht vergessen werden.

Der Gewinn eines Rechtsvergleichs ist oftmals ungemein größer, wenn – wie im Fall Großbritanniens – etwas auf den ersten Blick völlig Fremdes näher beleuchtet wird, als wenn man lediglich bereits Bekanntes oder zumindest Verwandtes auf Feinheiten hin untersucht.[949] Bei der Reform der Insolvenzordnung durch das ESUG sollte die befürchtete und auch teilweise eingetretene Abwanderung deutscher Unternehmen durch Verlegung ihres Sitzes,[950] um unter das vermeintlich schuldnerfreundliche britische Recht zu fallen, in Zukunft durch die Schaffung eines sanierungsfreundlicheren deutschen Insolvenzrechts eingeschränkt werden.[951]

---

948 So ging die Schaffung der sog. Unternehmergesellschaft (haftungsbeschränkt) als eine Variante der GmbH in § 5a GmbHG durch das MoMiG im Jahre 2008 u.a. auch darauf zurück, dass die britische *Limited* den deutschen Gesellschaftsformen – vor allem der GmbH – immer mehr Konkurrenz machte und man deutsche Gesellschaften wieder wettbewerbsfähig machen wollte, siehe RegE MoMiG, BT-Drucks. 16/6140, S. 1. Allein in England und Wales waren 2015 über 3,4 Mio. Unternehmen eingetragen, siehe https://www.gov.uk/government/uploads/system/uploads/attachment_data/file/525543/Statistical_Release_Incorporated_Companies_in_the_UK_April_2016.pdf [zuletzt aufgerufen am 31. 5. 2019]; im Vergleich dazu waren im deutlich größeren Deutschland 2013 3,5 Mio. Unternehmen eingetragen, siehe http://de.statista.com/statistik/daten/studie/237346/umfrage/unternehmen-in-deutschland-nach-rechtsform-und-anzahl-der-beschaeftigten/ [zuletzt aufgerufen am 31. 5. 2019].

949 Daher liegt der Schwerpunkt der Rechtsvergleichung der vorliegenden Betrachtung nicht auf dem österreichischen, sondern auf dem britischen Insolvenzrecht. Dies hat noch weitere Gründe. Das britische Insolvenzrecht gilt seit jeher als besonders sanierungsfreundlich, weswegen zahlreiche deutsche Unternehmen dorthin abwanderten. Über eine Flucht deutscher Unternehmen nach Österreich ist – nach meinem Kenntnisstand – nichts bekannt. Darüber hinaus bietet die britische Literatur allein schon wegen ihres Umfangs mehr Möglichkeiten zum Vergleich. Weiterhin findet das britische Recht im Gegensatz zum österreichischen Insolvenzrecht auch in der deutschen Literatur deutlich mehr Beachtung, so dass diese ergänzend hinzugezogen werden kann.

950 Zu diesem Motiv des Reformgesetzgebers siehe bereits ausführlich unter Zweiter Teil.

951 RegE ESUG, BT-Drucks. 17/5712, S. 1, 17.

Bei der Sitzverlegung nach England versuchten die Unternehmen sich vor allem mit Hilfe der sog. *company voluntary arrangements* und dem sog. *scheme of arrangement* erfolgreich zu sanieren.[952] Es soll daher geklärt werden, warum vor allem deutsche Unternehmen sich in der Vergangenheit dazu entschieden haben, ihr Heil in der Flucht in andere, der eigenen Rechtsordnung doch sehr fremden, Sanierungs- und Restrukturierungsinstrumente suchten. Beide Instrumente haben auch nach Inkrafttreten des ESUG noch keine Entsprechung im deutschen Recht gefunden und verdienen gerade deswegen jeweils eine gesonderte Betrachtung. Es wird sich mithin herausstellen, ob die bisher unternommenen Reformen des deutschen Gesetzgebers genügen, um die Abwanderung deutscher Unternehmen zu stoppen oder aber, ob der Insolvenzrechtsstandort Deutschland im europäischen Vergleich immer noch nicht konkurrenzfähig ist und es somit weiterer Schritte bedarf.

1. Gesetzlicher Rahmen

Großbritannien ist als klassische *Common Law* Rechtsordnung anders als Deutschland besonders durch das Richterrecht der obersten Gerichte, dem sog. *case law*, geprägt.[953] Nicht zuletzt auch durch die voranschreitende Europäisierung des Rechts entstanden in den letzten Jahrzehnten allerdings zahlreiche Gesetze, die vor allem das Wirtschaftsrecht und das Insolvenzrecht im Besonderen ausführlich regeln. Dadurch wurden zum Teil die durch die Rechtsprechung aufgestellten Grundsätze kodifiziert, teilweise aber auch neue Rechtsregeln und Rechtsgebiete geregelt. Diese Eigenart des britischen Rechtssystems ist stets als ein wesentlicher Unterschied im Vergleich zum deutschen Insolvenzrechtssystem im Hinterkopf zu behalten, wenn eine Rechtsvergleichung zu einem Erfolg versprechenden Ergebnis kommen soll. Den Urteilen der britischen Gerichte kommt im Vergleich zu den Urteilen deutscher Gerichte für die Insolvenzrechtspraxis eine deutlich größere Bedeutung zu.

---

952 Andere Insolvenz- und Sanierungsverfahren werden daher im Folgenden nur kurz aufgegriffen.

953 Urteile der Obergerichte sind in Großbritannien anders als in Deutschland grundsätzlich bindend, man spricht dabei von sog. *binding precedents*. Die schier unüberschaubare Anzahl von Präzedenzfällen trägt in Großbritannien wesentlich zur Rechtfortbildung bei und stellt wichtige, in den Gesetzen oftmals nicht angelegte Grundsätze auf. So ist beispielsweise das britische Internationale Privatrecht bis heute weitestgehend *case law* und nicht in nationalen Gesetzen kodifiziert.

Das zentrale britische Insolvenzgesetz ist der sog. *Insolvency Act 1986*,[954] der erstmals sowohl die Insolvenz natürlicher Personen (*bankruptcy*) als auch von Kapitalgesellschaften (*corporate insolvency*) einheitlich regelt.[955] Ergänzt wird der *Insolvency Act 1986*, der hauptsächlich das materielle britische Insolvenzrecht enthält, von den sog. *Insolvency Rules 1986*, die in umfangreicher Art und Weise formelle insolvenzrechtliche Regelungen beinhalten.[956] Die wichtigste und umfangreichste Reform des britischen Insolvenzrechts aus jüngerer Vergangenheit erfolgte durch den sog. *Enterprise Act 2002*.[957] Neben dem *Insolvency Act 1986* hat aber auch der sog. *Companies Act 2006*[958] eine große praktische Bedeutung für das britische Sanierungs- und Restrukturierungsrecht, da er das *scheme of arrangement*-Verfahren regelt. Mithin ergibt sich für Großbritannien ein äußerst verästelter Regelungskomplex,[959] durch den versucht wird, das britische Insolvenz- und Restrukturierungsrecht zu kodifizieren.

2. Verfahrensarten

Im Folgenden sollen die maßgeblichen Verfahrensarten,[960] die im Vorfeld oder spätestens mit Eintritt der materiellen Insolvenz eines Unternehmens in

954 Die aktuelle Fassung des *Insolvency Act 1986* ist verfügbar unter: http://www.legislation.gov.uk/ukpga/1986/45/pdfs/ukpga_19860045_en.pdf [zuletzt aufgerufen am 31. 5. 2019].

955 *Schillig*, in: Kindler/Nachmann, Länderbericht Großbritannien, Rn. 10.

956 *Schlegel*, in: MünchKomm-InsO, Länderberichte England und Wales, Rn. 7; Die aktuelle Fassung der *Insolvency Rules 1986* ist verfügbar unter: http://www.legislation.gov.uk/uksi/1986/1925/pdfs/uksi_19861925_en.pdf [zuletzt aufgerufen am 31. 5. 2019].

957 *Schlegel*, in: MünchKomm-InsO, Länderberichte England und Wales, Rn. 7; der *Enterprise Act 2002* ging auf das Weißbuch „*Insolvency – A Second Chance*" (2001, Cmnd. 5234) zurück; siehe dazu aus damaliger deutscher Sicht *Ehricke/Köster/Müller-Seils*, NZI 2003, 409.

958 Die aktuelle Fassung des *Companies Act 2006* ist verfügbar unter: http://www.legislation.gov.uk/ukpga/2006/46/pdfs/ukpga_20060046_en.pdf [zuletzt aufgerufen am 31. 5. 2019].

959 Auf weitere Gesetze, Verordnungen und Richtlinien, die das britische Insolvenzrecht maßgeblich beeinflussen, wird teilweise im Folgenden noch eingegangen.

960 *Andres/Grund*, NZI 2007, 137, 138; *Schillig* spricht daher zurecht von einem „bisweilen chaotisch anmutenden Netzwerk von Vorschriften", siehe *Schillig*, in: Kindler/Nachmann, Länderbericht Großbritannien, Rn. 15. *Goode* nennt vier verschiedene Insolvenzverfahren („*formal insolvency proceedings*"): *winding up*, *administration*, *company voluntary arrangements* und das *scheme of arrangement*, siehe *Goode*, Corporate Insolvency Law, 11. Kap. Rn. 1. Zu beachten ist allerdings, dass diese Verfahren wiederum verschiedene Varianten aufweisen.

Großbritannien eine Rolle spielen, näher beleuchtet werden.[961] Im Unterschied zu Deutschland und mittlerweile auch Österreich, gibt es in Großbritannien kein einheitliches Insolvenzverfahren, sondern zahlreiche verschiedene Verfahren, die unabhängig voneinander sind und teilweise sehr unterschiedliche Voraussetzungen haben.[962]

a. *compulsory winding up*

Die insolvenzbedingte Abwicklung eines Unternehmens findet in Großbritannien im Rahmen eines sog. *compulsory winding up*-Verfahrens statt.[963] Dabei handelt es sich um ein gerichtlich überwachtes Liquidationsverfahren, an dessen Ende die Auflösung der Gesellschaft und die quotale Verteilung des Erlöses stehen. Es ist damit sehr eng verwandt mit dem deutschen Regelinsolvenzverfahren. Das Verfahren ist in *Part IV Chapter VI* IA 1986 (sec. 117–162 IA 1986) geregelt.[964]

b. *company voluntary arrangements*

Viel interessanter für die vorliegende Betrachtung, die in erster Linie auf den Sanierungsgedanken ausgerichtet ist, scheinen indes die sog. *company voluntary arrangements* zu sein.[965] *Company voluntary arrangements* sind in *Part I* IA 1986 (sec. 1–7B) geregelt. Sie haben eine Entschuldung des Unternehmens mittels

---

961 Auf Möglichkeiten bei der Insolvenz natürlicher Personen wird, wie bereits in den bisherigen Teilen der vorliegenden Arbeit, nicht näher eingegangen, da der Fokus auf dem Sanierungsgedanken – und damit eng verbunden – dem Erhalt von Unternehmen liegt.

962 *Schillig*, in: Kindler/Nachmann, Länderbericht Großbritannien, Rn. 20; wobei die verschiedenen Verfahren untereinander teilweise kombiniert werden können, vgl. näher dazu im Folgenden.

963 *Schillig*, in: Kindler/Nachmann, Länderbericht Großbritannien, Rn. 16; *Laukemann*, Die Unabhängigkeit des Insolvenzverwalters, S. 251 ff.; siehe ausführlich dazu *Goode*, Corporate Insolvency Law, 5. Kap. Rn. 10 ff.; neben dem *compulsory winding up*-Verfahren gibt es auch noch das sog. *voluntary winding up*-Verfahren, also die freiwillige Liquidation des Unternehmens, nachdem dies von den Anteilsinhabern beantragt wurde, siehe dazu *Goode*, Corporate Insolvency Law, 5. Kap. Rn. 7 ff.

964 Da das Regelinsolvenzverfahren im deutschen Insolvenzrecht im Ersten und Zweiten Teil der vorliegenden Arbeit auf Grund seiner grundsätzlichen Sanierungsfeindlichkeit nicht näher beleuchtet wurde, wird auch an dieser Stelle auf weitergehende Ausführungen zum *compulsory winding up*-Verfahren verzichtet.

965 Einführend zu diesem Verfahren siehe *Laukemann*, Die Unabhängigkeit des Insolvenzverwalters, S. 266 ff.

einer Vereinbarung mit den Gläubigern zum Ziel. Um das System der *company voluntary arrangements* besser verstehen zu können, wird zuerst ein kurzer Überblick über den Verfahrensablauf gegeben. Sodann sollen an Hand von zwei Beispielsfällen die wesentlichen Vorteile, aber vor allem auch die Nachteile herausgearbeitet werden, um abschließend zu erörtern, ob ein solches Instrument nachahmenswert ist, und wenn ja, wie dies vielleicht langfristig ins deutsche Insolvenzrechtssystem integriert werden könnte.

aa. Verfahrensablauf

Um das Verfahren in Gang zu setzen, muss ein *company voluntary arrangement* ausgearbeitet und den Beteiligten vorgeschlagen werden. Das Vorschlagsrecht liegt nach sec. 1 (1) IA 1986 grundsätzlich bei den Vertretern des Unternehmens (*directors of a company*[966]). Sie können sowohl den Gläubigern (*creditors*) als auch den Anteilsinhabern des Unternehmens (*members of the company*[967]) einen Vergleichsvorschlag unterbreiten.[968] Das Unternehmen muss sich zum Zeitpunkt des Vorschlags noch nicht in der materiellen Insolvenz befinden.[969] Wenn der Vorschlag von den Geschäftsleitern stammt, handelt sich in der Regel um ein vorinsolvenzliches Verfahren,[970] so dass die Geschäftsleitung auch nicht durch Dritte in ihren Entscheidungen beschränkt werden kann. Befindet sich das Unternehmen dagegen bereits in der Liquidation, ist es also in aller Regel materiell zahlungsunfähig,[971] so ist nur der Insolvenzverwalter (*liquidator*) zum Vorschlag berechtigt (vgl. sec. 1 (3) (b) IA 1986).[972] *Company voluntary*

---

966 Einführend zu den verschiedenen Organen einer *Limited* siehe *Wilms*, Die englische Ltd., S. 23 ff.; ausführlicher *Steffek*, Gläubigerschutz, S. 259 ff. Letzterer spricht von Direktoren als Geschäftsleitern. Im Folgenden wird allgemein von Geschäftsleitern bzw. Geschäftsleitung gesprochen, wenn das Gesetz „*directors*" voraussetzt.

967 Also in der Regel die Gesellschafter bzw. Aktionäre des zu sanierenden Unternehmens.

968 Sec. 1 IA 1986 spricht von einem „*proposal*", im Folgenden wird dies mit Vergleichsvorschlag übersetzt.

969 *Tolmie*, Corporate and Personal Insolvency Law, S. 89; *Schlegel*, in: MünchKomm-InsO, Länderberichte England und Wales, Rn. 51; *Husfeldt*, Scheme of Arrangement, S. 47.

970 Die Zahlungsunfähigkeit des Unternehmens drohe allerdings zumindest („[...] *likely to become insolvent.*", siehe *Goode*, Corporate Insolvency Law, 12. Kap. Rn. 26).

971 Zu einer möglichen, aber sehr seltenen Ausnahme siehe *Windsor/Müller-Seils/Burg*, NZI 2007, 7, 8 m.w.N.

972 Oder der sog. *administrator*, wenn sich das Unternehmen im *administration*-Verfahren befindet, vgl. sec. 1 (3) (a) IA 1986.

arrangements sind somit auch noch während des Abwicklungsprozesses als Schuldenregulierungsinstrument möglich.[973]

Der Sanierungsvorschlag muss nach sec. 1 (1) IA 1986 entweder eine Vereinbarung über die quotale Befriedigung der Gläubiger (*composition in satisfaction of its debts*) oder eine sonstige Vereinbarung (*scheme of arrangement of its affairs*[974]) beinhalten. Eine solche sonstige Vereinbarung setzt stets voraus, dass der Gläubiger seine Forderung nicht gänzlich ohne eine Gegenleistung aufgibt.[975] Der Sanierungsvorschlag kann dabei grundsätzlich jede Regelung enthalten; das Gesetz macht dabei keine Vorgaben.[976] Die Einleitung des Verfahrens geschieht letztlich ohne das Zutun eines Gerichts, da zunächst allein der Vorschlag der Geschäftsleitung des Unternehmens genügt.

Nach sec. 1 (2) IA 1986 wird eine Person (sog. *nominee*) von der Geschäftsleitung benannt, deren Aufgabe es ist, die Umsetzung der geplanten Vereinbarung mit den Gläubigern zu überwachen. Diese Person ist grundsätzlich ein sog. *insolvency practitioner*.[977] In der Regel finde bereits bevor der Vorschlag von der Geschäftsleitung unterbreitet wird eine Beratung mit ihm statt, um den Ablauf des Verfahrens zu erleichtern.[978] Die geringe Einflussnahme der Gerichte auf das Verfahren wurde durch die stärkere und vertrauensvolle Stellung der *insolvency practitioner* ersetzt.[979]

Nach sec. 2 (2) IA 1986 hat der *nominee* grundsätzlich bis zu 28 Tage Zeit,[980] nachdem er den Vorschlag von der Geschäftsleitung des Unternehmens erhalten hat, um dem zuständigen Insolvenzgericht Bericht zu erstatten, ob er das

---

973 Auf diese wohl deutlich seltenere Verfahrensvariante wird im Folgenden nicht näher eingegangen, sie zeigt aber, dass selbst im Rahmen der insolvenzbedingten Abwicklung ein solch flexibles Schuldregulierungsinstrument wie die *company voluntary arrangements* u.U. noch zum Tragen kommen kann.

974 Dies sollte nicht verwechselt werden mit dem *scheme of arrangement*-Verfahren, siehe *Goode*, Corporate Insolvency Law, 12. Kap. Rn. 28, zum *scheme of arrangement*-Verfahren im eigentlichen Sinne siehe aber ausführlich unten unter Dritter Teil, A. II. 2. d.

975 Commissioners of Inland Revenue v Adam & Partners Ltd. [2002] 1 BCC 247, das Gericht spricht dabei von einem „*give and take*".

976 *Piekenbrock*, ZVglRWiss 108 (2009), 242, 250, der auf den im Vergleich dazu sehr viel engeren, da inhaltlich beschränkten, § 217 InsO hinweist.

977 Zum *insolvency practitioner* und seinen Anforderungen vgl. sec. 388–398 IA 1986, siehe ergänzend dazu auch ausführlich unter Dritter Teil, A. II. 3. a.

978 *Goode*, Corporate Insolvency Law, 12. Kap. Rn. 36.

979 *Tolmie*, Corporate and Personal Insolvency Law, S. 85.

980 Die Frist kann ausnahmsweise verlängert werden („[…] *such longer period as the court may allow* […]").

Verfahren weiterführen möchte, und wann ein Treffen der Anteilsinhaber des Unternehmens und der Gläubiger anberaumt werden soll. Zum Gläubigertreffen sind nach sec. 3 (3) IA 1986 alle Gläubiger zu laden, von denen der *nominee* Kenntnis hat. Falls der *nominee* nicht innerhalb der Frist seiner Pflicht, dem Insolvenzgericht Bericht zu erstatten, nachkommt, kann er von dem zuständigen Gericht durch eine andere Person ersetzt werden (vgl. sec. 1 (4) IA 1986).

Die Geschäftsleiter des Unternehmens, die den Vorschlag vorbereiten, können nach sec. 1A IA 1986 i.V.m. *Schedule A1* IA 1986 ein Moratorium beantragen.[981] Ein Moratorium ist allerdings bisher nur für kleine Unternehmen (*small companies*) i.S.v. sec. 382 (3) CA 2006 möglich und grundsätzlich auf 28 Tage begrenzt.[982] Mittleren und großen Unternehmen ist ein Moratorium *de lege lata*[983] verwehrt, so dass sie grundsätzlich nicht vor dem Zugriff der Gläubiger geschützt sind, solange das *company voluntary arrangement* noch nicht abgeschlossen und damit rechtskräftig geworden ist. Ob *de lege ferenda* die Möglichkeit eines Moratoriums innerhalb des *company voluntary arrangements*-Verfahrens auf mittlere und größere Unternehmen ausgedehnt wird, bleibt abzuwarten.

In den Versammlungen soll dann gemäß sec. 4 (1) IA 1986 über den Vergleichsvorschlag getrennt voneinander abgestimmt werden. Nach sec. 4 (3) IA 1986 darf der Vorschlag keine Rechte von besicherten Gläubigern (*secured creditors*) berühren, es sei denn, diese haben ausdrücklich ihre vorige Zustimmung für eine Einbeziehung in den Vergleichsvorschlag erteilt. Die Mehrheitserfordernisse für *company voluntary arrangements* werden von den IR 1986 (1.13–1.21) festgelegt.[984] Nach 1.19 (1) IR 1986 müssen die zustimmenden Gläubiger mehr als drei Viertel der Gesamtsumme der Forderungen, die gegen das

---

981 Die Möglichkeit, ein Zahlungsmoratorium im Rahmen eines *company voluntary arrangement* zu erhalten, wurde erst durch den *Insolvency Act 2000* eingeführt, war also ursprünglich im *Insolvency Act 1986* noch nicht vorgesehen; siehe dazu auch *Piekenbrock*, NZI 2008, 905, 907.

982 Um eine „*small company*" zu sein, muss das Unternehmen zwei der folgenden drei Kenngrößen erfüllen: nicht mehr als £ 10,2 Mio. Jahresumsatz, nicht mehr als £ 5,1 Mio. jährliche Bilanzsumme und nicht mehr als 50 Arbeitnehmer.

983 Eine Erweiterung des Moratoriums auf mittlere und größere Unternehmen und eine Verlängerung auf drei Monate wird in Großbritannien allerdings schon länger diskutiert, siehe dazu zuletzt „*Review of the Corporate Insolvency Framework – A consultation on options for reform*", S. 10 ff., veröffentlicht von dem sog. *Insolvency Service*, einer Behörde der britischen Regierung, verfügbar unter: https://www.gov.uk/government/uploads/system/uploads/attachment_data/file/525523/A_Review_of_the_Corporate_Insolvency_Framework.pdf [zuletzt aufgerufen am 31. 5. 2019].

984 *McCormack*, Corporate Rescue Law, S. 68.

Unternehmen bestehen, vertreten.[985] Es genügt also eine qualifizierte Summenmehrheit, auf eine Kopfmehrheit kommt es bei der Abstimmung nicht an.[986] Eine Besonderheit des *company voluntary arrangement*-Verfahrens ist, dass es zwischen den Gläubigern keinerlei Gruppeneinteilung gibt, und alle Gläubiger als eine Gruppe – mit Ausnahme der besicherten Gläubiger – zusammengefasst werden.[987] Dies könne allerdings dazu führen, dass der Vergleich die verschiedenen Interessen der Gläubiger nicht angemessen widerspiegelt.[988] Bei der Abstimmung der Anteilsinhaber über den Vergleichsvorschlag genügt es bereits, wenn die Hälfte der bei der Versammlung Abstimmenden ihre Zustimmung erteilt (vgl. 1.20 (1) IR 1986).

Falls keine Übereinstimmung über den Vergleichsvorschlag zwischen den Gläubigern und den Anteilsinhabern erzielt wird, gehe die Zustimmung der Gläubiger der Ablehnung der Anteilsinhaber grundsätzlich vor.[989] Die Anteilsinhaber des Unternehmens können allenfalls versuchen, den Beschluss der Gläubiger vor Gericht innerhalb von 28 Tagen nach der Abstimmung auf der Gläubigerversammlung anzufechten (vgl. sec. 4A (3, 4) IA 1986).[990] Nach sec. 4A (6) IA 1986 kann das Insolvenzgericht in diesem Fall dann darüber entscheiden, ob entweder ausnahmsweise die Abstimmung der Anteilsinhaber vorgeht oder aber eine Verfügung erlassen wird, die dem Gericht als angemessen erscheint. Dem Insolvenzgericht stehe bei seiner Entscheidung nach sec. 4A (6) IA 1986 ein großer Ermessensspielraum zu, der in der Regel von den Richtern zu Gunsten der Gläubiger ausgeübt werde.[991]

Sec. 5 IA 1986 regelt die Rechtsfolgen der Annahme des Vergleichsvorschlags. Nach sec. 5 (1) (b) IA 1986 bindet der Vorschlag jeden, der berechtigt gewesen ist, abzustimmen, unabhängig davon, ob er von seinem Recht abzustimmen tatsächlich auch Gebrauch gemacht hat.[992] Es genügt, wenn die Gläubiger von dem

985 Für Beschlüsse, die nicht den Inhalt des Vergleichsvorschlags betreffen, genügt eine einfache Summenmehrheit, vgl. 1.19 (2) IR 1986.

986 Zu den Mehrheitserfordernissen für die Abstimmung über den Insolvenzplan im Rahmen des Insolvenzplanverfahrens, vgl. § 244 InsO.

987 *McCormack*, Corporate Rescue Law, S. 70.

988 *Goode*, Corporate Insolvency Law, 12. Kap. Rn. 28. Dies ist freilich davon abhängig, wie die Gläubigerstruktur des Unternehmens (z.B. einige wenige Großbanken oder etwa viele private Anleihegläubiger) im Einzelfall aussieht.

989 *McCormack*, Corporate Rescue Law, S. 68.

990 Oder 28 Tage nach der Abstimmung der Anteilsinhaber, wenn diese nach der Abstimmung der Gläubiger stattfand.

991 *McCormack*, Corporate Rescue Law, S. 68.

992 Freilich mit Ausnahme der besicherten Gläubiger, s.o.

Vergleichsvorschlag Kenntnis hätten haben können, auf eine tatsächliche Kenntnis kommt es dagegen nicht an.[993] Der Vergleich entfaltet mithin seine Wirkung auch gegenüber den abwesenden Gläubigern.

Nach der Annahme des Vorschlags übernimmt der bestellte *nominee* grundsätzlich die Funktion des sog. *supervisor*. Als solcher ist er für die Überwachung der sich anschließenden Ausführung der Vereinbarung zuständig (vgl. sec. 7 (2) (a) IA 1986).

bb. *Schefenacker* und *Deutsche Nickel*

Die beiden deutschen Unternehmen *Schefenacker*[994] und *Deutsche Nickel*[995] nutzten unter anderem auch *company voluntary arrangements*, um sich letztlich erfolgreich zu sanieren. Beide Fälle liegen nun schon mehr als zehn Jahre zurück,[996] verdeutlichen aber immer noch die Vorteile und vor allem auch die möglichen Nachteile von *company voluntary arrangements*, weswegen sie an dieser Stelle nochmals kurz aufgegriffen werden. Die Restrukturierungen wurden letztlich zum Sinnbild für die Flucht deutscher Unternehmen ins vermeintlich sanierungsfreundlichere Großbritannien, welche durch das ESUG für die Zukunft unterbunden werden sollte.

Ein wesentlicher Vorteil des Verfahrens und wohl auch einer der Hauptbeweggründe für die damalige Geschäftsleitung der Unternehmen, die drohende Insolvenz durch die Flucht nach Großbritannien abzuwenden, ist der deutlich geringere Einfluss der britischen Gerichte. Daneben bleiben die Verwaltungsbefugnisse und die Verfügungsbefugnisse allein bei der Geschäftsleitung des Unternehmens, ohne dass Dritte unmittelbaren Einfluss auf das Verfahren nehmen können. Die Aufgabe des *nominee* sind lediglich zum einen, dem Insolvenzgericht über die Erfolgsaussichten des Verfahrens Bericht zu erstatten, und zum anderen die Ausführung der abgeschlossenen Vereinbarung zu überwachen.

---

993 Re Beloit Walmsley Ltd. [2008] EWHC 1888 (Ch).

994 Zum groben Ablauf der damaligen Sanierung von *Schefenacker* siehe einführend *Griffiths/Hellmig*, NZI 2008, 418, 419 f.

995 Ein einführender Überblick über die damals erfolgten, zum Teil sehr komplexen Umstrukturierungsmaßnahmen der *Deutschen Nickel* findet sich bei *Vallender*, NZI 2007, 129, 131 f.; umfassender dazu siehe auch *Husfeldt*, Scheme of Arrangement, S. 48 f.

996 Danach entdeckten deutsche Unternehmen das *scheme of arrangement* für sich, so dass es keine weiteren prominenten Nachahmer mehr gab, die versuchten sich mittels *company voluntary arrangements* zu sanieren, siehe dazu auch unter Dritter Teil, A. II. 2. c. cc.

Der *nominee* kann daher weder einen eigenen Vergleichsvorschlag einbringen noch dessen Inhalt in irgendeiner Art und Weise nachträglich beeinflussen, auch wenn er wohl oftmals bereits im Vorfeld auch eine beratende Funktion einnimmt. Seine Aufgaben und Befugnisse sind damit nicht mit den strengen Überwachungs- und Prüfpflichten eines (vorläufigen) Sachwalters (vgl. § 274 InsO) im Rahmen der Eigenverwaltung nach den §§ 270 ff. InsO vergleichbar. Der Sachwalter nach deutschem Insolvenzrecht hat seine Aufgaben während des gesamten Verfahrens – von der Eröffnung bis zum Abschluss – durchgehend wahrzunehmen und unterliegt dabei gleichzeitig einer vergleichsweise strengen Kontrolle durch das zuständige Insolvenzgericht.[997]

Insgesamt ist die Eigenverwaltung trotz der Stärkung und Erleichterung durch das ESUG, wie bereits erörtert, immer noch stark durch die gerichtliche Überwachung und den sogar noch weiter gewachsenen Einfluss der Gläubiger geprägt.[998] Da die Stärkung des Gläubigereinflusses auf das Insolvenzverfahren eines der zentralen Ziele des ESUG war,[999] erscheint dies dem anderen Ziel, den Insolvenztourismus deutscher Unternehmen zu unterbinden, zu widersprechen. Der gewachsene Gläubigereinfluss könnte für manche Schuldner auch ein Grund dafür sein, dass diese auch in Zukunft eine „Flucht" nach Großbritannien in Erwägung ziehen, um sich dort mittels *company voluntary arrangements* zu sanieren.

Daneben ist ein weiterer Vorteil eines *company voluntary arrangement*, dass die sehr knappen gesetzlichen Regelungen kaum Vorgaben bezüglich des Inhalts des Vergleichs und vor allem bezüglich des formellen Ablaufs des Verfahrens machen. So ist zum Beispiel ein *debt-equity swap* im Rahmen von *company voluntary arrangements* keine Seltenheit. So nutzte etwa auch *Schefenacker* bereits Anfang 2007 einen *debt-equtiy swap* zur Sanierung.[1000] Zum damaligen Zeitpunkt kannte das deutsche Recht einen *debt-equity swap* gegen den Willen

997 Noch weitergehende Rechte und Pflichten hat freilich der Insolvenzverwalter, der beispielsweise durch sein Planvorlagerecht auch gestaltend Einfluss auf das Insolvenzplanverfahren nehmen kann, vgl. § 218 Abs. 1 Satz 1 InsO.

998 Zu den zahlreichen Änderungen im Rahmen der §§ 270 ff. InsO durch das ESUG siehe ausführlich unter Zweiter Teil, B. III.

999 Siehe RegE ESUG, BT-Drucks. 17/5712, S. 1 f.; vor allem durch die Verweisung von § 270a Abs. 1 Satz 2 InsO i.V.m. § 274 Abs. 1 InsO auf die §§ 56, 56a InsO wird eine stärkere Gläubigerbeteiligung bei der Auswahl des Sachwalters nun ermöglicht.

1000 *Rumberg*, RIW 2010, 358, 359; laut *Husfeldt* betrug das Volumen des *debt-equity swap* EUR 500 Mio., wodurch Forderungen im Wert von EUR 200 Mio. in eine Eigenkapitalbeteiligung von 5 % zusammengefasst werden konnten, siehe *Husfeldt*, S. 49.

einzelner Anteilsinhaber der Gesellschaft noch nicht; was zumindest damals wohl auch einen weiteren Grund für die Abwanderung nach Großbritannien darstellte, und den Gesetzgeber zur Anpassung bewegt hat.[1001] Zu beachten ist aber, dass auch nach Inkrafttreten des ESUG ein *debt-equity swap* nach deutschem Recht in der Praxis schwieriger umzusetzen ist als im Rahmen der britischen Sanierungsverfahren.[1002] *Company voluntary arrangements* bieten den Unternehmen mithin sehr flexible Möglichkeiten der Schuldenregulierung. Dies erscheint für deutsche Unternehmer, die meist nur das sehr strikte Recht der Insolvenzordnung kennen, wohl attraktiver.

Bis heute stellt sich bei der Flucht von Unternehmen in eine andere Rechtordnung grundsätzlich vorab immer die Frage der Anwendbarkeit des dortigen Rechts und damit verbunden, ob die Anerkennung der Verfahren und dessen Ergebnis in der Rechtsordnung des Gründungssitzes Bestand haben.[1003] Die Sanierungen von *Schefenacker* und der *Deutschen Nickel* konnten damals nur deswegen gelingen, weil die Rechtswirkungen der geschlossenen Vergleichsvereinbarungen in Deutschland von den Gerichten anerkannt wurden. Hätten sich die Gerichte – wenn auch nur in der ersten Instanz – quergestellt, wären die Sanierungen zum Scheitern verurteilt gewesen.[1004]

Das Internationale Insolvenzrecht wird innerhalb der EU durch die Europäische Insolvenzverordnung geregelt. *Company voluntary arrangements* sind im Anhang A der EuInsVO ausdrücklich aufgeführt. Daher gelten sie grundsätzlich als Insolvenzverfahren i.S.v. Art. 2 Nr. 4 EuInsVO. Verlegt ein deutsches Unternehmen sein *centre of main interests* (COMI) nach Großbritannien, sind grundsätzlich die britischen Gerichte für die Eröffnung des Insolvenzverfahrens

---

1001 Zu den durch das ESUG neu eingeführten §§ 217 Satz 2, 225a Abs. 2 InsO siehe ausführlich bereits unter Zweiter Teil, A. III. 1.

1002 *Swierczok*, Scheme of Arrangement, S. 69. Nach deutschem Recht ist die ausdrückliche vorige Zustimmung der Gläubiger erforderlich, vgl. § 230 Abs. 2 InsO, so dass ein „Zwangs-Debt-Equity-Swap" – anders als nach britischem Recht – gegen deren Willen nicht möglich ist, so *Göb*, NZG 2012, 371, 375.

1003 Die folgenden Ausführungen betreffen das zum Zeitpunkt der Bearbeitung geltende Recht. Zu den möglichen Problemen, die der Brexit für die Anerkennung britischer Insolvenz- und Sanierungsverfahren mit sich bringen könnte, siehe ausführlicher unter Dritter Teil, A. II. 4.

1004 Daraus folgt, dass die zuständigen Insolvenzrichter auch im durchaus komplexen Internationalen Insolvenzrecht geschult sein müssen, da sie nur dann mit Bedacht zu einer für die Beteiligten annehmbaren Entscheidung kommen können. Zu den allgemein sehr hohen Anforderungen an einen Insolvenzrichter siehe bereits unter Zweiter Teil, A. III. 3.

zuständig (vgl. Art. 3 Abs. 1 Satz 1 EuInsVO). Da die EuInsVO als Verordnung nach Art. 288 Abs. 2 AEUV unmittelbar gilt und gegenüber dem nationalen Recht Anwendungsvorrang genießt, ist sobald ihr Anwendungsbereich eröffnet ist,[1005] das maßgebliche nationale Internationale Privatrecht (Kollisionsrecht) gesperrt.[1006] Dies führt dazu, dass eine Anerkennung unter Anwendung der EuInsVO nur dann möglich ist, wenn das COMI tatsächlich nach Großbritannien verlegt wurde.[1007] Die Unternehmen sind verpflichtet ihren tatsächlichen Verwaltungssitz, also die Firmenzentrale, nach Großbritannien zu verlegen. Findet dies nur zum Schein, etwa mittels einer Briefkastenfirma, statt, so wären weiterhin deutsche Gerichte zuständig.[1008]

Eine Verlegung des COMI ist regelmäßig mit hohen Transaktionskosten verbunden[1009] und bedarf eines gewissen Zeitaufwandes. Daher kommt eine Verlagerung des Sitzes wohl in den meisten Krisensituationen, in denen sowohl Zeit als auch Geld in der Regel Mangelware für die Unternehmen sind, nicht in Betracht.[1010] Darüber hinaus verbleibt für die Geschäftsleiter des Unternehmens immer ein Restrisiko, dass die britischen Gerichte die Verlegung des Sitzes nicht anerkennen und sich für nicht zuständig für die Eröffnung des Hauptinsolvenzverfahrens erklären. Dies geschah zuletzt bei der Restrukturierung der deutschen *Hans Brochier GmbH & Co. KG*, die später als *Hans Brochier Holdings Ltd.* firmierte.[1011] Die damalige Sanierung fand

1005 Grundlegend zum Anwendungsvorrang des Unionsrechts siehe EuGH, Urt. v. 5. 5. 1963 – Rs. C-26/62 (*van Gend & Loos*), Slg. 1963, 1.

1006 *Brinkmann*, in: K. Schmidt, InsO, Vor EuInsVO, Rn. 6; zum Anwendungsvorrang der EuInsVO gegenüber dem deutschen Internationalen Insolvenzrecht der §§ 335 ff. InsO, siehe auch zuletzt BGH, Beschl. v. 3. 2. 2011 – V ZB 54/10, NZI 2011, 420.

1007 Zu einer möglichen Anerkennung ausländischer Insolvenz- und Sanierungsverfahren im Rahmen der sog. Verordnung über die gerichtliche Zuständigkeit und die Anerkennung und Vollstreckung von Entscheidungen in Zivil- und Handelssachen siehe dazu Dritter Teil, A. II. 2. c. bb.

1008 Die Beteiligten wären dann gezwungen, eine ursprünglich auf britisches Recht ausgerichtete Restrukturierung eines Unternehmens umgehend an die Anforderungen nach deutschem Recht anzupassen. Dies scheint regelmäßig mit erheblichem Aufwand verbunden und könnte die Sanierung insgesamt gefährden.

1009 *R. Paulus* behauptet – leider ohne dafür eine Quelle zu nennen –, dass die Beratungskosten für Investmentbanker und Rechtsanwälte für die Restrukturierung von *Schefenacker* insgesamt EUR 40 Mio. betrugen, siehe *R. Paulus*, DZWiR 2008, 6, 13.

1010 *Bork*, Sanierungsrecht in Deutschland und England, § 1 Rn. 1.9 m.w.N.

1011 Einführend zu diesem Restrukturierungsfall siehe ausführlich *Andres/Grund*, NZI 2007, 137.

im Rahmen eines *administration*-Verfahrens statt,[1012] das Problem der Nichtanerkennung kann aber genauso gut bei *company voluntary arrangements* auftauchen, so dass die Grundsätze insoweit übertragbar sind. Die britischen Gerichte lehnten ihre internationale Zuständigkeit für die Eröffnung des Hauptinsolvenzverfahrens damals ab, da sie zum Ergebnis kamen, dass *Hans Brochier* zwar seinen Sitz in Großbritannien hatte, das COMI aber weiterhin in Deutschland lag.[1013]

cc. Schlussfolgerungen für das nationale Recht

Ob ein Modell wie das der *company voluntary arrangements* auch in Deutschland eingeführt werden sollte, erscheint fraglich. Vorinsolvenzliche Verfahren wurden von der insolvenzrechtlichen Fachwelt bisher zwar ausführlich diskutiert,[1014] der Gesetzgeber hat sich aber bei Erlass des ESUG letztlich dazu entschlossen, solche Verfahren nicht in das nationale Recht einzuführen.[1015] Ob dies in Zukunft geändert werden sollte, muss an dieser Stelle noch offen gelassen werden.[1016]

Selbst wenn vorinsolvenzliche Verfahren in Zukunft Eingang in deutsches Recht finden sollten, spricht sehr viel dafür, dass eine Eins-zu-eins-Umsetzung sehr unwahrscheinlich ist. Insbesondere die schwache Stellung der Gerichte im Rahmen des *company voluntary arrangement*-Verfahrens ist für Deutschland kaum vorstellbar. Das deutsche Insolvenzrecht war auf Grund der nicht funktionsfähigen Vergleichsordnung bis zum Inkrafttreten der Insolvenzordnung im Jahr 1999 letztlich ein rein gerichtliches Gesamtvollstreckungsrecht. Dieser historisch bedingte Konstruktionsfehler erklärt die sehr starke gerichtliche Stellung, die gerade bei der Eröffnung des Insolvenzverfahrens auch heute noch fortbesteht. Im Gegensatz dazu können die Gerichte in Großbritannien im *company voluntary arrangement*-Verfahren den Inhalt des Vergleichs kaum überprüfen, da sec. 1 IA 1986 sehr offen ausgestaltet ist und den Beteiligten (in erster Linie der Geschäftsleitung des Unternehmens und den Gläubigern) ein

---

1012 Das *administration*-Verfahren ist ebenfalls in Anhang A der EuInsVO aufgeführt und gilt daher als ein Insolvenzverfahren i.S.v. Art. 2 Nr. 4 EuInsVO.

1013 Hans Brochier Holdings Ltd. v Exner [2007] BCC 127 = NZI 2007, 187; zum gleichen Fall siehe auch AG Nürnberg, Beschl. v. 1. 10. 2006 – 8034 IN 1326/06, NZI 2007, 186.

1014 Siehe ausführlich dazu unter Dritter Teil, C. I.

1015 *Kern*, in: MünchKomm-InsO, § 270b Rn. 15, der betont, dass sich der Gesetzgeber dazu entschieden habe, mit § 270b InsO auf ein insolvenzliches und nicht auf ein vorinsolvenzliches Verfahren zu setzen, um Sanierungen zu erleichtern.

1016 Dazu aber ausführlich unter Dritter Teil, C.

weiter Gestaltungspielraum zur Verfügung steht.[1017] Das alleinige Vergleichsvorschlagsrecht der Geschäftsleitung, sofern keine *liquidation* oder *administration* stattfindet, erscheint ebenfalls nur schwierig umzusetzen.[1018]

Gegen eine Übertragbarkeit spricht darüber hinaus die Gruppenbildung im Rahmen des Insolvenzplanverfahrens, die ein mittlerweile etabliertes und bewährtes Institut darstellt (vgl. §§ 222 ff. InsO), das dafür sorgt, dass der Plan, die Rechte und Interessen aller Gläubiger angemessen berücksichtigt werden können. Gewiss hat die fehlende Gruppenbildung im Rahmen der *company voluntary arrangements* den Vorteil, dass das Verfahren einerseits vereinfacht und eventuell auch beschleunigt wird. Andererseits müssen alle Gläubiger dadurch ins Boot geholt werden, und einzelne Gruppen können weder außen vor gelassen noch überstimmt werden. Insgesamt zeigt sich mithin, dass das deutsche Insolvenzrechtssystem ein sehr ausbalanciertes Verhältnis der Einflussmöglichkeiten der verschiedenen Beteiligten auf das Verfahren bietet. Ein Verfahren, das letztlich nur zwischen der Geschäftsleitung des Unternehmens und den Gläubigern stattfindet, wäre ein Fremdkörper im heutigen deutschen Insolvenzrechtssystem.

Company voluntary arrangements erscheinen zwar als ein durchaus taugliches Sanierungsinstrument. Bei einem Blick in die Insolvenzstatistik zeigt sich aber, dass sie ebenso wie das deutsche Insolvenzplanverfahren vergleichsweise selten zur Anwendung kommen und hinter den an sie gestellten hohen Erwartungen zurückbleiben. So wurden im 3. Quartal 2017 in England und Wales lediglich 74 *company voluntary arrangements* abgeschlossen. Dagegen wurden im gleichen Zeitraum 314 *administrations*, 667 *compulsory liquidations* und 3 028 *creditors' voluntary liquidations* durchgeführt.[1019] Der deutsche Blick nach Großbritannien vor allem auf die erfolgreichen Sanierungen abgewanderter Unternehmen übersieht leicht die doch erheblichen Nachteile und Schwierigkeiten des Verfahrens.

Es waren wohl vor allem die vermeintliche Flexibilität und Simplizität des *company voluntary arrangements*-Verfahrens, die den Reiz für die Geschäftsleitung

---

1017 Ein Überblick über typische Regelungen, die *company voluntary arrangements* enthalten, findet sich bei *Goode*, Corporate Insolvency Law, 12. Kap. Rn. 44.

1018 Siehe zum deutlich umfangreicheren Planvorlagerecht nach § 218 InsO und der zentralen Stellung des Insolvenzverwalters im deutschen Insolvenzverfahren unter Zweiter Teil, A. II. 1. a.

1019 Siehe die *Insolvency statistics*, S. 8, herausgegeben von dem sog. *Insolvency Service*, verfügbar unter: https://www.gov.uk/government/uploads/system/uploads/attachment_data/file/675931/Insolvency_Statistics_-_web.pdf [zuletzt aufgerufen am 31. 5. 2019].

der deutschen Unternehmen ausübten und sie letztlich dazu bewegten, nach Großbritannien zu „flüchten". Dass manche Sanierungsversuche erfolgreich endeten, mag ebenfalls einige Nachahmer zur Flucht bewogen haben.

c. *scheme of arrangement*

Nachdem das Sanierungsinstrument der *company voluntary arrangements* dargestellt wurde, wird das – zumindest auf den ersten Blick sehr ähnliche[1020] – sog. *scheme of arrangement*-Verfahren näher beleuchtet.[1021] Dabei handelt es sich streng genommen nicht um ein Sanierungsverfahren i.e.S., da es nicht Teil des *Insolvency Act 1986* ist, sondern sich im *Companies Act 2006*, dem zentralen britischen Gesetz über Kapitalgesellschaften, befindet.[1022] Die wesentlichen Vorschriften über das *scheme of arrangement* finden sich in den sec. 895–901 CA 2006 unter „*Part 26 – Arrangements and reconstructions*".[1023]

Um die Funktionsweise eines *scheme of arrangement* besser verstehen zu können, wird zuerst ein kurzer Überblick über den typischen Verfahrensablauf gegeben. Dadurch werden vor allem auch die Unterschiede zu den *company voluntary arrangements* verdeutlicht. Beide Verfahren waren in der Vergangenheit besonders bei deutschen Unternehmen beliebt,[1024] um sich außerhalb ihres Gründungsstaates zu sanieren.

1020 Beide Verfahren sprechen zwar von „*scheme of arrangement*", meinen damit aber verschiedene Dinge, siehe dazu bereits oben unter Dritter Teil, A. II. b.; siehe ferner dazu *Goode*, Corporate Insolvency Law, 12. Kap. Rn. 28. Grundlegend zu letzterem Verfahren siehe *Payne*, Schemes of Arrangement – Theory Structure and Operation.

1021 In der deutschen Literatur wird oftmals von einem sog. „Vergleichsplanverfahren" gesprochen, wenn von dem *scheme of arrangement*-Verfahren die Rede ist, siehe etwa *Gebler*, NZI 2010, 665, 668; dies wird den Besonderheiten des Verfahrens allerdings nicht gerecht, so dass auf einen Übersetzungsversuch im Folgenden verzichtet wird.

1022 Nach sec. 1, 4 CA 2006 sind nur Kapitalgesellschaften „*companies*" i.S.d. Gesetzes.

1023 Die Vorschriften befanden sich früher in sec. 425–427A *Companies Act 1985*, siehe *McCormack*, Corporate Rescue Law, S. 66; da diese im Wesentlichen mit den neuen Vorschriften des *Companies Act 2006* übereinstimmen, ist die alte Rechtsprechung übertragbar. Geändert wurde unter anderem der Kreis der Berechtigten, die bei Gericht Anträge stellen können und bestimmte Meldepflichten gegenüber dem Gesellschaftsregister, siehe *Steffek*, Gläubigerschutz, S. 133 m.w.N. zur einschlägigen Rechtsprechung. Die Wurzeln des *scheme of arrangement*-Verfahrens gehen zurück auf den *Joint Stock Companies Act 1870*, also in etwa zur gleichen Zeit, als auch das gesamtdeutsche Konkursrecht entstanden ist, siehe *Finch*, Corporate Insolvency Law, S. 479.

1024 Daneben seien es vor allem spanische Unternehmen gewesen (z.B. *La Seda de Barcelona* und *Metrovacesca*), die in der Vergangenheit versuchten, sich mit Hilfe eines

Abschließend wird abermals an Hand konkreter Beispielsfälle aus jüngerer Vergangenheit näher darauf eingegangen, wie deutsche Unternehmen von dem *scheme of arrangement*-Verfahren profitieren konnten und ob ein ähnliches Instrument in Zukunft auch ins deutsche Insolvenzrecht integriert werden sollte. Dabei stellt sich vorab immer auch das Problem der internationalen Zuständigkeit der britischen Gerichte, und daran anknüpfend die mögliche Anerkennung des geschlossenen Vergleichs durch deutsche Gerichte.[1025]

aa. Verfahrensablauf

Nach sec. 895 CA 2006 kann im Rahmen des *scheme of arrangement*-Verfahrens ein Vergleich (*compromise*) oder jede sonstige Vereinbarung (*arrangement*[1026]) zwischen der zu sanierenden Gesellschaft und deren Gläubigern bzw. nur einer bestimmten Gruppe von Gläubigern oder zwischen der Gesellschaft und ihren Anteilsinhabern bzw. auch nur einer bestimmten Gruppe von Anteilsinhabern geschlossen werden.[1027] Es sind somit zahlreiche Verfahrensvarianten und Vereinbarungen mit ganz unterschiedlichen Inhalten möglich.[1028]

Ein wesentlicher Unterschied zu den *company voluntary arrangements* ist mithin die Möglichkeit der Gruppenbildung. Die Rechtsprechung entwickelte über die Jahre Voraussetzungen, welche eine Gruppe erfüllen muss. Wichtigste Voraussetzung ist dabei, dass die Rechte einer Gruppe verschiedener Gläubiger gegenüber dem Unternehmen vergleichbar erscheinen und sie gemeinsame

---

scheme of arrangement zu sanieren, siehe *Westphal/Knapp*, ZIP 2011, 2033, 2033. Zum spanischen Insolvenzrecht rechtsvergleichend siehe grundlegend *Bleisteiner*, Deutsche Insolvenzordnung und spanisches Konkursgesetz.

1025 Wegen seiner Komplexität und eines im Ergebnis divergierenden Lösungsweges wird das Problem der Anerkennung des Verfahrens durch die Gerichte anders als bei den *company voluntary arrangements* unter einem eigenen Gliederungspunkt näher erörtert.

1026 „*arrangement*" i.S.v. *Part 26* CA 2006 beinhaltet eine Reorganisation des Stammkapitals der Gesellschaft durch Verschmelzung von Anteilen verschiedener Gruppen oder der Teilung in Anteile verschiedener Gruppen oder eine Kombination der beiden Varianten, vgl. sec. 895 (2) CA 2006.

1027 Voraussetzung für eine Vereinbarung ist ebenso wie auch bei einer Vereinbarung im Rahmen von *company voluntary arrangements*, dass es zu einem „*give and take*" in irgendeiner Art und Weise zwischen den Beteiligten kommt, siehe dazu Re Uniq plc [2011] EWHC 749 (Ch).

1028 *Undritz/Knof*, in: HRI, 2. Aufl., § 3 Rn. 249.

Interessen verfolgen.[1029] Hauptkriterium ist damit die Vergleichbarkeit der Rechte beziehungsweise Ansprüche gegenüber dem Schuldner. Sofern wirtschaftlich nachvollziehbare Gründe bestehen – um etwa den Erhalt des Unternehmens zu sichern – ist es grundsätzlich möglich, wenn nur bestimmte Gläubigergruppen von der zu schließenden Vereinbarung erfasst werden.[1030]

Im Unterschied zu den *company voluntary arrangements* ist es auch zulässig, dass die Rechte der gesicherten Gläubiger Gegenstand der Vereinbarung sein können.[1031] Dadurch ist es möglich, bei Vorliegen der erforderlichen Mehrheiten, eine Minderheit in der Gruppe der gesicherten Gläubiger zu überstimmen und ihre Rechte durch die Vereinbarung letztlich zu beschneiden, um dadurch die Sanierung des Unternehmens als Ganzes voranzutreiben.[1032]

Ebenso wie bei *company voluntary arrangements* handele es sich auch bei dem *scheme of arrangement* um ein vorinsolvenzliches Verfahren, da die materielle Insolvenz des Unternehmens nicht Voraussetzung für die Eröffnung des Verfahrens ist.[1033] Dies ergibt sich nicht zuletzt auch daraus, dass das Verfahren Teil des *Companies Act 2006* ist und vor allem auch für noch „gesunde“ Kapitalgesellschaften konstruiert wurde. Dementsprechend kann das Verfahren, wenn es nicht im Rahmen einer *administration* oder einer *liquidation* stattfindet, ohne Zuhilfenahme eines *insolvency practitioner* durchgeführt werden.[1034] In der Praxis werde allerdings regelmäßig externer Sachverstand hinzugezogen.[1035]

Bevor das Verfahren beantragt wird, steht regelmäßig eine informelle Absprache der Beteiligten bevor, um die zu schließende Vereinbarung vorzubereiten

---

1029 *Bowen* LJ legte für die Gruppenbildung folgende Kriterien fest: „[*the class*] *must be confined to those persons whose rights are not so dissimilar as to make it impossible for them to consult together with a view to their common interest*“, siehe dazu Sovereign Life Assurance Co v Dodd [1892] 2 QB 573.

1030 Siehe dazu Re Perusahaan Perseroan (Persero) PT Perusahaan Penerbangan Garuda Indonesia [2001] All ER (D) 53.

1031 Re Lehman Brothers International (Europe) (in administration) (No. 2) [2009] EWCA Civ 1161.

1032 Sog. “*cram down*”, siehe *Goode*, Corporate Insolvency Law, 12. Kap. Rn. 13; im Ergebnis erscheint dies vergleichbar mit dem deutschen Obstruktionsverbot i.S.d. § 245 InsO.

1033 *Maier*, NZI 2011, 305, 306; *Bork*, IILR 2012, 477, 479 f.

1034 *Bork*, IILR 2012, 477, 477. Eine mit dem „*nominee*“ vergleichbare Person sieht das Verfahren nicht vor.

1035 Diese Berater sind i.d.R. als *insolvency practitioner* zugelassen, siehe dazu *Bork*, IILR 2012, 477, 480 f.

und die spätere Zustimmung abzusichern.[1036] Dies umfasse meistens auch Probeabstimmungen über den zu schließenden Vergleich.[1037] Komplexe Restrukturierungen können oft nur dann gelingen, wenn sich die Beteiligten bereits im Vorfeld über den Inhalt des Vergleichs und die spätere Abstimmung einig sind. Anders als im Rahmen der *company voluntary arrangements* kann das eigentliche *scheme of arrangement*-Verfahren dann sowohl von der Unternehmensleitung als auch von den Anteilsinhabern und den Gläubigern in Gang gesetzt werden (vgl. sec. 896 (2) CA 2006).[1038] Die Initiative geht in den allermeisten Fällen jedoch auch beim *scheme of arrangement*-Verfahren von der Geschäftsleitung des Unternehmens aus, da der einzelne Gläubiger oder der einzelne Anteilsinhaber regelmäßig nicht über genügend Informationen über das Unternehmen verfügt, um einen begründeten Antrag stellen zu können.[1039] Der Antrag ist an das zuständige Insolvenzgericht zu richten, das daraufhin eine Versammlung der Gläubiger oder der Anteilsinhaber einberuft (vgl. sec. 896 (1) CA 2006).[1040] Zu beachten ist, dass die Vereinbarung zwingend die Zustimmung des Unternehmens benötigt, wenn sie von einem anderen Beteiligten, also entweder einem Anteilsinhaber oder einem Gläubiger, vorgeschlagen wird.[1041] Was zusätzlich dazu beitrage, dass dies nur sehr selten geschieht und darüber hinaus vor allem deutlich mache, dass es sich bei dem *scheme of arrangement*-Verfahren um ein freiwilliges Verfahren handele.[1042]

Die Ladung zur Versammlung muss eine ausführliche Begründung (sog. *explanatory statement*) der vorgeschlagenen Vereinbarung enthalten. Nach sec. 897 (2) CA 2006 müssen darin sowohl die rechtlichen als auch tatsächlichen Auswirkungen der Vereinbarung für die Abstimmenden ausführlich erläutert

---

1036 Siehe ausführlich zu diesem frühen Verfahrensstadium *Husfeldt*, Scheme of Arrangement, S. 55 f.

1037 *Maier*, NZI 2011, 305, 306; *Westphal/Knapp*, ZIP 2011, 2033, 2038 f.

1038 Falls sich das Unternehmen in *administration* oder *liquidation* befindet, so ist dafür wie auch bei *company voluntary arrangements* allein der *administrator* bzw. der *liquidator* zuständig, vgl. sec. 892 (2) (c, d).

1039 *Bork*, Sanierungsrecht in Deutschland und England, § 7 Rn. 7.15; *Westphal/Knapp*, ZIP 2011, 2033, 2037.

1040 Eine Versammlung der Anteilsinhaber des Unternehmens ist im Gegensatz zu den *company voluntary arrangements* lediglich fakultativ und nicht obligatorisch, siehe *Goode*, Corporate Insolvency Law, 12. Kap. Rn. 22.

1041 Re Savoy Ltd. [1981] Ch 351 = 3 WLR 441.

1042 *Westphal/Knapp*, ZIP 2011, 2033, 2037.

werden.[1043] Durch die Erläuterungen soll es den zur Abstimmung Berechtigten ermöglicht werden, ausreichende Informationen vor der Abstimmung über das *scheme of arrangement* zu erhalten und dadurch eine vernünftige Entscheidung zu treffen; dies umfasse auch, alternative Szenarien und deren Auswirkungen auf die mögliche Befriedigung offenzulegen.[1044] Spätere Änderungen des vorgeschlagenen Vergleichs während des laufenden Verfahrens sind nur unter sehr engen, von der Rechtsprechung entwickelten Voraussetzungen zulässig.[1045]

Damit die Vereinbarung durch das Gericht bestätigt werden kann („*sanction by the court*") und die im Vergleich festgelegten Rechtsfolgen eintreten können,[1046] müssen zwei zwingende Schwellenwerte erreicht werden.[1047] Es müssen zum einen mindestens die Hälfte der bei der Abstimmung Anwesenden, deren Rechte durch die Vereinbarung betroffen sind, zustimmen, und zum anderen die Zustimmenden dabei gleichzeitig mindestens 75 % der Forderungen oder Anteile repräsentieren (vgl. sec. 899 (1) CA 2006).[1048] Mithin ist es möglich, durch ein *cram down* Akkordstörer innerhalb der gleichen Gruppe auch außerhalb eines formellen gerichtlichen Insolvenzverfahrens zu überstimmen.[1049] Die fehlende Zustimmung von Gläubigern einer Gruppe kann allerdings nicht

---

1043 Die Begründung wird als sog. „*explanatory statement*" bezeichnet und sei vergleichbar mit dem darstellenden Teil des deutschen Insolvenzplans (vgl. § 220 InsO), siehe *Westphal/Knapp*, ZIP 2011, 2033, 2039.

1044 Re Heron International NV [1994] 1 BCLC 667.

1045 Vgl. Re Primacom (No. 1) [2011] EWHC 3746 (Ch) Rn. 35, wonach Änderungen zum einen nicht so sehr vom ursprünglichen Vorschlag abweichen dürfen, dass die bereits abgegebenen Stimmen nicht als für den Vorschlag abgegeben gelten können. Des Weiteren dürfen keine Änderungen erfolgen, die die Einteilung in die verschiedenen Gläubigergruppen beeinflusst hätten, und das *explanatory statement* muss den Beteiligten noch genügend Informationen über die getroffenen Änderungen bieten.

1046 Dieser Teil der Vereinbarung erscheint am ehesten mit dem gestaltenden Teil des deutschen Insolvenzplans (vgl. § 221 InsO) vergleichbar, siehe *Westphal/Knapp*, ZIP 2011, 2033, 2041.

1047 Die Rechtsfolgen der geschlossenen Vereinbarung treten erst dann ein, wenn eine Kopie des gerichtlichen Beschlusses dem sog. *registrar* übergeben wurde, vgl. sec. 899 (4) CA 2006.

1048 Zu der Möglichkeit von Eingriffen in Gläubigerrechte bei dem Vorliegen einer qualifizierten Summenmehrheit von 75 % nach deutschem Recht i.R.d. des SchVG siehe *Bork*, ZIP 2011, 2035.

1049 *Thole*, ZGR 2013, 109, 110, dagegen lässt der Bundesgerichtshof dies bis heute bei außergerichtlichen Vergleichen gerade nicht zu, siehe BGH, Urt. v. 12. 12. 1991 – IX ZR 178/91, BGHZ 116, 319, 322 ff.

durch die Zustimmung einer anderen Gruppe ersetzt werden.[1050] Da grundsätzlich auch zukünftige oder nur mögliche Gläubiger (sog. *contingent creditors*) des Unternehmens von der Vereinbarung erfasst werden können, komme es regelmäßig zu schwierigen Bewertungsfragen bezüglich deren Ansprüche, um festzustellen, ob die erforderlichen Mehrheiten erreicht worden sind.[1051]

Die abschließende Prüfung und anschließende Bestätigung durch ein Gericht (vgl. sec. 899 CA 2006) stellt, neben der Gläubigergruppenbildung, den wohl größten Unterschied zu den *company voluntary arrangements* dar, die regelmäßig ohne nennenswerte gerichtliche Beteiligung auskommen. Dem zuständigen Gericht stehe bei seiner Prüfung ein sehr weiter Ermessensspielraum zu, ob es die Vereinbarung bestätigt oder aber, ob es diese verweigert, obwohl die gesetzlich vorgeschriebenen Mehrheiten und Verfahrenserfordernisse grundsätzlich erfüllt worden sind.[1052] Das Gericht prüft dabei vor allem, ob die geschlossene Vereinbarung für die verschiedenen Gläubiger generell fair ist.[1053] Dabei stellt sich das Gericht die Frage, ob die Vereinbarung objektiv vernünftig und fair ist (sog. *„fair and reasonable test"*). Dies ist immer dann der Fall, wenn ein objektiver Dritter aus dem Verkehrskreis der Gläubigergruppe der Vereinbarung vernünftigerweise zugestimmt hätte.[1054]

Bestätigt das Gericht die Vereinbarung, entfaltet diese grundsätzlich Rechtswirkungen für alle Gläubiger bzw. Gläubigergruppen und das betroffene Unternehmen (vgl. sec. 899 (3) CA 2006). Dies ist unabhängig davon, ob die Gläubiger(-gruppen) vorige Kenntnis von der Abstimmung hatten.[1055] Es ist möglich, dass die Vereinbarung unter Umständen sogar zukünftige Gläubiger bindet, wenn deren Ansprüche schon im Zeitpunkt der Abstimmung eine gewisse Grundlage haben.[1056]

Das *scheme of arrangement*-Verfahren bietet *de lege lata* dem Schuldnerunternehmen ebenso wie die *company voluntary arrangements* kein automatisches

1050 *Swierczok*, Scheme of Arrangement, S. 41.
1051 *Goode*, Corporate Insolvency Law, 12. Kap. Rn. 22.
1052 *Goode*, Corporate Insolvency Law, 12. Kap. Rn. 23.
1053 *„Fair to creditors generally"*, siehe *Goode*, Corporate Insolvency Law, 12. Kap. Rn. 23 m.w.N. zur einschlägigen, sehr umfangreichen Rechtsprechung.
1054 „*[when] the proposal is such that an intelligent and honest man, a member of the class concerned and acting in respect of his interest, might reasonably approve*", siehe dazu Re Dorman Long & Co Ltd. [1934] Ch 635.
1055 *Goode*, Corporate Insolvency Law, 12. Kap. Rn. 24.
1056 „*Unknown creditors who may have claims in the future arising out of existing facts*", siehe dazu Re T. & N. Ltd. (No. 3) [2007] 1 All ER 851.

Moratorium.[1057] Dies ist nur möglich, wenn es in ein formelles Insolvenzverfahren, also in eine *administration* oder *liquidation*, eingebettet ist.[1058]

bb. Zuständigkeit und Anerkennung

Fraglich ist zunächst, ob britische Gerichte für Vereinbarungen ausländischer Gesellschaften überhaupt international zuständig sein können.[1059] Über die Verweisung in sec. 895 (2) (b) CA 2006 auf sec. 220 f. IA 1986 können grundsätzlich auch Gesellschaften, die nicht in Großbritannien registriert sind (sog. *unregistered companies*), Gegenstand eines *scheme of arrangement* sein. Bei Sachverhalten, die einen grenzüberschreitenden Bezug aufweisen, müssen sich britische Gerichte allerdings (noch) nach europäischem Recht, also inbesondere nach der EuInsVO, der EuGVVO,[1060] der Rom I-VO[1061] und der Rom II-VO[1062] richten. In der Praxis stützen sich die Gerichte bei ihren Entscheidungen dessen ungeachtet

---

1057 Auch kleineren und mittleren Unternehmen steht ein Moratorium nicht offen. Zur Möglichkeit eines Moratoriums bei *company voluntary arrangements* vgl. sec. 1A IA 1986 i.V.m. *Schedule A1* IA 1986. Ebenso wie auch bei *company voluntary arrangements* wird eine Einführung einer solchen Möglichkeit *de lege ferenda* diskutiert, siehe dazu https://www.gov.uk/government/uploads/system/uploads/attachment_data/file/525523/A_Review_of_the_Corporate_Insolvency_Framework.pdf [zuletzt aufgerufen am 31. 5. 2019].

1058 *Bork*, IILR 2012, 477, 479; *Godfrey*, in: Unternehmensrestrukturierung im Umbruch?!, S. 117.

1059 Zu dem Problem des *forum shopping*, um sich durch ein *scheme of arrangement* zu sanieren, siehe ausführlich *Payne*, EBOR 14 (2013), 563.

1060 VO (EU) Nr. 1215/2012 des Europäischen Parlaments und des Rates v. 12. 12. 2012 über die gerichtliche Zuständigkeit und die Anerkennung und Vollstreckung von Entscheidungen in Zivil- und Handelssachen, ABl. Nr. L 351 S. 1, ber. 2016 Nr. L 264 S. 43 (auch Brüssel Ia-VO); vgl. auch die Vorgänger VO (EG) Nr. 44/2001 des Rates v. 22. 12. 2000 über die gerichtliche Zuständigkeit und die Anerkennung und Vollstreckung von Entscheidungen in Zivil- und Handelssachen, ABl. 2001 Nr. L 12 S. 1, ber. Nr. L 307 S. 28 und 2010 Nr. L 328 S. 36 (auch Brüssel I-VO); im Folgenden wird im Text nur auf die Normen der Brüssel Ia-VO Bezug genommen.

1061 VO (EG) Nr. 593/2008 des Europäischen Parlaments und des Rates v. 17. 6. 2008 über das auf vertragliche Schuldverhältnisse anzuwendende Recht, ABl. Nr. L 177 S. 6, ber. 2009 Nr. L 309 S. 87.

1062 VO (EG) Nr. 864/2007 des Europäischen Parlaments und des Rates vom 11. 7. 2007 über das auf außervertragliche Schuldverhältnisse anzuwendende Recht, ABl. Nr. L 199 S. 40, ber. 2012 Nr. L 310 S. 52.

im Ergebnis allein auf das nationale Kollisionsrecht.[1063] Da dies aber regelmäßig zu gleichen Ergebnissen führt, kam es zumindest bisher nicht zu einer Überprüfung durch den Europäischen Gerichtshof.

Ob die Anwendung allein nationalen Kollisionsrechts zulässig ist, um die internationale Zuständigkeit der britischen Gerichte zu begründen, erscheint äußerst zweifelhaft. Das nationale britische Recht wird auf Grund des Anwendungsvorrangs des Unionsrechts jedoch durch europäisches Kollisionsrecht verdrängt. Dies wirkt sich aber praktisch erheblich nur dann aus, wenn die Anwendung des nachrrangigen nationalen Rechts zu anderen Ergebnissen käme.[1064] Im Folgenden wird zunächst – ausgehend von der Spruchpraxis der Gerichte – die Rechtslage nach britischem Recht dargestellt und erst danach untersucht, ob europäische Rechtsakte, welche vorrangig sind, zu anderen Ergebnissen gelangen würden.

Das britische Kollisionsrecht ist im Gegensatz zum deutschen und europäischen Kollisionsrecht bislang nicht kodifiziert. Die britischen Gerichte haben allerdings über die Jahrzehnte hinweg Grundsätze entwickelt, in welchen Fällen britische Gerichte zuständig sind und britisches Recht anwendbar ist. Damit sich die Gerichte für zuständig erklären, genügt mittlerweile grundsätzlich eine ausreichend enge Verbindung (sog. „*sufficient connection*“[1065]) des betroffenen Unternehmens zu Großbritannien.[1066] Ob das COMI in Großbritannien oder in einem anderen Staat liegt, spielt somit keine Rolle.[1067] Dies stelle einen wesentlichen Vorteil des *scheme of arrangement* gegenüber *company voluntary arrangements* dar, weil für die Restrukturierung eines Unternehmens keine kostenintensive und oft auch langwierige Verlegung des tatsächlichen Verwaltungssitzes notwendig sei.[1068]

1063 *Westphal/Knapp*, ZIP 2011, 2033, 2043; kritisch dazu *Balz*, in: Unternehmensrestrukturierung im Umbruch?!, S. 97.

1064 So auch *Westphal/Knapp*, ZIP 2011, 2033, 2044.

1065 Teilweise wird „*sufficient connection*“ schlicht mit „hinreichender Verbindung“ übersetzt, siehe etwa *Hoffmann/Giancristofano*, ZIP 2016, 1151, 1152; im Folgenden wird von „ausreichend enger Verbindung“ gesprochen; zu dem Prinzip der engsten Verbindung als einem der tragenden Prinzipien des internationalen Privatrechts siehe einführend *Kropholler*, Internationales Privatrecht, S. 25 ff.

1066 Re Drax Holdings Ltd. [2003] EWHC 2743 (Ch); *Nagel/Gottwald*, Internationales Zivilprozessrecht, § 20 Rn. 105.

1067 *Sax/Swierczok*, ZIP 2016, 1945, 1946; so ausdrücklich zuletzt in Re DAP Holding NV [2006] BCC 48.

1068 *Bork*, Sanierungsrecht in Deutschland und England, § 1 Rn. 1.9.

Die Schwelle, wann eine solche ausreichend enge Verbindung des Schuldnerunternehmens zu Großbritannien besteht, ist sehr niedrig angesetzt. Voraussetzungen für eine ausreichend enge Verbindung zu Großbritannien waren ursprünglich, dass der Schuldner zum einen Partei eines Kreditvertrages nach englischem Recht war, den Gläubigern ein Vorteil aus der Anerkennung des Vergleichs erwächst, die englischen Gerichte für mindestens einen der Gläubiger zuständig sind,[1069] und dass das Urteil auch von dem Staat, in dem der Schuldner seinen Verwaltungssitz hat, anerkannt wird.[1070] Da der Finanzplatz London und damit die dort ansässigen Großbanken in Zeiten der Globalisierung und der Kapitalverkehrsfreiheit im europäischen Binnenmarkt oftmals auch an der Finanzierung deutscher Unternehmen beteiligt sind, waren diese Voraussetzungen regelmäßig erfüllt.

Die britischen Gerichte haben die Anforderungen, wann eine ausreichend enge Verbindung vorliegt, in den letzten Jahren allerdings sogar noch weiter herabgesetzt.[1071] Dies taten sie wohl auch mit dem Hintergedanken, dadurch weitere Sanierungsverfahren nach Großbritannien zu locken, da die dort ansässigen Berater (u.a. Anwälte und Wirtschaftsprüfer) in der Vergangenheit von den Sanierungen maßgeblich profitieren konnten.[1072] Mittlerweile wird es von den Gerichten als ausreichend erachtet, wenn in einem Kreditvertrag des Schuldners mit einem Gläubiger die Wahl des Gerichtsstandes zu Gunsten britischer Gerichte getroffen wurde.[1073] Die internationale Zuständigkeit britischer Gerichte, die für die geschlossene Vereinbarung britisches Recht anwenden, stellt somit keine allzu hohe Hürde für ausländische Unternehmen dar.[1074]

1069 Stocznia Gdanska SA v Latreefers Inc. (No. 2) [1998] EWHC 103 (Comm); Re Drax Holdings Ltd. [2003] EWHC 2743 (Ch).

1070 Re Rodenstock [2011] EWHC 1104 (Ch) = ZIP 2011, 1017.

1071 Zur Entwicklung der Rechtsprechung zum Merkmal der „*sufficient connection*" im letzten Jahrzehnt siehe *Godfrey*, in: Unternehmensrestrukturierung im Umbruch?!, S. 118 f.; ausführlich dazu auch *Husfeldt*, Scheme of Arrangement, S. 60 f. m.w.N. zur Rechtsprechung der britischen Gerichte.

1072 Richtern bei ihren Entscheidungen wirtschaftspolitische Motive zu unterstellen, ist gewiss ein schwerwiegender Vorwurf, aber die immer weiter fortschreitende Herabsetzung der Hürden in den letzten Jahren legt dies zumindest nahe. Im Ergebnis ähnlich wohl auch *Swierczok*, Scheme of Arrangement, S. 154.

1073 Re Hibu Finance (UK) Ltd. [2014] EWHC 370 (Ch); Re Vietnam Shipbuilding Industry Group [2013] EWHC 2476 (Ch).

1074 Zu der zuletzt angeblich wieder restriktiveren Tendenz in der britischen Rechtsprechung bzgl. der „*sufficient connection*" auf Grund einer Neubesetzung der *Chancery Division* des *High Court* siehe *Hoffmann/Giancristofano*, ZIP 2016, 1151, 1152 f. m.w.N. zu den einschlägigen Urteilen, die sich mit Gesellschaften nach

Fraglich ist, ob sich aus den vorrangigen europäischen Rechtsakten etwas anderes ergibt. Die internationale Zuständigkeit könnte sich zunächst aus der EuInsVO ergeben. Anders als die *company voluntary arrangements* ist das *scheme of arrangement*-Verfahren bisher nicht in Anhang A der EuInsVO aufgenommen worden. Bei der 2017 in Kraft getretenen Neufassung der Verordnung verzichtete Großbritannien abermals – trotz Möglichkeit[1075] – darauf, dies zu ändern.[1076] Wie sich aus Erwägungsgrund 9 nun ausdrücklich ergibt, ist die Aufzählung in Anhang A enumerativ und damit abschließend.[1077] Es handelt sich daher bei dem *scheme of arrangement*-Verfahren nicht um ein Insolvenzverfahren i.S.v. Art. 2 Nr. 4 EuInsVO. Dem steht auch nicht Erwägungsgrund 7 der EuInsVO entgegen, der in Satz 3 festlegt, dass die EuInsVO so auszulegen ist, dass Rechtslücken zwischen ihr und der EuGVVO so weit wie möglich vermieden werden sollten. Denn der alleinige Umstand, dass ein nationales Verfahren nicht in Anhang A der EuInsVO aufgeführt ist, bedeute gerade nicht, dass es in den Anwendungsbereich der EuGVVO falle, vgl. Erwägungsgrund 7 Satz 4. Die Möglichkeit, die Zuständigkeit der Gerichte und eine anschließende Anerkennung des Verfahrensergebnisses durch die anderen Mitgliedstaaten auf die EuInsVO zu stützen, ist mithin versperrt.

Die Zuständigkeit britischer Gerichte für ein *scheme of arrangement* könnte sich schließlich aus der EuGVVO ergeben.[1078] Dazu müsste diese Verordnung zunächst anwendbar sein. Art. 1 Abs. 2 lit. b EuGVVO legt fest, dass Konkurse, Vergleiche und ähnliche Verfahren von dem Anwendungsbereich der

---

niederländischem Recht auseinander gesetzt haben; zurecht daran zweifelnd, dass ein Personalwechsel zu einer Änderung der Rechtsprechung geführt hat, siehe dagegen *Sax/Swierczok*, ZIP 2016, 1945, 1947 ff.

1075 Diese weiterhin bestehende Rechtsunsicherheit ist vor allem unter rechtspolitischen Gesichtspunkten bedauernswert, ähnlich schon *Thole*, ZGR 2013, 109, 154.

1076 *Hess/Koutsoukou*, in: Kronke/Melis/Kuhn, Teil O. Rn. 13. Da die Folgen des Brexits zum Zeitpunkt der Bearbeitung noch nicht in vollem Umfang absehbar waren, wird von einer Gültigkeit der EuInsVO für Großbritannien ausgegangen; zu den Auswirkungen des Brexits auf das Internationale Privat- und Verfahrensrecht siehe einführend *Hess*, IPrax 2016, 409.

1077 Siehe *J. Schmidt*, in: EuInsVO 2015, Art. 1 Rn. 34; zum Enumerationsprinzip und dessen abschließender Wirkung in einem Verfahren zum ebenfalls nicht erfassten Entschuldungsverfahren nach schwedischem Recht siehe zuletzt EuGH, Urt. v. 8. 11. 2012 – Rs. C-461/11 (*Radziejewski*), EuZW 2013, 72, 72 Rn. 24.

1078 Grundlegend zu Zuständigkeit und Anerkennung nach der EuGVVO siehe *Swierczok*, Scheme of Arrangement, S. 82 ff.

Verordnung ausgeschlossen sind.[1079] Wegen der Insolvenznähe des Verfahrens könnte man daher davon ausgehen, dass auch das *scheme of arrangement*-Verfahren nicht erfasst sein soll. Teilweise wird ein Vergleich des Verfahrens mit einem Zwangsvergleich bemüht, weswegen das Eingreifen der Bereichsausnahme nicht von vornherein ausgeschlossen sei.[1080] Dem ist aber mit der weit überwiegenden Ansicht zu widersprechen. Es handelt sich gerade nicht um ein gerichtliches Konkurs- oder Vergleichsverfahren, so dass der Ausschluss nach Art. 1 Abs. 2 lit. b EuGVVO nicht eingreift.[1081] Der autonom auszulegende Begriff des Vergleichs beziehe sich nur auf Verfahren zur Abwendung der Vermögensliquidation.[1082] Das *scheme of arrangement*-Verfahren setze aber gerade noch keine materielle Insolvenz voraus.[1083] Würde man den Anwendungsbereich der Verordnung also für nicht eröffnet erklären, so entstünde eine Anerkennungslücke, die der Verordnungsgesetzgeber durch die Schaffung der EuInsVO einerseits und der EuGVVO andererseits gerade vermeiden wollte.[1084] Mithin ist die EuGVVO auf das *scheme of arrangement*-Verfahren grundsätzlich anwendbar.

Davon ausgehend könnte es sich bei einem *scheme of arrangement* um eine Gesellschaftsstreitigkeit handeln, so dass nach Art. 24 Nr. 2 EuGVVO[1085] der ausschließliche Gerichtsstand am Sitz der Gesellschaft begründet wäre. Damit wären regelmäßig die ausländischen – also vor allem spanische und deutsche – Gerichte für die geschlossenen Vereinbarungen zuständig gewesen. Dies wird aber zurecht allgemein abgelehnt.[1086] Art. 24 Nr. 2 EuGVVO erfasse nur

1079 Zu den Fassungen von Art. 1 Abs. 2 lit. b EuGVVO in den verschiedenen Amtssprachen der EU und den Folgen bzgl. der Auslegung ausführlich *Mankowski*, WM 2011, 1201, 1203.

1080 So *Cranshaw*, DZWiR 2012, 223, 229.

1081 So u.a. auch *Nagel/Gottwald*, Internationales Zivilprozessrecht, § 3 Rn. 23; *Mankowski*, in: Rauscher, Brüssel Ia-VO, Art. 24 Rn. 79; *Mankowski*, WM 2011, 1201, 1203; *G. Fischer*, in: FS Vallender, S. 141; dagegen wird das *scheme of arrangement*-Verfahren von den Gerichten in den USA als Insolvenzverfahren behandelt, siehe *Eidenmüller/Frobenius*, WM 2011, 1210, 1214 m.w.N.

1082 *Gottwald*, in: MünchKomm-ZPO, Brüssel Ia-VO, Art. 1 Rn. 21.

1083 *Lüke/Scherz*, ZIP 2012, 1101, 1105.

1084 *Laier*, GWR 2011, 252, 254; *Mankowski*, WM 2011, 1201, 1203.

1085 Entspricht Art. 22 Nr. 2 Brüssel I-VO.

1086 So die wohl noch h.M. in der deutschen Literatur, siehe u.a. *Mankowski*, WM 2011, 1201, 1206; *Eidenmüller/Frobenius*, WM 2011, 1210, 1214 f.; *Laier*, GWR 2011, 252, 254 f.; nur *Thole* befürwortet eine Zuständigkeit nach Art. 24 Nr. 2 EuGVVO für die (wohl sehr seltenen) Fälle, in denen allein die Gesellschafter in das *scheme of arrangement* einbezogen sind, siehe *Thole*, ZGR 2013, 109, 126; auch für „Mischfälle", also wenn sowohl Gesellschafter als auch Gläubiger miteinbezogen worden

Streitigkeiten innerhalb einer Gesellschaft zwischen der Gesellschaft und den Gesellschaftern und nicht mit Dritten, also etwa den Gläubigern.[1087] Das *scheme of arrangement*-Verfahren hat darüber hinaus gerade nicht die Auflösung der Gesellschaft zum Gegenstand. Vielmehr wird in der Regel ein Ausgleich zwischen der Gesellschaft und den Gläubigern gesucht, so dass Art. 24 Nr. 2 EuGVVO auch deshalb nicht einschlägig ist. Da in der Vergangenheit aber regelmäßig Gerichtsstandsvereinbarungen in den Kreditverträgen zu Gunsten britischer Gerichte vereinbart wurden, richtet sich die Zuständigkeit in den meisten Fällen nach Art. 25 EuGVVO.[1088] Danach kann eine Gerichtstandsvereinbarung zur internationalen Zuständigkeit des prorogierten Gerichtes führen.[1089]

Davon zu unterscheiden ist allerdings die Frage, wie eine Anerkennung in Deutschland erfolgen könnte.[1090] Würde eine Anerkennung des Vergleichs scheitern, bestünde die Gefahr, dass ein dissentierender Gläubiger versuchen würde, seine Ansprüche ohne Rücksicht auf den Vergleich vor einem deutschen Gericht durchzusetzen.[1091] Die Anerkennung richtet sich entsprechend der internationalen Zuständigkeit britischer Gerichte ebenfalls nach der EuGVVO, vgl. Art. 36 ff. EuGVVO. Wie bereits erörtert, können die Vorschriftten der EuInsVO hinsichtlich der Anerkennung (Art. 19 ff. EuInsVO) nicht herangezogen werden, da kein Insolvenzverfahren i.S.d. Art. 2 Nr. 4 EuInsVO vorliegt.[1092] Das Gleiche gilt im Ergebnis auch für das grundsätzlich nachrangige autonome deutsche Kollisionsrecht der §§ 335 ff. InsO.[1093]

---

sind, will *Swierczok* Art. 24 Nr. 2 EuGVVO anwenden, siehe *Swierczok*, Scheme of Arrangement, S. 120.

1087 *Stadler*, in: Musielak/Voit, EuGVVO, Art. 24 Rn. 6; *Dörner*, in: Saenger, EuGVVO, Art. 24 Rn. 16 f.; allgemein zu den Anforderungen des Art. 24 Nr. 2 EuGVVO siehe *Schlosser*, in: Schlosser/Hess, EuGVVO, Art. 24 Rn. 16 ff.

1088 Entspricht Art. 23 Brüssel I-VO; zum Anwendungsbereich und den verschiedenen Formtatbeständen des Art. 25 EuGVVO siehe *Schlosser*, in: Schlosser/Hess, EuGVVO, Art. 25 Rn. 2 ff.

1089 *Eidenmüller/Frobenius*, WM 2011, 1210, 1215; ausführlicher dazu *Thole*, ZGR 2013, 109, 118 ff.

1090 Grundlegend zu der Anerkennung eines *scheme of arrangement* in Deutschland zuletzt *Kusche*, Scheme of Arrangement, S. 45 ff.

1091 Zu dem damit verbundenen Problem, ob bei einem vorinsolvenzlichen (*solvent*) *scheme of arrangement* bereits ein Insolvenzantrag in Deutschland nach § 15a Abs. 1 InsO zu stellen ist, einführend *Swierczok*, Scheme of Arrangement, S. 228 ff.

1092 *Nagel/Gottwald*, Internationales Zivilprozessrecht, § 20 Rn. 144.

1093 *Hausmann*, in: Reithmann/Martiny, Rn. 7.561; *Brinkmann*, in: K. Schmidt, InsO, § 335 Rn. 3; *Thole*, ZGR 2013, 109, 115; einführend zu den §§ 335 ff. InsO siehe *Ebke*, in: FS Kirchhof II, S. 1254 ff.

Die Anerkennung in Deutschland richtet sich folgerichtig nach den vorrangigen Art. 36 ff. EuGVVO.[1094] Gemäß Art. 36 Abs. 1 EuGVVO[1095] werden in einem Mitgliedstaat ergangene Entscheidungen in den anderen Mitgliedstaaten anerkannt, ohne dass es dafür eines besonderen Verfahrens bedarf. „Entscheidung" als autonom auszulegender Begriff i.S.d. EuGVVO ist „jede von einem Gericht eines Mitgliedstaats erlassene Entscheidung ohne Rücksicht auf ihre Bezeichnung wie Urteil, Beschluss, Zahlungsbefehl oder Vollstreckungsbescheid, einschließlich des Kostenfestsetzungsbeschlusses eines Gerichtsbediensteten", vgl. Art. 2 lit. a EuGVVO.[1096] Es müsste sich somit bei der gerichtlichen Bestätigung und der damit verbundenen Rechtswirkungen des *scheme of arrangement* um eine gerichtliche Entscheidung handeln. Der Begriff der Entscheidung ist autonom auszulegen.[1097]

Teilweise wird bezweifelt, dass es sich bei dem *scheme of arrangement*-Verfahren um eine Entscheidung i.S.v. Art. 2 lit. a EuGVVO handelt. Das Verfahren sei kein kontradiktorisches Verfahren, da dem Gericht letztlich nur eine Kontroll-, aber keinerlei Entscheidungsfunktion zukomme.[1098] Die gerichtliche Bestätigung des Vergleichs sei eher bloße Tatbestandsvoraussetzung und könne daher nicht als gerichtliche Entscheidung i.S.v. Art. 2 lit. a EuGVVO aufgefasst werden.[1099]

Dagegen wird von der weit überwiegenden Ansicht das Vorliegen einer Entscheidung i.S.v. Art. 2 lit. a EuGVVO zurecht bejaht.[1100] Ohne die Bestätigung

---

1094 Vereinzelt wird auch auf die Rom I-VO verwiesen, da zumindest bzgl. der schuldrechtlichen Verbindlichkeiten die getroffene Rechtswahl vorrangig zu berücksichtigen sei, vgl. Art. 3 Abs. 5 i.V.m. Art. 10 Abs. 1 Rom I-VO, siehe u.a. *Paulus*, ZIP 2011, 1077, 1081 f.; *Schühmann-Kleber*, IILR 2012, 447, 455 f.

1095 Entspricht Art. 33 Brüssel I-VO; zu einem Fall, in dem der BGH eine Anerkennung nach den Art. 33 ff. Brüssel I-VO abgelehnt hat, siehe BGH, Urt. v. 15. 2. 2012 – IV ZR 194/09, NZI 2012, 425 m. Anm. *Paulus*.

1096 *Leible*, in: Rauscher, Brüssel Ia-VO, Art. 2 Rn. 5.

1097 Zu den weiteren Anforderungen des Art. 2 lit. a EuGVVO ausführlich *Gottwald*, in MünchKomm-ZPO, Brüssel Ia-VO, Art. 2 Rn. 2 ff. m.w.N.

1098 So u.a. OLG Celle, Urt. v. 8. 9. 2009 – 8 U 46/09, ZIP 2009, 1968, 1971; *Lüke/Scherz*, ZIP 2012, 1101, 1108 f.; *Schühmann-Kleber*, IILR 2011, 447, 450 f.; *Gebler*, NZI 2010, 665, 668; *Bormann*, NZI 2011, 892, 896.

1099 *Lüke/Scherz*, ZIP 2012, 1101, 1109.

1100 So u.a. *Gottwald*, in: MünchKomm-ZPO, Brüssel Ia-VO, Art. 2 Rn. 5; *Nagel/Gottwald*, Internationales Zivilprozessrecht, § 12 Rn. 12; *Mankowski*, in: Rauscher, Brüssel Ia-VO, Vorbem. z. Art. 4 Rn. 23; *Stadler*, in: Musielak/Voit, EuGVVO, Art. 2 Rn. 5; *Westphal/Knapp*, ZIP 2011, 2033, 2045; *Eidenmüller/Frobenius*, WM 2011, 1210, 1217; *G. Fischer*, in: FS Vallender, S. 141 ff.; *Mankowski*, WM 2011, 1201, 1204 f.; *Thole*, ZGR 2013, 109, 127 ff. m.w.N. zur Rechtsprechung des Europäischen

durch das Gericht komme dem *scheme of arrangement* zum einen keine Bindungswirkung zu, und zum anderen erfolge vor der gerichtlichen Entscheidung stets eine Angemessenheitsprüfung bezüglich des Inhalts (vgl. „*fair and reasonable*-Test“), weswegen die Entscheidung des zuständigen britischen Gerichts als Entscheidung i.S.v. Art. 2 lit. a EuGVVO aufzufassen sei.[1101] Darüber hinaus könne man die Geschäftsleitung des Unternehmens als „Antragssteller“ und die Gläubiger als „Antragsgegner“ des Verfahrens bezeichnen.[1102] Mithin handelt es sich vor allem wegen der inhaltlichen Überprüfung der geschlossenen Vereinbarung durch das zuständige Gericht um eine Entscheidung i.S.v. Art. 2 lit. a EuGVVO.

Eine Anerkennung könnte allerdings an einem *ordre public*-Verstoß scheitern (vgl. Art. 45 Abs. 1 lit. a EuGVVO).[1103] Ein solcher läge vor, wenn die Anerkennung der öffentlichen Ordnung des Mitgliedstaats, in dem sie geltend gemacht wird, offensichtlich widersprechen würde. Das *scheme of arrangement* entfaltet seine Wirkungen auch gegenüber den überstimmten Gläubigern, falls die Voraussetzungen dafür vorliegen. Für einen Verstoß gegen den *ordre public* könnte man daher einen Widerspruch zu der Rechtsprechung des Bundesgerichtshofs zu außergerichtlichen Sanierungsvergleichen anführen, wonach außerhalb der ausdrücklichen Regeln des Insolvenzrechts keine Forderungskürzungen zu Lasten der Gläubiger zulässig sind.[1104] Nach deutschem Recht ist es daher bisher nicht möglich, Gläubiger zu binden, sofern keiner der Insolvenzgründe der §§ 17 ff. InsO vorliegt. Dieser Ansicht ist aber zurecht entgegenzuhalten, dass das deutsche Recht mit dem Insolvenzplanverfahren nach den §§ 217 ff. InsO ebenfalls ein Instrument kennt, durch das Gläubigerforderungen mittels Mehrheitsentscheidung letztlich eingeschränkt werden können,[1105] so dass ein *ordre*

Gerichtshofs bzgl. der Auslegung von Art. 2 lit. a EuGVVO; der Bundesgerichtshof ließ die Frage in der zu Grunde liegenden Entscheidung zwar im Ergebnis offen, für eine Entscheidung i.S.d. der EuGVVO sprechen aber nach Ansicht des Gerichts das gebotene weite Verständnis und die kontradiktorischen Züge des Verfahrens, siehe BGH, Urt. v. 15. 2. 2012 – IV ZR 194/09, NZI 2012, 425, 427 Rn. 26.

1101 *Laier*, GWR 2011, 252, 254 f. m.w.N.

1102 So *Sax/Swierczok*, ZIP 2016, 1945, 1947.

1103 Entspricht Art. 34 Nr. 1 Brüssel I-VO; zum *ordre public* im Internationalen Insolvenzrecht siehe *Laukemann*, IPRax 2012, 207; zum *ordre public*-Vorbehalt der EuInsVO siehe *Hess/Laukemann*, in: FS Wellensiek, S. 813 ff.

1104 BGH, Urt. v. 12. 12. 1991 – IX ZR 178/91, BGHZ 116, 319, 322 ff.

1105 Daneben sind auch i.R.d. KredReorgG (vgl. § 2 Abs. 1 Satz 3 i.V.m. § 45 Abs. 1 Satz 1 und 2 KWG) und des SchVG (vgl. § 5 SchVG) Mehrheitsentscheidungen möglich, so dass die Rechtsposition einzelner Gläubiger unter bestimmten Voraussetzungen

public-Verstoß zumindest im Ergebnis in aller Regel abzulehnen ist.[1106] Eine ausdrückliche Entscheidung eines deutschen Gerichts zu dieser Frage steht allerdings noch aus.

cc. *Tele Columbus* und *Rodenstock*

In der Vergangenheit nutzten zahlreiche deutsche Unternehmen nicht nur – wie bereits gezeigt – die *company voluntary arrangements*, sondern vermehrt auch das *scheme of arrangement*-Verfahren, um sich erfolgreich zu sanieren.[1107] Vor allem die Restrukturierungen von *Tele Columbus*[1108] und von *Rodenstock*[1109] sorgten für Aufmerksamkeit und werden daher nochmals kurz aufgegriffen. Weder bei der Restrukturierung von *Tele Columbus* noch bei *Rodenstock* gab es im Zeitpunkt der Abstimmung über das *scheme of arrangement* eine Niederlassung oder irgendwelche Vermögensgegenstände der Unternehmen in Großbritannien. Dennoch erklärten sich britische Gerichte beide Male für zuständig.

Wie bereits erörtert, ist das maßgebliche Kriterium für eine Zuständigkeit der Gerichte, eine ausreichend enge Verbindung zu Großbritannien. Das Merkmal der „*sufficient connection*" wurde im Rahmen der Restrukturierung von *Rodenstock* in der Bestätigungsentscheidung des *High Court* nochmals aufgegriffen und

---

beschnitten werden können, siehe dazu auch *Thole*, ZGR 2013, 109, 140. Darüber hinaus waren Minderheiten auch schon i.R.d. Zwangsvergleichs nach dem alten Recht der Vergleichsordnung u.U. an eine Mehrheitsentscheidung gebunden, siehe *Mankowski*, WM 2011, 1201, 1208.

1106 So die h.M., siehe u.a. *Geimer*, Internationales Zivilprozessrecht, Rn. 3523a; *G. Fischer*, in: FS Vallender, S. 145 ff.; *Swierczok*, Scheme of Arrangement, S. 206 f.; *Paulus*, ZIP 2011, 1077, 1082; *Thole*, ZGR 2013, 109, 139 ff.; zweifelnd, aber im Ergebnis offenlassend dagegen *Lüke/Scherz*, ZIP 2012, 1101, 1102 f.; *Hoffmann/Giancristofano*, ZIP 2016, 1951, 1952; ein *ordre public*-Verstoß käme nach Ansicht von *Eidenmüller/Frobenius* dann in Betracht, wenn das Recht auf den gesetzlichen Richter aus Art. 101 Abs. 1 Satz 2 GG verletzt werde, siehe dazu *Eidenmüller/Frobenius*, WM 2011, 1210, 1217 f.

1107 Das *scheme of arrangement*-Verfahren gewann bei deutschen Unternehmen laut *Mankowski* über die Jahre hinweg gegenüber den *company voluntary arrangements* immer mehr an Beliebtheit und rückte dadurch auch immer mehr in den Fokus der Betrachtung, siehe *Mankowski*, WM 2011, 1201, 1201 m.w.N.; weitere Fälle und eine umfangreiche Schilderung des Verfahrens aus Sicht eines britischen Praktikers finden sich bei *Pilkington*, Schemes of Arrangement in Corporate Restructuring.

1108 Siehe dazu einführend *Paulus*, ZIP 2011, 1077, 1081 f.

1109 Siehe dazu einführend *Westphal/Knapp*, ZIP 2011, 2033.

weiterentwickelt.[1110] Im Fall von *TeleColumbus* wurden Ende 2010 Darlehensverbindlichkeiten in Höhe von rund EUR 1 Mrd. einem *scheme of arrangement* unterstellt.[1111] Die Vereinbarung sah zum einen eine Teilumwandlung der Forderung in Anteils- und Bezugsrechte sowie zum anderen die Gewährung von eigenkapitalähnlichen Rechten vor.[1112]

Das *scheme of arrangement*-Verfahren erfreute sich auch noch nach den erfolgreichen Sanierungen von *Tele Columbus* und *Rodenstock* weiterhin großer Beliebtheit insbesondere bei deutschen Unternehmen. Ein Jahr nach der geglückten Sanierung von *Rodenstock* befasste sich der *High Court* mit einem *scheme of arrangement* von *Primacom*,[1113] einem deutschen Kabelnetzbetreiber.[1114]

Nach diesen Beispielen für erfolgreiche Sanierungen größerer deutscher mittelständischer Unternehmen durch ein *scheme of arrangement* nutzte zuletzt der schwäbische Parkplatzbetreiber und Europamarktführer *Apcoa* im Jahr 2014 dieses Instrument, um sich zu entschulden und marktfähig zu bleiben.[1115] Damit ist das *scheme of arrangement*-Verfahren auch noch einige Zeit nach Inkrafttreten des ESUG für deutsche Unternehmen eine Alternative zu einer Restrukturierung nach heimischem Recht.

dd. Schlussfolgerungen für das nationale Recht

Ein wesentlicher Unterschied aus deutscher Perspektive zu den zuvor vorgestellten *company voluntary arrangements* ist das Fehlen des Verfahrens in Anhang A der EuInsVO und, damit verbunden, eine gewisse Unsicherheit bei der Anerkennung des in Großbritannien geschlossenen Vergleichs in den übrigen Mitgliedstaaten der EU.[1116] Von dem Problem der erschwerten Anerkennung

---

1110 Vgl. Re Rodenstock [2011] EWHC 1104 (Ch) = ZIP 2011, 1017 = NZI 2011, 557.

1111 *Paulus*, ZIP 2011, 1077, 1081.

1112 *Paulus*, ZIP 2011, 1077, 1081.

1113 Zu dieser Sanierung und sowohl dem zeitlichen als auch dem rechtlichen Ablauf siehe ausführlich *Husfeldt*, Scheme of Arrangement, S. 85 ff. m.w.N.

1114 Vgl. Re Primacom (No. 1) [2011] EWHC 3746 (Ch); Re Primacom Holding GmbH (No. 2) [2012] EWHC 164 (Ch) = ZIP 2012, 440. Im Jahr 2015 übernahm *Tele Columbus* den Konkurrenten *Primacom*, siehe dazu https://www.telecolumbus.com/press/telecolumbus-grows-significantly-with-primacom-acquisition/ [zuletzt aufgerufen am 31. 5. 2019].

1115 Re Apcoa Parking Holdings GmbH [2014] EWHC 3849 (Ch).

1116 Sollte das Vereinigte Königreich in Folge des Brexits die EU verlassen, so stellt sich das Problem der Zuständigkeit und der Anerkennung freilich für beide Verfahren gleichermaßen neu.

des Vergleichs bietet das *scheme of arrangement*-Verfahren den Beteiligten dennoch – auch im Gegensatz zu den *company voluntary arrangements* – einige Vorteile.

Der größte Vorteil liege darin, dass das Verfahren keine Insolvenz des Unternehmens voraussetze und es durch die Bindung zukünftiger Gläubiger möglich sei, die Insolvenz tatsächlich abzuwenden und den Schuldner nachhaltig zu restrukturieren.[1117] Darüber hinaus ist die Möglichkeit, durch den Vergleich nicht nur zukünftige Gläubiger, sondern vor allem auch gesicherte Gläubiger zu binden, ein wesentlicher Vorteil gegenüber den *company voluntary arrangements*. Durch die stärkere gerichtliche Beteiligung bietet das Verfahren den Beteiligten auf der einen Seite mehr Rechtssicherheit, auf der anderen Seite sorge aber vor allem die Gruppenbildung dafür, dass das Verfahren komplexer und langwieriger ausfallen könne als dies oft bei *company voluntary arrangements* der Fall ist.[1118] Vor allem die Komplexität und die Dauer des Verfahrens führen dazu, dass ein *scheme of arrangement* eher bei größeren Kapitalgesellschaften zur Anwendung komme.[1119]

Die Möglichkeit, trotz noch nicht eingetretener materieller Insolvenz Gläubiger bei Vorliegen der gesetzlichen Voraussetzungen zu binden, ist letztlich der größte Vorteil, den das *scheme of arrangement*-Verfahren den Beteiligten bietet. In Deutschland ist dies bis heute – mangels vorinsolvenzlichen Sanierungsverfahrens und der ablehnenden Haltung des Bundesgerichtshofs bei außergerichtlichen Sanierungsvergleichen – nicht zulässig. Akkordstörer haben in Deutschland stets die Möglichkeit, eine Sanierung vor Eintritt in das ordentliche Insolvenzverfahren zu torpedieren und letztlich zum Scheitern zu bringen. Daneben trägt wohl auch die Verortung des *scheme of arrangement*-Verfahrens im *Companies Act 2006* anstatt im *Insolvency Act 1986* dazu bei, eine drohende Stigmatisierung abzumildern.

1117 *Bork*, IILR 2012, 477, 489.

1118 Da das *scheme of arrangement*-Verfahren kein klassisches Insolvenzverfahren i.e.S. ist und daher auch nicht im *Insolvency Act 1986*, sondern vielmehr im *Companies Act 2006* geregelt ist, finden sich auch keine genauen Zahlen in der Insolvenzstatistik des *Insolvency Service*, so dass eine Aussage über die Häufigkeit nicht möglich ist, siehe https://www.gov.uk/government/uploads/system/uploads/attachment_data/file/675931/Insolvency_Statistics_-_web.pdf [zuletzt aufgerufen am 31. 5. 2019].

1119 *Steffek*, Gläubigerschutz, S. 133 m.w.N. Die deutschen Unternehmen, die ein *scheme of arrangement* zur Sanierung nutzten, hatten alle mindestens einen Jahresumsatz im dreistelligen Millionenbereich.

d. *administration*

Wie bereits erörtert, bieten *company voluntary arrangements* für mittlere und größere Unternehmen *de lege lata* kein Zahlungsmoratorium. Im Rahmen des *scheme of arrangement*-Verfahrens wird ein solches nicht einmal für kleine oder mittlere Unternehmen zugelassen.[1120] Durch die fehlende Möglichkeit für den Schuldner, ein Moratorium zu erlangen, besteht somit stets die Gefahr, dass Gläubiger als Akkordstörer das Verfahren torpedieren könnten.[1121] Den Unternehmen bleibt daher oft nur die Möglichkeit, mit den Großgläubigern im Vorfeld Stillhalteabkommen beziehungsweise sog. Lock-up-Vereinbarungen zu schließen.[1122] Um unabhängig von einem Entgegenkommen einiger weniger Gläubiger zu sein, besteht grundsätzlich die Möglichkeit, auch bei *company voluntary arrangements* oder bei einem *scheme of arrangement* durch eine Kombination mit dem *administration*-Verfahren ein Moratorium für das Schuldnerunternehmen zu erlangen.[1123]

Daneben könnte eine Kombination eines *scheme of arrangement* mit der *administration* zu einer Anwendbarkeit der EuInsVO führen, da letzteres Verfahren ausdrücklich in Anhang A der EuInsVO genannt ist.[1124] Dies wird allerdings teilweise abgelehnt und damit begründet, dass das *scheme of arrangement*-Verfahren eben gerade nicht in Anhang A der EuInsVO aufgeführt ist und es daher auch als ein eigenständiges Verfahren strikt von dem *administration*-Verfahren der insolvenzreifen Gesellschaft getrennt werden müsse.[1125] Mangels höchstrichterlicher Rechtsprechung bleibt offen, ob die EuInsVO auch für das kombinierte Verfahren als Ganzes einschlägig ist.[1126]

1120 *Bork*, Sanierungsrecht in Deutschland und England, § 10 Rn. 10.30; einführend zum Verfahren siehe *Laukemann*, Die Unabhängigkeit des Insolvenzverwalters, S. 262 ff.

1121 *Bork*, IILR 2012, 477, 481.

1122 *Bork*, IILR 2012, 477, 481; *Laier*, GWR 2011, 252, 253.

1123 *Windsor/Müller-Seils/Burg*, NZI 2007, 7, 8.

1124 So u.a. *Gebler*, NZI 2010, 665, 668; *Mankowski*, WM 2011, 1201, 1202; wohl auch *Swierczok*, der im Ergebnis das *scheme of arrangement* als einen „Vergleich" i.S.d. Art. 32 Abs. 1 EuInsVO ansieht, siehe dazu *Swierczok*, Scheme of Arrangement, S. 233, 239.

1125 So *Thole*, ZGR 2013, 109, 150 f.

1126 Zur Anwendbarkeit der EuInsVO und der Zuständigkeit deutscher Gerichte, da das COMI bei der Sanierung von *Hans Brochier* mittels einer *administration* weiterhin in Deutschland lag, siehe Hans Brochier Holdings Ltd. v Exner [2007] BCC 127 = NZI 2007, 187.

Um das *administration*-Verfahren im Allgemeinen und das durchaus komplexe Zusammenspiel sowohl mit *company voluntary arrangements* als auch dem *scheme of arrangement* im Besonderen besser verstehen zu können, wird die *administration* eines Unternehmens im Folgenden überblicksartig dargestellt.[1127]

aa. Verfahrensablauf

Das *administration*-Verfahren erscheint auf den ersten Blick am ehesten mit dem deutschen Insolvenzplanverfahren vergleichbar.[1128] Geregelt ist es in sec. 8 ff. i.V.m. *Schedule B1* IA 1986,[1129] also im direkten Anschluss an die *company voluntary arrangements.* Wie auch im Insolvenzplanverfahren verliert der Schuldner grundsätzlich seine Verfügungsbefugnis über das Vermögen und gibt diese an einen Dritten ab. Die Aufgabe des sog. *administrator* ist es, die Geschäfte und das Vermögen des Unternehmens während der Dauer der *administration* zu übernehmen und zu verwalten (vgl. para. 1 (1) *Schedule B1* IA 1986). Die *administration* ist somit im Unterschied zu den *company voluntary arrangements* und dem *scheme of arrangement* nicht durch Eigenverwaltung, sondern durch Fremdverwaltung der Gesellschaft geprägt.

Das Verfahren wird durch einen Antrag an das zuständige Gericht in Gang gesetzt. Antragsberechtigt sind das Unternehmen und dessen Geschäftsleitung, ein einzelner Gläubiger oder Gläubigergruppen (vgl. para. 12 *Schedule B1* IA 1986). Para. 3 *Schedule B1* IA 1986 legt die Ziele der *administration* fest. Danach muss der *administrator* des Unternehmens das Ziel verfolgen, das Unternehmen als Ganzes zu erhalten. Gelingt ihm dies nicht, so muss sein Handeln darauf gerichtet sein, zumindest ein besseres Ergebnis für die Gläubiger zu erzielen als dies bei einer Abwicklung des Unternehmens der Fall wäre. Falls ihm dies ebenfalls nicht möglich sein sollte, so hat der *administrator* das Vermögen des Unternehmens zu verwerten, um einen oder mehrere gesicherte Gläubiger vorrangig zu befriedigen.

1127 Da *company voluntary arrangements* und das *scheme of arrangement* zum einen als vorinsolvenzliche Verfahren stärker auf Sanierung ausgerichtet sind, und zum anderen deutsche Unternehmen sich in der Vergangenheit in erster Linie auf diese beiden Sanierungsinstrumente fokussiert haben, erfolgt die Darstellung der *administration* nur in groben Zügen.

1128 *Andres/Grund*, NZI 2007, 137, 139; ein kurzer einführender Vergleich des Verfahrens zu *Chapter 11* findet sich bei *Goode*, Corporate Insolvency Law, 11. Kap. Rn. 18.

1129 Die übrigen Vorschriften (sec. 9–27) des *Part II* IA 1986 wurden durch den *Enterprise Act 2002* aufgehoben und durch *Schedule B1* (insgesamt 116 Paragraphen) ersetzt.

Nach para. 49 (1) *Schedule B1* IA 1986 ist es die Aufgabe des *administrator* Vorschläge zu machen, wie die Verfahrensziele umgesetzt werden können. Dazu kann er unter anderem sowohl eine Vereinbarung in Form eines *company voluntary arrangement* als auch eines *scheme of arrangement* vorschlagen.[1130] Über den Sanierungsvorschlag des *administrator* wird im Rahmen einer Gläubigerversammlung abgestimmt.[1131] Die Gläubiger können dem Vorschlag zustimmen oder Änderungen vorschlagen, denen wiederum der *administrator* zustimmen muss (vgl. para 53 (1) *Schedule B1* IA 1986). Daraus könnte man schließen, dass es sich bei der *administration* ebenfalls um ein Sanierungsverfahren handelt, an dessen Ende die Erhaltung des Unternehmens steht. Dies sei aber in aller Regel nicht der Fall.[1132] In der Praxis verfolgt das Verfahren vielmehr das Ziel, das Unternehmen letztlich gewinnbringender als im Rahmen einer Liquidation (*winding up*) zu verwerten und dafür das Unternehmen nur für eine Übergangszeit fortzuführen.[1133]

Kernstück der *administration* und gleichzeitig Schlüssel, um eines der Verfahrensziele zu erreichen, ist die Erlangung von Moratorien. Diese sind in den para. 42–44 *Schedule B1* IA 1986 näher geregelt. Nach para. 42 *Schedule B1* IA 1986 ist während der *administration* eine Abwicklung des Unternehmens nicht möglich. Para. 43 *Schedule B1* IA 1986 legt darüber hinaus fest, dass ohne die Zustimmung des Gerichts oder des *administrator* keine dinglichen Ansprüche gegen das Vermögen des Schuldners und keine Ansprüche aus einem Mietkaufvertrag durchgesetzt werden können sowie auch ein außerordentliches Kündigungsrecht des Vermieters wirkungslos bleibt. Solange die *administration* noch nicht angeordnet ist, besteht nach para. 44 *Schedule B1* IA 1986 die Möglichkeit, für den Zeitraum, bis das Verfahren angeordnet oder abgelehnt wird, ein Moratorium (sog. „*interim moratorium*") zu erhalten. Para. 42 und 43 sind nach para. 44 (5) *Schedule B1* IA 1986 entsprechend anwendbar.

bb. Schlussfolgerungen für das nationale Recht

Das *administration*-Verfahren weist doch einige Gemeinsamkeiten oder zumindest Ähnlichkeiten mit dem deutschen Insolvenzplanverfahren auf. Beide

---

1130 Para. 49 (3) lautet: „*Proposals under this paragraph may include a proposal for a voluntary arrangement under Part I of this Act (although this paragraph is without prejudice to section 4(3)); a proposal for a compromise or arrangement to be sanctioned under Part 26 of the Companies Act 2006 (arrangements and reconstructions).*"

1131 Vgl. para. 53 Schedule B1 IA 1986.

1132 *Goode*, Corporate Insolvency Law, 11. Kap. Rn. 17.

1133 *Goode*, Corporate Insolvency Law, 11. Kap. Rn. 17 m.w.N.

Verfahren sind geprägt durch starke Fremdverwalter (*administrator* bzw. Insolvenzverwalter) und beide Verfahren sind durch die gerichtliche Kontrolle oftmals starrer in ihren Gestaltungsmöglichkeiten. Letztlich kämpft Großbritannien bei der Anwendung der Vorschriften über die *administration* daher mit den gleichen Widrigkeiten (u.a. allgemein lange Verfahrensdauer, Beschwerden von Beteiligten, Liquidation als endgültiges Verfahrensergebnis) wie auch die deutsche Insolvenzpraxis beim Insolvenzplanverfahren.

Hervorzuheben ist vor allem para. 3 *Schedule B1* IA 1986, der die Ziele einer *administration* festlegt. Die Verwertung des Unternehmens und die anschließende Erlösverteilung stehen dabei an letzter Stelle der drei Handlungsvarianten. Der Erhalt des Unternehmens ist demgegenüber immer die vorrangige Variante. Dies verdeutlicht erneut die grundsätzliche Sanierungsfreundlichkeit des britischen Insolvenzrechts, vor allem, wenn man sich die Zielvorgabe des § 1 InsO vor Augen führt.[1134] Eine mit para. 3 *Schedule B1* IA 1986 vergleichbare Abstufung wäre auch für Deutschland denkbar, zumal ein Vorrang der Reorganisation im Rahmen der Insolvenzrechtsreform ursprünglich ebenfalls vorgesehen war.[1135]

Gewiss mag mancher einwenden, dass auch das *administration*-Verfahren trotz der Zielvorgabe in der Praxis oftmals zu einer Abwicklung des Unternehmens führt. Dass dies geschieht, ist aber nicht allein den gesetzlichen Vorgaben anzulasten, sondern folgt aus der Natur des Verfahrens als Insolvenzverfahren. Es verwundert nicht, dass auch in Großbritannien die Erfolge hinter den hohen Erwartungen an die Sanierungs- und Insolvenzverfahren zurückbleiben. Gleichwohl hebt para. 3 *Schedule B1* IA 1986 die Vorrangigkeit des Erhalts des Unternehmens hervor und trägt maßgeblich dazu bei, den Sanierungsgedanken zu fördern und das Stigma der Insolvenz zu beseitigen. Da die stigmatisierende Wirkung einer Insolvenz in Deutschland immer noch ausgeprägter ist als in Großbritannien, könnte eine solche Regelung, wie sie die *administration* voraussetzt, dazu beitragen, einen neuen Umgang mit dem wirtschaftlichen Scheitern zu finden. Ob der Wille des deutschen Gesetzgebers sich ändern wird und eine Abkehr von der bestmöglichen Gläubigerbefriedigung als oberster Maxime des Insolvenzrechts erfolgt, bleibt freilich abzuwarten.

1134 Siehe dazu ausführlich unter Zweiter Teil, A. I.

1135 Nach Leitsatz 1.3.4.4 des Ersten Berichts konnte das zuständige Insolvenzgericht über das Verfahrensziel bestimmen, wobei die Reorganisation der Liquidation nach Möglichkeit vorzuziehen war, siehe Erster Bericht, S. 36.

3. *Allgemeine Besonderheiten des britischen Insolvenzrechts*

Neben der zahlreichen verschiedenen Sanierungsverfahrensvarianten, die bisher ohne Entsprechung im deutschen Recht sind, bietet das britische Insolvenzrecht interessante allgemeine Besonderheiten, die grundsätzlich im Rahmen aller Verfahren eine Rolle spielen. Diese Eigenheiten, die vor allem auch für Sanierungen eine große Rolle spielen, werden an dieser Stelle daher hervorgehoben. Zum einen ist das System der *insolvency practitioner* derzeit noch ohne Vorbild im deutschen Recht und erscheint zumindest auf den ersten Blick einen wichtigen Beitrag zu leisten, um die „*rescue culture*" im britischen Insolvenzrechtsystem[1136] zu verankern und weiter voranzutreiben. Zum anderen verdienen der Einfluss und die Stellung der britischen Insolvenzgerichte im Insolvenzverfahren eine nähere Betrachtung. Abschließend wird noch kurz auf die Rechte und Pflichten der Geschäftsleiter britischer Kapitalgesellschaften im Vorfeld oder bei bereits eingetretener Insolvenz eingegangen. Diese drei Bereiche weisen teilweise erhebliche Unterschiede zum deutschen Recht auf und verdienen mithin eine gesonderte Betrachtung.

a. insolvency practitioner

Das (Berufs-)Recht und die Aufgaben der *insolvency practitioner*, die als *nominee*,[1137] *administrator* oder aber als *liquidator* im Wesentlichen mit der Anwendung des britischen Insolvenzrechts betraut sind, verdienen eine nähere Untersuchung.[1138] Wohl auf Grund der traditionell starken Stellung der Gerichte im Insolvenzverfahren sind in Deutschland die meisten Insolvenzverwalter zugelassene Rechtsanwälte, auch wenn einige zusätzlich geprüfte Steuerberater und/oder Wirtschaftsprüfer sind.[1139] Zentrale Norm für die Anforderungen, die

---

1136 Zu der „*rescue culture*" im englischen Insolvenzrecht siehe einführend *Rumberg*, RIW 2010, 358; vor allem erscheine das Stigma einer Insolvenz im Vergleich zu Deutschland in England weitaus weniger schwerwiegend, so *Wolf*, Promoting an Effective Rescue Culture, S. 60 f.

1137 Zum Problem von Interessenkonflikten auf Grund von verschiedenen Funktionen ein und desselben *insolvency practitioner* im Rahmen des *company voluntary arrangement*-Verfahrens, siehe *Goode*, Corporate Insolvency Law, 12. Kap. Rn. 55.

1138 Zum Berufsrecht der Insolvenzverwalter in Frankreich, Belgien, Österreich, Polen, Kroatien, Rumänien, Tschechien und Ungarn siehe überblicksartig *Vallender*, ZIP 2018, 353, 355 f.; grundlegend aus rechtsvergleichender Sicht zum englischen Berufsrecht siehe *Laukemann*, Die Unabhängigkeit des Insolvenzverwalters, S. 315 ff.

1139 Zur prozentualen Aufteilung Ende der achtziger Jahre siehe *Uhlenbruck*, KTS 1989, 229, 241 m.w.N.; so betrug damals der Anteil der Steuerberater 13 %, der der Wirtschaftsprüfer 11 %; aktuelle bundesweite Daten sind nicht vorhanden; bei der

ein Insolvenzverwalter zu erfüllen hat, um durch das Insolvenzgericht bestellt zu werden, ist dabei § 56 InsO.[1140]

In Großbritannien sind die *insolvency practitioners* dagegen hauptsächlich vereidigte Buchprüfer, sog. *accountants*.[1141] Rechtsanwälte (*solicitors*) werden im Insolvenzverfahren lediglich als sog. *legal adviser* tätig, in dem sie den *insolvency practitioners* beratend zur Seite stehen.[1142] *Finch* geht davon aus, dass dadurch, dass Juristen weniger Einfluss auf die Verfahren haben, die Verhandlungen seltener in konfrontativen, gerichtsähnlichen Verhandlungen stattfinden.[1143] Würden mehr Juristen einbezogen, so bestehe einerseits die Chance, dass die Verfahren fairer werden könnten, andererseits aber die Gefahr, dass sie gleichzeitig teurer und zeitaufwändiger werden würden.[1144]

Befragung von Insolvenzrichtern durch *Laukemann* gaben die Richter an, dass zum Insolvenzverwalter 92,5 % Rechtsanwälte, 4,5 % Wirtschaftsprüfer und 1,2 % Steuerberater bestellt wurden, siehe *Laukemann*, Die Unabhängigkeit des Insolvenzverwalters, S. 33, 433 f.; ebenso schätzt *Kübler* den aktuellen Anteil der Rechtsanwälte auf 90 %, siehe *Kübler*, ZIP 2016, Beil. z. Heft 22, 47, 50. Zum Problem, dass deutsche Rechtsanwälte von Haus aus in aller Regel keine allzu ausgeprägten betriebswirtschaftlichen Kenntnisse mitbringen, siehe *Lambrecht*, DZWiR 2010, 22; zu den Chancen von Steuerberatern, als Insolvenzverwalter bestellt zu werden, siehe *Linse/Glaubitz*, DStR 2010, 1497.

1140 Nach § 56 Abs. 1 Satz 1 InsO kann zum Insolvenzverwalter nur eine für den jeweiligen Einzelfall geeignete, insbesondere geschäftskundige und von den Gläubigern und dem Schuldner unabhängige natürliche Person, die aus dem Kreis aller zur Übernahme von Insolvenzverwaltungen bereiten Personen auszuwählen ist, von dem Insolvenzgericht bestellt werden; zu den durch die Rechtsprechung über Jahre hinweg fortentwickelten Qualitätsanforderungen an Insolvenzverwalter siehe statt vieler nur *Graeber*, in: MünchKomm-InsO, § 56 Rn. 15 ff. m.w.N.

1141 *Goode*, Corporate Insolvency Law, 1. Kap. Rn. 30; *Finch*, Corporate Insolvency Law, S. 182; *Laukemann*, Die Unabhängigkeit des Insolvenzverwalters, S. 240; *Griffiths/Hellmig*, NZI 2008, 418, 418; *Schlegel*, in: MünchKomm-InsO, Länderberichte England und Wales, Rn. 20; *Köster* weist daraufhin, dass die Buchprüfer größtenteils bei den vier führenden Wirtschaftsprüfungsgesellschaften angestellt sind, so dass diesen eine Oligopolstellung zukäme, siehe dazu *Köster*, RIW 2006, 24, 24; zu Berufszugang, Aufgaben und Organisation der *accountants* im Allgemeinen siehe einführend *Quick/Nieman*, ZVglRWiss 101 (2001), 322.

1142 *Köster*, RIW 2006, 24, 24 f.

1143 *Finch*, Corporate Insolvency Law, S. 220 f.

1144 *Finch*, Corporate Insolvency Law, S. 220.

Die Anforderungen, die ein *insolvency practitioner* erfüllen muss, ergeben sich in erster Linie aus den sec. 388–398 IA 1986[1145] und sind damit deutlich umfassender ausgestaltet als der im Gegensatz dazu sehr rudimentär wirkende § 56 InsO. Damit dreht sich das Verhältnis von *Common Law* zu dem aus britischer Perspektive in Deutschland bestehenden *Civil Law* ins Gegenteil um. § 56 InsO ist maßgeblich durch Richterrecht fortentwickelt worden.[1146] Das Recht der *insolvency practitioner* ist dagegen umfassend in zahlreichen Normen festgelegt worden.

Die durchaus strikten Regelungen bezüglich der *insolvency practitioners* durch die Einführung des IA 1986 gingen einher mit einer teilweisen Reduzierung des gerichtlichen Einflusses auf die Verfahren.[1147] Neben den gesetzlichen Voraussetzungen des IA 1986 sind die sog. *Statements of Insolvency Practice*[1148] für die Berufsausübung zentral. Diese setzen ethische Standards für die Tätigkeit als *insolvency practitioner*, deren Nichteinhaltung zu teilweise drastischen Disziplinarmaßnahmen durch die zuständigen Kammern führen kann.[1149]

aa. Zwingende gesetzliche Regelungen

Sec. 388 IA 1986 legt fest, in welcher Art und Weise eine Person in den verschiedenen Verfahrensvarianten als *insolvency practitioner* handeln kann. Tritt jemand als *insolvency practitioner* in einem Verfahren auf, ohne die notwendige Qualifikation dafür zu haben, macht er sich nach sec. 389 (1) IA 1986 strafbar.[1150] Als *insolvency practitioner* kann bisher, ebenso wie als Insolvenzverwalter in Deutschland, nur eine natürliche Person handeln (vgl. sec. 390 (1) IA 1986).

1145 Bis zum Inkrafttreten des IA 1986 existierten keine Regeln bezüglich der Anforderungen an *insolvency practitioners*, so dass grundsätzlich jeder, der kein Bankrotteur war, in Insolvenzverfahren tätig werden konnte, siehe *Goode*, Corporate Insolvency Law, 2. Kap. Rn. 12; zur Rechtslage vor dem Inkrafttreten des IA 1986 siehe ebenfalls *Laukemann*, Die Unabhängigkeit des Insolvenzverwalters, S. 242 f.

1146 Vor allem auch Entscheidungen des Bundesverfassungsgerichts trugen wesentlich zu einer Konkretisierung von § 56 InsO bei. Ein Überblick über die verschiedenen Beschlüsse des Bundesverfassungsgerichts findet sich bei *Göcke*, in: BeckOK-InsO, § 56 Rn. 3 m.w.N.

1147 *Tolmie*, Corporate and Personal Insolvency Law, S. 204.

1148 Siehe https://www.r3.org.uk/what-we-do/publications/professional/statements-of-insolvency-practice/e-and-w [zuletzt aufgerufen am 31. 5. 2019].

1149 *Schlegel*, in: MünchKomm-InsO, Länderberichte England und Wales, Rn. 8.

1150 *Finch*, Corporate Insolvency Law, S. 183.

Insolvency practitioner können grundsätzlich auf zwei verschiedene Arten zugelassen (sog. „*authorisation*“) werden. Zum einen kann nach den sec. 392, 393 IA 1986 eine Zulassung durch das zuständige *Secretary of State* erfolgen. Einzelheiten zu den Voraussetzungen einer solchen Zulassung finden sich in den sog. *Insolvency Practitioners Regulations 1990.*[1151] Zum anderen kann eine Zulassung als *insolvency practitioner* durch eine durch das *Secretary of State* zugelassene berufsständige Organisation (sog. *recognised professional body*) erfolgen (vgl. sec. 390 (2) (a) IA 1986).[1152] Die letztere Variante stelle dabei den Regelfall dar.[1153] Sec. 391 IA 1986 regelt die Voraussetzungen, die eine Organisation erfüllen muss, um durch das *Secretary of State* als *professional body* anerkannt zu werden. Die Aufgabe der Organisation muss es sein, die Berufsausübung zu regeln und die Regeln durchzusetzen, die sicherstellen, dass sich die Mitglieder an die gesetzlichen Vorgaben halten (vgl. sec. 391 (2) IA 1986).

Nach sec. 393 (2) 1986 wird dem Antrag auf Zulassung als *insolvency practitioner* in der Regel dann stattgegeben, wenn sich der Antragssteller als „*fit and proper person*“ herausstellt und er die notwendigen Anforderungen an akademischer und praktischer Ausbildung erfüllt. *Regulation 4* der IPR 1990 bestimmt, wann der Antragsteller als „*fit*“ und „*proper*“ anzusehen ist.[1154] Die *regulations* 5–8 IPR 1990 legen fest, welche Anforderungen an die praktische und akademische Erfahrung des Bewerbers gestellt werden. Nach *regulation* 6 i.V.m. *Schedule 1* IPR 1990 müssen die Bewerber grundsätzlich einen universitären Abschluss aus dem Vereinigten Königreich nachweisen können. Nach *regulation* 7 IPR 1990 muss der Antragssteller darüber hinaus entweder eine weitere fachspezifische theoretische Prüfung ablegen, die von dem sog. *Joint Insolvency Examination Board* gestellt wird, oder bereits im Ausland als Insolvenzverwalter tätig gewesen sein, um dadurch nachweisen zu können, dass er die notwendigen Kenntnisse mitbringt.[1155] *Regulation* 8 IPR 1990 legt umfassende Anforderungen an die

---

1151 *Köster*, RIW 2006, 24, 25; die Kompetenz der *Secretary of State* zum Erlass der *Insolvency Practitioners Regulations 1990* ergibt sich aus sec. 419 IA 1986; die Verordnung ist verfügbar unter: http://www.legislation.gov.uk/uksi/1990/439/introduction/made [zuletzt aufgerufen am 31. 5. 2019].

1152 In Großbritannien (einschließlich Schottland und Nordirland) gibt es insgesamt acht *recognised professional bodies*, siehe *Finch*, Corporate Insolvency Law, S. 183.

1153 *Köster*, RIW 2006, 24, 25 m.w.N.

1154 Dabei werden u.a. etwa die Vorstrafen des Antragsstellers berücksichtigt oder aber auch, ob der Antragssteller in einem anderen Land gegen Normen des dortigen Insolvenzrechts verstoßen hat.

1155 Diese Prüfungen haben regelmäßig sehr hohe Misserfolgsquoten (bis zu 50 %), siehe *Köhler-Ma*, DZWiR 2006, 228, 229. Zur Möglichkeit für Ausländer als *insolvency*

praktischen Erfahrungen fest. So müssen die Bewerber mindestens zehn Jahre bei einem bereits zugelassenen *insolvency practitioner* gearbeitet haben, in denen sie sich mindestens 7 000 Stunden mit Insolvenzsachen beschäftigt haben.[1156] Damit wird gewährleistet, dass Personen erst ab einem gewissen Alter und vor allem nachdem sie einige Erfahrung im Bereich der Insolvenz- und Sanierungsberatung erlangt haben, dort tätig werden können.

bb. Selbstverwaltung durch Kammern und ein Insolvenzverwalterexamen

Ein wesentlicher Unterschied zum deutschen Recht ist die Existenz von eigenen Kammern, die in Großbritannien einen großen Einfluss auf die Berufsausübung und die Berufsaufsicht der *insolvency practitioners* haben. Um als *insolvency practitioner* tätig zu werden, benötigt man, wie bereits erörtert, grundsätzlich die Erlaubnis von einer der acht berufsständigen Organisationen. Voraussetzungen für eine solche Erlaubnis sind das Bestehen theoretischer Prüfungen, die von dem *Joint Insolvency Examination Board* gestellt werden, und der Nachweis umfassender jahrelanger praktischer Erfahrung in Sanierungs- und Insolvenzsachverhalten.[1157] Gegen die Ablehnung oder Entziehung der Erlaubnis kann Beschwerde beim *Insolvency Practitioners Tribunal* eingelegt werden.[1158] Die Insolvenzgerichte haben während der Verfahren grundsätzlich keinen Einfluss auf die Auswahl der *insolvency practitioners*. Das Tätigwerden der *insolvency practitioners* erfolgt stets auf Vorschlag der Geschäftsleitung des Unternehmens.

Die deutschen Insolvenzverwalter sind im Gegensatz dazu bisher kaum staatlich reguliert.[1159] Es gibt noch keine berufsständigen Organisationen in Form von Insolvenzverwalterkammern. Allerdings gibt es überregionale

---

practitioner in Großbritannien tätig zu werden, siehe auch unter Dritter Teil, A. II. 3. a. cc.

1156 Im Vergleich dazu muss man um das Steuerberaterexamen in Deutschland ablegen zu können, lediglich eine praktische Tätigkeitszeit von zwei bzw. drei Jahren, abhängig von der Länge des vorherigen Studiums, nachweisen, siehe https://www.bstbk.de/de/steuerberater/steuerberaterIn/ [zuletzt aufgerufen am 31. 5. 2019].

1157 *Schlegel*, in: MünchKomm-InsO, Länderberichte England und Wales, Rn. 20. Auch im Nachbarstaat Frankreich ist ein staatliches Examen Voraussetzung, um als Insolvenzverwalter zugelassen zu werden, vgl. *Article* L811-5 *Code de Commerce*. Zum Insolvenzverwalterwesen in Frankreich siehe auch *Köhler-Ma*, DZWiR 2006, 228, 229.

1158 *Goode*, Corporate Insolvency Law, 1. Kap. Rn. 30.

1159 Zur historischen Entwicklung des Berufsstandes der Konkurs- und Insolvenzverwalter siehe zuletzt *Vallender*, in: Praxis der Unternehmensrestrukturierung, S. 106 ff.

Zusammenschlüsse, wie etwa den *Gravenbrucher Kreis* oder den *Verband der Insolvenzverwalter Deutschlands e.V.* (VID).

Für die Ausübung des Insolvenzverwalteramtes gibt es in Deutschland neben den Vorgaben aus § 56 InsO bisher keine weitergehenden gesetzlichen Regelungen. Es existieren aber Selbstverpflichtungen der Verwalter, wie etwa die des VID. Der VID hat nach eigenen Angaben mit seinen „Grundsätzen ordnungsgemäßer Insolvenzverwaltung" „neue Maßstäbe für eine unabhängige, transparente und qualitativ anspruchsvolle Insolvenzverwaltung gesetzt".[1160] Diese sind allerdings eher als Richtlinien für die Mitglieder des Verbandes formuliert, so dass sie insofern nur Mindeststandards festlegen können.[1161] Eine Nichteinhaltung der Standards kann freilich nur für die Mitglieder des Verbandes[1162] Konsequenzen haben.[1163] Neben den vom VID aufgestellten Grundsätzen gibt es mittlerweile auch einen Fachanwalt für Insolvenzrecht, der selbstverständlich nur Rechtsanwälten offensteht.[1164] Angesichts divergierender Qualitätsstandards und Maßstäben erfordere Art. 12 GG allein schon wegen der Bedeutung der Bedingungen für den Berufszugang eine ausdrückliche bundesgesetzliche Normierung.[1165] Der Zugang zum freien Beruf des Insolvenzverwalters könnte auch

1160 Siehe https://www.vid.de/der-verband/qualitaetsstandards/goi/ [zuletzt aufgerufen am 31. 5. 2019]; vgl. auch die Empfehlungen der sog. „Uhlenbruck-Kommission" zur Vorauswahl und Bestellung von InsolvenzverwalterInnen sowie Transparenz, Aufsicht und Kontrolle im Insolvenzverfahren, abgedruckt in NZI 2007, 507.

1161 Zum Einfluss von Selbstregularien der Insolvenzverwalter-Zusammenschlüsse bei der Auswahl, Aufsicht über und der Entlassung von Insolvenzverwaltern aus Sicht eines deutschen Insolvenzrichters siehe *Frind*, NZI 2011, 785.

1162 Aktuell hat der VID 473 Mitglieder, die seit mindestens drei Jahren als Unternehmensinsolvenzverwalter bestellt worden sein müssen, siehe dazu http://www.vid.de/der-verband/mitglieder/ [zuletzt aufgerufen am 31. 5. 2019]. Dies entspreche lediglich einem Viertel der in Deutschland tätigen Insolvenzverwalter, so *Vallender*, in: Praxis der Unternehmensrestrukturierung, S. 121.

1163 Siehe zur begrenzten Wirkung der GOI zuletzt *Vallender*, in: Praxis der Unternehmensrestrukturierung, S. 105.

1164 Kritisch zur damaligen Einführung des Fachanwalts für Insolvenzrecht siehe *Wellensiek*, NZI 1999, 169. *Prütting* sieht in dem Fachanwalt für Insolvenzrecht, der mehrere Verfahren als Insolvenzverwalter vorweisen muss, eine „sehr unglückliche Sphärenvermischung", siehe *Prütting*, ZIP 2016, Beil. z. Heft 22, 61, 62.

1165 So *Römermann*, GWR 2011, 375, 376, der an gleicher Stelle behauptet, dass mangelnde einheitliche Qualitätsstandards „maßgeblich zu dem Desaster des deutschen Insolvenzwesens" beigetragen hätten.

mit einer Altersgrenze verbunden werden.[1166] Zur Unterstützung der Insolvenzverwalter wird darüber hinaus die Einführung eines Ausbildungsberufs zum „Insolvenz- und Sanierungsfachangestellten" gefordert.[1167]

Eine Professionalisierung durch staatliche Examina für Insolvenzverwalter findet – soweit ersichtlich – in der insolvenzrechtlichen Literatur und Praxis bisher keine breite Zustimmung.[1168] So wird allenfalls die Einführung eines zentralen Zulassungsverfahrens mit Wirkung für alle Insolvenzgerichte vorgeschlagen, das in gleicher Weise die Ermöglichung einer generellen Entlassung in einem objektiven und gerichtsförmigen Verfahren gewährleistet.[1169] Ein Grund für die Zurückhaltung könnte sein, dass Rechtsanwälte es gewohnt sind, viele Belange ihrer Berufsausübung im Wege der berufsständischen Selbstverwaltung festzulegen. Examina[1170] und eine strenge staatliche Aufsicht der Insolvenzverwaltung erscheinen aus diesem Blickwinkel zwar systemwidrig, auf lange Sicht aber unverzichtbar, um eine weitere Professionalisierung der Insolvenzverwaltung zu gewährleisten. Dem Examen könnte dabei auch eine dem Notarberuf vergleichbare dreijährige Assessorenzeit vorausgehen.[1171]

Ein einheitliches Insolvenzverwalterexamen könnte neben der fortschreitenden Professionalisierung den positiven Nebeneffekt haben, den Beruf des Insolvenzverwalters auch bei Nichtjuristen attraktiver zu machen und umgekehrt den Juristen die Möglichkeit bieten, mit Betriebs- oder Volkswirten in einen engeren Austausch zu kommen.

1166 So schlägt *Prütting* wegen des hohen Anforderungsprofils an den Beruf des Insolvenzverwalters 70 Jahre als Altersgrenze vor, siehe *Prütting*, in: FS Vallender, S. 461.

1167 Siehe *Zimmer*, DZWiR 2011, 98, 99 f. Eine noch zu errichtende Insolvenzverwalterkammer könnte diese Ausbildung inhaltlich mitgestalten und beaufsichtigen. Einen wichtigen Beitrag zur weiteren Professionalisierung von Restrukturierungen und Sanierungen leistet nun seit schon mehr als zehn Jahren auch der Legum Magister in Unternehmensrestrukturierung (LL.M. corp. restruc.) an der Ruprecht-Karls-Universität Heidelberg, siehe dazu zuletzt auch *M. Roth*, in: Praxis der Unternehmensrestrukturierung, S. 231 ff.

1168 Der ehemalige Insolvenzrichter *Uhlenbruck* sprach sich ausdrücklich für eine gesetzlich normierte Berufsordnung aus, siehe *Uhlenbruck*, in: FS Wellensiek, S. 367, 369 f. Unter den Insolvenzverwaltern fand dieser Vorschlag bisher keine Zustimmung.

1169 So *Graeber*, in: MünchKomm-InsO, § 56 Rn. 138.

1170 Rechtsanwälte haben auf dem Weg zu einem möglichen „Insolvenzverwalterexamen" freilich schon zwei staatliche Prüfungen hinter sich gebracht.

1171 Siehe *Prütting*, in: FS Vallender, S. 462.

cc. Exkurs: Europarechtliche Entwicklungen

Mittlerweile gibt es auch im Bereich der Insolvenzverwaltung auf europäischer Ebene Bestrebungen, bestimmte Aspekte des Berufsrechts zu harmonisieren, um u.a. dadurch den Zugang zum gemeinsamen Binnenmarkt zu erleichtern. Selbst wenn Großbritannien möglicherweise bald aus der Europäischen Union austreten sollte und dann nicht mehr an zukünftige Harmonisierungsmaßnahmen[1172] gebunden sein wird, sollte an dieser Stelle das Problem der Zulassung von Insolvenzverwaltern in grenzüberschreitenden Insolvenzen als Exkurs kurz aufgegriffen werden.

Maßgeblich für den Zugang als EU-Ausländer zum Insolvenzverwalteramt ist bisher die sog. Dienstleistungsrichtlinie aus dem Jahr 2006, die die Dienstleistungsfreiheit aus Art. 56 AEUV konkretisiert.[1173] Zum Teil wird allerdings eine Anwendbarkeit der Richtlinie auf Insolvenzverwalter gänzlich abgelehnt, da für Insolvenzverwalter die Bereichsausnahme des Art. 2 Abs. 2 lit. i. Dienstleistungs-RL eingreife.[1174] Nach Art. 2 Abs. 2 lit. i. Dienstleistungs-RL findet die Richtlinie keine Anwendung auf Tätigkeiten, die mit der Ausübung öffentlicher Gewalt verbunden sind. Die weit überwiegende Ansicht hält die Dienstleistungs-RL dagegen zurecht grundsätzlich für anwendbar.[1175] Insolvenzverwalter üben danach eine Dienstleistung i.S.v. Art. 2 Abs. 1 Dienstleistungs-RL aus und stehen dabei unter der Aufsicht und Kontrolle der Insolvenzgerichte.[1176]

Im deutschen Insolvenzrecht fand die Dienstleistung-RL bisher nur in Art. 102a EGInsO ihren Niederschlag.[1177] Nach Art. 102a EGInsO können Angehörige eines anderen Mitgliedstaates der EU oder des EWR und Personen, die

---

1172 Zu zukünftigen Regelungen bzgl. Insolvenzverwalter innnerhalb der Europäischen Union siehe unten, Dritter Teil, B. II.

1173 RL (EG) 2006/123 des Europäischen Parlaments und des Rates v. 12. 12. 2006 über Dienstleistungen im Binnenmarkt, ABl. Nr. L 376 S. 36.

1174 So u.a. *Ries*, in: K. Schmidt, InsO, § 56 Rn. 6; *Gehrlein*, NJW 2013, 3756, 3757 f. Diese Ansicht erscheint spätestens seit dem Vertragsverletzungsverfahren gegen die Bundesrepublik wegen eines Staatsangehörigkeitsvorbehalts für den Zugang zum Notarberuf obsolet, siehe dazu EuGH, Urt. v. 24. 5. 2011 – C-54/08, NJW 2011, 2941, 2944 Rn. 116. Nach Ansicht des Europäischen Gerichtshofs üben Notare keine öffentliche Gewalt aus. Dies muss dann erst recht für Insolvenzverwalter gelten.

1175 So u.a. *Delhaes/Römermann*, in: Nerlich/Römermann, InsO, § 56 Rn. 12; *Zipperer*, in: Uhlenbruck, InsO, § 56 Rn. 5; *Piekenbrock/Bluhm*, NJW 2016, 935, 935; *Graf-Schlicker*, in: Graf-Schlicker, InsO, §§ 56, 56a Rn. 9.

1176 Siehe *Zipperer*, in: Uhlenbruck, InsO, § 56 Rn. 5; *Piekenbrock/Bluhm*, NJW 2016, 935, 935; *Graf-Schlicker*, in: Graf-Schlicker, InsO, §§ 56, 56a Rn. 9.

1177 *Lüer*, in: Uhlenbruck, InsO, 14. Aufl., Art. 102a EGInsO Rn. 1. *Piekenbrock/Bluhm* merken zurecht an, dass die Umsetzung der Dienstleistung-RL in das deutsche

in einem dieser Staaten ihre berufliche Niederlassung haben, das Verfahren zur Aufnahme in eine von dem Insolvenzgericht geführte Vorauswahlliste für Insolvenzverwalter über eine einheitliche Stelle nach den Vorschriften des Verwaltungsverfahrensgesetzes abwickeln.[1178] Im Regierungsentwurf wurde die sehr knappe Regelung des Art. 102a EGInsO damit begründet, dass man bis zu einer gesetzlichen (Neu-)Regelung des Zugangs zum Insolvenzverwalterberuf lediglich die Vorgaben der Dienstleistungs-RL umsetzen wolle.[1179] Eine solche Regelung ist freilich bis heute noch nicht erfolgt.[1180]

In Großbritannien kann ein deutscher Insolvenzverwalter bisher nicht ohne weiteres tätig werden. Reg. 8 (2) IPR 1990 legt ausdrücklich fest, dass ein Insolvenzverwalter aus einem Land außerhalb des Vereinigten Königreichs mindestens 1 400 Stunden Arbeitserfahrung innerhalb von zwei Jahren im englischen Insolvenzrecht nachweisen muss. Das heißt, ein Insolvenzverwalter kann erst nach zwei Jahren Arbeit bei einem *insolvency practitioner* in Großbritannien tätig werden. Ob dies mit der Dienstleistungsfreiheit aus Art. 56 AEUV vereinbar ist erscheint mehr als zweifelhaft, ist bisher aber – soweit ersichtlich – weder in Rechtsprechung noch in der Literatur aufgegriffen worden.

b. Stellung und Einfluss der Insolvenzgerichte

Der Einfluss und das Selbstverständnis der britischen Richter haben sich historisch bedingt anders entwickelt als in Deutschland. Dies gilt im Besonderen für die Insolvenzrichter des Vereinigten Königreichs.[1181] Da sich große Unterschiede ergeben, verdient der folgende Vergleich besondere Beachtung.

> „*If the creditors are acting on sufficient information and with time to consider what they are about, and are acting honestly, they are, I apprehend, much better judges of what is to their commercial advantage than the Court can be.*"[1182]

Insolvenzrecht bisher nur sehr rudimentär erfolgte, siehe *Piekenbrock/Bluhm*, NJW 2016, 935, 935.

1178 Zu dieser Möglichkeit siehe ausführlich *Graf-Schlicker*, in: Graf-Schlicker, InsO, §§ 56, 56a Rn. 7 ff. m.w.N.

1179 Entwurf eines Gesetzes zur Umsetzung der Dienstleistungsrichtlinie in der Justiz und zur Änderung weiterer Vorschriften, BT-Drucks. 17/3356, S. 15.

1180 Zu den bisherigen Versuchen einer Harmonisierung auf eruopäischer Ebene siehe *Vallender*, NZI 2018, 353, 354 ff.

1181 Für das Insolvenzrecht, etwa für die Bestätigung eines *scheme of arrangement*, ist grundsätzlich die *Chancery Division* am *High Court of Justice* in London zuständig, siehe ausführlich dazu *Schillig*, in: Kindler/Nachmann, Länderbericht Großbritannien, Rn. 64 ff.

1182 Re English, Scottish and Australian Chartered Bank [1893] 3 Ch 385.

Dieses Zitat von *Lord Justice Lindley* aus einem Urteil von 1893 verdeutlicht die auch heute noch bestehende Zurückhaltung britischer Richter in wirtschaftsrechtlichen Entscheidungen. Kaufleuten, also auch den Gläubigern in einem Insolvenzverfahren, wird in Großbritannien ein hoher Sachverstand zugeschrieben, und die Gerichte versuchen sich dementsprechend möglichst wenig in die Angelegenheiten der Beteiligten einzumischen. Dies hängt vermutlich auch damit zusammen, dass in Großbritannien Richter regelmäßig nur werden kann, wer zuvor einige Zeit als *barrister* praktiziert hat.[1183] Als frühere *barrister* waren die heutigen Richter daher oft auf Seiten der Gläubiger tätig und wissen bestens über deren Kenntnisse, Interessen, Rechte und Verhaltensweisen Bescheid. Die britischen Richter haben mithin bei ihrer Spruchtätigkeit einen anderen, oftmals auch breiteren Blickwinkel auf das Geschehen als ihre deutschen Kollegen.[1184]

Der deutsche Richter unterscheidet sich von den britischen Richtern in vielerlei Hinsicht. Die Ausbildung ist in Deutschland traditionell auf die Richterlaufbahn ausgerichtet und eine frühere Tätigkeit als Rechtsanwalt ist eher die Ausnahme.[1185] Im Insolvenzverfahren der Insolvenzordnung hat der deutsche Richter eine deutlich stärkere Stellung, die er regelmäßig auch wahrnimmt. Nicht erst bei der Prüfung des Insolvenzplans und dessen Bestätigung, sondern auch im Vorfeld hat der Insolvenzrichter zahlreiche Kompetenzen. Insbesondere das Eröffnungsverfahren ist in erster Linie in der Hand des zuständigen Insolvenzrichters. Das letzte Wort bezüglich der Bestätigung des Insolvenzplans gebührt immer dem Insolvenzgericht (vgl. § 248 Abs. 1 InsO). Vor allem im Vergleich zu den *company voluntary arrangements* und dem *scheme of arrangement* wird deutlich, wie sehr die Richter in Deutschland in das Verfahren eingebunden sind.[1186]

1183 Ein Überblick über die verschiedenen juristischen Berufe in England und Wales findet sich bei *Wörlen*, JA 2006, 78.

1184 So ist beispielsweise *Richard Snowden* seit April 2015 Richter der *Chancery Divison* am *High Court* und dort unter anderem für die Bestätigung von *scheme of arrangement* zuständig. *Snowden* vertrat im Jahr davor allerdings noch Minderheitsgläubiger im Fall *Apcoa*, siehe dazu *Hoffmann/Giancristofano*, ZIP 2016, 1151, 1152 f. Dass dies nicht nur Vorteile mit sich bringt, sondern wegen möglicher Interessenkonflikte auch Gefahren birgt, versteht sich freilich von selbst.

1185 Vgl. dazu auch §§ 5 ff. DRiG (I.d.F. der Bekanntmachung v. 19. 4. 1972, BGBl. I S. 713). *Wolf* hält dementsprechend fest: „*Most judges have been born to the bench, having never gained experience with insolvency proceedings themselves.*“, siehe *Wolf*, Promoting an Effective Rescue Culture, S. 91.

1186 Zu der wohl noch stärkeren Stellung österreichischer Richter in den dortigen Insolvenzverfahren siehe Dritter Teil, A. I. 2. d.

Das Misstrauen, das den Gläubigern in Insolvenzfällen in Deutschland seit jeher sowohl von Seiten des Gesetzgebers als auch von der Richterschaft entgegengebracht wird, verdeutlicht ein Blick in die Begründung des Entwurfs der Vergleichsordnung aus dem Jahr 1933. Dort heißt es:

> „Das Selbstbestimmungsrecht der Gläubiger hat zur Voraussetzung, daß die Gläubiger fähig und willens sind, ihre eigenen Interessen wirklich wirksam wahrzunehmen. Diese Voraussetzung ist offenbar bei der unzureichenden Organisation der Gläubiger in Deutschland nicht gegeben."[1187]

Beide Zitate verdeutlichen, dass ein erheblicher Mentalitätsunterschied zwischen den beiden Ländern besteht. Auf der einen Seite steht Großbritannien, wo der Richter sich zurücknimmt und davon ausgeht, dass Gläubiger als Teilnehmer des Wirtschaftsverkehrs in der Regel über einen höheren Sachverstand verfügen als er selbst, weshalb er letztlich wohl weniger geneigt ist, Mehrheitsentscheidungen von Gläubigern aufzuheben. Auf der anderen Seite wird in Deutschland davon ausgegangen, dass eine zu große Gläubigerautonomie und damit deren Einfluss auf das Verfahren verhindert werden sollten, da diese auf Grund mangelnder Organisation nicht die notwendige Professionalität mitbringen. Diese Zurückhaltung wurde aber, wie bereits erörtert, durch das ESUG zumindest teilweise aufgegeben. Die Gläubigerautonomie nimmt im deutschen Insolvenzrecht mittlerweile eine etwas stärkere Stellung ein.

Wie bereits im zweiten Teil der vorliegenden Arbeit beschrieben, wurde zwar im Rahmen des ESUG eine stärkere Konzentration der gerichtlichen Zuständigkeit in Insolvenzsachen diskutiert, im Ergebnis aber wieder verworfen.[1188] In Großbritannien ist im wichtigsten Sanierungsverfahren, dem *scheme of arrangement*, erstinstanzlich der *High Court of Justice* in London zuständig.[1189] Im Allgemeinen zeige sich, dass die britischen Gerichte im Vergleich zu den deutschen Gerichten Insolvenz- und Sanierungsverfahren erstaunlich schnell bearbeiten und Revisionen eher selten vorkommen.[1190] Ob die Geschwindigkeit, mit der die Verfahren erledigt werden, allein an der Konzentration und der damit

1187 Begründung des Entwurfs einer Vergleichsordnung 1933, zitiert nach *Uhlenbruck*, KTS 1989, 229, 238 f.

1188 Siehe dazu ausführlich oben unter Zweiter Teil, A. III. 3.

1189 *Bork*, IILR 2012, 477, 487.

1190 So *Bork*, IILR 2012, 477, 487 m.w.N. zur einschlägigen Rechtsprechung; für die Revisionen ist der sog. *Court of Appeal* zuständig. Es sei in der Praxis nicht unüblich, dass auf Antrag die Verfahrens- und Rechtsmittelfristen verkürzt werden, um dadurch eine schnelle Umsetzung der getroffenen Vereinbarung zu gewährleisten, siehe dazu *Swierczok*, Scheme of Arrangement, S. 70.

einhergehenden Professionalisierung der Richterschaft zusammenhängen, ist offen, trägt aber wohl mindestens dazu bei.

Ob der Einfluss der deutschen Insolvenzrichter beschnitten werden sollte, oder ob sich die Richter zumindest mehr zurückhalten sollten, erscheint indes fraglich. Viele Schuldner, Insolvenzverwalter und sicherlich auch der ein oder andere Gläubiger mag dies wohl bejahen. Gleichwohl sollte, um dem Einzelnen umfassenden Rechtsschutz und damit auch Rechtssicherheit gewähren zu können, der Richter weiterhin seinen hohen Einfluss auf das Verfahren behalten. Das große Problem ist, dass Gläubiger in aller Regel ganz unterschiedliche Interessen verfolgen, so dass man sich fragen muss, wer imstande ist, einen Interessenausgleich zwischen allen Beteiligten herzustellen. Entweder die Gläubiger versuchen, untereinander zu einer Einigung zu kommen, oder aber es findet eine Gruppeneinteilung statt, wobei der Einzelne gerichtlichen Minderheitenschutz genießt und nicht seiner Rechte beschnitten werden darf.

Es gibt gewiss Einzelfälle, in denen ein zu großer Einfluss der Insolvenzgerichte dazu führt, dass eine Sanierung misslingt, weil sich zum Beispiel das Verfahren zu sehr verzögert. Dies ist jedoch der Preis für die in Deutschland erstrebte Rechtssicherheit. Mithin dient Großbritannien in diesem Punkt nicht als ein nachahmenswertes Beispiel. Die bestehenden Kulturunterschiede der verschiedenen Rechtssysteme erscheinen sehr groß. Durch gesetzliche Änderungen oder Neuregelungen kann ein verästeltes und ausdifferenziertes Gerichtssystem nur über einen sehr langen Zeitraum weiterentwickelt werden. Eine Konzentration der Gerichte sollte allerdings in Deutschland, wie bereits erörtert, baldmöglichst umgesetzt werden.

c. Rechte und Pflichten der Geschäftsleitung

Die Rechte und Pflichten der Geschäftsleitung einer britischen Kapitalgesellschaft unterscheiden sich teilweise stark vom deutschen Gesellschafts- und Insolvenzrecht und verdienen daher ebenfalls eine Hervorhebung an dieser Stelle. Die Handlungsgebote und -pflichten und damit mögliche Haftungsrisiken für die verantwortlichen Personen eines Unternehmens tragen maßgeblich dazu bei, wie diese sich im Vorfeld und während einer Insolvenz verhalten. So sind grundsätzlich auch Regelungen, die zumindest auf den ersten Blick dem Gesellschaftsrecht zuzuordnen sind, dazu geeignet, den Sanierungsgedanken zu fördern. Ob die britischen Regelungen dies leisten oder vielmehr im Einzelnen sogar Sanierungen behindern, wird im Folgenden erörtert.[1191]

1191 Dabei wird auch kurz auf die entsprechenden deutschen Regelungen eingegangen,

Im Allgemeinen wird im britischen Gesellschaftsrecht zwischen sog. *fiduciary duties* (Treuepflichten) und sog. *duties of care* (Sorgfaltspflichten) unterschieden.[1192] Erstere verpflichten die Geschäftsleitung in gutem Glauben im besten Interesse der Gesellschaft zu handeln, letztere Pflichten dagegen fordern ein Mindestmaß an Sorgfalt, das von einer Person aus dem Verkehrskreis der Handelnden vernünftigerweise erwartet werden könne.[1193]

aa. Insolvenzantragspflicht

Nach § 15a Abs. 1 Satz 1 InsO sind die Mitglieder des Vertretungsorgans dazu verpflichtet, ohne schuldhaftes Zögern, spätestens aber drei Wochen nach Eintritt der Zahlungsunfähigkeit oder der Überschuldung der Gesellschaft, einen Eröffnungsantrag zu stellen. Demgegenüber kenne das britische Insolvenzrecht keinerlei vergleichbare Antragspflichten.[1194] Es besteht zwar keine unmittelbare Antragspflicht für die Geschäftsleitung, mittelbar werden die Handelnden aber oftmals über drohende Schadensersatzansprüche und andere Sanktionsmöglichkeiten zur Antragsstellung bewegt.[1195] Da allerdings die wichtigsten Sanierungsverfahren eine materielle Insolvenz gerade nicht voraussetzen und die Geschäftsleitung grundsätzlich keine Pflicht trifft, einen Antrag zu stellen, sind sie zumindest auf den ersten Blick in ihrem Handeln in der Krise freier und flexibler. Diese Freiheit kann dazu führen, dass die Handelnden sich ihr eigenes Scheitern nicht eingestehen wollen und bis zuletzt versuchen werden, die Insolvenz abzuwenden. Dies ist Gefahr und Chance zugleich und vom britischen Gesetzgeber vermutlich so auch gewollt.

bb. Schadensersatzansprüche

In Deutschland hat neben der Haftung wegen Masseschmälerung aus § 64 Satz 1 GmbHG[1196] vor allem die deliktsrechtliche Insolvenzverschleppungshaftung aus § 15a i.V.m. § 823 Abs. 2 BGB eine große praktische Bedeutung.[1197]

---

die in der bisherigen Betrachtung als allgemeine Regelungen weitestgehend außen vor gelassen worden sind.

1192 *Steffek*, Gläubigerschutz, S. 263.

1193 *Steffek*, Gläubigerschutz, S. 263 f. m.w.N. zur umfangreichen Rechtsprechung, durch die die Pflichten konkretisiert werden.

1194 *Steffek*, Gläubigerschutz, S. 123 m.w.N.

1195 *Steffek*, Gläubigerschutz, S. 123.

1196 Eine Haftung für den Vorstand einer AG bzw. einer Genossenschaft wegen Masseschmälerung findet sich auch § 92 Abs. 2 Satz 1 AktG bzw. in § 34 Abs. 2 Nr. 4 GenG.

1197 Zum Spannungsverhältnis zwischen Insolvenzrecht und Gesellschaftsrecht in grenzüberschreitenden Konstellationen siehe einführend *Humpenöder*, in: Praxis der

Geschäftsleiter haften danach grundsätzlich persönlich für Schäden, die aus einer verspäteten Antragsstellung entstanden sind. Die Altgläubiger können lediglich ihren Quotenschaden, die Neugläubiger ihren Vertragsabschlussschaden geltend machen.[1198]

Das britische Recht kennt zwei zentrale Anspruchsgrundlagen aus dem Insolvenzrecht gegen die Geschäftsleitung eines Unternehmens. Zum einen gibt es das sog. *fraudulent trading* gemäß sec. 213 IA 1986 und zum anderen das sog. *wrongful trading* gemäß sec. 214 IA 1986. Wie auch im deutschen Recht greifen beide Vorschriften aber nur dann ein, wenn es tatsächlich zu einer Insolvenz des Unternehmens gekommen ist und dieses sich im *winding up*-Verfahren befindet (vgl. sec. 212 (1) IA 1986). Sowohl im Rahmen des *fraudulent trading* als auch im Rahmen des *wrongful trading*, kann der Anspruch auf Zahlung eines angemessenen Betrags nur zu Gunsten des Gesellschaftsvermögens von dem zuständigen *liquidator* geltend gemacht werden (vgl. sec. 213 (2), 214 (1) IA 1986). Der einzelne Gläubiger hat mithin keinen eigenen Anspruch gegen die Geschäftsleiter.

Fraudulent trading ist dann einschlägig, wenn Gläubiger im Vorfeld der Insolvenz vorsätzlich getäuscht wurden (vgl. sec. 213 IA (1)).[1199] Anspruchsgegner kann dabei grundsätzlich jeder sein, nicht nur die Geschäftsleitung.[1200] Der Schadensersatzanspruch verfolgt dabei nur kompensatorische Zwecke und hat keine Straffunktion.[1201]

Im Vergleich zum *fraudulent trading* stellt das *wrongful trading* geringere Anforderungen und kommt damit deutlich häufiger zur Anwendung.[1202] Nach sec. 214 (2) IA 1986 liegt *wrongful trading* immer schon dann vor, wenn das Unternehmen insolvent ist und die Geschäftsleitung, bevor es zu einer

---

Unternehmensrestrukturierung, S. 189 ff.; zu möglichen Haftungsrisiken vor und nach Insolvenzantragstellung siehe zuletzt *Kruth/Jakobs*, DStR 2019, 999.

1198 *Klöhn*, in: MünchKomm-InsO, § 15a Rn. 151 f.; *Hirte*, in: Uhlenbruck, InsO, § 15a Rn. 40.

1199 Zur äußerst umfangreichen Rechtsprechung bzgl. des Merkmals „*intent to defraud*" siehe *Goode*, Corporate Insolvency Law, 14. Kap. Rn. 24 m.w.N.

1200 Sec. 213 (2) IA 1986: „[…] *any persons who were knowingly parties to the carrying on of the business* […]."

1201 *Finch*, Corporate Insolvency Law, S. 696; *Goode*, Corporate Insolvency Law, 14. Kap. Rn. 26; im Gegensatz zum deutschen Schadensrecht der §§ 249 ff. BGB sind sog. „*punitive damages*" im britischen Recht grundsätzlich möglich, vgl. dazu grundlegend Rookes v Barnard [1964] UKHL 1.

1202 In der Praxis gelinge der Nachweis des *fraudulent trading* nur selten, siehe *Goode*, Corporate Insolvency Law, 14. Kap. Rn. 27.

Liquidation kam, wusste oder hätte wissen müssen,[1203] dass keine Aussicht mehr bestand, die Insolvenz noch zu vermeiden.[1204] Anspruchsgegner ist somit allein die Geschäftsleitung.[1205] Da der Tatbestand eine schwierige Prognoseentscheidung *ex post* voraussetzt, ist in der Praxis ein Nachweis regelmäßig nur sehr schwierig zu erbringen. Darüber hinaus besteht nach sec. 214 (3) IA 1986 die Möglichkeit der Exkulpation, wenn die Geschäftsleitung nachweist, dass sie alle erforderlichen Maßnahmen ergriffen hat, um den möglichen Wertverlust für die Gläubiger des Unternehmens zu minimieren.

cc. Weitere Sanktionen

Für die Beteiligten ist ein drohendes Berufsverbot auf Grund des *Company Directors Disqualification Act 1986*[1206] oftmals die schwerwiegendere Sanktion als eine mögliche Schadensersatzforderung. Nach sec. 6 (1) CDDA 1986 kann das Gericht einem Geschäftsleiter ein Berufsverbot erteilen, wenn er Geschäftsleiter eines Unternehmens war oder ist und er sich als „*unfit*" erweist. Nach sec. 6 (4) CDDA 1986 beträgt die Mindestdauer des Berufsverbots zwei, die Maximaldauer fünfzehn Jahre. 2016/2017 wurde 1 214 Personen ein Berufsverbot erteilt, das im Durchschnitt sechs Jahre dauert.[1207]

Eine ähnliche Regelung wie sec. 6 CDDA trifft § 6 Abs. 2 Satz 2 GmbHG für die Geschäftsführer einer deutschen GmbH.[1208] Ein Berufsverbot kommt vor allem dann in Betracht, wenn der Betroffene wegen einer oder mehrerer vorsätzlich begangener in § 6 Abs. 2 Satz 2 Nr. 3 GmbHG aufgeführten Straftaten verurteilt worden ist. Für diesen Fall sieht das Gesetz vor, dass das Berufsverbot für

---

1203 Die Maßstäbe für das Wissen bzw. Wissen müssen legt sec. 214 (4) IA 1986 fest.

1204 Sec. 214 (2) (b) IA 1986: „*at some time before the commencement of the winding up of the company, that person knew or ought to have concluded that there was no reasonable prospect that the company would avoid going into insolvent liquidation*". Damit wird ein „*reasonable director test*" angewendet.

1205 Nach sec. 214 (7) finden die Vorschriften auch auf sog. „*shadow director*" Anwendung. Zu den möglichen Anspruchsgegnern siehe ausführlich *Goode*, Corporate Insolvency Law, 14. Kap. Rn. 32 ff.

1206 Verfügbar unter: http://www.legislation.gov.uk/ukpga/1986/46/pdfs/ukpga_19860046_en.pdf [zuletzt aufgerufen am 31. 5. 2019].

1207 Siehe *The Insolvency Service Annual Report and Accounts* 2016–2017, S. 17, verfügbar unter: https://www.gov.uk/government/uploads/system/uploads/attachment_data/file/627605/annual_report_2016-2017_-_final-web.pdf [zuletzt aufgerufen am 31. 5. 2019].

1208 Eine vergleichbare Regelung für den Vorstand einer deutschen AG findet sich in § 76 Abs. 3 Satz 2 AktG.

fünf Jahre ab Rechtskraft des Urteils eingreift. Eine Reduzierung des Zeitraums sieht das Gesetz nicht vor.

Bei Vorliegen der engen Voraussetzungen von sec. 993 CA 2006 können sich die Geschäftsleiter darüber hinaus auch strafbar machen. Wenn sie das Unternehmen weiterführen, obwohl sie positiv wissen, dass es insolvent ist, und sie dadurch Gläubiger täuschen wollen, machen sie sich wegen *fraudulent trading* strafbar.[1209] Die Höchststrafe beträgt dabei zehn Jahre (vgl. sec. 993 (3) (a) CA 2006).

dd. Schlussfolgerungen für das nationale Recht

Die Rechte und Pflichten britischer Geschäftsleiter mögen im Einzelnen große Unterschiede zum deutschen Gesellschafts- und Insolvenzrecht aufweisen. Beide Rechtssysteme teilen allerdings mehr, als dass sie trennt. Hervorzuheben sind mithin nur zwei Besonderheiten. Zum einen besteht für die zentralen Sanierungsverfahren, den *company voluntary arrangements* und dem *scheme of arrangement*, keine Antragspflicht. Dies ergibt sich letztlich aus der Natur der Sache, da beide Verfahren meist als vorinsolvenzliche Sanierungsverfahren genutzt werden. Würde in Deutschland ein vorinsolvenzliches Sanierungsverfahren eingeführt werden, so wäre dies aber wohl aller Wahrscheinlichkeit nach ebenfalls freiwillig und damit ohne gesetzliche Pflicht zu einer Antragsstellung.

Zum anderen erscheinen die Sanktionen gegen die britischen Geschäftsleiter deutlich schwerwiegender. 1 214 erteilte Berufsverbote 2016/2017 mit einer durchschnittlichen Dauer von sechs Jahren zeigen, dass dieses Instrument der Sanktionierung von den zuständigen Behörden und Gerichten durchaus genutzt wird. Mangels statistischer Erhebungen in Deutschland kann kein zahlenmäßiger Vergleich gezogen werden.[1210] Ob eine, zuletzt durch das MoMiG bereits erfolgte,[1211] weitere Herabsetzung der Schwelle für ein Berufsverbot tatsächlich dazu beiträgt, dass Geschäftsleiter versuchen, Unternehmen möglichst frühzeitig zu sanieren und restrukturieren, ist offen.

1209 Vgl. zum deutschen Recht § 283 f. StGB. Der besonders schwere Fall des Bankrotts sieht ebenfalls eine Höchststrafe von zehn Jahren vor, vgl. § 283a StGB. Daneben kann sich derjenige, der den Insolvenzantrag nicht, nicht richtig oder nicht rechtzeitig stellt, gem. § 15a Abs. 4 InsO strafbar machen.

1210 Vereinzelt finden sich zwar Urteile, die § 6 Abs. 2 GmbHG zum Gegenstand haben, siehe etwa OLG München, Beschl. v. 3. 3. 2011 – 31 Wx 51/11, NZG 2011, 394, der Verfasser geht aber davon aus, dass dies Einzelfälle sind und die britischen Größenordnungen in Deutschland bei weitem nicht erreicht werden.

1211 *Fastrich*, in: Baumbach/Hueck, GmbHG, § 6 Rn. 2.

4. *Abschließende Schlussfolgerungen für das nationale Recht*

Die zahlreichen verschiedenen Sanierungsverfahren, die das britische Recht den Beteiligten bietet, sollten vom deutschen Gesetzgeber weiterhin genau beobachtet werden. Das britische ist ebenso wie das deutsche Insolvenzrecht in den letzten beiden Jahrzehnten umfassend fortentwickelt worden und weiterhin stark im Fluss.

Eine Eins-zu-eins-Umsetzung einer der britischen Verfahren in die deutsche Insolvenzordnung erscheint indes äußerst zweifelhaft.[1212] Das britische Rechtssystem hat sich in den vergangenen Jahrhunderten weitestgehend unabhängig von den kontinentaleuropäischen Systemen entwickelt, so dass es zu erheblichen Unterschieden in der Rechtssetzung durch das Parlament und in der Rechtsanwendung durch britische Gerichte gekommen ist. Einen Wendepunkt stellt der Beitritt Großbritanniens zur Europäischen Wirtschaftsgemeinschaft im Jahr 1973 dar. Dadurch kam es zu einer langsamen Annäherung und Angleichung in vielen Bereichen des Wirtschaftsrechts. Diese Entwicklung findet ihr jähes Ende wohl durch den Brexit, also den bevorstehenden Austritt des Vereinigten Königreichs aus der EU.[1213]

Einer der Hauptbeweggründe des ESUG-Gesetzgebers war es, durch seine Reform die Sitzverlegung deutscher Unternehmen ins europäische Ausland zu verhindern. Die Gefahr der Abwanderung scheint durch den Brexit zumindest reduziert, wenn nicht sogar gebannt zu sein.[1214] Es war mithin eine politische Entscheidung der britischen Bevölkerung, die einen maßgeblichen Beitrag dazu leisten wird, dass deutsche Unternehmen in Zukunft wohl kaum mehr ihr Heil in der Flucht nach Großbritannien suchen werden, um Vorteile des englischen

---

1212 *Heßel* sieht vor allem in Art. 14 GG die höchste Hürde für eine Umsetzung der britischen vorinsolvenzlichen Sanierungsverfahren in das deutsche Recht, siehe *Heßel*, Vorinsolvenzliches Sanierungsverfahren, S. 170 f. Ob und wie die Restrukturierungsrichtlinie umsetzbar ist, siehe unter Dritter Teil, C. II.

1213 Am 23. Juni 2016 sprach sich eine knappe Mehrheit der Wahlberechtigten für den Austritt des Vereinigten Königreichs aus der EU aus. Das Verfahren für einen solchen Austritt richtet sich nach dem durch den Lissabonvertrag neu eingeführten Art. 50 EUV. Am 29. März 2017 überreichte der britische EU-Botschafter *Tim Barrow* im Namen der britischen Regierung dem aktuellen Ratspräsidenten *Donald Tusk* eine Erklärung über den Austritt der Briten aus der Union.

1214 Zu den möglichen Auswirkungen des Brexits auf das Internationale Insolvenzrecht siehe einführend *Freitag/Korch*, ZIP 2016, 1849; zu Sanierungsmöglichkeiten außerhalb der Insolvenz vor dem Hintergrund des Brexits siehe zuletzt *Walker/Mielke/Bombe*, ZIP 2018, 815.

Insolvenzrechts nutzbar zu machen. Selbst wenn Großbritannien weiterhin – in welcher Form auch immer[1215] – Teil des europäischen Binnenmarkts bliebe und die wesentlichen Verordnungen Anwendung fänden, werden zumindest für die sehr ungewisse Übergangszeit Unternehmer nicht das hohe Risiko von Rechtsunsicherheit[1216] in Kauf nehmen und nach Großbritannien flüchten. Falls Großbritannien doch sämtliche Verbindungen zur EU kappen sollte, stehen äußerst langwierige Verhandlungen mit dem Ziel, bilaterale Verträge zu schließen, an.

Langfristig könnte sich der Trend zur Flucht nach Großbritannien sogar umkehren[1217] und britische Gesellschaften ihren Verwaltungssitz nach Deutschland verlegen, da für das Gesellschaftskollisionsrecht gegenüber Drittstaaten die Sitztheorie gilt.[1218] Um mögliche Probleme der Anerkennung zu vermeiden, wäre es auch denkbar, dass die Gesellschaften zumindest die Rechtsform einer deutschen GmbH wählen.[1219] Der Gesetzgeber sollte sich darauf vorbereiten und eventuell auch eine Reformierung des deutschen Kapitalgesellschaftsrechts ins Auge fassen, damit deutsche Gesellschaftsformen tatsächlich zu einem „Exportschlager" werden können. Bei einer möglichen Reform sollte versucht werden, vor allem den bürokratischen Aufwand einer Gründung für ausländische

---

1215 Nach dem erfolgten Austritt wäre für Großbritannien ein Status denkbar, der vergleichbar dem der EWR-Staaten (Norwegen, Island und Liechtenstein) ist, siehe dazu *Basedow*, ZEuP 2016, 567, 569; ein Beitritt zum EWR erscheine indes eher unwahrscheinlich, da dies dem erklärten Wählerwillen widerspreche, so *Weller/Thomale/Benz*, NJW 2016, 2378, 2380.

1216 Die Rechtsfolge des Art. 50 Abs. 3 EUV betrifft lediglich das Primärrecht, wonach nach Inkrafttreten des Austrittsabkommens die Verträge keine Anwendung finden. Verordnungen als Sekundärrecht bleiben im Umkehrschluss dagegen zunächst wirksam, wenngleich Großbritannien sich nicht mehr an diese halten muss, siehe *Basedow*, ZEuP 2016, 567, 570 f. Zu beachten ist allerdings, dass sich britische Gesellschaften aller Voraussicht nach nicht mehr auf die primärrechtlich garantierte Niederlassungsfreiheit aus Art. 49, 54 AEUV berufen werden können, siehe *Weller/Thomale/Benz*, NJW 2016, 2378, 2381.

1217 Zweifelnd dagegen *Godfrey*, in: Unternehmensrestrukturierung im Umbruch?!, S. 121, die davon ausgeht, dass das *scheme of arrangement* trotz Brexits als Sanierungsinstrument weiterhin beliebt bleiben wird; siehe dazu ebenfalls *Walker/Mielke/Bombe*, ZIP 2018, 815.

1218 *Weller*, in: MünchKomm-GmbhG, Einl. Rn. 371 ff.; BGH Urt. v. 27. 10. 2008 – II ZR 156/06 („Trabrennbahn"), NJW 2009, 289.

1219 So auch *Weller/Thomale/Benz*, NJW 2016, 2378, 2379. Die Verfasser vermuten sogar, dass sich die GmbH und die Unternehmergesellschaft (haftungsbeschränkt) zu einem „Exportschlager" entwickeln und die *Limited* im europäischen Binnenmarkt verdrängen könnten, siehe *Weller/Thomale/Benz*, NJW 2016, 2378, 2382 f.

Unternehmen und Investoren zu minimieren. Ein Beitrag hierfür wäre, die Möglichkeit die englische Sprache vor den zuständigen Behörden und Gerichten zuzulassen.[1220]

Der Brexit und der damit wohl auch einhergehende Bedeutungsverlust britischen Rechts in Europa,[1221] sollten auf keinen Fall den Blick auf die durchaus nachahmenswerten Aspekte eines äußerst leistungsfähigen Insolvenzrechtssystems trüben. Der deutsche Gesetzgeber sollte das britische Recht bei anstehenden Insolvenzrechtsreformen auch weiterhin genau betrachten. Vor allem zwei Aspekte des britischen Rechts verdienen an dieser Stelle eine nochmalige Hervorhebung und sollten vom deutschen Gesetzgeber übernommen werden. Zum einen gibt das Wechselspiel zwischen den *insolvency practitioners* und den Insolvenzgerichten als wesentliche Beteiligte des Insolvenzverfahrens Anlass dazu, das Verhältnis der deutschen Insolvenzverwalter zu den Gerichten zu überdenken. Zum anderen ist die lange Erfahrung der Briten mit vorinsolvenzlichen Sanierungsverfahren miteinzubeziehen, wenn sich der Gesetzgeber doch noch dazu entschließen sollte, vergleichbare Instrumente auch in Deutschland einzuführen. Bei der Umsetzung der Restrukturierungsrichtlinie in nationales Recht, sind die umfangreichen Erfahrungen der Briten in jedem Fall zu berücksichtigen. Darüber hinaus zeigt das britische Insolvenz- und Sanierungsrecht in seiner Offenheit bezüglich des Ausgangs des Verfahrens, dass diese Flexibilität einen Faktor für die große Attraktivität der Sanierungsinstrumente im Ausland darstellt.

a. *Kammer der Insolvenzverwalter*

Um dem Sanierungsgedanken Rechnung zu tragen, sollte sowohl eine Verkammerung der Insolvenzverwalter als auch eine mögliche staatlich regulierte Prüfung, die vergleichbar mit einem Steuerberater- oder Wirtschaftsprüferexamen wäre, auch für Deutschland unvoreingenommen diskutiert werden. Dies würde die bereits hohe Professionalisierung des Insolvenzverwalteramtes weiter voranbringen und damit letztlich sowohl den Schuldnern als auch den Gläubigern

---

1220 Sehr kritisch zum deutschen Zivilprozess auf Englisch unter Bezugnahme auf damalige Gesetzesvorhaben und im Ergebnis ablehnend siehe *Flessner*, NJOZ 2011, 1913. § 184 Satz 1 GVG lautet weiterhin: „Die Gerichtssprache ist deutsch."

1221 *Sax/Swierczok* merken zurecht an, dass der Brexit zunächst wohl dafür sorge, dass es einerseits zu einer Vereinfachung der Rechtslage bei der Frage der internationalen Zuständigkeit komme, aber andererseits, dass eine Anerkennung der britischen Sanierungsverfahren durch deutsche Gerichte (eventuell nach § 328 ZPO) erheblich erschwert werden würde, siehe dazu *Sax/Swierczok*, ZIP 2016, 1945, 1950 f.

zugutekommen, um dadurch Sanierungen in Deutschland zukünftig noch erfolgreicher zu meistern. Eine Berufsordnung für Insolvenzverwalter könnte auch mögliche Friktionen zwischen anwaltlichem Berufsrecht und der gleichzeitigen Tätigkeit als Verwalter mildern.[1222] Insofern ist die Zielvorgabe im aktuellen Koalitionsvertrag, gesetzliche Rahmenbedingungen für die Berufszulassung und -ausübung von Insolvenzverwaltern und Sachwaltern zu schaffen, um im Interesse der Verfahrensbeteiligten eine qualifizierte und zuverlässige Wahrnehmung der Aufgaben sowie effektive Aufsicht zu gewährleisten, ausdrücklich zu begrüßen.[1223]

Durch das ESUG ist das Tätigkeitsfeld des klassischen Insolvenzverwalters weitaus breiter und komplexer geworden. Er wird nun oftmals eher als ein Sanierungsberater im neu eingeführten Schutzschirmverfahren tätig.[1224] Um diesen neuen Anforderungen gerecht zu werden, wäre eine staatliche Examensprüfung für künftige Insolvenzverwalter und auch für Sachwalter wünschenswert. Dabei wird keinesfalls das bisherige sehr hohe Niveau der Insolvenzverwalter in Deutschland in Frage gestellt. Vielmehr könnten diese Maßnahmen die bereits sehr hohe – international anerkannte – Qualität langfristig sichern. Darüber hinaus böten bundeseinheitliche Zulassungsvoraussetzungen für das Insolvenzverwalteramt auch den Vorteil, dass die Insolvenzgerichte dadurch entlastet würden, da diese über die Tauglichkeit des Insolvenzverwalters zu entscheiden haben.[1225] Eine Insolvenzverwalterkammer könnte ebenfalls die Gerichte entlasten, weil diese bisher noch zur Aufsicht verpflichtet sind (vgl. § 58 f. InsO).[1226]

1222 Dazu zuletzt BGH, Urt. v. 6. 7. 2015 – AnwZ (Brfg) 24/14, NJW 2015, 3241; ebenfalls eine eigenständige Berufsordnung für Insolvenzverwalter befürwortend *Laukemann*, Die Unabhängigkeit des Insolvenzverwalters, S. 413; zu dem Problem des Rechtsanwaltes, der als Insolvenzverwalter tätig wird, siehe auch *Prütting*, ZIP 2016, Beil. z. Heft 22, 61.

1223 Siehe „Ein neuer Aufbruch für Europa Eine neue Dynamik für Deutschland Ein neuer Zusammenhalt für unser Land", S. 131 f., verfügbar unter: https://www.cdu.de/system/tdf/media/dokumente/koalitionsvertrag_2018.pdf?file=1 [zuletzt aufgerufen am 31. 5. 2019].

1224 Zum Wandel des Berufsbildes und möglichen neuen Tätigkeitsfeldern des Insolvenzverwalters siehe *Kübler*, ZIP 2016, Beil. z. Heft 22, 47; ausführlich zum Berufsbild der Insolvenzverwalter siehe auch *Vallender*, in: Praxis der Unternehmensrestrukturierung, S. 105 ff.

1225 *Linse/Glaubitz*, DStR 2010, 1497, 1499; dieser Entlastungeffekt ist mit der sehr begrüßenswerten Einführung von § 56a InsO wohl mittlerweile in einer Vielzahl der Fälle vernachlässigbar geworden.

1226 Zu diesem möglichen Entlastungseffekt aus Sicht eines ehemaligen Insolvenzrichters siehe *Vallender*, in: Praxis der Unternehmensrestrukturierung, S. 127

Eine Regelung für bereits bestellte Insolvenzverwalter während einer gewissen Übergangszeit erscheint schon aus verfassungsrechtlichen Erwägungen heraus geboten.[1227]

b. Gegenstand einer möglichen Sanierung

Ein großer Unterschied und wohl auch einer der Hauptgründe für die Attraktivität und vor allem die Flexibilität britischer Sanierungsverfahren ist, dass die Verfahren grundsätzlich nicht danach differenzieren, ob die Gesellschaft als Ganzes oder nur der Geschäftsbetrieb erhalten bleiben soll.[1228] Im deutschen Sanierungsverfahren, also dem Insolvenzplanverfahren nach den §§ 217 ff. InsO, ist das Ziel der Erhalt des Unternehmens als Einheit. Ein Erhalt des Rechtsträgers geschieht allerdings nur äußerst selten, so dass in den allermeisten Fällen, in denen das Unternehmen noch rentabel ist, weiterhin eine übertragende Sanierung im Wege eines *asset deal* außerhalb des Insolvenzplanverfahrens stattfindet.[1229]

Die offene Ausgestaltung hinsichtlich des Inhalts eines Sanierungsvergleichs im britischen Recht – sowohl bei *company voluntary arrangements* als auch bei dem *scheme of arrangement* – könnte Vorbildwirkung für das deutsche Recht entfalten. Die starre Regelung des § 1 Satz 1 InsO, die den Erhalt des Unternehmens als Ganzes im Insolvenzplanverfahren ermöglicht, war bei Verabschiedung der Insolvenzordnung ein Meilenstein. Die letzten Jahre haben aber gezeigt, dass dieses Modell oftmals an der Realität vorbeigeht. Insolvenzplanverfahren kommen weiterhin nur sehr selten zur Anwendung.[1230] Eine offenere Gestaltung des Verfahrens könnte zu mehr Flexibilität und damit letztlich auch zu mehr erfolgreich durchgeführten Sanierungen führen.

1227 In Großbritannien wurde erst fünf Jahre nach Inkrafttreten des IA 1986 der erfolgreiche Abschluss eines Examens des *Joint Insolvency Examining Board*, um als *insolvency practitioner* tätig zu werden, verpflichtend, siehe *Finch*, Corporate Insolvency Law, S. 183.

1228 Siehe dazu *Wolf*, Promoting an Effective Rescue Culture, S. 80 f.

1229 Zur übertragenden Sanierung im deutschen Insolvenzrecht als ein in der Praxis weiterhin sehr beliebtes Sanierungsinstrument siehe einführend bereits oben unter Erster Teil, A. III.

1230 Mit nur knapp 2 % an den eröffneten Insolvenzverfahren von Unternehmen spielt das Insolvenzplanverfahren weiterhin nur eine untergeordnete Rolle, Jahrbuch 2014, S. 44, https://www.schultze-braun.de/fileadmin/de/Fachbuecher/Insolvenzjahrbuecher/Insolvenzjahrbuch-2014/InsoJahrbuch_2014_D.pdf?_=1516114517 [zuletzt aufgerufen am 31. 5. 2019].

c. Vorinsolvenzliche Sanierungsverfahren

Eng verbunden mit dem Gegenstand und Ziel einer Sanierung ist, dass die beiden wichtigsten britischen Sanierungsverfahren keine Insolvenz voraussetzen. Ob vorinsolvenzliche Sanierungsverfahren wie die *company voluntary arrangements* oder ein *scheme of arrangement* aber als Teil oder neben der Insolvenzordnung eingeführt werden sollten, muss an dieser Stelle leider abermals noch offen gelassen werden. Diese Frage kann abschließend nur unter Berücksichtigung der neuesten europäischen Entwicklungen und der damit erneut entfachten Diskussion in der deutschen juristischen Fachwelt beantwortet werden. Dennoch bietet vor allem das britische Recht zahlreiche Anregungen, wie ein solches zukünftiges System ausgestaltet sein könnte.[1231]

Die *company voluntary arrangements* sind in jedem Fall schnell, günstig und für die Beteiligten einfach zu handhaben. Gleiches gilt auch für das etwas aufwändigere und teurere *scheme of arrangement*-Verfahren, wobei die fehlende Möglichkeit eines Moratoriums für größere Unternehmen bei diesen Unternehmen ein Hemmnis für die Verwirklichung des Sanierungsgedankens darstellt. Die Frage, die sich mithin weiterhin stellt, ist, wie auch das deutsche Insolvenzverfahren schneller und günstiger werden kann. Die Betrachtung des britischen Rechts konnte dabei bereits verdeutlichen, dass die vorinsolvenzlichen Sanierungsinstrumente in ein uns doch sehr fremdes Rechtssystem eingebettet sind, so dass eine Übertragung nur sehr schwierig vorstellbar ist. Darüber hinaus müssten Querschnittsmaterien wie die Gerichtsorganisation und auch das allgemeine Gesellschaftsrecht dafür angepasst werden. Vor allem die in den Sanierungsverfahren nur eingeschränkte gerichtliche Kontrolle lässt sich in Deutschland kaum durchsetzen.

Das deutsche Insolvenzplanverfahren nach den §§ 217 ff. InsO, als das zentrale Sanierungsverfahren in der Insolvenzordnung, erscheint auf der einen Seite für die Beteiligten oft träge und zeitintensiv, bietet aber auf der anderen Seite in der Regel den Gläubigern eine gleichmäßige Befriedigung und garantiert dem einzelnen Gläubiger darüber hinaus eine gewisse Rechtssicherheit. So sind es die zwei Seiten einer Medaille, die im Hinterkopf zu behalten sind, wenn allzu laute Rufe nach Reformen oder gar der unveränderten Übernahme fremder Sanierungsinstrumente laut werden.

1231 N.B.: Umso bedauerlicher ist es, dass die Briten den gemeinsamen europäischen Weg zu einer Reform der vorinsolvenzlichen Sanierungsverfahren wohl nicht mehr mitgehen werden. Sie hätten diese auf Grund ihrer Erfahrungen gewiss auf fruchtbare Art und Weise mitgestalten können.

B. Europa

Nachdem das österreichische Insolvenzrecht kurz und das britische Sanierungs- und Insolvenzrecht ausführlich dargestellt wurden, wandert der Blick nun zur Europäischen Union. In Europa sind es mittlerweile nicht mehr nur die verschiedenen nationalen Insolvenzrechtssysteme, die von Interesse für eine klassische Rechtsvergleichung und als deren Ergebnis eine daran anknüpfende mögliche Rechtsfortbildung des deutschen Insolvenzrechts sind. Vielmehr zeigen mittlerweile auch die Initiativen der europäischen Institutionen zahlreiche Reformmöglichkeiten für das nationale Recht auf. Dabei sind es in erster Linie zwei Projekte auf europäischer Ebene, die in jüngster Zeit einen äußerst fruchtbaren Beitrag zum Diskurs in der insolvenzrechtlichen Fachwelt geleistet haben.

Auf der einen Seite steht die bereits erwähnte, am 20. Mai 2015 verabschiedete Neufassung der Europäischen Insolvenzverordnung.[1232] Fünfzehn Jahre nach Inkrafttreten der ursprünglichen EuInsVO gilt seit dem 26. Juni 2017 eine inhaltlich deutlich erweiterte und umfassendere Verordnung.[1233] Durch diese Erweiterung zeigt die EU, dass sie dem Insolvenzrecht in grenzüberschreitenden Konstellationen eine hohe Bedeutung beimisst und stärkt damit das Insolvenzrecht insgesamt. Auf der anderen Seite steht, nach langem Warten, die Richtlinie des Europäischen Parlaments und des Rates über präventive Restrukturierungsrahmen, die zweite Chance und Maßnahmen zur Steigerung der Effizienz von Restrukturierungs-, Insolvenz- und Entschuldungsverfahren.[1234]

Beide Projekte sind auch deshalb von besonderem Interesse, weil sie anders als die verschiedenen Insolvenzrechtssysteme der einzelnen Mitgliedstaaten

---

1232 Die Neufassung der EuInsVO geht inhaltlich maßgeblich auf den umfassenden „Vorschlag der Kommission v. 12. 12. 2012 für eine Verordnung des Europäischen Parlaments und des Rates zur Änderung der Verordnung (EG) Nr. 1346/2000 des Rates über Insolvenzverfahren", COM(2012) 744 final, zurück. Zum damaligen Vorschlag der Kommission siehe einführend u.a. *Prager/Keller*, NZI 2013, 57; *Thole/Swierczok*, ZIP 2013, 550; *Kindler*, KTS 2014, 25; *Reuß*, EuZW 2013, 165; hervorzuheben ist an dieser Stelle auch der sog. *Heidelberg-Luxembourg-Vienna Report*, welcher großen Einfluss auf die Entstehung der Neufassung der EuInsVO hatte, siehe dazu *Hess/Oberhammer/Pfeiffer*, European Insolvency Law.

1233 Die Neufassung umfasst nun insgesamt 92 Artikel, gegenüber lediglich 47 Artikeln in der ursprünglichen Fassung. Die Zahl der Erwägungsgründe hat sich sogar verdreifacht und beträgt in der Neufassung nun 89.

1234 Die vorläufige Fassung ist verfügbar unter: https://eur-lex.europa.eu/legal-content/DE/TXT/PDF/?uri=CONSIL:ST_7753_2019_INIT&from=DE [zuletzt aufgerufen am 31. 5. 2019].

langfristig einen Beitrag zu einer möglichen Rechtsangleichung im Bereich des Insolvenzrechts leisten könnten. In Zeiten des Brexits[1235] und eines fortschreitenden Auseinanderdriftens der europäischen Nationalstaaten erscheint dies zwar als ein ehrgeiziges Projekt, die Utopie eines gemeinsamen europäischen Insolvenzrechts hat aber eine lange Geschichte.[1236] Dass ein vollharmonisiertes europäisches Insolvenzrecht in naher Zukunft unmöglich bleibt, wird auch in Erwägungsgrund 22 der EuInsVO bekräftigt. Danach ist ein einziges Insolvenzverfahren mit universaler Geltung für die Union auf Grund der großen Unterschiede im materiellen Recht nicht realisierbar. Dies liege auch daran, dass das Insolvenzrecht wie kaum eine andere Rechtsmaterie mit sämtlichen Bereichen des Wirtschaftsrechts eng verwoben sei.[1237]

Im Richtlinienentwurf zur Schaffung präventiver Restrukturierungsrahmen hält die Kommission allerdings fest, dass konvergentere Insolvenz- und Restrukturierungsverfahren zu mehr Rechtssicherheit für grenzüberschreitende Anleger führen würden und damit einen Beitrag für einen reibungslos funktionierenden Binnenmarkt leisten könnten[1238] Es besteht also trotzdem ein praktisches Bedürfnis an verlässlichen Regeln, die sich nicht zu sehr voneinander unterscheiden.

Beide Anstöße aus Brüssel sollen im Folgenden aufgegriffen und dahingehend untersucht werden, ob sie Vorbildwirkung für das deutsche Insolvenzrecht haben. Der Schwerpunkt liegt dabei auf letzterem Vorhaben, da dieses explizit den Sanierungsgedanken hervorhebt und Änderungen des materiellen (Vor-) Insolvenzrechts vorsieht. Die Restrukturierungsrichtlinie könnte imstande sein, langfristig den Sanierungsgedanken nicht nur im nationalen und europäischen Recht stärker zu verankern, sondern vor allem auch in den Köpfen der am Insolvenzverfahren Beteiligten.

1235 Dass die Briten sich dazu entschlossen haben, den gemeinsamen Pfad zu verlassen, kann nur bedauert werden. Dies gilt erst recht im Rahmen der jüngsten Rechtsentwicklungen im Insolvenzrecht. Hier hätten sie auf Grund ihrer Erfahrungen mit vorinsolvenzlichen Sanierungsverfahren weiterhin aktiv gestaltend mitwirken können, um letztlich dadurch den gemeinsamen Binnenmarkt zu stärken.

1236 So schwebte etwa *Berges* bereits Anfang der fünfziger Jahre ein gemeinsames europäisches Insolvenzrecht als erstrebenswertes Fernziel vor, siehe *Berges*, KTS 1955, 49, 50. Zu diesem Beitrag siehe ausführlich bereits unter Erster Teil, C. II. 1. a.

1237 So *Graf-Schlicker*, ZIP 2016, Beil. z. Heft 22, 21, 22.

1238 COM(2016) 723 final, S. 2.

I. EuInsVO

Die am 29. Mai 2000 verabschiedete und am 31. Mai in Kraft getretene EuInsVO[1239] hat einen wesentlichen Beitrag dafür geleistet, dass grenzüberschreitende Insolvenzen, also die Mehrzahl aller mittleren und großen Unternehmensinsolvenzen der letzten Jahre,[1240] effizienter und wirksamer durchgeführt werden konnten.[1241] In einem harmonisierten, einheitlichen Binnenmarkt innerhalb der Europäischen Union ist die EuInsVO unverzichtbar geworden.[1242] Ein Binnenmarkt ohne ein einheitliches Internationales Insolvenzrecht erscheint aus heutiger Sicht undenkbar. Bis zu seiner Umsetzung war es aber ein langer und steiniger Weg.[1243]

1239 Die EuInsVO als zentrales Normengeflecht im Internationalen Insolvenzrecht wird nur überblicksartig dargestellt. Die EuInsVO dient in erster Linie dazu, in grenzüberschreitenden Insolvenzen mögliche Friktionen verschiedener Rechtsordnungen zu vermeiden. Dabei wird grundsätzlich nicht zwischen Regelinsolvenzverfahren und Sanierungsverfahren unterschieden. Einige Sanierungsverfahren sind, wie bereits erörtert, gar nicht vom Anwendungsbereich der EuInsVO erfasst.

1240 Zwischen 2009–2011 gab es jährlich durchschnittlich 200 000 Unternehmensinsolvenzen in den Mitgliedstaaten der Europäischen Union, ein Viertel davon hatte dabei einen grenzüberschreitenden Bezug, siehe „Mitteilung der Kommission an das Europäische Parlament, den Rat und den Europäischen Wirtschafts- und Sozialausschuss, Ein neuer europäischer Ansatz zur Verfahrensweise bei Firmenpleiten und Unternehmensinsolvenzen“, COM(2012) 742 final, S. 2. Es ist davon auszugehen, dass dieser Anteil gleichbleibend hoch, wenn nicht sogar noch gestiegen ist.

1241 Auf die Ziele und die Funktionsweise der EuInsVO im Allgemeinen wird im Folgenden nicht mehr näher eingegangen. Zu den Problemen der Zuständigkeit der Gerichte und eine Anerkennung ausländischer (*in casu* britischer) Verfahren siehe bereits unter Dritter Teil, A. II. 2.

1242 Erwägungsgrund 8 der EuInsVO lautet dementsprechend: „Zur Verwirklichung des Ziels einer Verbesserung der Effizienz und Wirksamkeit der Insolvenzverfahren mit grenzüberschreitender Wirkung ist es notwendig und angemessen, die Bestimmungen über den Gerichtsstand, die Anerkennung und das anwendbare Recht in diesem Bereich in einer Maßnahme der Union zu bündeln, die in den Mitgliedstaaten verbindlich ist und unmittelbar gilt.“

1243 Zum Entwurf eines Übereinkommens der EG-Staaten über den Konkurs, Vergleiche und ähnliche Verfahren als ersten wichtigen Meilenstein hin zu einem europäischen Internationalen Insolvenzrechts siehe *Großfeld*, ZIP 1981, 925. Zur historischen Entwicklung der EuInsVO insgesamt siehe einführend *Ebke/Humpenöder*, in: Unternehmensrestrukturierung und Unternehmensinsolvenz – National – international – europäisch, S. 110 ff.

Nun liegt fast fünfzehn Jahre nach Inkrafttreten der ursprünglichen EuInsVO endlich eine Neufassung vor, die einen besonderen Schwerpunkt auf Unternehmenssanierungen im europäischen Binnenmarkt legt. Für die vorliegende Betrachtung sind es vor allem diese Vorschriften – neben den allgemeinen Regelungen, die einen reibungslosen Ablauf grenzüberschreitender Insolvenzen gewährleisten – die eine nähere Betrachtung verdienen.[1244] Teilweise handelt es sich bei den Vorschriften der Neufassung um Neuregelungen, die in der ursprünglichen Fassung der EuInsVO noch keine Entsprechung hatten. Durch die inhaltlichen Erweiterungen wird die Bedeutung der Neufassung der EuInsVO nochmals hervorgehoben.

1. Ziele der Neufassung

Die EuInsVO umfasst insgesamt 89 Erwägungsgründe, die zahlreiche Erläuterungen und Ziele für die Neufassung vorgeben. Vor allem die für Unternehmenssanierungen wichtigsten Aspekte und Neuerungen sollen im Folgenden hervorgehoben werden.

a. Erleichterte Sanierung von Unternehmen

Im Unterschied zur ursprünglichen Fassung der EuInsVO wird die Sanierung von Unternehmen in den Erwägungsgründen der Neufassung ausdrücklich an mehreren Stellen hervorgehoben. Dementsprechend heißt es in Erwägungsgrund 10 nun: „In den Anwendungsbereich dieser Verordnung sollten Verfahren einbezogen werden, die die Rettung wirtschaftlich bestandsfähiger Unternehmen, die sich jedoch in finanziellen Schwierigkeiten befinden, begünstigen und Unternehmern eine zweite Chance bieten. Einbezogen werden sollten vor allem Verfahren, die auf eine Sanierung des Schuldners in einer Situation gerichtet sind, in der lediglich die Wahrscheinlichkeit einer Insolvenz besteht, und Verfahren, bei denen der Schuldner ganz oder teilweise die Kontrolle über seine Vermögenswerte und Geschäfte behält.“ Erwägungsgrund 11 ergänzt dies dahingehend, dass die EuInsVO auch für Verfahren gelten soll, die einzelnen Gläubigern einen vorläufigen Aufschub von Vollstreckungsmaßnahmen gewährt, wenn derartige Maßnahmen die Verhandlungen beeinträchtigen und die Aussichten auf eine Sanierung des Unternehmens des Schuldners mindern könnten.

1244 Beachte auch den die Neufassung begleitenden Regierungsentwurf eines Gesetzes zur Durchführung der Verordnung (EU) 2015/848 über Insolvenzverfahren v. 11. 1. 2017, BT-Drucks. 18/10823, vgl. dazu kritisch *Madaus*, NZI 2017, 203; zum vorigen Referentenentwurf des Gesetzes siehe ausführlich *Fritz*, BB 2017, 131.

Damit sind in der Neufassung der EuInsVO ausdrücklich auch Verfahren, bei denen lediglich die Wahrscheinlichkeit einer Insolvenz besteht erfasst. Daneben sollen insbesondere diejenigen Verfahren berücksichtigt werden, bei denen der Schuldner die Kontrolle behält; also nicht das klassische Insolvenzverfahren in Fremdverwaltung, sondern Verfahren, bei denen eine Eigenverwaltung durch den Schuldner erfolgt.

b. Konzerninsolvenzen

Erwägungsgrund 6 hält fest, dass die Neufassung auch die Koordinierung von Insolvenzverfahren regeln sollte, die sich gegen denselben Schuldner oder gegen mehrere Mitglieder derselben Unternehmensgruppe richten.[1245] Erwägungsgrund 54 ergänzt dies dahingehend, dass durch die EuInsVO die Koordinierung der Insolvenzverfahren über das Vermögen von Mitgliedern einer Unternehmensgruppe weiter verbessert werden soll und eine koordinierte Sanierung der Gruppe ermöglicht wird. Dafür sollen Verfahrensvorschriften für die Koordinierung der Insolvenzverfahren gegen Mitglieder einer Unternehmensgruppe eingeführt werden.

Einen weiteren wichtigen Baustein zu einem besser vernetzten Insolvenzverwalterwesen innerhalb des Binnenmarkts scheint Erwägungsgrund 50 bereit zu halten. Danach soll es möglich sein, dass Gerichte verschiedener Mitgliedstaaten durch die Koordinierung der Bestellung von Verwaltern zusammenarbeiten und dann unter Umständen dieselbe Person zum Verwalter für mehrere Insolvenzverfahren über das Vermögen desselben Schuldners oder verschiedener Mitglieder einer Unternehmensgruppe bestellen. Einschränkend wird aber festgehalten, dass dies nur möglich sei, wenn die Bestellung dieses Verwalters im Einklang mit den nationalen Vorschriften zu Qualifikation und Zulassung von Verwaltern steht.[1246]

1245 Die EuInsVO spricht nicht von „Konzern“, sondern verwendet einheitlich den Begriff der „Unternehmensgruppe“. Zu den Begriffen „Unternehmensgruppe“ und „Mutterunternehmen“ i.S.d. Neufassung vgl. die Begriffsbestimmungen in Art. 2 Nr. 13, 14 EuInsVO. Ausführlich zum Begriff der Unternehmensgruppe in der EuInsVO unter Berücksichtigung der Bilanzrichtlinie 2013/34/EU (ABl. Nr. L 182 S. 19), siehe auch *Eble*, in: Unternehmensrestrukturierung und Unternehmensinsolvenz – National – international – europäisch, S. 142 ff.

1246 Zu den sehr strengen Voraussetzungen, die ein nicht aus Großbritannien stammender Insolvenzverwalter erfüllen muss, um als *insolvency practitioner* in Großbritannien tätig werden zu können, siehe bereits unter Dritter Teil, A. II. 3. a.

c. Insolvenzregister

Um eine bessere Information der betroffenen Gläubiger und Gerichte zu gewährleisten und die Eröffnung von Parallelverfahren zu verhindern, sollen nach Erwägungsgrund 76 die Mitgliedstaaten verpflichtet werden, relevante Informationen in grenzüberschreitenden Insolvenzfällen in einem öffentlich zugänglichen elektronischen Register bekanntzumachen. Diese Register sollen über das sog. Europäische Justizportal vernetzt werden, um dadurch den Gläubigern und Gerichten den Zugriff auf die relevanten Informationen zu erleichtern. Nach Erwägungsgrund 77 sollte in der EuInsVO der Mindestumfang der Informationen, die in den Insolvenzregistern bekanntzumachen sind, festgelegt werden, den Mitgliedstaaten sollte aber vorbehalten bleiben, zusätzliche Informationen in ihre Register aufzunehmen.

2. Umsetzung der Zielvorgaben

Fraglich ist, ob und inwiefern die in den Erwägungsgründen festgehaltenen Zielvorgaben inhaltlich ausgestaltet worden sind und ob diese tatsächlich dazu beitragen können, grenzüberschreitende Unternehmenssanierungen in Zukunft zu erleichtern.

a. Erleichterte Sanierung von Unternehmen

Es wäre wünschenswert, wenn die Neufassung der EuInsVO tatsächlich imstande wäre, die Sanierung von Unternehmen zu begünstigen. Eine Sanierung von mittleren und größeren Unternehmen findet im Ausland oftmals im Rahmen vorinsolvenzlicher Sanierungsverfahren statt, weil diese eine schnelle und attraktive Schuldenregulierung versprechen. Das durch die Erwägungsgründe vorgegebene Ziel, auch vorinsolvenzliche Sanierungsverfahren durch die Neufassung zu erfassen, wurde allerdings nur teilweise erfüllt. Zwar sind in Anhang A nun beispielsweise die französischen Verfahren *sauvegarde accélérée* und *sauvegarde financière accélérée*[1247] sowie die italienischen Verfahren

1247 Zum *sauvegarde financière accélérée*- Verfahren, einem äußerst schnellen, allein auf Finanzgläubiger beschränkten, vorinsolvenzlichen Sanierungsverfahren, siehe einführend *Degenhardt*, NZI 2013, 830; allgemein zu den verschiedenen *sauvegarde*-Verfahren siehe u.a. auch *Niggemann*, in: MünchKomm-InsO, Länderbericht Frankreich, Rn. 23 ff.; *Dammann*, NZI 2009, 502; *Heßel*, Vorinsolvenzliches Sanierungsverfahren, S. 132 ff.; zu den jüngsten Reformen im französischen Insolvenzrecht siehe *Degenhardt*, NZI 2017, 134.

concordato preventivo und *accordi di ristrutturazione dei debiti*[1248] aufgeführt. Das britische *scheme of arrangement*-Verfahren wurde aber immer noch nicht in Anhang A der EuInsVO aufgenommen. Ebenso wenig befindet sich das österreichische Reorganisationsverfahren in Anhang A. Dies widerspricht dem ausdrücklichen Bestreben des Verordnungsgesetzgebers, dessen Ziel es war, durch die Neufassung der EuInsVO vor allem auch vorinsolvenzliche Sanierungsverfahren in den Anwendungsbereich der Verordnung miteinzubeziehen.

Daneben ist auch fraglich, ob das durch das ESUG eingeführte Schutzschirmverfahren § 270b InsO überhaupt von der EuInsVO erfasst werden soll, da es zumindest nicht ausdrücklich in Anhang A aufgenommen worden ist.[1249] Für eine Erfassung könnte zum einen die Erwähnung des vorläufigen Sachwalters in Anhang B der EuInsVO sprechen, wonach er als Verwalter i.S.d. der Verordnung einzustufen ist (vgl. Art. 2 Nr. 5 EuInsVO). Da es sich bei dem Schutzschirmverfahren um eine mögliche Variante des Eigenverwaltungseröffnungsverfahrens handelt und daher ein vorläufiger Sachwalter vom zuständigen Insolvenzgericht bestellt wird, spricht viel dafür das Schutzschirmverfahren in den Anwendungsbereich der EuInsVO miteinzubeziehen. Zum anderen spricht die ausdrückliche Nennung der Eigenverwaltung durch die EuInsVO dafür, dass damit auch das Schutzschirmverfahren erfasst sein sollte (vgl. Art. 2 Nr. 3, Art. 76 EuInsVO 2017). Darüber hinaus soll die EuInsVO insbesondere auch vorläufige Verfahren erfassen (vgl. Art. 1 Abs. 1 EuInsVO).

Fraglich ist, ob und wie nicht in Anhang A aufgeführte Verfahren dennoch vom Anwendungsbereich der EuInsVO erfasst sein könnten. Der Kommissionsvorschlag zur Neufassung sah in Art. 45 ursprünglich noch vor, dass der Anhang A durch delegierte Rechtsakte der Kommission geändert werden konnte.[1250] Dies wurde aber im Gesetzgebungsverfahren, unter anderem wohl auch auf Betreiben der Bundesrepublik, gestrichen.[1251] Damit ist eine Erweiterung des Anhangs A auf andere Verfahren nur im Wege des ordentlichen Gesetzgebungsverfahrens

---

1248 Zu den italienischen Sanierungsverfahren siehe einführend *Santonocito-Pluta/Mare-Ehlers*, in: MünchKomm-InsO, Länderbericht Italien, Rn. 100 ff.

1249 Im Ergebnis offenlassend *Piekenbrock*, ZIP 2014, 250, 255; ausdrücklich dafür – allerdings leider ohne dies näher zu begründen – siehe *Kindler/Sakka*, EuZW 2015, 460, 461.

1250 Siehe COM(2012) 744 final, S. 36. In der EuInsVO 2000 regelte Art. 45 eine Änderung der Anhänge. Danach konnte der Rat auf Vorschlag eines Mitgliedstaates oder der Kommission mit qualifizierter Mehrheit die Anhänge ändern.

1251 So *J. Schmidt*, in: EuInsVO 2015, Art. 1 Rn. 38 m.w.N.

gemäß Art. 289, 294 AEUV möglich.[1252] Da dies sehr aufwändig ist und die Beteiligung mehrerer Organe der EU voraussetzt, erscheint dieser Weg wenig Erfolg versprechend.

Die Aufzählung der erfassten Verfahren in Anhang A ist enumerativ und abschließend,[1253] so dass eine Erweiterung auf nicht genannte Verfahren durch die Rechtsprechung ausgeschlossen ist. Dies mag von manchem bedauert werden, muss aber hingenommen werden. Im Gesetzgebungsprozess haben sich die Organe der EU bewusst zu dieser Regelung entschieden (vgl. Erwägungsgrund 9). Es hätte auch eine Generalklausel eingeführt werden können, die Voraussetzungen normiert hätte, nach denen die Gerichte entschieden hätten, welche vorinsolvenzlichen oder insolvenzlichen Verfahren von der EuInsVO erfasst sind. Eine solche Regelung hätte aber enorme Rechtsunsicherheit ausgelöst und die europäischen Gerichte erheblich belastet.

Manche Mitgliedstaaten hatten wohl auch gar kein Interesse daran, dass bestimmte vorinsolvenzliche Sanierungsverfahren in den Anhang A aufgenommen werden. Wie bereits erörtert, ist beispielsweise das *scheme of arrangement*-Verfahren nicht erfasst, was dazu führt, dass ein Unternehmen sein COMI nicht in Großbritannien haben muss, um dieses Sanierungsinstrument zu nutzen.[1254] Um dies in Zukunft zu unterbinden, könnten solche Verfahren, die zwar nicht in Anhang A der EuInsVO aufgeführt, aber von der EuGVVO erfasst sind, allenfalls vom Anwendungsbereich letzterer Verordnung ausdrücklich ausgeschlossen werden. Ob eine solche Maßnahme jemals umgesetzt wird und die Mitgliedstaaten dazu bewegt, diese Verfahren in Anhang A aufzunehmen, erscheint mehr als zweifelhaft.

1252 *Parzinger*, NZI 2016, 63, 64 f., dieser weist auf ein mögliches Missbrauchspotenzial hin, da die Mitgliedstaaten nachträglich Verfahren inhaltlich ändern könnten, aber diese, solange sich deren Namen nicht ändere, weiterhin von der EuInsVO erfasst wären; ob dies allerdings mit allgemeinen Rechtsprinzipien vereinbar ist und einer Kontrolle durch den EuGH standhalten würde, ist zweifelhaft.

1253 Siehe zum Enumerativprinzip und dessen abschließender Wirkung in einem Verfahren zu dem nicht in Anhang A aufgeführten Entschuldungsverfahren nach schwedischem Recht, EuGH, Urt. v. 8. 11. 2012 – Rs. C-461/11 (*Radziejewski*), EuZW 2013, 72, 72 Rn. 24. Den abschließenden Charakter der Aufzählung in Anhang A stellt nun auch Erwägungsgrund 9 der Neufassung ausdrücklich fest.

1254 Siehe dazu bereits ausführlich unter Dritter Teil, A. II. 2. c. bb.

b. Konzerninsolvenzen

Ein weiterer wichtiger Baustein, um grenzüberschreitende Insolvenzen größerer Unternehmen im Binnenmarkt effizienter zu gestalten, sind die neu geschaffenen Regelungen in Kapitel V (Art. 56–77) der EuInsVO („Insolvenzverfahren über das Vermögen von Mitgliedern einer Unternehmensgruppe“).[1255] Der europäische Verordnungsgeber entschied sich bei der Neufassung der EuInsVO gegen Überlegungen zu einer Voll- oder etwaigen Verfahrenskonsolidierung und für ein Modell der Verfahrenskoordinierung.[1256] Neben den allgemeinen Vorschriften des Kapitels, die die Zusammenarbeit und die Kommunikation zwischen den verschiedenen Verwaltern in den Mitgliedstaaten erleichtern sollen (Art. 56–60), ist das Gruppenkoordinationsverfahren (Art. 61–77) besonders hervorzuheben.[1257]

Das Gruppenkoordinationsverfahren kann gemäß Art. 61 EuInsVO durch einen Antrag eines Verwalters, der in einem Insolvenzverfahren über das Vermögen eines Mitglieds der Gruppe bestellt worden ist, bei jedem Gericht, das für das Insolvenzverfahren eines Mitglieds der Gruppe zuständig ist, in Gang gesetzt werden. Dabei gilt das Prioritätsprinzip, so dass für den Fall, dass die Eröffnung eines Gruppen-Koordinationsverfahrens bei Gerichten verschiedener Mitgliedstaaten beantragt wird, sich die später angerufenen Gerichte zugunsten des zuerst angerufenen Gerichts für unzuständig erklären (vgl. Art. 62 EuInsVO). Die Koordinierung der verschiedenen Insolvenzverfahren obliegt dem sog. Gruppenkoordinator, der bereits mit dem Antrag auf Eröffnung benannt werden muss (vgl. Art. 61 Abs. 3 lit. a EuInsVO).[1258] Mit der Eröffnungsentscheidung über das Gruppenkoordinationsverfahren bestellt das Gericht gemäß Art. 68 EuInsVO einen Gruppenkoordinator, der den Anforderungen des Art. 71 EuInsVO gerecht wird.[1259] Die Aufgaben und Rechte des

---

1255 Einführend zu der Unternehmensgruppe in der EuInsVO siehe *Eble*, in: Unternehmensrestrukturierung und Unternehmensinsolvenz – National – international – europäisch, S. 131 ff.; ergänzend dazu siehe auch *Eble*, NZI 2016, 115.

1256 *Madaus*, IILR 2015, 235, 236; *Leithaus*, NZI 2019, 1, 4.

1257 *Eble* sieht darin zurecht das „Kernstück des neuen Konzerninsolvenzrechts“, siehe *Eble*, ZIP 2016, 1619, 1619 f. Vor allem die Bundesrepublik habe sich während des Gesetzgebungsverfahrens für ein Gruppenkoordinationsverfahren in der Neufassung der EuInsVO stark gemacht, so *J. Schmidt*, KTS 2015, 19, 38.

1258 Zur Figur des Gruppenkoordinators im Gruppenkoordinationsverfahren siehe einführend *Eble*, ZIP 2016, 1619.

1259 Nach Art. 72 Abs. 1 EuInsVO muss der Koordinator eine Person sein, die nach dem Recht eines Mitgliedstaats geeignet ist, als Verwalter tätig zu werden. Daraus könne man ableiten, dass – anders als nach deutschem Recht – auch juristische Personen

Gruppenkoordinators legt Art. 72 EuInsVO fest. Danach soll der Koordinator Empfehlungen für die koordinierte Durchführung der Insolvenzverfahren aussprechen und diese umfassend darstellen. Weiterhin schlägt er einen sog. Gruppen-Koordinationsplan vor, welcher einen Katalog geeigneter Maßnahmen für einen integrierten Ansatz zur Bewältigung der Insolvenz der Gruppenmitglieder festlegt, beschreibt und empfiehlt. Art. 72 Abs. 3 EuInsVO hält ausdrücklich fest, dass der Gruppenkoordinationsplan keine Empfehlungen zu einer Konsolidierung von Verfahren oder Insolvenzmassen enthalten darf.

Gegen das Gruppenkoordinationsverfahren können die verschiedenen Insolvenzverwalter der Einzelverfahren eine Art Vetorecht (sog. „*opt-out*") ausüben (vgl. Art. 64, 65 EuInsVO).[1260] Es besteht mithin keinerlei Zwang, an dem beantragten Koordinationsverfahren teilzunehmen. Der Verwalter eines Tochterunternehmens hat vielmehr einen Ermessensspielraum. Das Gruppenkoordinationsverfahren dient, wie es der Name andeutet, lediglich der Koordination der einzelnen Verfahren. Art. 72 Abs. 4 EuInsVO stellt dementsprechend klar, dass sich die Aufgaben und Rechte des Gruppenkoordinators nicht auf diejenigen Mitglieder einer Gruppe erstrecken können, die nicht am Gruppenkoordinationsverfahren teilnehmen. Die EuInsVO führt mithin auch durch die Neufassung noch keinen einheitlichen Konzerninsolvenzgerichtsstand ein. Somit bleibt es auf europäischer Ebene weiterhin bei dem Grundsatz: „eine Gesellschaft, ein Vermögen, ein Insolvenzverfahren".[1261]

Den gleichen Insolvenzverwalter für eine Unternehmensgruppe in mehreren Mitgliedstaaten zu bestellen, wie es in Erwägungsgrund 50 als Ziel vorgegeben wird, klingt zum jetzigen Zeitpunkt noch nach Zukunftsmusik. Die nationalen Vorschriften, die den Zugang zum Amt des Verwalters regeln, sind bisher noch nicht harmonisiert.[1262] Dadurch ist es etwa einem deutschen Insolvenzverwalter

---

zum Gruppenkoordinator bestellt werden können, da in einigen Rechtsordnungen die Bestellung juristischer Personen ausdrücklich zugelassen ist, siehe *J. Schmidt*, in: EuInsVO 2015, Art. 71 Rn. 5 f.

1260 *Eble*, NZI 2016, 115, 115. Für die ein Veto einlegenden Verwalter besteht allerdings die Möglichkeit, im Laufe des Gruppenkoordinationsverfahrens nachträglich daran doch noch teilzunehmen (sog. „*opt-in*"), vgl. dazu Art. 69 EuInsVO; ausführlich dazu vgl. *J. Schmidt*, ZVglRWiss 116 (2017), 93.

1261 Siehe dazu auch *Ebke/Humpenöder*, in: Handbuch Unternehmensrestrukturierung, S. 2097 f.

1262 Der Unionsgesetzgeber hatte dieses Vorhaben bisher nicht auf seiner Agenda. Die untersuchten Rechtordnungen (Deutschland, Österreich und Großbritannien) haben alle sehr unterschiedliche gesetzliche und tatsächliche Anforderungen an das

nicht ohne weiteres möglich, in Großbritannien ebenfalls für ein Verfahren einer Unternehmenstochter des insolventen Mutterkonzerns mit Sitz in Deutschland bestellt zu werden.[1263] Der Berufszugang sollte langfristig harmonisiert werden, ansonsten laufen einzelne Mitgliedstaaten Gefahr, dass der Europäische Gerichtshof ihre Berufszugangsregeln für unionswidrig erklärt und dadurch kurzfristig nicht ausreichend qualifizierte Verwalter in den nationalen Markt drängen könnten.[1264]

c. *Insolvenzregister*

Neben den umfassenden Regelungen, die Konzerninsolvenzen erleichtern sollen, verdient die geplante Einführung von nationalen Insolvenzregistern und deren europaweite Vernetzung besondere Beachtung. Dieses neue Instrument der EuInsVO könnte in Zukunft einen wesentlichen Beitrag zu einer weiteren Erleichterung von grenzüberschreitenden Unternehmenssanierungen leisten. Nach Art. 24 Abs. 1 Satz 1 EuInsVO errichten und unterhalten die Mitgliedstaaten ein oder mehrere Register, um Informationen über Insolvenzverfahren bekannt zu machen. Nach Art. 25 EuInsVO sollen diese Insolvenzregister dann über das Europäische Justizportal miteinander vernetzt werden. Damit wird ein bereits erfolgreiches Pilotprojekt ursprünglich sieben, mittlerweile neun Mitgliedstaaten[1265] auf alle derzeit 28 Mitgliedstaaten ausgeweitet.[1266] Die Einführung der nationalen Register soll bis zum 26. Juni 2018 erfolgen, die Vernetzung dieser Register ein Jahr später bis zum 26. Juni 2019 (vgl. Art. 24, 25 EuInsVO i.V.m. Art. 92 EuInsVO).

Da die Einführung und anschließende Vernetzung der nationalen Register noch aussteht, kann deren praktischer Nutzen nicht abschließend beurteilt

Amt eines Insolvenzverwalters. Der Zugang zu fremden Insolvenzverwaltermärkten wird dadurch erheblich erschwert.

1263 Gleiches gilt für Frankreich; siehe zu den sehr engen Voraussetzungen des *Article* L811-5 *Code de Commerce*, der die Zulassung als Insolvenzverwalter in Frankreich regelt, *Köhler-Ma*, DZWiR 2006, 228, 229.

1264 Zur Verwalterauswahl und den Qualitätskriterien im internationalen Vergleich siehe einführend *Köhler-Ma*, DZWiR 2006, 228.

1265 Siehe zu diesem Pilotprojekt, an dem u.a. auch Deutschland beteiligt war, *Vallender*, ZIP 2015, 1513, 1516; *Kindler/Sakka*, EuZW 2015, 460, 463.

1266 Die nationalen Insolvenzregister der mittlerweile neun Mitgliedstaaten können über das Europäische Justizportal durchsucht werden, siehe https://e-justice.europa.eu/content_interconnected_insolvency_registers_search-246-de.do?clang=de [zuletzt aufgerufen am 31. 5. 2019].

werden. Generell gilt aber, dass ein Informationsaustausch in grenzüberschreitenden Insolvenzverfahren dazu geeignet erscheint, Sanierungen zu ermöglichen oder zumindest einen Wertverlust bei Insolvenzen zu verringern. Der Austausch ermöglicht vor allem auch den Verfahrensbeteiligten sich besser untereinander zu verständigen, um etwaige Reibungsverluste zu minimieren. Mithin sind die Neuregelungen der EuInsVO zu den Insolvenzregistern zu begrüßen.

3. *Schlussfolgerungen*

Der bewusst sehr kurz gehaltene Überblick über einige ausgewählte Änderungen, die durch Neufassung der EuInsVO eingeführt worden sind, hat gezeigt, dass die EuInsVO in grenzüberschreitenden Insolvenzen unverzichtbar geworden ist. Sie leistet einen wesentlichen Beitrag, um vor allem Insolvenzen mittlerer und großer Unternehmen, die regelmäßig einen grenzüberschreitenden Bezug aufweisen, effizienter zu gestalten. Dass die EuInsVO nicht alle vorinsolvenzlichen Sanierungsverfahren in ihren Anwendungsbereich miteinbezieht, mag man bedauern. Dies ist aber nicht allein dem Unionsgesetzgeber anzulasten, sondern einigen wenigen Mitgliedstaaten, die eine Blockadehaltung eingenommen hatten. Spätestens bei der nächsten inhaltlichen Änderung oder Erweiterung der jetzigen EuInsVO sollten alle vorinsolvenzlichen Verfahren berücksichtigt werden. Dass eine Erweiterung der Anhänge nur im ordentlichen Gesetzgebungsverfahren erfolgen kann, sollte ebenfalls überdacht und zum vereinfachten Verfahren des Kommissionsvorschlags zurückgekehrt werden. Der Anwendungsbereich der EuInsVO hängt unmittelbar von Anhang A und den dort abschließend aufgelisteten Verfahren ab. Weil das Gesetzgebungsverfahren oft langwierig und störanfällig ist, kann es in Zukunft vorkommen, dass insbesondere neu eingeführte Insolvenzverfahren noch nicht von der EuInsVO erfasst sind und daher Friktionen auftreten.

Die Vorschriften des Kapitels V der Neufassung sind ein erster Schritt in Richtung eines funktionsfähigen Konzerninsolvenzrechts. Da es sich bei dem Gruppenkoordinationsverfahren aber um ein freiwilliges Verfahren handelt und jeder einzelne Insolvenzverwalter die Möglichkeit hat auszusteigen, wird erst die zukünftige Praxis zeigen, ob die neuen Vorschriften tatsächlich genutzt werden. Dass verschiedene Insolvenzverwalter bereits über Ländergrenzen hinweg heute informell zusammen arbeiten versteht sich von selbst. Die Figur des Gruppenkoordinators, der unabhängig von den bestellten Insolvenzverwaltern sein muss (vgl. Art. 71 Abs. 2 EuInsVO), könnte solche Absprachen und eine Zusammenarbeit eventuell auch erschweren. Es bleibt daher abzuwarten, ob diese Regeln tatsächlich zu einer besseren Koordinierung der Verfahren führen.

Da viele Mitgliedstaaten bisher selbst noch über kein funktionierendes nationales Konzerninsolvenzrecht verfügen, sind diese Regeln ausdrücklich zu begrüßen. Der Unionsgesetzgeber könnte in diesem Bereich als ein wichtiger Impulsgeber fungieren, so dass auch langfristig von den Mitgliedstaaten ein nationales Konzerninsolvenzrecht entwickelt wird.[1267] Ein Konzerninsolvenzrecht für Deutschland stellt die dritte Stufe der von der damaligen Bundesjustizministerin *Leutheusser-Schnarrenberger* angestoßenen Insolvenzrechtsreform dar[1268] und ist Anfang 2017 nach einem außerordentlich langen, über zwei Legislaturperioden gestreckten Gesetzgebungsverfahren vom deutschen Bundestag angenommen worden.[1269]

Trotz einiger Mängel, die teilweise in der ursprünglichen Fassung noch gar nicht angelegt waren, zeigt sich aber, dass die EuInsVO insgesamt ein wichtiger Schritt in die richtige Richtung ist. Zahlreiche Vorschriften der Neufassung werden in der Lage sein, den Sanierungsgedanken innerhalb der EU weiter zu verfestigen.

II. Restrukturierungsrichtlinie

Die Neufassung der EuInsVO geht inhaltlich maßgeblich auf eine Empfehlung der Kommission aus dem Jahr 2012 zurück.[1270] Zur gleichen Zeit empfahl die Kommission einen „neuen europäischen Ansatz zur Verfahrensweise bei Firmenpleiten und Unternehmensinsolvenzen",[1271] welcher 2014 zu einem „neuen Ansatz im Umgang mit unternehmerischem Scheitern und

---

1267 Viele der großen deutschen Konzerninsolvenzen der Vergangenheit (z.B. *Kirch Media, Arcandor/Quelle* oder die Baumarktgruppe *Praktiker*) zeigen, dass ein erhebliches praktisches Bedürfnis an verlässlichen Regeln im Bereich des Konzerninsolvenzrechts besteht.

1268 *Leutheusser-Schnarrenberger*, BB 2010, Heft 17, Die erste Seite.

1269 Zu dem von Anfang 2014 stammenden Regierungsentwurf eines Gesetzes zur Erleichterung von Konzerninsolvenzen (vgl. BT-Drucks. 18/407) siehe u.a. *Verhoeven*, ZInsO 2014, 217; *J. Schmidt*, KTS 2015, 19, 46 ff.; *Kübler*, in: FS Vallender, S. 291 ff. Am 10. 3. 2017 wurde das Gesetz zur Erleichterung der Bewältigung von Konzerninsolvenzen in der Fassung der Beschlussempfehlung des Ausschusses für Recht und Verbraucherschutz beschlossen, vgl. BT-Drucks. 18/11436; einführend zu dieser jüngsten Änderung der Insolvenzordnung siehe u.a. *Mock*, DB 2017, 951; *Sturm/Pleister*, ZIP 2017, 2329.

1270 COM(2012) 744 final.

1271 COM(2012) 742 final.

Unternehmensinsolvenzen" weiterentwickelt wurde.[1272] Ergänzt wurde diese Empfehlung durch den Aktionsplan der Kommission zur Schaffung einer Kapitalmarktunion aus dem Jahr 2015,[1273] worin die fehlende Harmonisierung der verschiedenen Insolvenzrechtsordnungen in den Mitgliedstaaten als ein wesentliches Hindernis für einen gemeinsamen Kapitalmarkt genannt wurde.[1274] Den bisherigen Höhepunkt der Entwicklungen auf europäischer Ebene hin zu einem sanierungsfreundlicheren Unternehmensinsolvenzrecht, stellt die nun verabschiedete Restrukturierungsrichtlinie dar.[1275]

Das Hauptziel der Richtlinie ist es, „Hindernisse für die Ausübung der Grundfreiheiten, etwa des freien Kapitalverkehrs oder der Niederlassungsfreiheit, zu beseitigen, die auf Unterschiede zwischen den nationalen Vorschriften und Verfahren für die präventive Restrukturierung, die Insolvenz, die Entschuldung und Tätigkeitsverbotezurückzuführen sind." Dadurch könnten nach Ansicht der Kommission mehr Investitionen und Beschäftigung im Binnenmarkt geschaffen und die Zahl unnötiger Liquidationen und damit verbundener Verlust von Arbeitsplätzen reduziert werden.[1276]

Als die Entwurfsfassung Ende 2016 veröffentlicht wurde, zweifelten einige Stimmen an einem baldigen Inkrafttreten der Richtlinie.[1277] Mitte 2019 liegt nun

---

1272 „Empfehlung der Kommission v. 12. 3. 2014 für einen neuen Ansatz im Umgang mit unternehmerischem Scheitern und Unternehmensinsolvenzen", COM(2014) 1500 final; einführend zu der Empfehlung vgl. u.a. *Eidenmüller*, KTS 2014, 401; *Lürken*, NZI 2015, 3.

1273 *Mock* weist zurecht darauf hin, dass sich die Verknüpfung von Kapitalmarktrecht und Insolvenzrecht zumindest aus deutscher Perspektive nicht ganz erschließe, siehe *Mock*, NZI 2016, 977, 977. Zum Spannungsverhältnis zwischen Insolvenz- und Kapitalmarktrecht in Deutschland siehe grundlegend *Häller*, Kapitalmarktrecht und Unternehmenssanierung.

1274 „Mitteilung der Kommission an das Europäische Parlament, den Rat, den Europäischen Wirtschafts- und Sozialausschuss und den Ausschuss der Regionen, Aktionsplan zur Schaffung einer Kapitalmarktunion", COM(2015) 468 final, S. 6. Zum Aktionsplan zur Schaffung einer Kapitalmarktunion siehe auch *Graf-Schlicker*, ZIP 2016, Beil. z. Heft 22, 21.

1275 Zur Entwicklung von der Kommissionsempfehlung 2012 bis hin zum Richtlinienentwurf 2016, siehe u.a. *Vallender*, ZIP 2016, Beil. z. Heft 22, 82; *Fritz*, NZI 2017, Beil. z. Heft 5, 9; zu den Änderungen des ursprünglichen Entwurfs siehe u.a. *Seagon*, NZI 2018, 787; *Lange/Swierczok*, BB 2019, 514.

1276 COM(2016) 723 final, S. 6.

1277 *Albrecht* ging auf Grund der teilweise sehr unterschiedlichen Ausgangssituationen in den Mitgliedstaaten und der damit verbundenen Diskussion von einer erheblichen Verzögerung des Inkrafttretens der Richtlinie aus, siehe *Albrecht*, ZInsO 2016, 2415,

aber die endgültige Fassung vor. Die nachfolgende Betrachtung beschränkt sich auf einen holzschnittartigen Überblick über die Restrukturierungsrichtlinie und zeigt mögliche Problemfelder bei der Umsetzung in nationales Recht auf.

1. *Inhalt der Richtlinie*

Der im November 2016 von der Europäischen Kommission vorgelegte, sehr umfangreiche Richtlinienvorschlag umfasste insgesamt 47 Erwägungsgründe und 36 Artikel, unterteilt in sechs Abschnitte.[1278] Die nun vorliegende Richtlinie wurde nochmals umfassend ergänzt. Sie enthält nun insgesamt 101 Erwägungsgründe. Der für die vorliegende Betrachtung zentrale Abschnitt ist der Titel II. Dieser befasst sich mit den sog. präventiven Restrukturierungsmaßnahmen. Daneben enthalten die übrigen Abschnitte teilweise Regeln, die ebenfalls imstande sein könnten, den Sanierungsgedanken in den Mitgliedstaaten der Union weiter zu verfestigen.

a. *Restrukturierungsverfahren*

Die Vorschriften über das künftige Restrukturierungsverfahren stellen den Kern der Richtlinie dar.[1279] Erstmals wird auf europäischer Ebene versucht, einen Beitrag zu einer gewissen Rechtsvereinheitlichung in einem Teilbereich des Insolvenzrechts zu leisten. Dabei haben die Beteiligten stets im Hinterkopf, dass dies nur sehr schwierig möglich ist, weil die Insolvenzrechte der Mitgliedstaaten stark voneinander abweichen.[1280]

2417. *Mock* sah in dem Richtlinienvorschlag erst den „Anfang einer lange Reise", siehe *Mock*, NZI 2016, 977, 982. Dagegen ging *Flöther*, der aktuelle Sprecher des *Gravenbrucher Kreises*, zurecht von einem kurzen Gesetzgebungsverfahren und einer baldigen Einigung aus, siehe *Flöther*, NZI 2017, Beil. z. Heft 5, 4, 4.

1278 Die Richtlinie spricht nicht von Abschnitten, sondern von Titeln, diese sind wie folgt benannt: Titel I „Allgemeine Bestimmungen", Titel II „Präventive Restrukturierungsrahmen", Titel III „Entschuldung und Tätigkeitsverbote", Titel IV „Maßnahmen zur Steigerung der Effizienz von Restrukturierung, Insolvenz- und Entschuldungsverfahren", Titel V „Monitoring von Restrukturierungs-, Insolvenz- und Entschuldungsverfahren", Titel VI „Schlußbestimmungen".

1279 So auch *Thole*, ZIP 2017, 101, 102. Die Richtlinie spricht in der nun vorliegenden Fassung von Restrukturierungsrahmen, es wird im Folgenden aber weiterhin der aus der Entwurfsfassung stammende Begriff des Restrukturierungsverfahrens verwendet.

1280 COM(2016) 723 final, S. 6 f.

Im Folgenden sollen die Grundzüge des möglichen Restrukturierungsverfahrens skizziert werden. Dabei wird ein Überblick über den Ablauf, die Besonderheiten und etwaige Lücken des künftigen Verfahrens gegeben.[1281]

aa. Ziele des Restrukturierungsverfahrens

Das Restrukturierungsverfahren soll Schuldnern in Zukunft die Möglichkeit geben, in finanziellen Schwierigkeiten bei einer „wahrscheinlichen Insolvenz"[1282] Zugang zu einem wirksamen präventiven Restrukturierungsrahmen zu haben, der es ihnen ermöglicht, ihre Schulden oder ihr Unternehmen zu restrukturieren, ihre Rentabilität wiederherzustellen und dadurch letztlich eine Insolvenz abzuwenden (vgl. Art. 4 Abs. 1). Art. 2 Abs. 2 lit. b. legt fest, dass der Begriff der wahrscheinlichen Insolvenz für die Zwecke der Richtlinie im Sinne des nationalen Recht zu verstehen sei. Es wird also allein der deutsche Gesetzgeber entscheiden wann und wie ein solches Verfahren eingreifen wird. Die Richtlinie macht insoweit keine Vorgaben.

Man verspricht sich von der Einführung der Richtlinie, dass vor allem kleinere und mittlere Unternehmen von dem Restrukturierungsverfahren profitieren werden, da diese regelmäßig nicht die sehr hohen Restrukturierungskosten tragen könnten, die in ausländischen vorinsolvenzlichen Verfahren bisher anfallen (vgl. Erwägungsgrund 15).[1283]

bb. Grundzüge und Ablauf des Restrukturierungsverfahrens

Nach Art. 4 Abs. 7 kann das Verfahren von dem Schuldner oder nach Art. 4 Abs. 8 von den Gläubigern und den Arbeitnehmervertretern mit vorheriger Zustimmung des Schuldners beantragt werden. Das Restrukturierungsverfahren soll dabei grundsätzlich in Eigenverwaltung stattfinden. Art. 5 Abs. 1 sieht

---

1281 Instruktiv zum Ablauf des Verfahrens siehe *Madaus*, in: Unternehmensrestrukturierung im Umbruch?!, S. 45 ff.

1282 Dieser zentrale und sehr unbestimmte Begriff lautet in der englischen Fassung *„likelihood of insolvency"*. Die Entwurfsfassung sprach noch von „drohender Insolvenz". Eine Gleichsetzung mit der drohenden Zahlungsunfähigkeit des § 18 InsO erscheint nicht zielführend. Das englische Wort *„likelihood"* drückt eine noch sehr ungewisse mögliche Begebenheit in der Zukunft aus, so *Paulus*, NZI 2017, Beil. z. Heft 5, 5, 6, der die deutsche Übersetzung des Entwurfs insgesamt für „fast schon ans Peinliche reichend misslungen" hält.

1283 Zu den sehr hohen Beratungskosten für *company voluntary arrangements* im Fall der Sanierung von *Schefenacker* (*in casu* rund EUR 40 Mio.) siehe *R. Paulus*, DZWiR 2008, 6, 13.

vor, dass der Schuldner die Kontrolle über Vermögenswerte und den täglichen Betrieb des Unternehmens ganz oder zumindest teilweise behalten soll. Was unter „teilweise" i.S.v. Art. 5 Abs. 1 allerdings zu verstehen ist, lässt der Entwurf leider offen.

Die Bestellung eines sog. Restrukturierungsbeauftragten[1284] ist nicht obligatorisch (vgl. Art. 5 Abs. 2).[1285] Art. 5 Abs. 3 hält aber fest, dass die Mitgliedstaaten fakultativ festlegen können, dass ein Restrukturierungsverwalter immer dann bestellt werden sollte, wenn dem Schuldner eine allgemeine Aussetzung einzelner Durchsetzungsmaßnahmen gewährt wird, oder wenn der Restrukturierungsplan von einer Justiz- oder Verwaltungsbehörde im Wege eines klassenübergreifenden *cram-down* bestätigt werden muss.

Art. 6 normiert die mögliche Aussetzung von Einzelvollstreckungsmaßnahmen. Nach Art. 6 Abs. 1 sollen die Mitgliedstaaten dem Schuldner ermöglichen, dass er einen Restrukturierungsplan mit seinen Gläubigern aushandeln kann, und er für die Zeit der Verhandlungen über diesen Plan eine Aussetzung einzelner Durchsetzungsmaßnahmen in Anspruch nehmen kann. Dabei sollen gemäß Art. 6 Abs. 2 auch Ansprüche gegen gesicherte oder bevorrechtige Gläubiger von der Aussetzung erfasst sein. Die Aussetzung soll grundsätzlich auf maximal vier Monate begrenzt sein (vgl. Art. 6 Abs. 6). Der Aussetzungszeitraum von vier Monaten kann von den zuständigen Justiz- oder Verwaltungsbehörden ausnahmsweise auf Antrag des Schuldners oder von Gläubigern unter bestimmten Voraussetzungen auf bis zu ein Jahr ausgedehnt werden.[1286]

Zentraler Bestandteil des neuen Verfahrens ist Art. 7. Dieser normiert die Folgen der Aussetzung von Einzelvollstreckungsmaßnahmen. Nach Art. 7 Abs. 1

1284 In der englischen Fassung der Richtlinie wird von einem sog. „*practitioner in the field of restructuring*" gesprochen. Zu diesem Begriff und einer möglichen eingrenzenden Definition siehe einführend *Schluck-Amend*, NZI 2017, Beil. z. Heft 5, 41.

1285 Nach Art. 2 Nr. 15 ist ein Restrukturierungsverwalter eine Person oder Stelle, die von einer Justiz- oder Verwaltungsbehörde bestellt wird, um eine oder mehrere der folgenden Aufgaben zu erfüllen: Unterstützung des Schuldners oder der Gläubiger bei der Ausarbeitung oder Aushandlung eines Restrukturierungsplans; Überwachung der Tätigkeit des Schuldners während der Verhandlungen über einen Restrukturierungsplan und Berichterstattung an eine Justiz oder Verwaltungsbehörde; Übernahme der teilweisen Kontrolle über die Vermögenswerte oder Geschäfte des Schuldners während der Verhandlungen.

1286 Art. 6 Abs. 7 lässt eine Verlängerung nur dann zu, wenn in den Verhandlungen über den Restrukturierungsplan deutliche Fortschritte erzielt worden sind und die Aussetzung einzelner Durchsetzungsmaßnahmen die Rechte bzw. Beteiligungen betroffener Parteien nicht in unangemessener Weise beeinträchtigt.

ist die Verpflichtung, nach nationalem Recht einen Antrag auf Eröffnung des Insolvenzverfahrens zu stellen, also in Deutschland nach § 15a Abs. 1–3 InsO, während der Zeit der Aussetzung suspendiert. Falls der Schuldner zahlungsunfähig wird, können die Mitgliedstaaten allerdings eine Ausnahmeregel treffen (vgl. Art. 7 Abs. 3). Betrifft die Aussetzung einer Einzelvollstreckungsmaßnahme alle Gläubiger, so kann auch kein Gläubiger nach § 13 Abs. 1 Satz 2 InsO einen Eröffnungsantrag stellen, (vgl. Art. 7 Abs. 2).

Die Artikel 8–15 regeln ausführlich den sog. Restrukturierungsplan. Vergleichbar mit einem Insolvenzplan, der sich aus einem darstellenden und einem gestaltenden Teil zusammensetzt, soll auch der Restrukturierungsplan sowohl Informationen enthalten, warum es zu einer Krise des Unternehmens gekommen ist, als auch, durch welche rechtlichen oder tatsächlichen Maßnahmen diese zu lösen ist (vgl. Art. 8). Die Mitgliedstaaten sollen nach Art. 8 Abs. 2 den Unternehmen Musterrestrukturierungspläne zur Verfügung stellen.

Art. 9 Abs. 4 legt fest, dass im Einklang mit dem nationalen Recht Gläubigergruppen zu bilden sind.[1287] Dabei sollen die Gruppen so zusammengesetzt werden, dass jede Gruppe Ansprüche oder Beteiligungen mit Rechten umfasst, die so ähnlich sind, dass es gerechtfertigt ist, die Mitglieder als eine homogene Gruppe mit gemeinsamen Interessen zu betrachten. Gesicherte und ungesicherte Gläubiger werden in verschiedenen Gruppen zusammengefasst. Nach Art. 9 Abs. 6 gilt ein Restrukturierungsplan als von den betroffenen Parteien angenommen, wenn bezogen auf den Betrag ihrer Ansprüche in jeder Gruppe eine Mehrheit erreicht wird.[1288] Die Mitgliedstaaten können die für die Annahme eines Restrukturierungsplans erforderlichen Mehrheiten selbst festlegen. Diese dürfen aber in keinem Fall über 75 % des Betrags der Ansprüche in jeder Gruppe liegen.

Restrukturierungspläne, die die Interessen ablehnender betroffener Parteien beeinträchtigen oder eine neue Finanzierung vorsehen, bedürfen der Bestätigung durch eine Justiz- oder Verwaltungsbehörde (vgl. Art. 10 Abs. 1). Gemäß Art. 10 Abs. 2 muss der Restrukturierungsplan vor seiner Bestätigung im Einklang mit Artikel 9 angenommen und allen bekannten Gläubigern, die voraussichtlich von ihm betroffen sein werden, übermittelt worden sein, sowie das

1287 Die Richtlinie spricht von „Klassen“, im Folgenden wird aber in Anlehnung an den Terminus der „Gruppe“ i.R.d. Insolvenzplanverfahrens nach den §§ 217 ff. InsO einheitlich von „Gruppen“ gesprochen.

1288 In Anlehnung an das *scheme of arrangement* Verfahren fordert *Madaus* ebenfalls eine Summenmehrheit von 75 %, siehe *Madaus*, in: Unternehmensrestrukturierung im Umbruch?!, S. 68.

Kriterium des Gläubigerinteresses wahren.[1289] Eine etwaige neue Finanzierung ist für die Umsetzung des Restrukturierungsplans erforderlich und beeinträchtigt die Interessen der Gläubiger nicht in unangemessener Weise. Die Justiz- oder Verwaltungsbehörde kann die Bestätigung eines Restrukturierungsplans ablehnen, wenn keine vernünftige Aussicht besteht, dass der Plan die Insolvenz des Schuldners verhindern oder die Bestandsfähigkeit des Unternehmens gewährleisten würde (vgl. Art. 10 Abs. 3).

Ein *cross-class-cram-down* soll nach Art. 11 möglich sein.[1290] Ein Restrukturierungsplan, der nicht von jeder Gruppe mit der erforderlichen Mehrheit genehmigt worden ist, soll auf Vorschlag des Schuldners oder eines Gläubigers mit Zustimmung des Schuldners von einer Justiz- oder Verwaltungsbehörde bestätigt und für eine oder mehrere ablehnende Gruppen verbindlich werden (vgl. Art. 11 Abs. 1). Dazu müssen allerdings die Voraussetzungen von Art. 10 Abs. 2 und 3 erfüllt sein und der Restrukturierungsplan von mindestens einer der betroffenen Gruppe genehmigt worden sein. Bei der betroffenen Gruppe darf es sich aber nicht um eine Gruppe handeln, die im Fall einer Bewertung des Unternehmens bei Anwendung der normalen Rangfolge der Liquidationsprioritäten keine Zahlung oder sonstige Gegenleistung erhalten würde.

Ein gerichtlich beziehungsweise behördlich bestätigter Restrukturierungsplan wird gemäß Art. 15 Abs. 1 für alle darin enthaltenen Gruppen verbindlich. Für Gläubiger-(gruppen), die an der der Abstimmung nicht beteiligt waren entfaltet der Plan dagegen keine Wirkungen (vgl. Art. 15 Abs. 2). Mögliche Rechtsbehelfe gegen den Plan enthält Art. 16. Art. 16 Abs. 3 stellt klar, dass ein solcher Rechtsbehelf keine aufschiebende Wirkung haben darf. Nach Art. 16 Abs. 4 kann das zuständige Gericht entweder den Restrukturierungsplan aufheben oder aber den Plan bestätigen und den ablehnenden Gläubigern einen finanziellen Ausgleich gewähren, der vom Schuldner oder von den Gläubigern, die für den Plan gestimmt haben, zu zahlen ist. Um die Sanierung nachhaltig zu sichern, legt Art. 17 Abs. 1 fest, dass neue Finanzierungen und Zwischenfinanzierungen in

---

1289 Zu diesem Kriterium vgl. die Begriffsbestimmung in Art. 2 Nr. 6: „wenn kein ablehnender Gläubiger durch einen Restrukturierungsplan schlechter gestellt würde als bei Anwendung der normalen Rangfolge der Liquidationsprioritäten nach nationalem Recht, sei es im Falle der Liquidation, unabhängig davon, ob diese stückweise oder in Form eines Verkaufs als fortgeführtes Unternehmen erfolgt, oder im Falle des nächstbesten Alternativszenarios, wenn der Restrukturierungsplan nicht bestätigt würde."

1290 Siehe dazu einführend *Balz*, in: Unternehmensrestrukturierung im Umbruch?!, S. 86 ff.

einem möglichen anschließenden Insolvenzverfahren nicht als die Gesamtheit der Gläubiger benachteiligende Handlungen gelten und für nichtig, anfechtbar oder nicht durchsetzbar erklärt werden können.

cc. Mögliche Mängel

Die Richtlinie spricht einheitlich von „Justiz- oder Verwaltungsbehörde"[1291] und lässt es damit zu, dass eine originäre Aufgabe der Judikative grundsätzlich auch von Teilen der Exekutive ausgeführt werden kann. Aus deutscher Sicht erscheint es nicht möglich, dass Entscheidungen, die durch die Rechte von Gläubigern in solch erheblichem Maße beschnitten werden können, von Verwaltungsbehörden getroffen werden. Mit Blick auf die grundgesetzlich gewährleistete Gewaltenteilung und die Gewährleistung der Rechtssicherheit innerhalb des Binnenmarkts, wäre es mithin wünschenswert gewesen, wenn in der Richtlinie „Justiz- oder Verwaltungsbehörde" durch „ein Gericht" ersetzt worden wäre.

Insgesamt zeigt sich, dass die Richtlinie sehr viele offen gestaltete Regelungen enthält. Zahlreiche Vorschläge sind sehr unbestimmt formuliert.[1292] Sie lassen den Mitgliedstaaten einen relativ großen Umsetzungsspielraum. Dies liegt zwar in der Natur einer Richtlinie, widerspricht aber dem Ziel, einen Beitrag zur Rechtsvereinheitlichung beizutragen und die Kapitalmarktunion zu stärken. Die jetzige Fassung könnte dazu führen, dass die Richtlinie am Ende sogar zu einer weiteren Rechtszersplitterung führt, anstatt eine Rechtsangleichung voranzutreiben, so dass dadurch Unternehmenssanierungen letztlich erschwert werden würden.

Ob die zukünftige Richtlinie ihrem Erwägungsgrund 7 gerecht werden kann, ist mehr als fraglich. Danach soll durch das Restrukturierungsverfahren vor allem kleinen und mittleren Unternehmen eine finanzierbare Sanierung ermöglicht werden. Da das Verfahren aber wohl auch in Zukunft, ähnlich wie auch das *scheme of arrangement*-Verfahren in Großbritannien, einen erheblichen Beratungsbedarf erfordert, scheint dies nur schwierig umzusetzen. Die Musterrestrukturierungspläne, die die Mitgliedstaaten zur Verfügung stellen sollen, scheinen jedenfalls nicht geeignet, das Verfahren kostengünstiger zu machen.

1291 Auch die englische Fassung der Richtlinie spricht von einer „*judicial or administrative authority*".

1292 Das Verb „sollen" taucht insgesamt 146-mal im Vorschlag der Kommission auf. Die endgültige Fassung der Richtlinie lässt ebenfalls vieles offen, so dass die Mitgliedstaaten Begriffe wie etwa die „wahrscheinliche Insolvenz" selbst definieren können.

Restrukturierungen erfordern immer eine Planung im Einzelfall und daher auch eine daran angepasste Beratung. Keine Sanierung gleicht der anderen.

Sehr bedauerlich ist auch, dass sich Großbritannien, das sehr reich an Erfahrungen mit vorinsolvenzlichen Sanierungsverfahren ist, sich wohl nicht mehr aktiv einbringen wird. So hatte sich das Vereinigte Königreich noch im Vorfeld des Richtlinienvorschlags im Rahmen der Konsultationen durch die Kommission an der Diskussion rege mitgewirkt.[1293] Großbritannien hätte wesentlich dazu beitragen können, ein praxistaugliches Sanierungsverfahren innerhalb der Europäischen Union zu etablieren.

b. Weitere Regelungen

Neben den Regelungen in Titel II enthält die Richtlinie aber auch zahlreiche Vorschläge, die über das Restrukturierungsverfahren hinaus das deutsche Sanierungs- und Insolvenzrecht langfristig beeinflussen könnten. Die wichtigsten möglichen Änderungen sollen daher kurz aufgegriffen werden. Insbesondere der 4. Abschnitt des Vorschlags mit dem Titel „Maßnahmen zur Steigerung der Effizienz von Restrukturierungs-, Insolvenz- undEntschuldungsverfahren" könnte imstande sein, den Sanierungsgedanken innerhalb der Europäischen Union zu festigen. Gemäß Art. 25 Abs. 1 sollen die Mitgliedstaaten sicherstellen, dass diejenigen Mitglieder der Justiz- und Verwaltungsbehörden, die mit Sachen im Bereich Restrukturierung und Insolvenz befasst sind, eine angemessene Ausbildung erhalten und die für ihre Zuständigkeiten erforderliche Sachkunde haben und Restrukturierungs-, Insolvenz-und Entschuldungsverfahren mit Blick auf ihre zügige Bearbeitung auf effiziente Weise geführt werden.[1294] Art. 26 Abs. 1 ergänzt dies dahingehend, dass in Zukunft die Mitgliedstaaten dafür sorgen sollen, dass die bestellten Verwalter eine angemessene Ausbildung erhalten und die für ihre Zuständigkeiten erforderliche Sachkunde haben, die Zulassungsvoraussetzungen sowie das Verfahren für die Bestellung, die Abberufung und den Rücktritt von Verwaltern klar, transparent und fair sind und bei der Bestellung eines Verwalters für einen bestimmten Fall, einschließlich Sachen mit grenzüberschreitenden Bezügen, der Erfahrung und der Sachkunde

---

1293 Siehe COM(2016) 723 final, S. 20.

1294 Diese Anforderungen erfüllt Deutschland teilweise schon mit dem durch das ESUG neu geregelten § 22 Abs. 6 GVG. Siehe dazu auch bereits unter Zweiter Teil, A. III. 3. Da die Nichteinhaltung des § 22 Abs. 3 GVG *de lege lata* keine Rechtsfolgen hat, hält *Zipperer* diesen für nicht ausreichend und fordert unter Hinweis auf den Richtlinienvorschlag eine weitere Professionalisierung der Insolvenzrichterschaft, siehe *Zipperer*, NZI 2017, Beil. z. Heft 5, 39, 40.

des Verwalters gebührend Rechnung getragen wird und dabei die besonderen Merkmale des Falles berücksichtigt werden.[1295]

Aus deutscher Sicht ist aber vor allem Art. 27 beachtenswert. So sollen nach Art. 27 Abs. 1 die Mitgliedstaaten geeignete Aufsichts- und Regulierungsmechanismen einrichten, um sicherzustellen, dass die Arbeit von Verwaltern wirksam überwacht wird, damit dadurch gewährleistet ist, dass ihre Dienste wirksam und sachkundig und gegenüber den beteiligten Parteien unparteiisch und unabhängig erbracht werden. Derartige Mechanismen umfassen auch Maßnahmen für die Verantwortlichkeit der Verwalter, die ihren Pflichten nicht nachkommen. Ob daraus aber tatsächlich folgt, dass Deutschland ein eigenes Berufsrecht für Insolvenz- oder Restrukturierungsverwalter entwickelt, bleibt abzuwarten.[1296] Aus den bereits aufgezeigten Gründen wäre dies zu begrüßen. Freiwillige Verhaltenskodizes werden den Anforderungen in zukünftigen hochkomplexen grenzüberschreitenden Restrukturierungen wohl nicht mehr gerecht.

2. Umsetzung in nationales Recht, mögliche Problemfelder und Kritik

Fraglich ist, wie die kommende Richtlinie in das nationale Recht umgesetzt werden könnte und abhängig von der Art und Weise der Umsetzung, welche Probleme dabei mit dem geltenden Gesellschafts- und Insolvenzrecht auftreten können.[1297] Teilweise wurde die Richtlinie sehr kritisch aufgenommen, so dass im Folgenden auch auf die Kritik und deren Berechtigung einzugehen ist.

a. Umsetzung der Richtlinie

Eine Richtlinie entfaltet nicht unmittelbare Geltung, sondern bedarf anders als eine Verordnung der Umsetzung in nationales Recht (vgl. Art. 288 Abs. 3 AEUV). Die Mitgliedstaaten sind bei der Transformation in nationales Recht grundsätzlich frei in ihrer Wahl der Form und Mittel. Richtlinien werden in Deutschland in aller Regel durch Bundesgesetze umgesetzt. Die Kommission entschied sich

---

1295 Siehe zu den zahlreichen Möglichkeiten einer weiteren Professionalisierung des Insolvenzverwalterberufes aus rechtsvergleichender Sicht bereits ausführlich oben unter Dritter Teil, A. II. 3. a.

1296 Ausdrücklich dafür zuletzt *Vallender*, ZIP 2018, 353, 359 f.; kritisch äußerte sich hierzu der Bundesrat in seiner Stellungnahme an die Kommission, siehe BR-Drucks. 1/1/17, S. 26.

1297 Neben Deutschland verfügen u.a. die skandinavischen und die baltischen Staaten noch nicht über ein vorinsolvenzliches Sanierungsverfahren, siehe *Madaus*, in: Unternehmensrestrukturierung im Umbruch?!, S. 43.

ausdrücklich für die Einführung eines harmonisierten rechtlichen Mindestrahmens und gegen die Einführung eines vollständig harmonisierten präventiven Restrukturierungsverfahrens.[1298] Es wäre somit ähnlich der EuInsVO auch eine Restrukturierungsverordnung mit universaler Geltung denkbar gewesen. Die meisten Mitgliedstaaten waren aber gegen eine Harmonisierung wegen der komplexen Verflechtungen mit anderen Bereichen des Rechts, so dass die Richtlinie nur auf Grundsätze beschränkt bleiben sollte.[1299]

Deutschland kann bei der Umsetzung der zukünftigen Richtlinie grundsätzlich auch Regeln schaffen, die über die Vorschläge der Kommission hinausgehen. Bei der Umsetzung in nationales Recht stellt sich dabei zuvörderst die Frage, ob die europarechtlichen Vorgaben entweder in ein neues eigenständiges Sanierungsgesetz gegossen werden oder die Normen der Insolvenzordnung lediglich dementsprechend angepasst werden.

b. Probleme der Umsetzung und bisherige Kritik an der Richtlinie

Teilweise wird davor gewarnt, dass die Richtlinie dazu führen könnte, dass es zu überobligationsmäßigen Änderungen des geltenden Insolvenzrechts kommen könne.[1300] Darüber hinaus bestünde die Gefahr, dass die durch das ESUG bezweckte und teilweise auch geglückte Stärkung des Sanierungsgedankens innerhalb des Insolvenzverfahrens durch einen zu breiten Anwendungsbereich des künftigen Restrukturierungsverfahrens wieder zurückgedreht werde.[1301] Es solle kein totaler Paradigmenwechsel von der Gläubigerbefriedigung hin zu einer Entschuldung erfolgen, sondern es sollten lediglich außergerichtliche finanzwirtschaftliche Sanierungsbemühungen unterstützt werden.[1302] Diese Sanierungsbemühungen sollen nur dann vom Restrukturierungsverfahren erfasst werden, wenn diese scheitern zu drohen, das Verfahren dürfe aber keine operative Sanierung ermöglichen.[1303] Darüber hinaus wird ein allgemeines Moratorium zulasten aller Gläubiger sehr kritisch gesehen, da dieses lediglich in einem Insolvenzverfahren bei insolvenzreifen Unternehmen zur Verfügung

---

1298 COM(2016) 723 final, S. 21 f.
1299 COM(2016) 723 final, S. 20.
1300 *Thole*, ZIP 2017, 101, 101 f.
1301 *Thole*, ZIP 2017, 101, 112.
1302 *Gravenbrucher Kreis*, ZIP 2017, 203, 203; *Balz* sieht in dem Richtlinienentwurf „[…] *a disturbing tendency and mindset to produce permanently more ‚rescue culture‘* […]“, siehe *Balz*, in: Unternehmensrestrukturierung im Umbruch?!, S. 73.
1303 *Flöther*, NZI 2017, Beil. z. Heft 5, 4, 4 f.

stehen solle.[1304] Ablehnend äußerten sich zuletzt auch Vertreter großer Banken sowie im Restrukturierungsumfeld tätigen Private Equity-Investoren. Besonders bemängelt wird dabei, dass die Eigenverwaltung in der Richtlinie der Regelfall sei.[1305]

C. Sanierungsgesetz

Schon während des Reformprozesses zur Insolvenzordnung wurden damals noch unter dem Begriff eines „Insolvenzverhütungsverfahrens" alternative gesetzliche Sanierungsmechanismen zu dem damals vorgeschlagenen Reorganisationsverfahren diskutiert.[1306] Ziel eines solchen Insolvenzverhütungsverfahrens sollte es sein, als ein zeitlich vorgezogenes gerichtliches Verfahren, vor allem die Flucht in außergerichtliche Sanierungstechniken zu verhindern.[1307] Letztlich wurde die Einführung eines solchen Verfahrens aber von der Kommission für Insolvenzrecht wieder verworfen.[1308]

Die Idee, neben der Insolvenzordnung ein eigenständiges neues Gesetz zu schaffen, das zeitlich vor den (heutigen) Eröffnungsgründen der §§ 17 ff. InsO anknüpft, ist somit nicht neu. Damals wie heute führte in erster Linie die oftmals verspätete Antragsstellung dazu, dass selten verwertbare Masse bei den Unternehmen übrig war, geschweige denn diese noch sanierungsfähig waren. Der Gesetzgeber versprach sich von der Reformierung der Eigenverwaltung, insbesondere durch die Einführung der §§ 270a, 270b InsO, dass dadurch ein wesentlicher Beitrag zu einer früheren Antragsstellung geleistet wird.[1309] Neben der verspäteten Antragsstellung bestehen aber noch zahlreiche weitere mögliche Hindernisse auf dem Weg zu einer erfolgreichen Sanierung. So ist etwa die komplexe Gruppeneinteilung bei der Abstimmung im Rahmen des Insolvenzplanverfahrens regelmäßig mit erheblichen zeitlichen Verzögerungen verbunden, wodurch eine erfolgreiche Sanierung gefährdet werden kann.

1304 *Flöther*, NZI 2017, Beil. z. Heft 5, 4, 5; zur Vereinbarkeit der Richtlinie mit Art. 14 GG siehe ausführlich *Madaus*, in: Unternehmensrestrukturierung im Umbruch?!, S. 61 ff.

1305 Siehe dazu https://www.finance-magazin.de/finanzierungen/kredite-anleihen/banken-wollen-kein-praeventives-sanierungsverfahren-2009951/ [zuletzt aufgerufen am 31. 5. 2019].

1306 Siehe dazu bereits auch unter Erster Teil, C. II. 4. b. Dass es zu einigen Überschneidungen mit dem vorherigen Abschnitt bzgl. der Restrukturierungsrichtlinie kommt, lässt sich nicht vermeiden.

1307 So *Uhlenbruck*, KTS 1981, 513, 516.

1308 Siehe dazu Erster Bericht, S. 37, 154.

1309 RegE ESUG, BT-Drucks. 17/5712, S. 19, 39 f.

Mit der Kommissionsempfehlung aus dem Jahr 2014 und dem Ende 2016 veröffentlichten Richtlinienentwurf hat die Diskussion um ein vorinsolvenzliches Sanierungsverfahren neuen Auftrieb bekommen. Fraglich ist mithin, ob und vor allem wie durch ein solches Verfahren eines der (verfehlten) Hauptziele des ESUG, nämlich eine frühere Antragsstellung durch den Schuldner, umgesetzt werden könnte. Daneben kann eine Betrachtung, deren Gegenstand die Entwicklung, aber vor allem auch die Fortentwicklung des Sanierungsgedankens in Deutschland ist, nicht außer Acht lassen, dass in Zukunft womöglich ein Gesetz entwickelt wird, dessen alleiniges Ziel es sein wird, Unternehmen zu erhalten.

Die Frage, ob Deutschland ein eigenständiges Sanierungsgesetz benötigt, kann sinnvoller Weise erst nach dem rechtvergleichenden Teil und unter Berücksichtigung der europäischen Entwicklungen abschließend beantwortet werden.[1310] Dazu soll zunächst der Diskussionsstand bis zum Inkrafttreten des ESUG nachgezeichnet und erklärt werden, warum es letztlich doch nicht zu einem vorinsolvenzlichen Sanierungsverfahren als einem Teil der Reform gekommen ist.[1311] Danach wird erörtert, ob und wie die europäischen Entwicklungen in das nationale Recht transformiert werden könnten oder ob Deutschland nicht viel mehr eine Vorreiterrolle einnehmen sollte und darüber hinaus eigene Ansätze entwickeln könnte, die die Restrukturierungsrichtlinie bisher nicht vorsieht.

I. Von der Idee eines Insolvenzverhütungsverfahrens bis hin zum Inkrafttreten des ESUG

Der sehr lange Entwicklungsprozess der Insolvenzordnung vom Anfang der fünfziger Jahre bis hin zum Inkrafttreten am 1. Januar 1999 war von einigen Kehrtwenden geprägt.[1312] Immer wieder diskutierten die Beteiligen alternative Sanierungsmöglichkeiten neben dem herkömmlichen Konkursverfahren. Im Folgenden sollen diese Alternativen aufgezeigt werden und dahingehend untersucht werden, ob sie immer noch beziehungsweise sogar gerade jetzt wieder als Vorbild dienen könnten.

1. Insolvenzverhütung

Ein sog. Insolvenzverhütungsverfahren wurde erstmalig auf dem Kölner Insolvenzrechtstag 1977 ausführlich diskutiert. Als größte Hindernisse eines solchen

---

1310 Dass es dabei zu inhaltlichen Wiederholungen der europäischen Entwicklungen kommt, erscheint auf Grund der zahlreichen Überschneidungen letztlich unvermeidbar.

1311 RechtsA ESUG, BT-Drucks. 17/7511, S. 4.

1312 Siehe dazu ausführlich Erster Teil, C. II.

Verfahrens sah man damals die Gefahr des Missbrauchs und das Problem der Festlegung des Zeitpunkts der Verfahrenseröffnung an.[1313] Fünf Jahre später wurde auf dem für die weitere Insolvenzrechtsgeschichte äußerst prägenden 54. Deutschen Juristentag das Thema erneut aufgegriffen. Neben einem noch zu schaffenden einheitlichen Verfahren, das entweder auf Reorganisation oder Zerschlagung des Unternehmens gerichtet ist, könnte ein zweites Verfahren stehen.[1314] Ein Insolvenzverhütungsverfahren sollte, als zeitlich vorgezogenes gerichtliches Verfahren, vor allem die Flucht in außergerichtliche Sanierungstechniken verhindern.[1315]

Auf dem 54. Deutschen Juristentag wurde ein solches Verfahren aber von den Gutachtern im Ergebnis abgelehnt.[1316] Durch die Einführung eines solchen Verfahrens bestünde die Gefahr einer sog. *„selffulfilling prophecy"*, in dem die bestehende Krise durch ein gerichtliches Konkursabwendungsverfahren zu einem Zusammenbruch des Unternehmens führe, weil die Kreditwürdigkeit des betroffenen Unternehmens gefährdet werde und es so letztlich zu einer Kettenreaktion kommen könne.[1317] Darüber hinaus seien die Begriffe „Insolvenzverhütung" und „Krisenabwehr" von enormer Unbestimmtheit, so dass der Zeitpunkt, ab dem die Schuldnerautonomie enden oder zumindest eingeschränkt werden solle, durch die Gerichte nur sehr schwierig festzulegen sei.[1318] Unabhängig davon, ob diese Rechtsbegriffe zu unbestimmt sind, müsse der Geschäftsleitung eines Unternehmens eine Entscheidungsfreiheit auch in der Krise gewährt werden.[1319]

Der für die spätere Insolvenzordnung zentrale Erste Bericht der Kommission für Insolvenzrecht lehnte das Insolvenzverhütungsverfahren, das dem Insolvenzverfahren vorgeschaltet sein sollte, ebenfalls ab.[1320] Dies wurde von der damaligen Kommission unter anderem damit begründet, dass ein solches Verfahren auf unbestimmten und generalklauselartigen Begriffen basiere und

---

1313 *Weber*, 100 Jahre KO, S. 332 ff.; ebenso *Kilger*, in: Arbeitstagung der IG Metall 1981, S. 138.

1314 *K. Schmidt*, S. D 97.

1315 So *Uhlenbruck*, KTS 1981, 513, 516.

1316 *Hanau*, S. E 14; *K. Schmidt*, S. D 97 ff.; ebenfalls im Vorfeld des 54. DJT bereits kritisch bzgl. einer Einführung eines Insolvenzverhütungsverfahrens siehe *Henckel*, ZIP 1981, 1296, 1302.

1317 *K. Schmidt*, S. D 97 ff.

1318 *K. Schmidt*, S. D 97 ff.

1319 *Henckel*, ZIP 1981, 1296, 1302.

1320 Erster Bericht, S. 37.

deswegen wenig praktikabel sei.[1321] Es bestehe außerdem die Gefahr, dass Unternehmen ein Insolvenzverhütungsverfahren missbrauchen könnten, um sich ihrer Schulden und sozialen Lasten zu entledigen, und dass darüber hinaus die notwendigen Eingriffe vor dem Eintritt der Insolvenz die Grenze des Art. 14 GG schnell überschreiten könnten.[1322] Danach verstummten die Stimmen, die ein vorinsolvenzliches Verfahren gefordert hatten, bis auf weiteres.

2. *Insolvenzrechtsreform*

Die damaligen Regierungsparteien vereinbarten in ihrem Koalitionsvertrag im Jahre 2009 unter anderem folgendes:

> „Wir wollen die Restrukturierung und Fortführung von sanierungsfähigen Unternehmen erleichtern und damit den Erhalt von Arbeitsplätzen ermöglichen. Hierzu gehört es, die rechtlichen Rahmenbedingungen für außergerichtliche Sanierungsverfahren für Unternehmen im Vorfeld einer drohenden Insolvenz zu verbessern."[1323]

Dies bekräftigte die Bundesjustizministerin *Leutheusser-Schnarrenberger* in ihrer schon mehrfach zitierten Rede auf dem 7. Insolvenzrechtstag ein Jahr später und schlug als Teil der geplanten Insolvenzrechtsreform die Einführung eines vorinsolvenzliches Verfahrens vor, welches einfach, schnell und diskret sein müsse.[1324] Die von ihr damals eingeforderte, in Deutschland ihrer Meinung nach fehlende Insolvenzkultur sah sie vor allem in den Ländern verwirklicht, die bereits ein solches vorinsolvenzliches Sanierungsverfahren eingeführt hatten.

Der Vorschlag der Bundesjustizministerin fand damals großen Zuspruch in der insolvenzrechtlichen Fachwelt. Zahlreiche Autoren forderten noch unter dem Eindruck der Weltwirtschaftskrise ebenfalls ein solches Verfahren.[1325] Die Fürsprecher verwiesen ebenfalls oft auf vorinsolvenzliche Verfahren, mit denen unsere Nachbarstaaten gute Erfahrungen gemacht hatten.

1321 Erster Bericht, S. 154.

1322 Erster Bericht, S. 154.

1323 Koalitionsvertrag „WACHSTUM.BILDUNG.ZUSAMMENHALT.", S. 18, verfügbar unter: https://www.fdp.de/files/565/091024-koalitionsvertrag.pdf [zuletzt aufgerufen am 31. 5. 2019].

1324 *Leutheusser-Schnarrenberger*, BB 2010, Heft 17, Die erste Seite.

1325 Ein solches Verfahren befürworteten damals u.a. *Bork*, ZIP 2010, 397, 399 ff.; *Jaffé/Friedrich*, ZIP 2008, 1849, 1856 ff.; *Geldmacher*, ZInsO 2010, 696; *Jacoby*, ZGR 2010, 359; *Westphal*, ZGR 2010, 385; *Beissenhirtz*, ZInsO 2011, 57; rechtsvergleichend zu einem möglichen vorinsolvenzlichen Sanierungsverfahren, ohne aber eine Einführung im Ergebnis ausdrücklich zu befürworten, siehe *Piekenbrock*, ZVglRWiss 108 (2009), 242.

3. *Ablehnung der Einführung*

Letztlich kam es nicht zu einer Einführung eines vorinsolvenzlichen Sanierungsverfahrens. Der Rechtsausschuss im deutschen Bundestag sprach sich während des Gesetzgebungsprozesses zum ESUG ausdrücklich gegen ein vorinsolvenzliches Sanierungsverfahren aus. Man versprach sich von der Einführung des Schutzschirmverfahrens gemäß § 270b InsO, dass dieses in der Lage sein könnte, einen Teil der Verfahren, die in den Nachbarländern von vorinsolvenzlichen Sanierungsverfahren bewältigt werden, abzudecken.[1326] Diese hohen Erwartungen konnte das Schutzschirmverfahren freilich bis heute nicht ganz erfüllen, da es auch nach Inkrafttreten des ESUG noch Migrationen in Rechtsordnungen mit vorinsolvenzlichen Sanierungsverfahren gab.[1327]

Damit bleibt festzuhalten, dass bereits zwei Versuche, ein vorinsolvenzliches Sanierungsverfahren im deutschen Sanierungs- und Insolvenzrecht zu verankern, scheiterten. Ob ein dritter Anlauf funktionieren kann, bleibt abzuwarten.

II. Restrukturierungsrichtlinie

Mit der nun vorliegenden Restrukturierungsrichtlinie könnte im dritten Anlauf eine Einführung eines vorinsolvenzliches Sanierungsverfahrens gelingen. Die vorbereitenden Maßnahmen der europäischen Institutionen[1328] haben der nach Inkrafttreten des ESUG und der damit verbundenen Absage des Gesetzgebers an ein solches Verfahren kurzfristig abgeflauten Diskussion wieder neuen Aufwind verschafft.[1329] Dies ist grundsätzlich zu begrüßen.

Wie die Richtlinie in den einzelnen Mitgliedstaaten umgesetzt wird, bleibt abzuwarten.[1330] Nach Inkraffttreten der Richtlinie – voraussichtlich im Sommer 2019 – bleiben den Mitgliedstaaten zwei Jahre zur Umsetzung (vgl. Art. 34 Abs. 1). In Deutschland bietet sich eher die Umsetzung in Form eines

---

1326 RechtsA ESUG, BT-Drucks. 17/7511, S. 4.

1327 Siehe dazu ausführlich unter Dritter Teil, A. II. 2.

1328 Vgl. dazu v.a. COM(2012) 742 final und COM(2014) 1500 final.

1329 Vgl. dazu nur die zu diesem Thema seit 2015 erschienenen Dissertationsschriften, die alle im Ergebnis die Einführung eines vorinsolvenzlichen Sanierungsverfahrens befürworten, u.a. *A. Braun*, Vorinsolvenzliche Sanierung; *Heßel*, Vorinsolvenzliches Sanierungsverfahren; *Hüttinger*, Instrumente zur vorinsolvenzlichen Sanierung; *Wahlers*, Ausgestaltung und Erforderlichkeit eines vorinsolvenzlichen Sanierungsverfahrens; *Derksen*, Die Unternehmenssanierung innerhalb und außerhalb der Insolvenz.

1330 Ausführlich zur möglichen Umsetzung der Restrukturierungsrichtlinie zuletzt auch *Freitag*, ZIP 2019, 541.

eigenständigen Gesetzes an.[1331] Dies erscheint aus mehreren Gründen vorzugswürdig. Zum einen muss dann das bisherige Insolvenzrecht nicht neu gestaltet werden. Zum anderen können so die Vorgaben des EU-Gesetzgebers passformgenau in ein eigenes Gesetz gegossen werden. Das deutsche Insolvenzrecht ist ein gewachsenes System mit einer Vielzahl gut ineinandergreifender Normen.[1332] Dieses fein justierte Getriebe könnte durch ein neues Verfahren ins Stocken kommen, da einige Bestandteile des Restrukturierungsverfahrens sich kaum in Einklang mit dem bisherigen Recht bringen lassen. Zentraler Dreh- und Angelpunkt wird dabei sein, wie die Insolvenzeröffnungsgründe der §§ 17 ff. InsO von einer wahrscheinlichen Insolvenz im Sinne der Restrukturierungsrichtlinie abgegrenzt werden können.

III. Ergebnis

Deutschland muss nun die Restrukturierungsrichtlinie umsetzen. Ob dies durch einen minimalinvasiven Eingriff[1333] in Form einer Änderung des Schutzschirmverfahrens geschieht oder aber ein eigenes vorinsolvenzliches Verfahren eingeführt wird, ist zum jetzigen Zeitpunkt noch offen. Entscheidet sich der Gesetzgeber für eine Einführung eines vollwertigen vorinsolvenzlichen Verfahrens, sollte dieses in einem eigenen Gesetz normiert werden. Die Insolvenzordnung ist noch zu stark von ihrer Vorgängerin, der Konkursordnung, geprägt, als dass sie mit einem vorinsolvenzlichen Sanierungsverfahren, wie es sich die europäischen Institutionen vorgestellt haben, harmonieren könnte. Das deutsche Insolvenzverfahren ist geprägt durch eine sehr starke Stellung der Insolvenzgerichte, einflussreicher deutschlandweiter tätiger Insolvenzverwalter und dem Dogma der bestmöglichen Gläubigerbefriedigung des § 1 Satz 1 InsO. Dies ist mit einigen der Vorgaben aus Brüssel nur sehr schwer in Einklang zu bringen.

1331 So u.a. auch der *Gravenbrucher Kreis*, ZIP 2017, 203, 204; die Befragten im Rahmen der ESUG-Evaluierung sind sich uneins, ob das künftige Restrukturierungsverfahren außer- oder innerhalb der Insolvenzordnung geregelt werden sollte, Befürworter und Gegner halten sich dabei in etwa die Waage, siehe *Jacoby/Madaus/Sack/Schmidt/Thole*, ESUG-Evaluierung, S. 33.

1332 *Madaus* weist zurecht daraufhin, dass die weitere Diskussion über die Restrukturierungsrichtlinie nicht ohne die Berücksichtigung der Evaluierung des ESUG geführt werden kann, siehe *Madaus*, NZI 2017, 329; siehe dazu auch *Jacoby/Madaus/Sack/Schmidt/Thole*, ESUG-Evaluierung.

1333 Die Autoren der ESUG-Evaluierung fordern ein „behutsames Vorgehen des Gesetzgebers“ bei der Umsetzung der Restrukturierungsrichtlinie, siehe *Jacoby/Madaus/Sack/Schmidt/Thole*, ESUG-Evaluierung, S. 139.

Vierter Teil: Zusammenfassung und Ausblick

Abschließend sollen die wesentlichen Ergebnisse aller drei Teile der vorliegenden Arbeit nochmals kurz zusammengefasst und ein Ausblick in die weitere mögliche Entwicklung des Sanierungsgedankens im deutschen Insolvenzrecht gegeben werden. Konkrete Änderungen des bestehenden Insolvenzrechts, die imstande sein könnten, künftige Sanierungen in Deutschland noch weiter zu erleichtern, werden ebenfalls vorgeschlagen.

A. Zusammenfassung

Der erste Teil der vorliegenden Arbeit zeichnete die historische Entwicklung des Sanierungsgedankens im deutschen Insolvenzrecht, ausgehend von der Konkursordnung 1877 bis hin zum Inkrafttreten der Insolvenzordnung am 1. Januar 1999, nach. Der zweite Teil überprüfte die Umsetzung des Sanierungsgedankens durch das 2012 in Kraft getretene ESUG. Der weitere Reformbedarf des deutschen Insolvenzrechts sollte im dritten Teil mit Hilfe eines Vergleichs zu Insolvenzrechtssystemen zweier europäischer Nachbarländer und der Untersuchung europarechtlicher Entwicklungen aufgedeckt werden.

I. Historische Entwicklung

Die Nachzeichnung der historischen Entwicklung hat gezeigt, dass sich Deutschland sehr schwer tat, den rein exekutorischen Charakter seines Konkursrechts hinter sich zu lassen. Man erkannte zwar früh, dass die Wertevernichtung durch einen Konkurs enorme Auswirkungen auch auf die Gesamtwirtschaft hat. Es gelang dem Gesetzgeber aber weder durch die kurzfristig eingesetzten Geschäftsaufsichtsverordnungen noch durch die späteren Vergleichsordnungen mit ihren festen Mindestquoten dies effektiv abzumildern.

Nach dem Ende des Zweiten Weltkrieges erkannten einige Autoren die Notwendigkeit einer umfassenden Insolvenzrechtsreform. Das Wirtschaftswunder und zahlreiche gesellschaftspolitische Großprojekte verhinderten allerdings zunächst, dass diese damals ausreichend Gehör fanden. Erst unter dem Druck der Ölpreiskrise und weltwirtschaftlicher Turbulenzen wurde die Schaffung eines neuen Insolvenzrechts in Angriff genommen. Die Kommission für Insolvenzrecht leistete dabei einen wesentlichen Beitrag. Vor allem der Regierungswechsel 1982 sorgte letztlich dafür, dass einige zentrale Vorschläge der Kommission für Insolvenzrecht keinen Eingang in die Entwurfsfassungen der späteren Insolvenzordnung fanden. Der Gesetzgeber hatte sich bewusst dagegen entschieden, der Sanierung eines Unternehmens einen Vorrang im Insolvenzrecht zu gewähren. Mit Blick auf den Sanierungsgedanken ist dies ausdrücklich zu bedauern und zeigt, wie sehr vor allem das Insolvenzrecht abhängig von der politischen und wirtschaftlichen Stimmung im Land ist.

Am Ende der historischen Entwicklung steht nun die Insolvenzordnung als zentrales einheitliches Insolvenzgesetz und mit ihr der § 1 InsO. Durch das Ziel der bestmöglichen Gläubigerbefriedigung konnte sich der Insolvenzrechtsgesetzgeber nicht von der Geschichte lösen. Bis heute ist mithin die Haftungsverwirklichung das zentrale Merkmal des deutschen Insolvenzrechts. Dass der Erhalt des Unternehmens eine mögliche Variante ist, und dass die Gläubiger gemeinschaftlich befriedigt werden können, ist mit Blick auf die Entwicklung des Insolvenzrechts im 20. Jahrhundert zwar positiv zu bewerten, aber noch nicht der Schlusspunkt der Entwicklung des Sanierungsgedankens.

II. Umsetzung

Der Gesetzgeber hatte es sich unter dem Eindruck der Weltwirtschaftskrise 2007/2008 zum Ziel gesetzt, die Restrukturierung von Unternehmen durch ein sanierungsfreundlicheres Insolvenzrecht zu erleichtern. Es war also abermals eine Wirtschaftskrise, die den Gesetzgeber zu Reformen im Insolvenzrecht bewegte. Es konnte gezeigt werden, dass das ESUG – *nomen est omen* – imstande ist, Unternehmenssanierungen in Zukunft deutlich zu erleichtern. Trotzdem offenbarten sich noch einige Schwachstellen des neuen Insolvenz- und Sanierungsrechts, die bei der bevorstehenden Bewertung der Reform und nachfolgenden Novellierung der Insolvenzordnung dringend berücksichtigt werden sollten. Um der Stärkung der Gläubigerautonomie noch mehr Ausdruck zu verleihen und vor allem um keinen Widerspruch zu §§ 217 Satz 2, 225a InsO zu erzeugen, wäre eine Rückkehr zu § 255 Abs. 1 RegE InsO wünschenswert. Der Gesetzgeber sollte sowohl den Gläubigern, als auch den Anteilsinhabern die Möglichkeit geben, einen eigenen Insolvenzplan auszuarbeiten und diesen vorzuschlagen. Derjenige, dessen Rechte durch einen Insolvenzplan beschnitten werden können, sollte auch mehr Mitsprache im Vorfeld bei der inhaltlichen Gestaltung des Insolvenzplans haben.

Aus Gründen der Rechtssicherheit sollte der Gesetzgeber die immer noch höchst umstrittenen Bewertungsfragen im Rahmen eines *debt-equity swap* ausdrücklich regeln. Die Hürden an einen Bezugsrechtsausschluss der Gesellschafter sollten möglichst niedrig sein, um dadurch eine Sanierung durch dieses neue Instrument zu unterstützen. Eine weitere Möglichkeit, den *debt-equity swap* zu erleichtern, wäre es, zu der Zustimmungsfiktion des § 230 Abs. 2 DiskE ESUG zurückzukehren. Dadurch könnte die Anzahl der beteiligten Gläubiger, die nach bisheriger Rechtslage ausdrücklich zustimmen müssen, deutlich erhöht und Verzögerungen im Verfahrensablauf reduziert werden. Durch diese Maßnahmen könnte der *debt-equity swap* als ein wirkungsvolles Sanierungsinstrument in Zukunft öfter zur Anwendung kommen.

Ein weiterer gewichtiger Punkt, der zur Stärkung der Gläubigerautonomie beitragen könnte, ist, dass den Gläubigern ein Rechtsmittel gegen die Nichteinsetzung eines (vorläufigen) Gläubigerausschusses gewährt wird. Ein umfassender Rechtsschutz trägt maßgeblich dazu bei, die Zustimmung der Gläubiger zum Insolvenzplanverfahren zu erhöhen. Der vorläufige Gläubigerausschuss hat sich bewährt, weswegen den Gläubigern auch eine Möglichkeit gegeben werden sollte, eine Einsetzung gerichtlich zu erzwingen. Falls der Gesetzgeber nicht jedem Gläubiger die Möglichkeit eines Rechtsmittels zugestehen möchte, so sollte zumindest zu der Regelung des § 21 DiskE ESUG zurückgekehrt werden, wonach aus- oder absonderungsberechtigte Gläubiger das Recht der sofortigen Beschwerde zugestanden wurde.

Die Regelung des § 2 Abs. 2 Satz 1 RegE ESUG sollte bei der nächsten Novellierung berücksichtigt und in die Insolvenzordnung eingefügt werden. Eine Konzentration der Zuständigkeit der Amtsgerichte über den Landgerichtsbezirk hinaus ist in ländlichen Regionen mit vielen kleineren Landgerichten zwingend erforderlich. Um die Insolvenzgerichte insgesamt zu stärken, wäre darüber hinaus eine bessere Ausstattung der Insolvenzrichter sowohl in personeller als auch in finanzieller Hinsicht wünschenswert. Das heißt, es muss Insolvenzrichtern möglichst eine Vollzeitplanstelle zugebilligt werden und der gesteigerte Fortbildungsaufwand, der durch die Einführung von § 22 Abs. 6 Satz 2 GVG entstanden ist, sollte sich auch in der Besoldung niederschlagen.

Die Änderungen, die die Eigenverwaltung stärken, sind ausdrücklich zu begrüßen. Dass eine gerichtliche Abwägung nun entfällt, wenn der Schuldner den vorläufigen Gläubigerausschuss auf seiner Seite hat (vgl. § 270 Abs. 3 Satz 2 InsO i.V.m. § 270 Abs. 2 Nr. 2 InsO), wird die Wahrscheinlichkeit einer Eigenverwaltung weiter erhöhen. Die Missbrauchsgefahr erscheint nicht zuletzt wegen der umfassenden gerichtlichen Kontrolle über den vorläufigen Gläubigerausschuss vernachlässigbar.

Eine ausdrückliche Regelung der Haftung der handelnden Organe einer Gesellschaft in Eigenverwaltung in die Insolvenzordnung aufgenommen werden. Die Gläubiger sind im Rahmen der Eigenverwaltung auf Grund des erheblich geringeren Einflusses auf den Ablauf und den Gang des Verfahrens einem deutlich höheren Risiko als im Regelverfahren ausgesetzt. Im Regelverfahren haftet der Insolvenzverwalter persönlich nach §§ 60, 61 InsO. Eine vergleichbare Regel sollte daher auch für die Mitglieder der geschäftsführenden Organe eingeführt werden. Dadurch könnte die Zustimmung der Gläubiger zur Eigenverwaltung weiter erhöht werden, so dass diese letztlich (noch) häufiger zur Anwendung kommen kann.

Eine angemessene Vergütung des vorläufigen Sachwalters ist gesetzlich festzulegen, da dies der Gesetzgeber im Rahmen des ESUG versäumt hat. Die Rechtszersplitterung, die durch die unterschiedlichen Ansätze einiger Amtsgerichte entstanden ist, ist nicht mehr hinnehmbar. Gleiches gilt für das weiterhin ungeklärte Problem, ob auch im Rahmen des Eigenverwaltungseröffnungsverfahrens die Möglichkeit für den Schuldner besteht, Masseverbindlichkeiten zu begründen. Das Wohl und Wehe einer erfolgreichen Eigenverwaltung entscheidet sich bereits im Vorverfahren, so dass eine dem § 270b Abs. 3 InsO vergleichbare Regelung auch für § 270a InsO einzuführen ist, da dieser ansonsten wirkungslos bleibt. Die starre Ausschlussfrist von drei Monaten, die dem Schuldner zur Vorlage eines Insolvenzplans gemäß § 270b Abs. 1 InsO im Rahmen des Schutzschirmverfahrens gewährt wird, sollte in Ausnahmefällen durch gerichtlichen Beschluss verlängert werden können.

Die Causa *Suhrkamp* zeigte, dass § 34 Abs. 2 InsO auch den Gläubigern und den Gesellschaftern offenstehen sollte und dieser dementsprechend bei einer Novellierung der Insolvenzordnung erweitert werden muss. Eine Beschwerdemöglichkeit gegen den gerichtlichen Eröffnungsbeschluss erscheint vor allem für die Gesellschafter von besonderer Wichtigkeit, da sobald das Verfahren einmal durch Beschluss des Insolvenzgerichts eröffnet wurde, es auf Grund der Neuerungen durch §§ 217 Satz 2, 225a InsO im Rahmen des Insolvenzplanverfahrens zu zwangsweisen Eingriffen in die Mitgliedschaft einzelner (Minderheits-) Gesellschafter kommen kann. Um Missbräuche zu vermeiden, sollte daher eine Überprüfung durch das Gericht schon vor der endgültigen Bestätigungsentscheidung möglich sein.

Da die Zahl der Unternehmensinsolvenzen seit Jahren rückläufig ist und sich aktuell auf einem historischen Tiefststand befindet,[1334] steht die Feuertaufe des ESUG in seiner jetzigen Form noch aus. Erst in einer wirtschaftlichen Krise können die Neuregelungen ihre Wirkungen tatsächlich entfalten.

1334 Die Daten des Statistischen Bundesamtes sind abrufbar unter: https://www.destatis.de/DE/Themen/Branchen-Unternehmen/Unternehmen/Gewerbemeldungen-Insolvenzen/Tabellen/lrins01.html [zuletzt aufgerufen am 31. 5. 2019].

III. Weiterer Reformbedarf

Der Blick nach Österreich brachte im Ergebnis wenig Ansatzpunkte für eine Rechtsfortbildung hervor. Unser Nachbar arbeitet weiterhin relativ erfolgreich mit festen Mindestquoten, ist also noch viel stärker im Vergleichs- und Konkursrecht des 20. Jahrhunderts verhaftet als Deutschland. In Österreich sind die Landesgerichte für Insolvenzverfahren von Unternehmen und die Bezirksgerichte für Insolvenzverfahren von nicht gewerblich tätigen Privatpersonen zuständig. Ob eine solche Trennung auch für Deutschland Vorteile brächte, ist zweifelhaft. Eine stärkere Konzentration der Zuständigkeit erscheint indes, wie bereits gezeigt, für größere Unternehmensinsolvenzen vorteilhaft. Ob in Deutschland, ebenso wie nach § 80 Abs. 5 öIO juristische Personen zum Insolvenzverwalter bestellt werden sollten, bleibt offen, könnte aber unter dem Druck europäischer Entwicklungen bald geltendes Recht werden. Das Unternehmensreorganisationsgesetz dient als Negativbeispiel und zeigt, wie ein vorinsolvenzliches Sanierungsverfahren gerade nicht ausgestaltet sein sollte.

Deutlich fruchtbarer, vor allem im Hinblick auf zukünftige Entwicklungen im Sanierungsrecht, ist der Blick ins Vereinigte Königreich. Großbritannien bietet Schuldnern schon seit längerem mit den *company voluntary arrangements* und dem *scheme of arrangement* gleich zwei wirkungsvolle vorinsolvenzliche Sanierungsinstrumente. *Company voluntary arrangements* bieten die Vorteile, dass sie auf Grund der fehlenden Gruppeneinteilung vergleichsweise günstig sind, zumindest für kleine Unternehmen die Möglichkeit eines Moratoriums beinhalten und eine Anerkennung im Moment noch über die EuInsVO möglich ist. Das *scheme of arrangement* ist dagegen aufwändiger, da die verschiedenen Interessen von Gläubigern sich in den unterschiedlich zu bildenden Gläubigergruppen widerspiegeln und die Gerichte regelmäßig einen größeren Einfluss auf das Verfahren haben. Dagegen können auch gesicherte Gläubiger durch ein *scheme of arrangement* erfasst und gebunden werden. Beide Verfahren legen offen, dass vorinsolvenzliche Verfahren mit bestimmten Widrigkeiten zu kämpfen haben. Aus deutscher Perspektive ist vor allem der wesentlich geringere gerichtliche Einfluss auf den Ablauf des Verfahrens bemerkenswert.

Eine abgestufte Zielvorgabe wie sie in para. 3 *Schedule B1* IA 1986 für die *administration* vorgesehen ist, wäre auch für das Insolvenzverfahren als Ganzes oder zumindest für das Insolvenzplanverfahren als Äquivalent zur *administration* im Besonderen denkbar. Der Verwalter hätte dann zuvörderst die Aufgabe, zu versuchen, das Unternehmen als Ganzes zu erhalten. Gelänge ihm dies nicht, müsste sein Handeln darauf gerichtet sein, zumindest ein besseres Ergebnis für die Gläubiger zu erzielen als dies bei einer Abwicklung des Unternehmens der

Fall wäre, etwa durch eine übertragende Sanierung. Falls ihm dies ebenfalls nicht möglich sein sollte, bliebe als letzte Möglichkeit, das Unternehmen im Regelinsolvenzverfahren abzuwickeln.

Das Modell der *insolvency practitioner* sollte vom deutschen Gesetzgeber genau beobachtet werden. Langfristig wäre es auch in Deutschland vorteilhaft, den Berufszugang gesetzlich zu regeln. Dies gilt erst recht im Hinblick auf die europäischen Rechtsentwicklungen. Eine umfassend gewährte Niederlassungsfreiheit im Binnenmarkt muss verwirklicht werden. Eine Verkammerung, wie sie bei den meisten freien Berufen mittlerweile der Fall ist, erscheint dabei zweckmäßig, um eine effektive Berufsaufsicht der Insolvenzverwalter zu gewährleisten. Staatliche Zulassungsprüfungen, wie sie in einigen europäischen Nachbarländern vorgesehen sind, wären für Deutschland ebenfalls denkbar. Dies könnte gleichzeitig dazu führen, dass nicht nur Rechtsanwälte, sondern vor allem auch vermehrt Betriebs- und Volkswirte in Zukunft als Verwalter tätig werden könnten. Da das weite Feld der Insolvenzverwaltung neben juristischen Fähigkeiten vor allem auch wirtschaftlichen Sachverstand erfordert, könnte der Berufsstand davon insgesamt profitieren.

Die Neufassung der EuInsVO ist ausdrücklich zu begrüßen. Sie leistet einen wesentlichen Beitrag, um vor allem Insolvenzen mittlerer und großer Unternehmen, die regelmäßig einen grenzüberschreitenden Bezug aufweisen, in Zukunft noch effizienter zu gestalten. Bei der nächsten inhaltlichen Änderung oder Erweiterung der EuInsVO sollten allerdings alle vorinsolvenzlichen Verfahren in Anhang A aufgenommen werden. Dass dies nur noch im ordentlichen Gesetzgebungsverfahren möglich ist, kann durchaus als missglückt bezeichnet werden. Die Regeln, die Konzerninsolvenzen betreffen, sind ein erster wichtiger Schritt hin zu einem Internationalen Konzerninsolvenzrecht. Der nationale Gesetzgeber hat kurz vor dem Ende der 18. Legislaturperiode den von der Bundesjustizministerin *Leutheusser-Schnarrenberger* bereits zu Anfang der 17. Legislaturperiode angestoßenen Vorschlag eines nationalen Konzerninsolvenzrechts umgesetzt, so dass in Zukunft Insolvenzen konzernierter Unternehmen in Deutschland deutlich erleichtert werden.

Die Restrukturierungsrichtlinie ist im Grundsatz zu begrüßen. Er wird die Diskussion um die Notwendigkeit und die Ausgestaltung eines vorinsolvenzlichen Sanierungsverfahrens nachhaltig befruchten. Die Richtlinie enthält aber einige Ansätze, die sich zumindest auf den ersten Blick nicht ohne weiteres in das deutsche Insolvenzrechtssystem einfügen werden. Die Bundesregierung muss bei der Umsetzung nun versuchen, das Risiko möglicher Friktionen mit dem bisherigen deutschen Insolvenzrecht zu minimieren. Da das deutsche Sanierungs- und Insolvenzrecht – insbesondere durch das ESUG – bereits effizient ausgestaltet ist, besteht, anders als in einigen Mitgliedstaaten der Europäischen Union, kein dringendes praktisches Bedürfnis nach einer unmittelbaren Umsetzung aller Regeln der Richtlinie.

B. Ausblick

Mit der Schaffung eines eigenen Sanierungsgesetzes hat der Gesetzgeber nun die einmalige Chance, erstmals nicht gedrängt durch eine wirtschaftliche Krise tätig zu werden, sondern in Zeiten wirtschaftlicher Stabilität ein ausgereifteres sanierungsfreundliches Recht zu schaffen. Der Gesetzgeber wirkte in der Vergangenheit oftmals wie ein Getriebener und kann nun proaktiv tätig werden. Dieses Mal ist es keine unmittelbare wirtschaftliche Krise, sondern ein Anstoß aus Brüssel, der letztlich wohl zur Reformierung des geltenden Rechts führt. Die Vorgaben aus Brüssel lassen dem Gesetzgeber dabei aber den nötigen Spielraum. Die Umsetzung der Richtlinie sollte gleichtzeitg Anlass dazu sein, die oben ausgeführten Verfeinerungen, die beim Erlass des ESUG versäumt wurden, in das deutsche Insolvenzrecht zu integrieren. Langfristig könnten die Entwicklungen der jüngeren Vergangenheit dazu führen, dass das vorrangige Ziel der bestmöglichen Gläubigerbefriedigung zurückgedrängt wird und der Sanierungsgedanke dadurch mehr in den Vordergrund rückt. Falls das Restrukturierungsverfahren in die Insolvenzordnung integriert werden sollte, muss über eine Anpassung des § 1 InsO nachgedacht werden. Die Gläubigerbefriedigung kann dann nicht mehr das Hauptziel dieses neuen Verfahrens sein. Das Insolvenzrecht bleibt somit auch in Zukunft eine äußerst spannende, und sich weiterhin schnell ändernde, flexible Rechtsmaterie.

Literaturverzeichnis

Ahrens, Martin/Gehrlein, Markus/Ringstmeier, Andreas (Hrsg.): Kommentar zum Insolvenzrecht, 3. Aufl., Köln 2017

Albrecht, Achim: Die EU-Kommission ebnet den Einstieg in die vorinsolvenzliche Sanierung, ZInsO 2016, 2414

Altmeppen, Holger: Zur Rechtsstellung der Gläubiger im Konkurs gestern und heute, in: Erle, Bernd/Goette, Wulf/Kleindiek, Detlef/Krieger, Gerd/Priester, Hans-Joachim/Schubel, Christian/Schwab, Martin/Teichmann, Christoph/ Witt, Carl-Heinz (Hrsg.), Festschrift für Peter Hommelhoff, Köln 2012, S. 1 ff.

Andres, Dirk/Grund, Andreas: Die Flucht vor deutschen Insolvenzgerichten nach England – Die Entscheidungen in dem Insolvenzverfahren Hans Brochier Holdings Ltd., NZI 2007, 137

Andres, Dirk: Anmerkung zu dem Beschluss des LG Duisburg vom 29. 11. 2012 – 7 T 185/12, NZI 2013, 93

Andres, Dirk/Leithaus, Rolf (Hrsg.): Kommentar zur Insolvenzordnung, 4. Aufl., München 2018

Arnold, Hans: Der deutsch-österreichische Konkursvertrag, Köln 1987

Bachmann, Gregor/Becker, Udo: Haftung des Insolvenz-Geschäftsführers in der Eigenverwaltung, NJW 2018, 2235

Balz, Manfred: Sanierung von Unternehmen oder von Unternehmensträgern, in: Balz, Manfred/Kübler, Bruno M./Merz, Franz/Timm, Wolfram (Hrsg.), Beiträge zum Insolvenzrecht, Köln 1986, S. 71 ff.

Balz, Manfred: Aufgaben und Struktur des künftigen einheitlichen Insolvenzverfahrens, ZIP 1988, 273

Balz, Manfred: Die Ziele der Insolvenzordnung, in: Kölner Schrift zur Insolvenzordnung, 2. Aufl., Herne, Berlin 2000, S. 1 ff.

Balz, Manfred: Restrukturierung in Perspektive, in: Ebke, Werner F./Seagon, Christopher/Blatz, Michael (Hrsg.), Insolvenzrecht 2.020 – Perspektiven und Visionen, Baden-Baden 2014, S. 87 ff.

Balz, Manfred: Insolvency Proceedings and Preventive Frameworks, in: Ebke, Werner F./Seagon, Christopher/Blatz, Michael (Hrsg.), Unternehmensrestrukturierung im Umbruch?!, Baden-Baden 2017, S. 71 ff.

Basedow, Jürgen: Brexit und das Privat- und Wirtschaftsrecht, ZEuP 2016, 567

Bauer, Andreas F./Dimmling, Andreas: Endlich im Gesetz(entwurf): Der Debt-Equity-Swap, NZI 2011, 517

Bauer, Peter: Der Insolvenzplan, Berlin 2009

Baumbach, Adolf/Hueck, Alfred (Hrsg.): Kommentar zum GmbHG, 21. Aufl., München 2017

Baur, Fritz/Stürner, Rolf: Lehrbuch zum Zwangsvollstreckungs-, Konkurs- und Vergleichsrecht, 11. Aufl., Heidelberg 1983

Beck, Siegfried/Depré, Peter: Praxis der Insolvenz, 3. Aufl., München 2017

Beck'scher Online-Kommentar zur Insolvenzordnung: Fridgen, Alexander/ Geiwitz, Arndt/Göpfert, Burkhard (Hrsg.), 12. Edition, München 2018

Beissenhirtz, Volker: Plädoyer für ein Gesetz zur vorinsolvenzlichen Sanierung von Unternehmen, ZInsO 2011, 57

Berger, Christian/Frege, Michael C.: Business Judgement Rule bei Unternehmensfortführung in der Insolvenz – Haftungsprivileg für den Verwalter?, ZIP 2008, 204

Berges, August: Große oder Kleine Insolvenzrechtsreform, KTS 1955, 49

Berliner Kommentar Insolvenzrecht: Blersch, Jürgen/Goetsch, Hans-W./Haas, Ulrich (Hrsg.), Band I (§§ 1–147) 68. Erg.-Lfg., Köln 2018, Band II (§§ 148–359) 68. Erg.-Lfg., Köln 2018

Beth, Stephan: Zur Unverhältnismäßigkeit der Einsetzung des vorläufigen Gläubigerausschusses gem. § 22a Abs. 3, 2. Alt. InsO, ZInsO 2012, 1974

Bitter, Georg: Sanierung in der Insolvenz – Der Beitrag von Treue- und Aufopferungspflichten zum Sanierungserfolg, ZGR 2010, 147

Bizenberger, Rainer/Eschmann, Jörg/Blatz, Michael/Seagon, Christopher: ESUG-Studie 2016: ESUG in der Praxis angekommen, vorinsolvenzliches Sanierungsverfahren erwartet, in: Ebke, Werner F./Seagon, Christopher/Blatz, Michael (Hrsg.), Die Praxis der Unternehmensrestrukturierung und der Berufsstand des Insolvenzverwalters, Baden-Baden 2017, S. 51 ff.

Blankenburg, Daniel: Begründung von Masseverbindlichkeiten in Eigenverwaltungsverfahren, ZInsO 2016, 1337

Bleisteiner, Uli: Deutsche Insolvenzordnung und spanisches Konkursgesetz (Ley Concursal) in rechtsvergleichender Betrachtung, Hamburg 2014

Bley, Erich/Mohrbutter, Jürgen (Hrsg.): Großkommentar zur Vergleichsordnung, Band I (§§ 1–81) 4. Aufl., Berlin, New York 1979, Band II (§§ 82–132) 4. Aufl., Berlin, New York 1981

Bluhm, Alexander: Der Ausschluss juristischer Personen vom Insolvenzverwalteramt: Ein Verstoß gegen Verfassungs- und Europarecht, ZIP 2014, 555

Bogumil, Dörte: Das „große Insolvenzgericht" beim Landgericht – Vorschlag für eine Reform der Gerichtsorganisation im Insolvenzrecht, NZI 2018, 774

Böhle-Stamschräder, Aloys: Reformbedürftigkeit des Konkursrechts, KTS 1959, 66

Bork, Reinhard: Grundfragen des Restrukturierungsrechts, ZIP 2010, 397

Bork, Reinhard: Sanierungsrecht in Deutschland und England, Köln 2011

Bork, Reinhard: Vorinsolvenzliches Sanierungsverfahren: Schuldverschreibungsgesetz analog?, ZIP 2011, 2035

Bork, Reinhard: The Scheme of Arrangement, IILR 2012, 477

Bork, Reinhard: Einführung in das Insolvenzrecht, 8. Aufl., Tübingen 2017

Bormann, Jens: Kreditreorganisationsgesetz, ESUG und Scheme of Arrangement – Insolvenzrechtliche Neuerungen im Spannungsverhältnis zwischen erleichterter Unternehmenssanierung und Beschneidung von Gläubiger- und Gesellschafterrechten, NZI 2011, 892

Bornhorst, Ralf: Das bayrische Insolvenzrecht im 19. Jahrhundert und der Einfluß Bayerns auf das Entstehen der Reichskonkursordnung von 1877, Würzburg 2002

Braun, Andrea: Die vorinsolvenzliche Sanierung von Unternehmen – Ein Vorschlag für ein neues Restrukturierungsverfahren unter Berücksichtigung der englischen Arrangements, Baden-Baden 2015

Braun, Eberhard/Uhlenbruck, Wilhelm: Unternehmensinsolvenz, Grundlagen – Gestaltungsmöglichkeiten – Sanierung mit der InsO, Düsseldorf 1997

Braun, Eberhard: Eingriff in Anteilseignerrechte im Insolvenzplanverfahren – Das U.S.-amerikanische Konzept in Chapter 11 Bankruptcy Code und seine deutsche Entsprechung, in: Ganter, Hans-Gerhard/Gottwald, Peter/Lwowski, Hans-Jürgen (Hrsg.), Festschrift für Gero Fischer, München 2008, S. 53 ff.

Braun, Eberhard/Heinrich, Jens: Auf dem Weg zu einer (neuen) Insolvenzplankultur in Deutschland – Ein Beitrag zu dem Regierungsentwurf für ein Gesetz zur weiteren Erleichterung der Sanierung von Unternehmen, NZI 2011, 505

Braun, Eberhard (Hrsg.): Kommentar zur Insolvenzordnung, 7. Aufl., München 2017

Braun, Falko: Die Funktion und die Funktionsfähigkeit des Aufsichtsrats einer insolventen Aktiengesellschaft, Berlin 2009

Brinkmann, Moritz: Wege aus der Insolvenz eines Unternehmens – oder: Die Gesellschafter als Sanierungshindernis, WM 2011, 97

Brinkmann, Moritz/Zipperer, Helmut: Die Eigenverwaltung nach dem ESUG aus Sicht von Wissenschaft und Praxis, ZIP 2011, 1337

Brinkmann, Moritz: Haftungsrisiken im Schutzschirmverfahren und in der Eigenverwaltung (Teil 1), DB 2012, 1313

Brinkmann, Moritz: Haftungsrisiken im Schutzschirmverfahren und in der Eigenverwaltung (Teil 2), DB 2012, 1369

Brinkmann, Moritz: Der strategische Eigenantrag – Missbrauch oder kunstgerechte Handhabung des Insolvenzverfahrens?, ZIP 2014, 197

Brünkmans, Christian/Uebele, Sebastian: Rechtsschutz gegen missbräuchliche Insolvenzanträge und insolvenzzweckwidrige Insolvenzpläne? ZInsO 2014, 265

Buchalik, Robert (Hrsg.): Sanieren statt Liquidieren – Neue Wege zur nachhaltigen Unternehmenssanierung, 2. Aufl., Herne 2015

Buchegger, Walter H. (Hrsg.): Kommentar zur Zivilprozessordnung, Wien 2006

Buchegger, Walter H. (Hrsg.): Kommentar zum Österreichischen Insolvenzrecht, Erster Zusatzband, 4. Aufl., Wien, New York 2009

Buchegger, Walter H.: Insolvenzrecht, 3. Aufl., Wien 2017

Bucher, Eugen: Rechtsüberlieferung und heutiges Recht, ZEuP 2000, 394

Budnik, Andreas: Zur Regelvergütung des vorläufigen Sachwalters, NZI 2014, 247

Busch, Klaus-Peter: Hat das ESUG die Praxis und die Kriterien der Insolvenzgerichte bei der Auswahl von Insolvenzverwaltern geändert?, ZInsO 2012, 1389

Buth, Andrea K./Hermanns, Michael (Hrsg.): Restrukturierung, Sanierung, Insolvenz, 4. Aufl., München 2014

Büttner, Holger: Wegbereiter zum „großen Insolvenzgericht"? Die Evaluierung des ESUG, ZRP 2019, 51

Cahn, Andreas/Simon, Stefan/Theiselmann, Rüdiger: Forderungen gegen die Gesellschaft als Sacheinlage? Zum Erfordernis der Forderungsbewertung beim Debt Equity Swap, CFL 2010, 238

Cahn, Andreas/Simon, Stefan/Theiselmann, Rüdiger: Debt Equity Swap zum Nennwert!, Erwiderung auf Prof. Dr. Priester, DB 2010 S. 1445, DB 2010, 1629

Cahn, Hugo: Geschäftsaufsicht und Zwangsvergleich, München et al. 1917

Cahn, Hugo: Der Auftakt des Vergleichsverfahrens, JW 1928, 1118

Camek, Fabian: Das Schutzschirmverfahren nach § 270b InsO und seine Funktionalität im internationalen Rechtsvergleich, Frankfurt a.M. et al. 2014

Carli, Winfried M./Riedler, Markus S./Mückl, Norbert: Debt-to-Equity-Swaps in der aktuellen Transaktionspraxis, ZIP 2010, 1737

Cranshaw, Friedrich L.: „Solvent Scheme of Arrangement", ein Sanierungsinstrument des englischen Rechts in der inländischen Rechtspraxis – Zugleich eine Anmerkung zu dem Urteil „Equitable Life" des BGH, DZWiR 2012, 223

Dammann, Reinhard: Die Erfolgsrezepte französischer vorinsolvenzlicher Sanierungsverfahren, NZI 2009, 502

Danielcik, Hans Peter/Küch, Otto: Die Vergleichsordnung, Berlin 1935

Decher, Christian E./Voland, Thomas: Kapitalschnitt und Bezugsrechtsausschluss im Insolvenzplan – Kalte Enteignung oder Konsequenz des ESUG?, ZIP 2013, 103

Degenhardt, J. Ernst: Das neue französische „beschleunigte finanzielle Sanierungsverfahren“ (Sauvegarde financière accélérée) – Erfolgreicher Abschluss des ersten Verfahrens, NZI 2013, 830

Degenhardt, J. Ernst: Die Reform des französischen Insolvenzrechts durch die Gesetze für „Wachstum, Aktivität und Gleichheit der wirtschaftlichen Chancen“ und zur „Modernisierung der Justiz des 21. Jahrhunderts“ – Weitere Annäherung an die EU-Vorgaben, NZI 2017, 134

Deppisch, Barbara: Das Insolvenzplanverfahren nach dem ESUG – Motive der Gesetzesänderung durch Erfahrungen mit dem bisherigen Recht und durch Vergleich mit amerikanischem und britischem Recht, Hamburg 2014

Derksen, Nils: Die Unternehmenssanierung innerhalb und außerhalb der Insolvenz, Baden-Baden 2017

Diskussionsentwurf – Gesetz zur Reform des Insolvenzrechts: BMJ (Hrsg.), Köln 1988

Doliwa, Cornelia J.: Die geplante Insolvenz – Unternehmenssanierung mittels Prepackaged Plan und Eigenverwaltung, Baden-Baden 2012

Drobnig, Ulrich: Empfehlen sich gesetzliche Maßnahmen zur Reform der Mobiliarsicherheiten?, Gutachten F für den 51. DJT, Band I, München 1976

Drukarczyk, Jochen: Ökonomische Schieflage, insolvenzrechtliche Verteilungsregel, Eröffnungsgründe, DES und Position der Alteigentümer, NZI 2015, 110

Erster Bericht der Kommission für Insolvenzrecht: BMJ (Hrsg.), Köln 1985

Ebke, Werner F.: Wirtschaftsprüfer und Dritthaftung, Bielefeld 1983

Ebke, Werner F.: § 114 Insolvenzrecht, in: Kube, Hanno/Morgenthaler, Gerd/-Mellinghoff, Rudolf/Palm, Ulrich/Puhl, Thomas/ Seiler, Christian (Hrsg.), Festschrift für Paul Kirchhof, Leitgedanken des Rechts, Band II, Heidelberg 2013, S. 1247 ff.

Ebke, Werner F.: Iustitia, in: Stumpf, Cordula/Kainer, Friedemann/Baldus, Christian (Hrsg.), Festschrift für Peter-Christian Müller-Graff, Privatrecht, Wirtschaftsrecht, Verfassungsrecht – Privatinitiative und Gemeinwohlhorizonte in der europäischen Integration, Baden-Baden 2015, S. 1451 ff.

Ebke, Werner F./Humpenöder, Leo: Internationales Insolvenzrecht und die Europäische Insolvenzverordnung 2017, in: Ebke, Werner F./Seagon, Christopher/Blatz, Michael (Hrsg.), Unternehmensrestrukturierung und

Unternehmensinsolvenz – National – international – europäisch, Baden-Baden 2015, S. 107 ff.

Ebke, Werner F./Humpenöder, Leo: Europäisierung des Insolvenzrechts, in: Hommel, Ulrich/Knecht, Thomas C./Wohlenberg, Holger (Hrsg.), Handbuch Unternehmensrestrukturierung, 2. Aufl., Wiesbaden 2018, S. 2081 ff.

Eble, Maximilian J.: Die Unternehmensgruppe in der Europäischen Insolvenzordnung 2017, in: Ebke, Werner F./Seagon, Christopher/Blatz, Michael (Hrsg.), Unternehmensrestrukturierung und Unternehmensinsolvenz – National – international – europäisch, Baden-Baden 2015, S. 131 ff.

Eble, Maximilian J.: Auf dem Weg zu einem europäischen Konzerninsolvenzrecht – Die „Unternehmensgruppe" in der EuInsVO 2017, NZI 2016, 115

Eble, Maximilian J.: Der Gruppenkoordinator in der reformierten EuInsVO, ZIP 2016, 1619

Ehlers, Harald/Drieling, Ilka: Unternehmenssanierung nach der Insolvenzordnung, 2. Aufl., München 2000

Ehricke, Ulrich/Köster, Malte/Müller-Seils, Carsten Oliver: Neuerungen im englischen Unternehmensinsolvenzrecht durch den Enterprise Act 2002, NZI 2003, 409

Eidenmüller, Horst: Die Banken im Gefangenendilemma: Kooperationspflichten und Akkordstörungsverbot im Sanierungsrecht, ZHR 160 (1996), 343

Eidenmüller, Horst: Unternehmenssanierung zwischen Markt und Gesetz – Mechanismen der Unternehmensreorganisation und Kooperationspflichten im Reorganisationsrecht, Köln 1999

Eidenmüller, Horst/Engert, Andreas: Reformperspektiven einer Umwandlung von Fremd- in Eigenkapital (Debt-Equity Swap) im Insolvenzplanverfahren, ZIP 2009, 541

Eidenmüller, Horst: Finanzkrise, Wirtschaftskrise und das deutsche Insolvenzrecht, Berlin 2009

Eidenmüller, Horst/Frobenius, Tilmann/Prusko, Wolfram: Regulierungswettbewerb im Unternehmensinsolvenzrecht: Ergebnisse einer empirischen Untersuchung, NZI 2010, 545

Eidenmüller, Horst: Reformperspektiven im Restrukturierungsrecht, ZIP 2010, 649

Eidenmüller, Horst: Die Eigenverwaltung im System des Restrukturierungsrechts, ZHR 175 (2011), 11

Eidenmüller, Horst/Frobenius, Tilmann: Die internationale Reichweite eines englischen Scheme of Arrangement, WM 2011, 1210

Eidenmüller, Horst: Der Insolvenzplan als gesellschaftsrechtliches Universalwerkzeug, NJW 2014, 17

Eidenmüller, Horst: Die Restrukturierungsempfehlung der Europäischen Kommission und das deutsche Restrukturierungsrecht, KTS 2014, 401

Eidenmüller, Horst: Strategische Insolvenz: Möglichkeiten, Grenzen, Rechtsvergleichung, ZIP 2014, 555

Eisenhardt, Moritz: Sanierung statt Liquidation, Frankfurt a.M. 2010

Ekkenga, Jens: Sachkapitalerhöhung gegen Schuldbefreiung, ZGR 2009, 581

Ekkenga, Jens: Neuerliche Vorschläge zur Nennwertanrechnung beim Debt-Equity-Swap – Erkenntnisfortschritt oder Wiederbelebungsversuche am untauglichen Objekt?, DB 2012, 331

Engelhard, Hans A.: Politische Akzente einer Insolvenzrechtsreform, ZIP 1986, 1287

Finch, Vanessa: Corporate Insolvency Law – Perspectives and Principles, 2. Aufl., Cambridge 2009

Fischer, Gero: Rechtliche Anerkennung eines Scheme of Arrangement, das eine Gesellschaft mit Sitz in Deutschland betrifft, in: Graf-Schlicker, Marie Luise/-Prütting, Hanns/Uhlenbruck, Wilhelm (Hrsg.), Festschrift für Heinz Vallender, Köln 2015, S. 137 ff.

Fischer, Roderich: Der Übernahme-Swap durch Insolvenzplan – Investitionsentscheidung im Wettbewerb, NZI 2013, 823

Fleischer, Holger: Der Rechtsmißbrauch zwischen Gemeineuropäischem Privatrecht und Gemeinwirtschaftsrecht, JZ 2003, 865

Fleischer, Holger: Zur ergänzenden Anwendung von Aktienrecht auf die GmbH, GmbHR 2008, 673

Flessner, Axel: Grundfragen des künftigen Sanierungsrecht, ZIP 1981, 114

Flessner, Axel: Sanierung und Reorganisation, Tübingen 1982

Flessner, Axel: Internationales Insolvenzrecht in Europa, in: Kübler, Friedrich/Mertens, Hans-Joachim/Werner, Winfried (Hrsg.), Festschrift für Theodor Heinsius, Berlin, New York 1991, S. 111 ff.

Flessner, Axel: Insolvenzverfahren ohne Insolvenz? Vorteile und Nachteile eines vorinsolvenzlichen Reorganisationsverfahrens nach französischem Vorbild, KTS 2010, 127

Flessner, Axel: Deutscher Zivilprozess auf Englisch – Der Gesetzentwurf des Bundesrats im Lichte von Staatsrecht, Grundrechten und Europarecht, NJOZ 2011, 1913

Flöther, Lucas F.: Die aktuelle Reform des Insolvenzrechts durch das ESUG – Mehr Schein als Sein?, ZIP 2012, 1833

Flöther, Lucas F.: Die weitere prozessuale Umsetzung der Richtlinie in Deutschland und Europa, NZI 2017, Beil. z. Heft 5, 4

Frankfurter Kommentar zur Insolvenzordnung: Wimmer, Klaus (Hrsg.), 8. Aufl., Köln 2015

Frankfurter Kommentar zur Insolvenzordnung: Wimmer, Klaus (Hrsg.), 9. Aufl., Köln 2018

Freitag, Robert/Korch, Stefan: Gedanken zum Brexit – Mögliche Auswirkungen im Internationalen Insolvenzrecht, ZIP 2016, 1849

Freitag, Robert: Grundfragen der Richtlinie über präventive Restrukturierungsrahmen und ihrer Umsetzung in das deutsche Recht, ZIP 2019, 541

Frind, Frank: Der Einfluss von Selbstregularien der Insolvenzverwalter-Zusammenschlüsse bei der Auswahl, Aufsicht über und der Entlassung von Insolvenzverwaltern, NZI 2011, 785

Frind, Frank: Das „Anforderungsprofil" gem. § 56 a InsO – Bedeutung und praktische Umsetzung, NZI 2012, 650

Frind, Frank: Die Begründung von Masseverbindlichkeiten im Eigenverwaltungseröffnungsverfahren – Eine Chance für das Eigenverwaltungsverfahren durch strikte Anwendung der neuen gesetzlichen Regelungen, ZInsO 2012, 1099

Frind, Frank: Der vorläufige Gläubigerausschuss – Rechte, Pflichten, Haftungsgefahren, ZIP 2012, 1380

Frind, Frank: Aktuelle Anwendungsprobleme beim „ESUG" – Teil I – Zu den Kompetenzen des Insolvenzgerichtes/Zur Unabhängigkeitsprüfung, ZInsO 2013, 59

Frind, Frank: Aktuelle Anwendungsprobleme beim „ESUG" – Teil II – Zu den Kompetenzen des Insolvenzgerichtes bei der Bildung des vorläufigen Gläubigerausschusses und der Veröffentlichung der vorläufigen Sachwaltung, ZInsO 2013, 279

Frind, Frank: Gefahrzone Eigenverwaltung – Eine Zwischenbilanz über das Instrument Eigenverwaltung nach „ESUG" aus gerichtlicher Sicht, WM 2014, 590

Frind, Frank: Haftungsgefahren für den vorläufigen Sachwalter in Eigenverwaltungs- und Schutzschirmverfahren – Eine Betrachtung aus insolvenzgerichtlicher Sicht, NZI 2014, 977

Fritz, Daniel Friedemann: Besser Sanieren in Deutschland? Wesentliche Aspekte der Einpassung der Europäischen Insolvenzverordnung in das deutsche Recht, BB 2017, 131

Fritz, Daniel Friedemann: Die Ergebnisse von Evaluation und Folgenabschätzung – Grundlegende Überlegungen zum vorbeugenden Sanierungsverfahren, NZI 2017, Beil. z. Heft 5, 9

Fromm, Andreas: Der Debt-Equity-Swap als Sanierungsbeitrag im Zeitpunkt der Überschuldung, ZInsO 2012, 1253

Fruhstorfer, Susanne: Insolvenzantragspflicht des Mehrheitsgesellschafters – Durchbrechung des Trennungsprinzips, ZIK 2013/301, 212

Funke, Rainer: Das Warten hat sich gelohnt: Die Insolvenzrechtsreform vor dem Abschluss, WM 1994, 452

Ganter, Hans Gerhard: Betriebsfortführung im Insolvenzeröffnungs- und Schutzschirmverfahren, NZI 2012, 433

Ganter, Hans Gerhard: Zur drohenden Zahlungsunfähigkeit in § 270 b InsO, NZI 2012, 985

Ganter, Hans Gerhard: Die Insolvenzanfechtung in Deutschland und Österreich im Vergleich – Impulse für die Anfechtungsrechtsreform?, NZI 2016, 153

Gebler, Olaf: Ausländische Insolvenzverfahren zur Sanierung deutscher Unternehmen, NZI 2010, 665

Gehrlein, Markus: Banken – vom Kreditgeber zum Gesellschafter – neue Haftungsfallen? (Debt-Equity-Swap nach ESUG), NZI 2012, 257

Gehrlein, Markus: Zulassung von Gesellschaften als Insolvenzverwalter kraft Dienstleistungsrichtlinie?, NJW 2013, 3756

Geimer, Reinhold: Internationales Zivilprozessrecht, 7. Aufl., Köln 2015

Geldmacher, Christoph: Brauchen wir ein gesetzliches Verfahren zur präventiven Unternehmenssanierung? Notwendigkeit und Umsetzungsmöglichkeiten eines vorinsolvenzlichen Sanierungsverfahrens, ZInsO 2010, 696

Gerhardt, Walter: Vom Makel des Konkurses – Eine kritische Betrachtung, in: Pawlowski, Hans-Martin/Wieacker, Franz (Hrsg.), Festschrift für Karl Michaelis, Göttingen 1970, S. 100 ff.

Gerhardt, Walter: Aspekte zur Wechselwirkung zwischen Konkursrecht und Wirtschaftsleben, in: Bökelmann, Ehrhard/Henckel, Wolfram/Jahr, Günther (Hrsg.), Festschrift für Friedrich Weber, Berlin, New York 1975, S. 181 ff.

Gerhardt, Walter: Zielbestimmung und Einheitlichkeit des Insolvenzverfahrens, in: Leipold, Dieter (Hrsg.), Insolvenzrecht im Umbruch, Köln et al. 1991, S. 1 ff.

Gessner, Volkmar/Rhode, Barbara/Strate, Gerhard/Ziegert, Klaus: Die Praxis der Konkursabwicklung in der Bundesrepublik Deutschland, Köln 1978

Göb, Alexander: Das Gesetz zur weiteren Erleichterung der Sanierung von Unternehmen (ESUG) – Ein Überblick, NZG 2012, 371

Goette, Wulf: Anmerkung zu dem Urteil des BGH vom 19. 10. 2009 – II ZR 240/08, BGHZ 183, 1 – „Sanieren oder Ausscheiden" – Zur Treuepflicht des Gesellschafters in der Sanierungssituation, GWR 2010, 1

Godfrey, Patricia: Schemes of Arrangement, in: Ebke, Werner F./Seagon, Christopher/Blatz, Michael (Hrsg.), Unternehmensrestrukturierung im Umbruch?!, Baden-Baden 2017, S. 113 ff.

Goode, Royston Miles: Principles of Corporate Insolvency Law, 4. Aufl. (*student edition*), London 2011

Gottschalk, Max: Zur Novelle der Konkursordnung, DJZ 1898, 113

Gottwald, Peter: Insolvenzrechts-Handbuch, 5. Aufl., München 2015

Graf-Schlicker, Marie Luise: Die Entwicklung des ESUG und die Fortentwicklung des Insolvenzrechts, ZInsO 2013, 1765

Graf-Schlicker, Marie Luise (Hrsg.): Kommentar zur Insolvenzordnung, 4. Aufl., Köln 2014

Graf-Schlicker, Marie Luise: Entwicklungen im Insolvenzrecht, in: Graf-Schlicker, Marie Luise/Prütting, Hanns/Uhlenbruck, Wilhelm (Hrsg.), Festschrift für Heinz Vallender, Köln 2015, S. 183 ff.

Graf-Schlicker, Marie Luise: Der Aktionsplan zur Schaffung einer Kapitalmarktunion, ZIP 2016, Beil. z. Heft 22, 21

Gravenbrucher Kreis: Stellungnahme zu den Reformvorschlägen der Kommission für Insolvenzrecht, Grub, Volker/Kübler, Bruno M./Wellensiek, Jobst (Hrsg.), BB 1986, Beil. 15

Gravenbrucher Kreis: Große Insolvenzrechtsreform gescheitert, ZIP 1990, 476

Gravenbrucher Kreis: „Große" oder „kleine" Insolvenzrechtsreform, ZIP 1992, 657

Gravenbrucher Kreis: Alternativentwurf des Gravenbrucher Kreises zum Regierungsentwurf einer Insolvenzordnung, ZIP 1993, 625

Gravenbrucher Kreis: ESUG – Erfahrungen, Probleme, Änderungsnotwendigkeiten, ZIP 2014, 1262

Gravenbrucher Kreis: ESUG: Erfahrungen, Probleme, Änderungsnotwendigkeiten, ZIP 2015, 2159

Gravenbrucher Kreis: Gravenbrucher Thesen: Vorinsolvenzliches Sanierungsverfahren in Deutschland?, ZIP 2017, 203

Gräwe, Daniel: Der Ablauf des US-amerikanischen Chapter 11-Verfahrens, ZInsO 2012, 158

Griffiths, David A. H./Hellmig, Nina: Insolvenzkulturen – Kampf oder Harmonisierung? – Eine angelsächsische Perspektive, NZI 2008, 418

Großfeld, Bernhard: Schlußbemerkungen aus juristischer Sicht, WPg 1980, 665

Großfeld, Bernhard: Internationales Insolvenzrecht im Werden?, ZIP 1981, 925

Großfeld, Bernhard: Sinn und Methode der Rechtsvergleichung, in: Berger, Klaus Peter/Ebke, Werner F./Großfeld, Bernhard/Kühne, Gunther (Hrsg.), Festschrift für Otto Sandrock, Heidelberg 2000, S. 329 ff.

Grub, Volker: Der Regierungsentwurf der Insolvenzordnung ist sanierungsfeindlich, ZIP 1993, 393

Grub, Volker: Überjustizialisierung und die Eigenverwaltung des Pleitiers, WM 1994, 880

Grub, Volker: Rechte und Pflichten des Schuldners in der Insolvenzordnung, in: Kölner Schrift zur Insolvenzordnung, 2. Aufl., Herne, Berlin 2000, S. 671 ff.

Gruber, Urs P.: Die neue Korrumpierungsgefahr bei der Insolvenzverwalterbestellung, NJW 2013, 584

Gude, Hardy: Neu gestärkt durch ESUG? – Neue Erkenntnisse zur Nutzung des Insolvenzplanverfahrens, ZInsO 2012, 320

Gulde, Volker: Die Anordnung der Eigenverwaltung durch das Insolvenzgericht im Eröffnungsbeschluss, Köln et al. 2004

Haarmeyer, Hans/Buchalik, Robert (Hrsg.): Sanieren statt Liquidieren – Neue Möglichkeiten der Sanierung durch Insolvenz nach dem ESUG, Herne 2012

Haarmeyer, Hans/Wutzke, Wolfgang/Förster, Karsten (Hrsg.): Kommentar zur Insolvenzordnung, 2. Aufl., Köln 2012

Haas, Ulrich: Mehr Gesellschaftsrecht im Insolvenzplanverfahren, NZG 2012, 961

Habersack, Mathias: Einbringung eines Gesellschafterdarlehens im Rahmen eines Debt Equity Swap, in: Bork, Reinhard/Kayser, Godehard/Kebekus, Frank (Hrsg.), Festschrift für Bruno M. Kübler, München 2015, S. 219 ff.

Habscheid, Walther J.: Zur rechtlichen Problematik des außergerichtlichen Sanierungsvergleichs, in: Baltzer, Johannes/Baumgärtel, Gottfried/Peters, Egbert/Pieper, Helmut (Hrsg.), Gedächtnisschrift für Rudolf Bruns, München 1980, S. 253 ff.

Hagemann, Sebastian: Debt Equity Swaps nach englischem und deutschem Recht unter besonderer Berücksichtigung des ESUG, Baden-Baden 2014

Haghani, Sascha/Bizenberger, Rainer/Blatz, Michael/Seagon, Christopher: ESUG-Studie 2014/2015 – Polarisierungen der Meinungen, in: Ebke, Werner F./Seagon, Christopher/Blatz, Michael (Hrsg.), Unternehmensrestrukturierung und Unternehmensinsolvenz, Baden-Baden 2015, S. 73 ff.

Hahn, Carl: Die Gesamten Materialien zu den Reichs-Justizgesetzen, Hahn, Carl/Mugdan, Benno (Hrsg.), Band IV, Berlin 1881

Häller, Jan: Kapitalmarktrecht und Unternehmenssanierung in der Insolvenz, Baden-Baden 2016

Hamburger Kommentar zum Insolvenzrecht: Andreas Schmidt (Hrsg.), 7. Aufl., Köln 2019

Hanau, Peter: Möglichkeiten der Sanierung von Unternehmen durch Maßnahmen im Unternehmens-, Arbeits-, Sozial- und Insolvenzrecht, Gutachten E für den 54. DJT, Band I, München 1982

Hanau, Peter/Berscheid, Ernst-Dieter: Übertragende Sanierung vor und in der Insolvenz, in: Kölner Schrift zur Insolvenzordnung, 2. Aufl., Herne, Berlin 2000, S. 1541 ff.

Hänel, Robert: Entwicklungen im deutschen Insolvenzplanverfahren, in: Nunner-Krautgasser, Bettina/Kapp, Mario/Clavora, Selena (Hrsg.), Jahrbuch Insolvenz- und Sanierungsrecht 14, Wien, Graz 2014, S. 65 ff.

Hanisch, Hans: Rechtszuständigkeit der Konkursmasse, Frankfurt a.M. 1973

Harz, Michael/Bornmann, Martina/Conrad, Günther/Ecker, Tobias: Zahlungsunfähigkeit, drohende Zahlungsunfähigkeit und Überschuldung – eine Betrachtung aus wirtschaftsforensischer Praxis, NZI 2015, 737

Häsemeyer, Ludwig: Obstruktion gegen Sanierungen und gesellschaftsrechtliche Treuepflichten, ZHR 160 (1996), 109

Häsemeyer, Ludwig: Insolvenzrecht, 4. Aufl., Köln, München 2007

Heidelberger Kommentar zur Insolvenzordnung: Kreft, Gerhart (Hrsg.), 7. Aufl., Heidelberg 2014

Heidelberger Kommentar zur Insolvenzordnung: Kayser, Godehard/Thole, Christoph (Hrsg.), 8. Aufl., Heidelberg 2016

Heidelberger Kommentar zur Insolvenzordnung: Kayser, Godehard/Thole, Christoph (Hrsg.), 9. Aufl., Heidelberg 2018

Hellwig, Konrad: Das gerichtliche Zwangsvergleichsverfahren außerhalb des Konkurses, DJZ 1907, 799

Henckel, Wolfram: Referat auf dem 51. DJT, S. O 8 ff., Band II, München 1976

Henckel, Wolfram: Die Verbindungen des Sanierungsverfahrens zum Konkursverfahren, ZIP 1981, 1296

Henkel, Andreas: Die Voraussetzungen für die Anordnung der (vorläufigen) Eigenverwaltung, ZIP 2015, 562

Henschel: Geschäftsaufsicht und Zwangsvergleich im Kriege, DJZ 1917, 191

Hergenröder, Curt Wolfgang: Entschuldung durch Restschuldbefreiungstourismus?, DZWiR 2009, 309

Hess, Burkhard/Laukemann, Björn: Überlegungen zum ordre public-Vorbehalt der Europäischen Insolvenzverordnung, in: Flitsch, Michael/Hagebusch, Alfred/Oberle, Thomas/Seagon, Christopher/Schreiber, Werner (Hrsg.), Festschrift für Jobst Wellensiek, München 2011, S. 813 ff.

Hess, Burkhard/Oberhammer, Paul/Pfeiffer, Thomas (Hrsg.): European Insolvency Law – The Heidelberg-Luxembourg-Vienna Report, München 2014

Hess, Burkhard: Back to the Past: BREXIT und das europäische internationale Privat- und Verfahrensrecht, IPRax 2016, 409

Hess, Harald/Weis, Michaela/Wienberg, Rüdiger (Hrsg.): Kommentar zur Insolvenzordnung, Band I (InsO), 2. Aufl., Heidelberg 2001

Hess, Harald (Hrsg.): Insolvenzrecht – Großkommentar in drei Bänden, Band I (§§ 1–112), 1. Aufl., Heidelberg 2007

Hess, Harald (Hrsg.): Insolvenzrecht – Großkommentar in zwei Bänden, Band I (§§ 1–128) 2. Aufl., Heidelberg 2013, Band II (§§ 129–359), 2. Aufl., Heidelberg 2013

Heßel, Konrad-Tassilo: Das vorinsolvenzliche Sanierungsverfahren, Frankfurt a.M. et al. 2016

Heyer, Hans-Ulrich: Kommt die Insolvenzordnung wirklich 1999?, NJW 1997, 2803

Hill, Norbert: Das Eigenverwaltungsverfahren des Diskussionsentwurfs des BMJ im Spannungsfeld zwischen Sanierungsinteresse und Gläubigerschutz, ZInsO 2010, 1825

Hirte, Heribert: Anmerkungen zum von § 270b RefE-InsO ESUG vorgeschlagenen „Schutzschirm", ZInsO 2011, 401

Hirte, Heribert/Knof, Béla/Mock, Sebastian: Das neue Insolvenzrecht nach dem ESUG, München 2012

Hobelsberger, Alexander: Umsatzsteuerpflicht und -haftung in der vorläufigen Eigenverwaltung, DStR 2013, 2545

Hochegger, Herbert: Vorschläge zur Reform des Ausgleichsverfahrens, ZIK 2005/33, 49

Hoffmann, Thomas/Giancristofano, Isabel: Ist das englische Scheme of Arrangement (noch) ein taugliches Sanierungsinstrument für deutsche Unternehmen? Neue Tendenzen in der englischen Rechtsprechung und das Problem der positiven Fortführungsprognose, ZIP 2016, 1151

Hoffmann, Thomas/Giancristofano, Isabel: Das englische SoA als taugliches Sanierungsinstrument für deutsche Unternehmen – Zweifel bleiben, ZIP 2016, 1951

Hofmann, Matthias: Die Vorschläge des DiskE-ESUG zur Eigenverwaltung und zur Auswahl des Sachwalters – Wege und Irrwege zur Erleichterung von Unternehmenssanierungen, NZI 2010, 798

Hofmann, Matthias: Eigenverwaltung, Köln 2014

Hofmann, Werner: Zur Geschichte der Reform des Insolvenzrechts, DRiZ 1994, 411

Holzer, Johannes: Bruno M. Kübler und die Reform des Insolvenzrechts, in: Bork, Reinhard/Kayser, Godehard/Kebekus, Frank (Hrsg.), Festschrift für Bruno M. Kübler, München 2015, S. 279 ff.

Hölzle, Gerrit: Die „erleichterte Sanierung von Unternehmen" in der Nomenklatur der InsO – ein hehres Regelungsziel des RefE-ESUG, NZI 2011, 124

Hölzle, Gerrit/Pink, Andreas: Mezzanine-Programme und Gestaltungspotenzial der Sanierungseigenverwaltung im ESUG, ZIP 2011, 360

Hölzle, Gerrit: Eigenverwaltung im Insolvenzverfahren nach ESUG – Herausforderungen für die Praxis, ZIP 2012, 158

Hölzle, Gerrit: Insolvenzplan auf Initiative des vorläufigen Sachwalters im Schutzschirmverfahren – Oder: Wer erstellt und wer bezahlt den Insolvenzplan im Verfahren nach § 270b InsO?, ZIP 2012, 855

Horstkotte, Martin/Martini, Torsten: Die Einbeziehung der Anteilseigner in den Insolvenzplan nach ESUG, ZInsO 2012, 557

Hübler, Jana Julia: Die Eigenverwaltung des Schuldners als Instrument zur Unternehmenssanierung im Insolvenzverfahren – Beitrag des ESUG zur Erhöhung der Bedeutung der Eigenverwaltung, Frankfurt a.M. et al. 2013

Hüffer, Uwe (Begr.)/*Koch, Jens* (Hrsg.): Kommentar zum AktG, 12. Aufl., München 2016

Humpenöder, Leo: Das Spannungsverhältnis zwischen Internationalem Gesellschaftsrecht und Internationalem Insolvenzrecht im Lichte der aktuellen Rechtsprechung des EuGH, in: Ebke, Werner F./Seagon, Christopher/Blatz, Michael (Hrsg.), Die Praxis der Unternehmensrestrukturierung und der Berufsstand des Insolvenzverwalters, Baden-Baden 2017, S. 189 ff.

Husfeldt, Angela: Das UK Solvent Scheme of Arrangement als Sanierungsinstrument für deutsche Gesellschaften, Hamburg 2015

Hüttinger, Johannes: Instrumente zur vorinsolvenzlichen Sanierung des Unternehmensträgers, Baden-Baden 2015

Jacoby, Florian: Vorinsolvenzliches Sanierungsverfahren, ZGR 2010, 359

Jacoby, Florian/Madaus, Stephan/Sack, Detlef/Schmidt, Heinz/Thole, Christoph: ESUG-Evaluierung, Köln 2019

Jaeger, Ernst: Die Konkursordnung 1879–1904, ein Rückblick, ein Ausblick, DJZ 1904, 904

Jaeger, Ernst: Der Vergleich zur Abwendung des Konkurses, DJZ 1905, 753

Jaeger, Ernst: Die Geschäftsaufsicht neuer Ordnung, Berlin 1917

Jaeger, Ernst: Fünfzig Jahre Konkursordnung, DJZ 1930, 33

Jaeger, Ernst: Lehrbuch des deutschen Konkursrechts, 8. Aufl., Berlin, Leipzig 1932

Jaeger, Ernst (Begr.): Großkommentar zur Insolvenzordnung, Henckel, Wolfram/Gerhardt, Walter (Hrsg.), Band I (§§ 1–55), Berlin 2004

Jaffé, Michael/Friedrich, Andreas: Verbesserung der Wettbewerbsfähigkeit des Insolvenzstandorts Deutschland, ZIP 2008, 1849

Jaffé, Michael: Insolvenzplanverfahren, Eigenverwaltung und vorinsolvenzliche Sanierung, in: Kölner Schrift zur Insolvenzordnung, 3. Aufl., Münster 2009, S. 743 ff.

Jaffé, Michael: Restrukturierung nach der InsO: Gesetzesplan, Fehlstellen und Reformansätze innerhalb einer umfassenden InsO-Novellierung aus Sicht eines Insolvenzpraktikers, ZGR 2010, 248

Jaffé, Michael: ESUG – ein Rückblick für den Fortschritt, in: Graf-Schlicker, Marie Luise/Prütting, Hanns/Uhlenbruck, Wilhelm (Hrsg.), Festschrift für Heinz Vallender, Köln 2015, S. 281 ff.

Kahlert, Günter/Gehrke, Dieter: ESUG macht es möglich: Ausgliederung statt Asset Deal im Insolvenzplanverfahren, DStR 2013, 975

Kammel, Volker/Staps, Christian: Insolvenzverwalterauswahl und Eigenverwaltung im Diskussionsentwurf für ein Sanierungserleichterungsgesetz, NZI 2010, 791

Kampshoff, Matthias/Schäfer, Thiemo: Die Aufgaben des vorläufigen Sachwalters – Anmerkung zu BGH, NZI 2016, 963, NZI 2016, 941

Kanzler, Oliver/Mader, Florian: Sanierung um jeden Preis – Schutz der Neugläubiger nach Durchführung eines insolvenzrechtlichen Debt-Equity-Swaps, GmbHR 2012, 992

Kayser, Godehard/Heidenfelder, Petra: Vom Konkurs des Konkurses zur Insolvenz der Insolvenz, ZIP 2016, 447

Keller, Ulrich: Insolvenzrecht, München 2006

Keller, Ulrich: Die Vergütung des vorläufigen Sachwalters nach den Vorstellungen des BGH – Besprechung von BGH, NZI 2016, 796, NZI 2016, 753

Kerz, Volker: Sanierungsbescheinigungen als neues Tätigkeitsfeld, DStR 2012, 204

Kiesow, Wilhelm: Vergleichsordnung, Mannheim et al. 1932

Kilger, Joachim: Der Konkurs des Konkurses, KTS 1975, 142

Kilger, Joachim: Referat auf dem 51. DJT, S. O 33 ff., Band II, München 1976

Kilger, Joachim: Beitrag bei der konkursrechtlichen Arbeitstagung der IG Metall 1981, Das Sanierungsverfahren in einem zukünftigen Insolvenzrecht, Köln 1982, S. 137 ff.

Kilger, Joachim: Grundzüge eines Reorganisationsverfahrens, ZIP 1982, 779

Kilger, Joachim/Schmidt, Karsten: Kommentar zu den Insolvenzgesetzen, 17. Aufl., München 1997

Kindler, Peter: Hauptfragen der Reform des Europäischen Internationalen Insolvenzrechts, KTS 2014, 25

Kindler, Peter/Nachmann, Josef (Hrsg.): Handbuch Insolvenzrecht in Europa, 4. Erg.-Lfg., München 2014

Kindler, Peter/Sakka, Samy: Die Neufassung der Europäischen Insolvenzverordnung, EuZW 2015, 460

Kischel, Uwe: Rechtsvergleichung, München 2015

Kleindiek, Detlef: Debt-Equity-Swap im Insolvenzplanverfahren, in: Erle, Bernd/Goette, Wulf/Kleindiek, Detlef/Krieger, Gerd/Priester, Hans-Joachim/Schubel, Christian/Schwab, Martin/Teichmann, Christoph/Witt, Carl-Heinz (Hrsg.), Festschrift für Peter Hommelhoff, Köln 2012, S. 543 ff.

Kleinfeller, Georg: Das Bürgerliche Gesetzbuch und die Konkursordnung, DJZ 1896, 474

Klimmer, Otto: Die Geschäftsaufsicht zur Abwendung des Konkurses, München 1917

Klinck, Fabian: Die Begründung von Masseverbindlichkeiten durch den Schuldner im Eigenverwaltungs-Eröffnungsverfahren, ZIP 2013, 853

Kluth, Thomas: Die „übertragende Sanierung" – Risiken und Nebenwirkungen einer Packungsbeilage zur Unternehmensveräußerung in der Insolvenz, NZI 2002, 1

Koch, Harald/Magnus, Ulrich/Winkler von Mohrenfels, Peter: IPR und Rechtsvergleichung, 4. Aufl., München 2010

Kohler, Joseph: Leitfaden des Deutschen Konkursrechts, 2. Aufl., Stuttgart 1903

Köhler-Ma, Christian: Verwalterauswahl und Qualitätskriterien im internationalen Vergleich, DZWiR 2006, 228

Konecny, Andreas: Insolvenz und Sanierung in Österreich, DZWiR 1994, 227

Konecny, Andreas: Europäische Insolvenzkultur(en) – Kampf oder Harmonisierung?, NZI 2008, 416

Konecny, Andreas: Die Sanierung im Lichte des österreichischen IRÄG 2010, ZZP 125 (2012), 285

Konecny, Andreas/Reisch, Ulla (Hrsg.): Österreichische Insolvenzordnung – Austrian Insolvency Act, Wien, Graz 2014

Köster, Malte: Der englische insolvency practitioner – Berufsbild und Berufszugang, RIW 2006, 24

Kraemer, Joachim: Das neue Insolvenzrecht, Bonn 1995

Krämer, Matthias: Die Haftung des (vorläufigen) Sachwalters, NZI 2017, 960

Kronke, Herbert/Melis, Werner/Kuhn, Hans (Hrsg.): Handbuch Internationales Wirtschaftsrecht, 2. Aufl., Köln 2017

Kropholler, Jan: Internationales Privatrecht, 6. Aufl., Tübingen 2006

Kruth, Claus-Peter/Jakobs, Carsten: Geschäftsführung von Krisenunternehmen – Haftungsrisiken vor und nach Insolvenzantragstellung auf Basis aktueller Rechtsprechung, DStR 2019, 999

Kübler, Bruno M.: Sanierungsrecht im Werden, ZIP 1981, 1387

Kübler, Bruno M.: Inhalt und Grenzen der Kooperationspflichten der Insolvenzverwalter in der Konzerninsolvenz, in: Graf-Schlicker, Marie Luise/Prütting, Hanns/Uhlenbruck, Wilhelm (Hrsg.), Festschrift für Heinz Vallender, Köln 2015, S. 291 ff.

Kübler, Bruno M. (Hrsg.): Handbuch Restrukturierung in der Insolvenz, 2. Aufl., Köln 2015

Kübler, Bruno M.: Neues Restrukturierungsrecht im Werden und seine Auswirkungen auf das Berufsbild des Insolvenzverwalters, ZIP 2016, Beil. z. Heft 22, 47

Kübler, Bruno M./Prütting, Hanns/Bork, Reinhard (Hrsg.): Kommentar zur Insolvenzordnung, Band I (§§ 1–55), 78. Erg.-Lfg., Köln 2018, Band II (§§ 56–128), 78. Erg.-Lfg., Köln 2018, Band IV (§§ 217–359), 78. Erg.-Lfg., Köln 2018

Kübler, Bruno M. (Hrsg.): Handbuch Restrukturierung in der Insolvenz, 3. Aufl., Köln 2019

Kusche, Carolin: Die Anerkennung des Scheme of Arrangement in Deutschland, Köln 2014

Laier, Matthias: Die stille Sanierung deutscher Gesellschaften mittels eines „Scheme of Arrangement“, GWR 2011, 252

Lambsdorff, Otto Graf von: Wirtschaftspolitische Aspekte einer Insolvenzrechtsreform, ZIP 1987, 809

Lamprecht, Martin: „Sie können nicht einmal Bilanzen lesen“ – Zur Bestellung von Juristen als Insolvenzverwalter, DZWiR 2010, 22

Lang, Dennis/Muschalle, Volker: Suhrkamp-Verlag – Rechtsmissbräuchlichkeit eines rechtmäßig eingeleiteten Insolvenzverfahrens?, NZI 2013, 953

Lange, Christian/Swierczok, Artur M.: Neues aus Brüssel: Der finale Text der Restrukturierungsrichtlinie lässt grüßen!, BB 2019, 514

Langenbach, Markus: Die vertraglichen Mobiliarsicherheiten in grenzüberschreitenden deutsch-österreichischen Unternehmensinsolvenzen, Baden-Baden 2009

Laroche, Peter/Schöttler, Alexandra/Siebert, Volker/Pruskowski, Wolfgang: Quo vadis iudex concursus? Das Insolvenzgericht auf dem Weg vom Konkursgericht zum Sanierungsgericht?!, in: Graf-Schlicker, Marie Luise/Prütting, Hanns/Uhlenbruck, Wilhelm (Hrsg.), Festschrift für Heinz Vallender, Köln 2015, S. 311 ff.

Laukemann, Björn: Die Unabhängigkeit des Insolvenzverwalters, Tübingen 2010

Laukemann, Björn: Der ordre public im europäischen Insolvenzverfahren IPRax 2012, 207

Lehmann, Jochen/Rühle, Thomas: Anmerkung zu dem Beschluss des LG Berlin vom 20. 10. 2014 – 51 T 696/14, NZI 2015, 66

Leithaus, Rolf: Happy Birthday InsO!, NZI 2019, 1

Leutheusser-Schnarrenberger, Sabine: Rede vor dem 7. Deutschen Insolvenzrechtstag im Jahr 2010, BB 2010, Heft 17, Die Erste Seite

Lieder, Solveig: Grenzüberschreitende Unternehmenssanierung im Lichte der EuInsVO, Berlin 2007

Linder, Florian: Insolvenzrecht in Österreich, in: Ebke, Werner F./Seagon, Christopher/Blatz, Michael (Hrsg.), Refinanzieren statt Sanieren?, Baden-Baden 2014, S. 167 ff.

Linse, Thomas/Glaubitz, Anne: „Insolvenzverwalter-Listing" – Chancen für den Steuerberater oder „Closed Shop"?, DStR 2010, 1497

Loeffelholz, Corinna von/Sanne, Stefan: Die Bescheinigung nach § 270b InsO, NZI 2015, 583

Lübchen, Gustav-Adolf/Landfermann, Hans-Georg: Das neue Insolvenzrecht der DDR, ZIP 1990, 829

Lüke, Wolfgang/Scherz, Alexander: Zu den Wirkungen eines Solvent Scheme of Arrangement in Deutschland, ZIP 2012, 1101

Lürken, Sacha: Totgesagte leben länger – Neuer Anstoß aus Brüssel für die Einführung eines vorinsolvenzlichen Sanierungsverfahrens, NZI 2015, 3

Lutter, Marcus/Hommelhoff, Peter/Timm, Wolfram: Finanzierungsmaßnahmen zur Krisenabwehr in der Aktiengesellschaft, BB 1980, 737

Luttermann, Claus/Geißler, Susanne: Rechtsbasis und Praxis einer Kultur der Unternehmenssanierung, ZInsO 2013, 1381

Maas, Fritz: Zur Kritik der Vergleichsordnung, JW 1928, 1127

Madaus, Stephan: Aktivierung des Planverfahrens als Sanierungsverfahren durch Zulassung einer Bestätigungsinsolvenz (pre-voted bankruptcy) – zugleich eine Untersuchung der Grundbedingungen eines erfolgreichen schuldnerinitiierten Sanierungsverfahrens in der Insolvenz, NZI 2011, 622

Madaus, Stephan: Die zeitliche Grenze des Rechts zur Rücknahme eines Insolvenzplans durch den Planinitiator, KTS 2012, 27

Madaus, Stephan: Schutzschirme für streitende Gesellschafter? Die Lehren aus dem Suhrkamp-Verfahren für die Auslegung des neuen Insolvenzrechts, ZIP 2014, 500

Madaus, Stephan: Zustand und Perspektiven der Eigenverwaltung in Deutschland, KTS 2015, 115

Madaus, Stephan: Insolvency proceedings for corporate groups under the new Insolvency Regulation, IILR 2015, 235

Madaus, Stephan: Möglichkeiten und Grenzen von Insolvenzplanregelungen, ZIP 2016, 1141

Madaus, Stephan: As simple as it can be? – Anregungen zum Gesetzentwurf der Bundesregierung zur Durchführung der Verordnung (EU) 2015/848 über Insolvenzverfahren (BT-Drs. 18/10823), NZI 2017, 203

Madaus, Stephan: Einstieg in die ESUG-Evaluation – Für einen konstruktiven Umgang mit den europäischen Ideen für einen präventiven Restrukturierungsrahmen, NZI 2017, 329

Madaus, Stephan: Europäische Ideen für einen präventiven Restrukturierungsrahmen und Handlungsspielräume für das deutsche Recht, in: Ebke, Werner F./Seagon, Christopher/Blatz, Michael (Hrsg.), Unternehmensrestrukturierung im Umbruch?!, Baden-Baden 2017, S. 43 ff.

Maier, Daniel: Die praktische Wirksamkeit des Schemes of Arrangement in Bezug auf englischrechtliche Finanzierungen, NZI 2011, 305

Mankowski, Peter: Anerkennung englischer Solvent Schemes of Arrangement in Deutschland, WM 2011, 1201

Mankowski, Peter/Müller Michael F./Schmidt, Jessica (Hrsg.): Kommentar zur Europäischen Insolvenzverordnung 2015, München 2016

Mann, Thomas: Buddenbrooks: Verfall einer Familie, Frankfurt a.M. 1960/1974 (gebundene einbändige Ausgabe des S. Fischer Verlages)

Maus, Karl Heinz: Der Insolvenzplan, in: Kölner Schrift zur Insolvenzordnung, 2. Aufl., Herne, Berlin 2000, S. 931 ff.

May, Hartmut: „Wo du nicht bist, da ist das Glück“ – Die Konkurs-Wanderungen entbehrlich machen, ZInsO 2012, 165

Mayer, F.: Die neue österreichische Konkurs- und Ausgleichsordnung, DJZ 1915, 139

McCormack, Gerard: Corporate Rescue Law – An Anglo-American Perspective, Cheltenham, Northhampton 2008

Meier, Anke: Die Geschichte des deutschen Konkursrechts, insbesondere die Entstehung der Reichskonkursordnung von 1877, Frankfurt a.M. 2003

Meyer-Cording, Ulrich: Konkursverzögerung durch erfolglose Sanierungsversuche, NJW 1981, 1242

Michalski, Lutz/Heidinger, Andreas/Leible, Stefan/Schmidt, Jessica (Hrsg.): Kommentar zum GmbHG, Band I (§§ 1–34), 3. Aufl., München 2017, Band II (§§ 35–85), 3. Aufl., München 2017

Mock, Sebastian: Die Vergütung des vorinsolvenzlichen Sanierungsberaters, ZIP 2014, 445

Mock, Sebastian: Das künftige (harmonisierte) Insolvenzrecht – Entwurf einer Richtlinie zum Unternehmensinsolvenzrecht, NZI 2016, 977

Mock, Sebastian: Das neue Konzerninsolvenzrecht nach dem Gesetz zur Erleichterung der Bewältigung von Konzerninsolvenzen, DB 2017, 951

Müller, Hans-Friedrich: Gesellschaftsrechtliche Maßnahmen im Insolvenzplan, KTS 2012, 419

Münchener Kommentar zum Aktiengesetz: Goette, Wulf/Habersack, Mathias (Hrsg.), Band IV (179–277), 4. Aufl., München 2016

Münchener Kommentar zum Bürgerlichen Gesetzbuch: Säcker, Franz-Jürgen/Rixecker, Roland/Oetker, Hartmut/Limperg, Bettina (Hrsg.), Band III (§§ 311–432), 8. Aufl., München 2019, Band VI (§§ 705–853), 7. Aufl., München 2017

Münchener Kommentar zum GmbHG: Fleischer, Holger/Goette, Wulf (Hrsg.), Band I (§§ 1–34), 3. Aufl., München 2018, Band III (§§ 53–88) 3. Aufl., München 2018

Münchener Kommentar zum Handelsgesetzbuch: Schmidt, Karsten/Ebke, Werner F. (Hrsg.), Band IV (§§ 238–342e), 3. Aufl., München 2013

Münchener Kommentar zur Insolvenzordnung: Stürner, Rolf/Eidenmüller, Horst/Schoppmeyer, Heinrich (Hrsg.), Band I (§§ 1–79) 4. Aufl., München 2019, Kirchhof, Hans-Peter/Eidenmüller, Horst/Stürner, Rolf (Hrsg.), Band I (§§ 1–79), 3. Aufl., München 2013, Band II (§§ 80–216) 3. Aufl., München 2013, Band III (§§ 270–359) 2. Aufl., München 2008, Band III (§§ 217–359)

3. Aufl., München 2014, Band IV (EGInsO, EuInsVO, Länderberichte), 3. Aufl., München 2016

Münchener Kommentar zur Zivilprozessordnung mit Gerichtsverfassungsgesetz und Nebengesetzen: Krüger, Wolfgang/Rauscher, Thomas (Hrsg.), Band III (§§ 946–1117 und Nebengesetze) 5. Aufl., München 2017

Musielak, Hans-Joachim/Voit, Wolfgang (Hrsg.): Kommentar zur Zivilprozessordnung, 16. Aufl., München 2019

Nagel, Heinrich/Gottwald, Peter: Internationales Zivilprozessrecht, 7. Aufl., Köln 2013

Nerlich, Jörg/Römermann, Volker (Hrsg.): Kommentar zur Insolvenzordnung, 37. Erg.-Lfg., München 2018

Neubert, Klaus: Das neue Insolvenzeröffnungsverfahren nach dem ESUG, GmbHR 2012, 439

Nörr, Knut Wolfgang: Zwischen den Mühlsteinen – Eine Privatrechtsgeschichte der Weimarer Republik, Tübingen 1988

Oberle, Thomas: Außergerichtliche Sanierung oder Sanierung in der Insolvenz?, in: Flitsch, Michael/Hagebusch, Alfred/Oberle, Thomas/Seagon, Christopher/Schreiber, Werner (Hrsg.), Festschrift für Jobst Wellensiek, München 2011, S. 73 ff.

Obermüller, Manfred: Der Gläubigerausschuss nach dem „ESUG", ZInsO 2012, 18

Oppermann, Stefan/Smid, Stefan: Ermächtigung des Schuldners zur Aufnahme eines Massekredits zur Vorfinanzierung des Insolvenzgeldes im Verfahren nach § 270a InsO, ZInsO 2012, 862

Pape, Gerhard: Die Insolvenzordnung ist in Kraft getreten, NJW 1999, 29

Pape, Gerhard/Uhlenbruck, Wilhelm/Voigt-Salus, Joachim: Insolvenzrecht, 2. Aufl., München 2010

Parzinger, Josef: Die neue EuInsVO auf einen Blick, NZI 2016, 63

Paulus, Christoph G.: Entwicklungslinien des Insolvenzrechts, KTS 2000, 239

Paulus, Christoph G.: Grundlagen des neuen Insolvenzrechts, DStR 2002, 1865

Paulus, Christoph G.: Die Insolvenz als Sanierungschance – ein Plädoyer, ZGR 2005, 309

Paulus, Christoph G.: Konkursrecht im Dritten Reich, NZI 2011, 657

Paulus, Christoph G.: Das englische Scheme of Arrangement – ein neues Angebot auf dem europäischen Markt für außergerichtliche Restrukturierungen, ZIP 2011, 1077

Paulus, Christoph G.: Deutschlands langer Weg in die insolvenzrechtliche Moderne – Auf der Suche nach einer Sanierungskultur (Rescue Culture), WM 2011, 2205

Paulus, Christoph G.: Anmerkung zu dem Urteil des BGH vom 15. 2. 2012 – IV ZR 194/09, NZI 2012, 428

Paulus, Christoph G.: § 1 InsO und sein Insolvenzmodell, NZI 2015, 1001

Paulus, Christoph G.: Ziele und EU-rechtliche Rahmenbedingungen, NZI 2017, Beil. z. Heft 5, 5

Paulus, Roman: Die ausländische Sanierung über einen Dept-Equity-Swap als Angriff auf das deutsche Insolvenzrecht?, DZWiR 2008, 6

Paulus, Roman/Merath, Friedrich: Die Person des Insolvenzverwalters in Zeiten von Großinsolvenzverfahren – eine rechtsvergleichende Untersuchung des deutschen und schweizerischen Rechts, DZWiR 2012, 489

Payne, Jennifer: Cross-Border Schemes of Arrangement and Forum Shopping, EBOR 14 (2013), 563

Payne, Jennifer: Schemes of Arrangement – Theory, Structure and Operation, Cambridge 2014

Piekenbrock, Andreas: Empfiehlt sich angesichts der Wirtschaftskrise die Einführung eines gesonderten Restrukturierungsverfahrens?, ZVglRWiss 108 (2009), 242

Piekenbrock, Andreas: Das ESUG – fit für Europa?, NZI 2012, 905

Piekenbrock, Andreas: Das Insolvenzrecht zu Beginn des 21. Jahrhunderts: eine Dauerbaustelle, in: Ebke, Werner F./Seagon, Christopher/Blatz, Michael (Hrsg.), Solvenz – Insolvenz – Resolvenz, Baden-Baden 2013, S. 79 ff.

Piekenbrock, Andreas/Bluhm, Alexander: Anmerkung zu dem Beschluss des BVerfG vom 12. 1. 2016 – 1 BvR 3102/13, NJW 2016, 935

Piekenbrock, Andreas: Die Überschuldung als Insolvenzeröffnungsgrund in Europa, KTS 2017, 333

Pilkington, Christian: Schemes of Arrangement in Corporate Restructuring, 2. Aufl., London 2017

Plathner, Markus: Anmerkung zu dem Beschluss des LG Bonn vom 11. 10. 2013 – 6 T 184/13, NZI 2014, 125

Pleister, Christian: Restrukturierung nach dem ESUG, GWR 2013, 220

Pleister, Christian/Tholen, Laurenz: Anmerkung zu dem Beschluss des BGH vom 07. 2. 2013 – IX ZB 43/12, ZIP 2013, 626

Pleister, Christian/Kunkel, Fabian: Reparaturbedarf am ESUG-Instrumentenkasten, ZIP 2017, 153

Pleister, Christian/Sturm, Michael: Die Herausforderungen des neuen Konzerninsolvenzrechts, ZIP 2017, 2329

Pollmächer, Frank/Siemon, Klaus: Der Bundesinsolvenzverwalter für die InsO oder die unverbindliche Vorauswahlliste – You're not gonna make me lonesome when you go…, NZI 2017, 93

Porzycki, Marek: Reform des Insolvenzrechts in Polen, in: Bachner, Thomas/Cierpial, Romana/Lemanska Elzbieta/Liebscher, Marc (Hrsg.), Aktuelle Entwicklungen im polnischen, deutschen und österreichischen Privatrecht, Baden-Baden 2010, S. 159 ff.

Prager, Martin/Keller, Christoph: Der Vorschlag der Europäischen Kommission zur Reform der EuInsVO, NZI 2013, 57

Priebe, Klaus: Chapter 11 & Co.: Eine Einführung in das US-Insolvenzrecht und ein erster Rückblick auf die Jahre 2007–2010 der Weltwirtschaftskrise, ZInsO 2011, 1676

Priester, Hans-Joachim: Debt-Equity Swap zum Nennwert?, DB 2010, 1445

Priester, Hans-Joachim: Umwandlung im Insolvenzplan und gesellschaftsrechtliche Treuepflicht, in: Bork, Reinhard/Kayser, Godehard/Kebekus, Frank (Hrsg.), Festschrift für Bruno M. Kübler, München 2015, S. 557 ff.

Prütting, Hanns: Allgemeine Verfahrensgrundsätze der Insolvenzordnung, in: Kölner Schrift zur Insolvenzordnung, 2. Aufl., Herne, Berlin 2000, S. 221 ff.

Prütting, Hanns: Eigenständiges Berufsrecht für Insolvenzverwalter?, in: Graf-Schlicker, Marie Luise/Prütting, Hanns/Uhlenbruck, Wilhelm (Hrsg.), Festschrift für Heinz Vallender, Köln 2015, S. 455 ff.

Prütting, Hanns: Der Rechtsanwalt als Insolvenzverwalter, ZIP 2016, Beil. z. Heft 22, 61

Quick, Reiner/Nieman, Lars: Das Institute of Chartered Accountants in England and Wales – Berufszugang, Aufgaben, Organisation, ZVglRWiss 101 (2001), 322

Rattunde, Rolf: Das neue Insolvenzplanverfahren nach dem ESUG, GmbHR 2012, 455

Rauscher, Thomas (Hrsg.): Kommentar zum Europäischen Zivilprozess- und Kollisionsrecht, 4. Aufl., Köln 2016

Reckenzaun, Axel/Hadl, Peter: Erste (positive) Erfahrungen mit dem Unternehmensreorganisationsverfahren, ZIK 2001/130, 90

Referentenentwurf – Gesetz zur Reform des Insolvenzrechts, BMJ (Hrsg.), Köln 1989

Reischl, Klaus: Insolvenzrecht, 4. Aufl., Heidelberg 2016

Reithmann, Christoph/Martiny, Dieter (Hrsg.): Internationales Vertragsrecht, 8. Aufl., Köln 2015

Rendels, Dietmar/Zabel, Karsten: Insolvenzplan, 2. Aufl., Köln 2015

Resch, Sarah-Maria: Business Judgement Rule und Insolvenzverwalterhaftung, Baden-Baden 2019

Reus, Alexander/Höfer, Silvio/Harig, Florian: Voraussetzungen und Ablauf eines Eigenverwaltungsverfahrens, NZI 2019, 57

Reuß, Philipp: Europäisches Insolvenzrecht 3.0 oder doch nur Version 1.1?, EuZW 2013, 165

Riel, Stephan: Österreichisches Insolvenzrecht während der NS-Zeit, KTS 2012, 167

Riel, Stephan: Robert Bartsch über die Entstehung der Insolvenzgesetze 1914, ZIK 2015/7, 12

Riel, Stephan: Die Verwalterauswahl nach der österreichischen Insolvenzordnung, NZI 2017, 832

Römermann, Volker: Neues Sanierungsrecht ab 2012: Der Regierungsentwurf des ESUG, GWR 2011, 375

Römermann, Volker/Praß, Jan-Philipp: Beratung der GmbH als Schuldnerin in Krise und Insolvenz nach dem ESUG, GmbHR 2012, 425

Römermann, Volker: Neues Insolvenz- und Sanierungsrecht durch das ESUG, NJW 2012, 645

Römermann, Volker/Praß, Jan-Philipp: Rechtsschutz bei Ablehnung eines vorläufigen Gläubigerausschusses, ZInsO 2012, 1923

Römermann, Volker/Praß, Jan-Philipp: Gesetzgeber rette dein ESUG! Zugleich Anmerkung zu BGH, Beschl. v. 7. 2. 2013 – IX ZB 43/12, ZInsO 2013, 482

Römermann, Volker: Anmerkung zu dem Urteil des BGH vom 9. 1. 2014 – IX ZR 209/11, NZI 2014, 265

Römermann, Volker: Anmerkung zu dem Beschluss des BVerfG vom 12. 1. 2016 – BvR 3102/13, ZIP 2016, 328

Roth, Günther/Altmeppen, Holger: Kommentar zum GmbHG, 9. Aufl., München 2019

Roth, Myriam: Legum Magister in Unternehmensrestrukturierung: Von der Interdisziplinarität zur eigenen Teildisziplin?, in: Ebke, Werner F./Seagon, Christopher/Blatz, Michael (Hrsg.), Die Praxis der Unternehmensrestrukturierung und der Berufsstand des Insolvenzverwalters, Baden-Baden 2017, S. 231 ff.

Rottnauer, Achim E.: Ausgabebetragsbemessung bei effektiver Kapitalerhöhung in einer personalistischen Kapitalgesellschaft, ZGR 2007, 401

Rumberg, Carsten: Entwicklungen der „Rescue Culture" im englischen Insolvenzrecht – Neue Gründe für ein „Forum Shopping" in Insolvenzverfahren, RIW 2010, 358

Rüthers, Bernd/Fischer, Christian/Birk, Axel: Rechtstheorie, 10. Aufl., München 2018

Sax, Stefan/Artur M. Swierczok: Das englische SoA – ein taugliches Sanierungsinstrument für deutsche Unternehmen!, ZIP 2016, 1945

Schädlich, Jörg: Anmerkung zu dem Beschluss des BGH vom 24. 3. 2016 – IX ZR 157/14, NZI 2016, 444

Saenger, Ingo (Hrsg.): Kommentar zur Zivilprozessordnung, 8. Aufl., Baden-Baden 2019

Schäfer, Carsten: Insolvenzplan als Lösungsmittel für Mehrheits-/Minderheitskonflikte? – Lehren aus dem Fall Suhrkamp, ZIP 2013, 2237

Schäfer, Carsten/Wüstemann, Jens: Unternehmensbewertung, Kapitalmaßnahmen und Insolvenzplan, ZIP 2014, 1757

Schäfer, Carsten: Suhrkamp und die Folgen – Konsequenzen aus dem vorläufigen Abschluss des Suhrkamp-Insolvenzverfahrens, ZIP 2015, 1208

Schäfer, Carsten: Gesellschafterrechte in der „strategischen Insolvenz", in: Stumpf, Cordula/Kainer, Friedemann/Baldus, Christian (Hrsg.), Festschrift für Peter-Christian Müller-Graff, Privatrecht, Wirtschaftsrecht, Verfassungsrecht – Privatinitiative und Gemeinwohlhorizonte in der europäischen Integration, Baden-Baden 2015, S. 241 ff.

Schäfer, Carsten: Zur Einbeziehung der Anteilsinhaber in den Insolvenzplan, ZIP 2016, 1911

Schäfer, Hans-Bernd/Ott, Claus: Lehrbuch der ökonomischen Analyse des Zivilrechts, 5. Aufl., Berlin, Heidelberg 2012

Schelo, Sven: Der neue § 270b InsO – Wie stabil ist das Schutzschirmverfahren in der Praxis? Oder: Schutzschirmverfahren versus vorläufige Eigenverwaltung, ZIP 2012, 712

Schimansky, Herbert/Bunte, Hermann-Josef/Lwowski, Hans-Jürgen (Hrsg.): Bankrechts-Handbuch, Band II, 5. Aufl., München 2017

Schlosser, Peter F./Hess, Burkhard: Kommentar zum EU-Zivilprozessrecht, 4. Aufl., München 2015

Schluck-Amend, Alexandra: Berater und Mediatoren – Anforderungen, Ernennung und Überwachung von Restrukturierungsverwaltern, NZI 2017, Beil. z. Heft 5, 41

Schmidt, Andreas/Linker, Jörg: Ablauf des sog. Schutzschirmverfahrens nach § 270b InsO, ZIP 2012, 963

Schmidt, Andreas/Poertzgen, Christoph: Geschäftsführerhaftung (§ 64 S. 1 GmbHG) in Zeiten des ESUG, NZI 2013, 369

Schmidt, Jessica: Das Prinzip „eine Person, ein Vermögen, eine Insolvenz“ und seine Durchbrechungen vor dem Hintergrund der aktuellen Reformen im europäischen und deutschen Recht, KTS 2015, 19

Schmidt, Jessica: Opt-out und Opt-in in Gruppen-Koordinationsverfahren nach der EuInsVO 2015, ZVglRWiss 116 (2017), 93

Schmidt, Karsten: Organverantwortlichkeit und Sanierung im Insolvenzrecht der Unternehmen, ZIP 1980, 328

Schmidt, Karsten: Möglichkeiten der Sanierung von Unternehmen durch Maßnahmen im Unternehmens-, Arbeits-, Sozial- und Insolvenzrecht, Gutachten D für den 54. DJT, Band I, München 1982

Schmidt, Karsten: Das Insolvenzrecht und seine Reform zwischen Prozeßrecht und Unternehmensrecht, KTS 1988, 1

Schmidt, Karsten: Die übertragende Sanierung – Bestandsaufnahmen und Ausblicke an der Schwelle der Insolvenzrechtsreform, in: Leipold, Dieter (Hrsg.), Insolvenzrecht im Umbruch, Köln et al. 1991, S. 67 ff.

Schmidt, Karsten: Insolvenzordnung und Unternehmensrecht – Was bringt die Reform?, in: Kölner Schrift zur Insolvenzordnung, 2. Aufl., Herne, Berlin 2000, S. 1199 ff.

Schmidt, Karsten/Uhlenbruck, Wilhelm (Hrsg.): Die GmbH in Krise, Sanierung und Insolvenz, 4. Aufl., Köln 2009

Schmidt, Karsten: Gesellschaftsrecht und Insolvenzrecht im ESUG-Entwurf, BB 2011, 1603

Schmidt, Karsten: Debt-to-Equity-Swap bei der (GmbH & Co.-)Kommanditgesellschaft, ZGR 2012, 566

Schmidt, Karsten: Schöne neue Sanierungswelt: Die Gläubiger okkupieren die Burg!, ZIP 2012, 2085

Schmidt, Karsten/Lutter, Marcus (Hrsg.): Kommentar zum Aktiengesetz, Band II (§§ 150–410), 3. Aufl., Köln 2015

Schmidt, Karsten/Uhlenbruck, Wilhelm (Hrsg.): Die GmbH in Krise, Sanierung und Insolvenz, 5. Aufl., Köln 2016

Schmidt, Karsten (Hrsg.): Kommentar zur Insolvenzordnung, 19. Aufl., München 2016

Schmidt, Karsten: Anmerkung zu dem Urteil des BGH vom 9. 6. 2015 – II ZR 420/13, JuS 2016, 173

Schmidt, Nikolaus M.: Zur Bestellung eines vorläufigen Gläubigerausschusses gem. § 22a Abs. 2 InsO, ZInsO 2012, 1107

Schmidt-Räntsch, Ruth: Die Insolvenzrechtsreform im Überblick – Verfahrensstand und wesentliche Inhalte, DStR 1992, 1477

Schubert, Werner: Die Insolvenzrechtsreform in der Weimarer Zeit und in der NS-Zeit, KTS 1993, 323

Schühmann-Kleber, Kirsten: Recognition of English solvent scheme of arrangements affecting dissenting creditors of German companies, IILR 2011, 447

Schulz, Patrick: Der Debt Equity Swap in der Insolvenz, Berlin 2015

Schur, Wolfgang: Die Vergütung des vorläufigen Sachwalters – Regelvergütung, Berechnungsgrundlage, Zuschläge, ZIP 2014, 757

Seagon, Christopher: Die Insolvenzwelle zwingt zum Umdenken – Anmerkungen zum Wirkungsgrad des Insolvenzrechtes in volkswirtschaftlicher Ausnahmesituation, ZVglRWiss 108 (2009), 203

Seagon, Christopher: Insolvenzverwalterunabhängigkeit und Gläubigermitwirkung nach dem ESUG, in: Flitsch, Michael/Hagebusch, Alfred/Oberle, Thomas/Seagon, Christopher/Schreiber, Werner (Hrsg.), Festschrift für Jobst Wellensiek, München 2011, S. 343 ff.

Seagon, Christopher/Deckers, Marc: Der (vorläufige) Gläubigerausschuss: Zwischen Beteiligtenautonomie und wachsender Professionalisierung, in: Ebke, Werner F./Seagon, Christopher/Blatz, Michael (Hrsg.), Unternehmensrestrukturierung und Unternehmensinsolvenz, Baden-Baden 2015, S. 47 ff.

Seagon, Christopher: Vorinsolvenzliches Sanierungsverfahren: Warten auf Brüssel, in: Ebke, Werner F./Seagon, Christopher/Blatz, Michael (Hrsg.), Die Praxis der Unternehmensrestrukturierung und der Berufsstand des Insolvenzverwalters, Baden-Baden 2017, S. 91 ff.

Seagon, Christopher: Zwischenstand zum Richtlinienentwurf der Kommission über einen präventiven Restrukturierungsrahmen: Gläubiger- und Arbeitnehmerschutz sollen gestärkt werden!, NZI 2018, 787

Simon, Hermann: „Hidden champions“: Speerspitze der deutschen Wirtschaft, ZfB 60 (1990), 875

Simon, Stefan: Der Debt Equity Swap nach dem Gesetz zur weiteren Erleichterung der Sanierung von Unternehmen (ESUG), CFL 2010, 448

Simon, Stefan/Merkelbach, Matthias: Gesellschaftsrechtliche Strukturmaßnahmen im Insolvenzplanverfahren nach dem ESUG, NZG 2012, 121

Simon, Stefan/Brünkmans, Christian: Die Ausgliederung von sanierungswürdigen Betriebsteilen mithilfe des Insolvenzplanverfahrens nach ESUG: Verdrängt die Gläubigerautonomie den institutionalisierten Gläubigerschutz des Umwandlungsgesetzes?, ZIP 2014, 657

Smid, Stefan: Zum Recht der Planinitiative gem. § 218 InsO, WM 1996, 1249

Smid, Stefan: Sanierungsverfahren nach neuem Insolvenzrecht, WM 1998, 2489

Smid, Stefan/Rattunde, Rolf/Martini, Torsten: Der Insolvenzplan, 4. Aufl., Stuttgart 2015

Smith, Adam: An Inquiry into the Nature and Causes of the Wealth of Nations, Campbell, Roy Harold/Skinner, Andrew S. (Hrsg.), Indianapolis 1981

Spliedt, Jürgen D.: Debt-Equity-Swap und weitere Strukturänderungen nach dem ESUG, GmbHR 2012, 462

Spliedt, Jürgen D.: Herrschaft und Haftung in der eigenverwaltenden GmbH, in: Graf-Schlicker, Marie Luise/Prütting, Hanns/Uhlenbruck, Wilhelm (Hrsg.), Festschrift für Heinz Vallender, Köln 2015, S. 613 ff.

Steffan, Bernhard/Solmecke, Henrik: Die Bescheinigung als Eintrittskarte zum Schutzschirmverfahren – der IDW S 9, ZIP 2014, 2271

Steffek, Felix: Gläubigerschutz in der Kapitalgesellschaft – Krise und Insolvenz im englischen und deutschen Gesellschafts- und Insolvenzrecht, Tübingen 2011

Stephan, Guido: Erste Erfahrungen mit dem neuen deutschen Privatinsolvenzrecht, in: Clavora, Selena/Kapp, Mario/Mohr, Franz (Hrsg.), Jahrbuch Insolvenz- und Sanierungsrecht 16, Wien, Graz 2016, S. 41 ff.

Stephan, Guido: Das österreichische Privatinsolvenzrecht auf der Überholspur – Insolvenzrechtsänderungsgesetz 2017, VIA 2017, 41

Stürner, Rolf: Möglichkeiten der Sanierung von Unternehmen durch Maßnahmen im Unternehmens- und Insolvenzrecht, ZIP 1982, 761

Swierczok, Artur M.: Das englische Scheme of Arrangement und seine Rezeption in Deutschland, Baden-Baden 2014

Thieme, Jürgen: Zur Entstehung der Konkursordnung, in: Uhlenbruck, Wilhelm/Klasmeyer, Bernd/Kübler, Bruno M. (Hrsg.), Festschrift 100 Jahre Konkursordnung, Köln et al. 1977, S. 35 ff.

Thole, Christoph: Vom Totengräber zum Heilsbringer? Insolvenzkultur und Insolvenzrecht im Wandel, JZ 2011, 765

Thole, Christoph: Sanierung mittels Scheme of Arrangement im Blickwinkel des Internationalen Privat- und Verfahrensrechts – Zugleich ein Beitrag zur internationalen Reichweite des Schutzschirmverfahrens (§ 270 b InsO n. F.) und von Mehrheitsbeschlüssen nach SchVG, ZGR 2013, 109

Thole, Christoph/Swierczok, Arthur: Der Kommissionsvorschlag zur Reform der EuInsVO, ZIP 2013, 550

Thole, Christoph/Brünkmans, Christian: Die Haftung des Eigenverwalters und seiner Organe, ZIP 2013, 1097

Thole, Christoph: Treuepflicht-Torpedo? Die gesellschaftsrechtliche Treuepflicht im Insolvenzverfahren – Zugleich Besprechung LG

Frankfurt/M. v. 10. 9. 2013 – 3-09 O 96/13, ZIP 2013, 1831 – Suhrkamp, ZIP 2013, 1937

Thole, Christoph: Der Richtlinienvorschlag zum präventiven Restrukturierungsrahmen, ZIP 2017, 101

Tolmie, Fiona: Corporate and Personal Insolvency Law, 2. Aufl., London et al. 2003

Uhlenbruck, Wilhelm: Zur Krise des Insolvenzrechts, NJW 1975, 897

Uhlenbruck, Wilhelm: Einhundert Jahre Konkursordnung, in: Uhlenbruck, Wilhelm/Klasmeyer, Bernd/Kübler, Bruno M. (Hrsg.), Festschrift 100 Jahre Konkursordnung, Köln et al. 1977, S. 3 ff.

Uhlenbruck, Wilhelm: Gesetzliche Konkursantragspflichten und Sanierungsbemühungen, ZIP 1980, 73

Uhlenbruck, Wilhelm: Sanierung und Reorganisation als drittes Insolvenzverfahren in einem künftigen Recht?, KTS 1981, 513

Uhlenbruck, Wilhelm: Aus- und Abwahl des Insolvenzverwalters – Eine Schicksalsfrage der Insolvenzrechtsreform, KTS 1989, 229

Uhlenbruck, Wilhelm: Grundzüge des Entwurfs einer neuen Insolvenzordnung, BB 1989, 433

Uhlenbruck, Wilhelm: Zum Regierungs-Entwurf einer Insolvenzordnung und dem Entwurf eines Einführungsgesetzes, KTS 1992, 499

Uhlenbruck, Wilhelm: Das neue Insolvenzrecht, Herne, Berlin 1994

Uhlenbruck, Wilhelm: Mit der Insolvenzordnung 1999 in das neue Jahrtausend – Kritisches und Unkritisches zu einem „Jahrhundertgesetz", NZI 1998, 1

Uhlenbruck, Wilhelm: Die Insolvenzordnung – ein Jahrhundertgesetz?, NJW 2000, 1386

Uhlenbruck, Wilhelm: Zur Geschichte des Konkurses, DZWiR 2007, 1

Uhlenbruck, Wilhelm: Von der Notwendigkeit eines eigenen Sanierungsgesetzes, NZI 2008, 201

Uhlenbruck, Wilhelm/Vallender, Heinz: Zehn Jahre Insolvenzordnung – eine kritische Zwischenbilanz, NZI 2009, 1

Uhlenbruck, Wilhelm/Hirte, Heribert/Vallender, Heinz (Hrsg.): Kommentar zur Insolvenzordnung, 13. Aufl., München 2010

Uhlenbruck, Wilhelm: Vom Totengräber zum verfassungsrechtlich geschützten Berufsbild des Insolvenzverwalters, in: Flitsch, Michael/Hagebusch, Alfred/Oberle, Thomas/Seagon, Christopher/Schreiber, Werner (Hrsg.), Festschrift für Jobst Wellensiek, München 2011, S. 361 ff.

Uhlenbruck, Wilhelm/Hirte, Heribert/Vallender, Heinz (Hrsg.): Kommentar zur Insolvenzordnung, 14. Aufl., München 2015

Uhlenbruck, Wilhelm: Kommentar zur Insolvenzordnung, Hirte, Heribert/ Vallender, Heinz (Hrsg.), Band I, 15. Aufl., München 2019

Ulmer, Peter: Die gesellschaftsrechtlichen Regelungsvorschläge der Kommission für Insolvenzrecht, ZHR 149 (1985), 541

Ulrich, Stephan: Anmerkung zu BGH, Urt. v. 19. 10. 2009 – II ZR 240/08, BGHZ 183, 1 – „Sanieren oder Ausscheiden", GmbHR 2010, 36

Undritz, Sven-Holger: Möglichkeiten und Grenzen vorinsolvenzlicher Unternehmenssanierung, S. 932 ff., in: Kölner Schrift zur Insolvenzordnung, 3. Aufl., Münster 2009

Undritz, Sven-Holger: Restrukturierung in der Insolvenz, ZGR 2010, 201

Vallender, Heinz: Gefahren für den Insolvenzrechtsstandort Deutschland, NZI 2007, 129

Vallender, Heinz: Insolvenzkultur gestern, heute und morgen, NZI 2010, 838

Vallender, Heinz: Gesetz zur weiteren Erleichterung der Sanierung von Unternehmen (ESUG) – Änderungen des Insolvenzeröffnungsverfahrens, MDR 2012, 61

Vallender, Heinz: Gesetz zur weiteren Erleichterung der Sanierung von Unternehmen (ESUG) – Das reformierte Plan- und Eigenverwaltungsverfahren, MDR 2012, 125

Vallender, Heinz: Die Eigenverwaltung in neuem Gewand nach dem ESUG, GmbHR 2012, 445

Vallender, Heinz: Das neue Schutzschirmverfahren nach dem ESUG, GmbHR 2012, 450

Vallender, Heinz: Anmerkung zu dem Beschluss des BGH vom 7. 2. 2013 – IX ZB 43/12, NZI 2013, 342

Vallender, Heinz: Europaparlament gibt den Weg frei für eine neue Europäische Insolvenzverordnung, ZIP 2015, 1513

Vallender, Heinz: Das vorgerichtliche Sanierungsverfahren – muss Deutschland sich bewegen?, ZIP 2016, Beil. z. Heft 22, 82

Vallender, Heinz: Zur ratio einer Insolvenzverwalterkammer, in: Ebke, Werner F./Seagon, Christopher/Blatz, Michael (Hrsg.), Die Praxis der Unternehmensrestrukturierung und der Berufsstand des Insolvenzverwalters, Baden-Baden 2017, S. 105 ff.

Vallender, Heinz: Europäische Anforderungen an den Verwalterstand, ZIP 2018, 353

Vallender, Heinz: Aktuelle Entwicklungen des Regelinsolvenzverfahrens im Jahr 2018, NJW 2019, 1351

Verhoeven, Alexander: Konzerne in der Insolvenz nach dem Regierungsentwurf zur Erleichterung der Bewältigung von Konzerninsolvenzen (RegE), ZInsO 2014, 217

Verse, Dirk A.: Anteilseigner im Insolvenzverfahren – Überlegungen zur Reform des Insolvenzplanverfahrens aus gesellschaftsrechtlicher Sicht, ZGR 2010, 299

Wagner, Heiko: Ausgewählte Reformvorhaben im Regierungsentwurf einer Insolvenzordnung, DStR 1992, 650

Wagner, Klaus-R.: Notleidende geschlossene Fonds: Sanieren oder Ausscheiden, NZG 2009, 1378

Wahlers, Alexander: Ausgestaltung und Erforderlichkeit eines vorinsolvenzlichen Sanierungsverfahrens, Baden-Baden 2016

Walker, Rebecca/Mielke, Sebastian/Bombe, Bertram: Vorinsolvenzliches Sanierungsverfahren oder SoA, ZIP 2018, 815

Warrikoff, Alexander: Die Möglichkeiten zum Unternehmenserhalt nach dem neuen Insolvenzrecht, KTS 1996, 489

Webel, Benjamin: Anmerkung zu dem Beschluss des BGH vom 13. 12. 2007 – IX ZB 238/06, EWiR 2008, 181

Weber, Friedrich: Fragen der Gestaltung des Konkursverfahrens in rechtspolitischer und rechtsvergleichender Sicht, KTS 1959, 80

Weber, Friedrich: Ziele und Wege der Insolvenzrechtsreform, in: Uhlenbruck, Wilhelm/Klasmeyer, Bernd/Kübler, Bruno M. (Hrsg.), Festschrift 100 Jahre Konkursordnung, Köln et al. 1977, S. 321 ff.

Weber, Jens/Schneider, Petra: Die nach dem Gesetz zur weiteren Erleichterung der Sanierung von Unternehmen (ESUG) vorgesehene Umwandlung von Forderungen in Anteils- bzw. Mitgliedschaftsrechte (Debt-Equity-Swap), ZInsO 2012, 374

Weissinger, Matthias: Anmerkung zu dem Beschluss des BGH vom 7. 2. 2013 – IX ZB 43/12, NZI 2013, 343

Wellensiek, Jobst: Die Fachanwaltschaft für Insolvenzrecht, NZI 1999, 169

Wellensiek, Jobst: Übertragende Sanierung, NZI 2002, 233

Weller, Marc-Philippe: Die Verlegung des Center of Main Interest von Deutschland nach England, ZGR 2008, 835

Weller, Marc-Phillipe/Thomale, Chris/Benz, Nina: Englische Gesellschaften und Unternehmensinsolvenzen in der Post-Brexit-EU, NJW 2016, 2378

Wentzel, August/Klose, C.: Die Preußische Konkursordnung, Berlin 1855

Westermann, Harm Peter: Der „Suhrkamp"-Gesellschafter unter dem Schutzschirm der Gesellschaftsinsolvenz, NZG 2015, 134

Westphal, Lars: Vorinsolvenzliches Sanierungsverfahren, ZGR 2010, 385

Westphal, Lars/Knapp, Marvin: Die Sanierung deutscher Gesellschaften über ein englisches Scheme of Arrangement, ZIP 2011, 2033

Willemsen, Reinhard/Rechel, Janine: Kommentar zum ESUG – Die Änderungen der InsO, Frankfurt a.M. 2012

Wilms, Tobias: Die englische Ltd. in deutscher Insolvenz, Baden-Baden 2006

Wimmer, Klaus: Das neue Insolvenzrecht nach der ESUG-Reform, Köln 2012

Wimmer, Klaus: Wie sieht das Insolvenzrecht im Jahr 2020 aus?, in: Ebke, Werner F./Seagon, Christopher/Blatz, Michael (Hrsg.), Insolvenzrecht 2.020 – Perspektiven und Visionen, Baden-Baden 2014, S. 141 ff.

Windsor, Jo/Müller-Seils, Carsten O./Burg, Michael: Unternehmenssanierungen nach englischem Recht – Das Company Voluntary Arrangement, NZI 2007, 7

Wittig, Arne: Beseitigung der Insolvenzgründe mit Bankenbeiträgen als Voraussetzung der freien Unternehmenssanierung, NZI 1998, 49

Wolf, Annika: Promoting an Effective Rescue Culture with Debt-Equity-Swaps? – A Comparative Study of Restructuring Public Companies in Germany and England, Baden-Baden 2015

Wolff, Theodor: Die Konkursordnung, 2. Aufl., Berlin, Leipzig 1921

Wörlen, Rainer: Juristische Berufe in England und Wales, JA 2006, 78

Zech, Heiko: Die soziale Frage im Konkursrecht 1879–1900, Frankfurt a.M. 2012

Zenker, Wolfgang: Nationale insolvenzrechtliche Entwicklungen in Deutschland, in: Nunner-Krautgasser, Bettina/Kapp, Mario/Clavora, Selena (Hrsg.), Jahrbuch Insolvenz- und Sanierungsrecht 13, Wien, Graz 2013, S. 113 ff.

Zenker, Wolfgang: Entwicklungen im deutschen Insolvenzrecht – vor allem im Insolvenzanfechtungsrecht, in: Nunner-Krautgasser, Bettina/Kapp, Mario/-Clavora, Selena (Hrsg.), Jahrbuch Insolvenz- und Sanierungsrecht 14, Wien, Graz 2014, S. 51 ff.

Zeuner, Albrecht: Referat auf dem 54. DJT, S. M 11 ff., Band II, München 1982

Zimmer, Frank Thomas: Insolvenzverwalterkammer? – Chance für die Berufsausbildung, DZWiR 2011, 98

Zimmermann, Walter: Grundriss des Insolvenzrechts, 11. Aufl., Heidelberg 2018

Zipperer, Helmut: „Übertragende Sanierung" – Sanierung ohne Grenzen oder erlaubtes Risiko?, NZI 2008, 206

Zipperer, Helmut/Vallender, Heinz: Die Anforderungen an die Bescheinigung für das Schutzschirmverfahren, NZI 2012, 729

Zipperer, Helmut: Die Insolvenz – historische, literarische und philosophische Aspekte des wirtschaftlichen Scheiterns, NJW 2015, 750

Zipperer, Helmut: Ist der Grundsatz der par conditio creditorum gerecht?, in: Graf-Schlicker, Marie Luise/Prütting, Hanns/Uhlenbruck, Wilhelm (Hrsg.), Festschrift für Heinz Vallender, Köln 2015, S. 843 ff.

Zipperer, Helmut: Anforderungen an die Gerichte, NZI 2017, Beil. z. Heft 5, 39

Zotter, Otto: Insolvenzstatistik 2009 für Österreich, ZIK 2010/8, 18

Zotter, Otto: Insolvenzstatistik 2015 für Österreich, ZIK 2016/8, 17

Zweiter Bericht der Kommission für Insolvenzrecht: BMJ (Hrsg.), Köln 1986

www.ingramcontent.com/pod-product-compliance
Ingram Content Group UK Ltd.
Pitfield, Milton Keynes, MK11 3LW, UK
UKHW021835290926
8980IPUK00004B/477

9 783631 796061